本书获国家社科基金重大专项——陆海经济一体化与我国南海权益研究、自治区级协同创新中心——陆海经济一体化协同创新中心、广西一流学科（培育）——应用经济学、广西高等学校高水平创新团队及卓越学者计划的资助

镜湖文库 JINGHU LIBRARY 广西财经学院经济与贸易学院

镜湖文库

JINGHU LIBRARY

中国陆海经济一体化评价与发展战略研究

夏飞 唐红祥 王立新 王业斌 许露元 张云兰 段艳平 黄跃 著

中国经济出版社
CHINA ECONOMIC PUBLISHING HOUSE
·北京·

图书在版编目（CIP）数据

中国陆海经济一体化评价与发展战略研究 / 夏飞等著. --北京：中国经济出版社，2019. 12
（广西财经学院镜湖文库）
ISBN 978-7-5136-5997-0

Ⅰ. ①中… Ⅱ. ①夏… Ⅲ. ①海洋经济-经济发展战略-研究-中国 Ⅳ. ①P74

中国版本图书馆 CIP 数据核字（2019）第 298435 号

责任编辑　燕丽丽　赵嘉敏
责任印制　巢新强
封面设计　赵　飞

出版发行　中国经济出版社
印 刷 者　北京九州迅驰传媒文化有限公司
经 销 者　各地新华书店
开　　本　710mm×1000mm　1/16
印　　张　33. 25
字　　数　560 千字
版　　次　2019 年 12 月第 1 版
印　　次　2019 年 12 月第 1 次
定　　价　98. 00 元
广告经营许可证　京西工商广字第 8179 号

中国经济出版社 网址 www. economyph. com 社址 北京市东城区安定门外大街 58 号 邮编 100011
本版图书如存在印装质量问题，请与本社销售中心联系调换（联系电话：010-57512564）

推荐序

纵观历史，海洋孕育了人类文明，也孕育了许多世界强国。几千年来，大国兴衰的历程反复证明：世界强国往往也是海洋强国。党的十九大报告明确提出“坚持陆海统筹，加快建设海洋强国”，这是党中央科学把握时代特征和世界潮流作出的重大决策，是实现中华民族伟大复兴中国梦的必由之路。中国作为一个陆海兼备的海洋大国，必须坚持陆海统筹，坚定走好依海富国、以海强国、人海和谐、合作共赢之路，扎实建设海洋强国。由夏飞教授主笔的《中国陆海经济一体化评价与发展战略研究》，聚焦陆海经济发展这一主题，从陆海经济一体化视角出发，对如何推进陆海统筹、建设海洋强国进行了深入探索，是一项颇有创新和特色的重要成果。

综合来看，该书有如下几个突出的特点：

第一，全方位多视角地进行了中国陆海经济一体化评价。该书从陆海经济一体化的内涵出发，构建了陆海经济空间联动与耦合评价、陆海产业联动与协同评价、陆海资源共享与互化评价、陆海生产要素互用与对流评价、陆海交通基础设施互联互通评价、陆海生态环境共生与共荣评价，以及陆海经济一体化综合评价等评价指标体系，对中国陆海经济一体化进行了系统深入的综合性评价和分维度评价。全书共有七章内容涉及陆海经济一体化的实证评价，内容丰富，数据、图表翔实，多层次、多角度地定量展示了中国陆海经济一体化的事实特征。与国内已有的相关文献相比，如此大篇幅的定量评价，尚不多见。

第二，深刻揭示了陆海经济一体化领域的“中国经验”“中国智慧”。该书将研究视野扩展到中国广阔的陆海经济领域，不仅从理论上对陆海经济一体化问题进行了系统分析，而且围绕沿海地区陆海经济一体化的发展，对广西、广东、江苏、山东、浙江、福建、辽宁、上海、天津、海南、河北等省（市、自治区）的具体实践进行科学总结，剖析各省（市、自治区）陆海经济一体化的比较优势、具体做法、发展成效和有益经验，深刻揭示了陆海经济一体化领域的“中国经验”“中国智慧”。目前，既有文献对中国地区层面陆海经济一体化实践的研究比较零散、不够系统，该书既深化了中国陆海经济一体化的理论研究，又对丰富的实践过程进行了系统的分析概括，有助于增进读者对中国陆海经济一体化问题的认知。

第三，有针对性地提出了中国陆海经济一体化发展战略的科学建议。一直以来，夏飞教授及其团队在扎实开展理论研究的基础上，十分注重资政建言，为国家和地方经济社会发展积极建言献策。该书沿袭了夏飞教授及其团队的一贯传统，在理论分析、实证分析和国内外经验借鉴的基础上，紧密联系我国建设海洋强国的具体进程与动向，阐述了中国陆海经济一体化的指导思想与基本原则、战略目标、战略任务和战略保障，并以广西为例提出了具体的对策建议。这些战略思路和对策建议，具有较强的针对性和可操作性，对有关部门研究问题和推进工作，具有不可忽视的参考作用。

总体来说，该书内容丰富，思路清晰，逻辑严谨，是研究海洋强国建设领域中一部有创新、有特色的重要著作，也是夏飞教授及其团队继《中国南海海陆经济一体化》之后的又一部力作。相信该书的出版是一件很有意义的事情，能够受到读者的欢迎和好评，也期盼夏飞教授及其团队有更多的优秀成果面世。

是为序。

中国社会科学院教授

博士生导师

郭克莎

2019 年 12 月

前　言

习近平总书记指出，建设海洋强国要着眼于中国特色社会主义事业发展全局，统筹国内国际两个大局，坚持陆海统筹，坚持走依海富国、以海强国、人海和谐、合作共赢的发展道路。我国是一个陆海兼备的发展中大国，建设海洋强国是全面建设社会主义现代化强国的重要组成部分。推进海洋强国建设，必须坚持陆海统筹，充分发挥陆海统筹的战略引领作用。“坚持陆海统筹”，本质上是实现“陆海一体化”，而“陆海一体化”的核心是“陆海经济一体化”。近年来，随着陆域资源、环境和人口压力的不断增大，海洋经济发展受到广泛关注，海洋经济的飞速发展进一步加速了陆海两大系统的互动关联。陆海经济一体化在海洋经济发展中的作用愈发重要，成为沿海地区经济全面协调可持续发展的关键抓手，成为我国建设海洋强国和促进经济高质量发展的重要战略部署。

对于陆海经济一体化，已有研究主要集中于陆海经济一体化的概念与内容、陆海经济关联度及其影响因素、陆海经济一体化的推进措施等方面，而对中国陆海经济一体化的测度评估、中国各区域陆海经济一体化发展实践与模式等方面，尚缺乏深入系统的研究。因此，本书在现有研究基础上，系统分析了陆海经济一体化的内涵、模式与作用机制，构建了陆海经济一体化评价指标体系，并对中国陆海经济一体化进行系统评价，深入总结了中国各区域陆海经济一体化发展实践，提出了陆海经济一体化发展战略和具体对策。本书的研究，在理论上，有利于进一步完善陆海经济一体化理论体系，构建系统的陆海经济一体化理论框架，特别是陆海经济一体化评价体系，进而推动陆海经济一体化理论研究的纵深发展；在实践上，有助于准确把握习近平总书记“陆海统筹”的海洋强国思想，更好地推进我国的海洋强国实践。

本书的创新之处在于：第一，构建了陆海经济一体化的综合评价指标体系并进行了深入系统的测度和评价。具体从中国陆海经济一体化综合评价、陆海产业联动与协同评价、陆海经济空间联动与耦合评价、陆海资源共享评价、陆海生产要素的效率与流动评价、陆海交通基础设施互联互通评价、陆海生态环境共生与共荣评价等方面展开。第二，实证分析了中国陆海经济一体化的影响因素。具体从产业结构、空间布局、海洋资源环境承载率等方面展开。第三，对中国沿海省份陆海经济一体化的具体实践进行了科学总结。系统总结了沿海省份陆海经济一体化的具体做法，并提炼其特征与模式。第四，提出了中国陆海经济一体化的战略目标、战略任务、战略保障和具体对策，进一步深化了以往关于陆海统筹促进海洋强国的对策建议，为我国实施海洋强国战略提供了新视角、新思维、新路径和新对策。

本书围绕陆海经济一体化评价及发展战略这一核心问题展开，具体分为理论篇、实证篇、区域实践篇、国外经验篇、战略篇五个部分，梳理国内外陆海经济一体化的研究进展，分析陆海经济一体化的理论基础及动力机制，在构建相关评价体系的基础上，从多个方面对中国陆海经济一体化和影响因素进行系统评价与实证分析，深入总结概括国内外陆海经济一体化的发展实践与经验，提出中国陆海经济一体化的发展战略与相应的政策建议。本书的核心内容包括以下几个方面：

第一，对陆海经济一体化进行深入的理论分析。在系统梳理国内外关于陆海经济一体化相关研究的基础上，对陆海经济一体化内涵、空间边界进行界定，分析陆海经济一体化的动力机制，并借鉴系统论构建陆海经济一体化系统及其子系统（陆海产业系统、陆海经济空间系统、陆海资源系统、陆海生产要素系统、陆海交通基础设施系统、陆海生态环境系统）。同时，系统分析与陆海经济一体化相关的系统论、自组织理论、产业关联理论、非均衡发展理论等相关理论，为后续研究奠定理论基础。

第二，对中国陆海经济一体化评价与影响因素的实证分析。在构建相关评价体系的基础上，对中国陆海经济一体化进行测度与评价，具体包括：中国陆海经济一体化综合评价、中国陆海产业联动与协同评价、中国陆海经济空间联动与耦合评价、中国陆海资源共享评价、中国陆海生产要素的效率与流动评价、中国陆海交通基础设施互联互通评价、中国陆海生态环境共生与共荣评价。同时，从产业结构、空间布局、海洋资源环境承载率等方面入手，实证分析中国陆海经济一体化的影响因素。

第三，对国内陆海经济一体化的区域实践和国外经验借鉴进行分析。国内部分，主要对广东、广西、海南、福建、上海、浙江、江苏、山东及天津等9个典型区域的陆海经济一体化的具体实践及主要特点进行总结概括；国外部分，主要分析了美国、日本、澳大利亚、加拿大及英国陆海经济一体化的具体做法，通过分析其他世界海洋强国陆海经济一体化的建设经验，总结其对我国陆海经济一体化建设的启示。

第四，对中国陆海经济一体化发展战略及对策措施进行分析。作为本书的研究落脚点，在前述篇章的研究基础上，重点论述了两个层面的具体内容。首先，给出了扎实推进中国陆海经济一体化发展战略的指导思想、基本原则，并依据发展现状制定了推进陆海经济一体化的战略目标，继而论述了为实现战略目标而必须深刻贯彻执行的陆海空间布局一体化、陆海产业发展一体化、陆海资源开发一体化、陆海生产要素配置一体化和陆海基础设施建设一体化等战略任务。随后，将研究对象聚焦于广西，以广西为例提出中国陆海经济一体化的对策措施，具体包括推进陆海经济一体化的创新驱动、空间布局、产业优化、绿色发展、开放发展、公共服务、考核体系等多维度策略。

目　录

第二篇　实证篇

第三篇　区域实践篇

第四篇 国外经验篇

第五篇　战略篇

图目录

表目录

第一章　导　论

第一节　研究背景与研究意义

2013 年 7 月 30 日，习近平总书记在中央政治局就建设海洋强国进行第八次集体学习时指出：“建设海洋强国，要着眼于中国特色社会主义事业发展全局，统筹国内国际两个大局，坚持陆海统筹，坚持走依海富国、以海强国、人海和谐、合作共赢的发展道路，通过和平、发展、合作、共赢方式，扎实推进海洋强国建设。”党的十九大报告又进一步明确要求“坚持陆海统筹，加快建设海洋强国”。

我国是一个陆海兼备的发展中大国，建设海洋强国是全面建设社会主义现代化强国的重要组成部分。推进海洋强国建设，必须坚持陆海统筹，充分发挥陆海统筹的战略引领作用。“坚持陆海统筹”，本质上是实现“陆海一体化”，而“陆海一体化”的核心是“陆海经济一体化”。近年来，随着陆域资源、环境和人口压力的不断增大，海洋经济发展受到广泛关注，海洋经济的飞速发展进一步加速了陆海产业的互动关联。陆海经济一体化在海洋经济发展中的作用愈发重要，成为沿海地区经济全面协调可持续发展的关键抓手，成为我国建设海洋强国和促进经济高质量发展的重要战略部署。

对于陆海经济一体化，已有研究主要集中于陆海经济一体化的概念与内容、陆海经济关联度及其影响因素、陆海经济一体化的推进措施等方面，而对中国陆海经济一体化的测度评估、中国各区域陆海经济一体化发展实践与模式等方面，尚缺乏深入系统的研究。深入剖析陆海经济一体化的理论内涵、形成机制，对陆海经济一体化进行实证测度与评价，总结中国陆海经济一体化的具体实践，提出中国陆海经济一体化的具体战略和对策，在理论上，有利于进一步完善陆海经济一体化理论体系，构建系统的陆海经济一体化理论框架，特别是陆海经济一体化评价体系，进而推动陆海经济一体化理论研究的纵深发展；在实践上，有助于准确把握习近平总书记“陆海统筹”的海洋强国思想，更好地推进我国的海洋强国实践。

第二节　文献综述

人类开发利用海洋资源的活动由来已久，但在人类文明的早期阶段，受制于有限的认知能力，海洋资源的利用与开发非常有限。随着人类对海洋资源认识的不断深入和人口的增长、陆地资源的日渐短缺，人类的开发活动逐渐由陆地走向海洋，海洋经济理论亦开始出现，并逐渐发展，先后形成了海洋区划理论、海洋区域经济发展理论、海洋经济可持续发展理论、海洋产业经济理论以及海洋经济学等主要概念与理论体系（夏飞等，2013）。近年来，部分学者开始跳出海洋经济的单一本体论研究，着手分析海洋经济与陆地经济的二元互动联系，引领和推动陆海经济一体化研究不断发展。

一、国外研究

国外学界关于陆海经济一体化的研究较少，类似的研究主要集中在港口—腹地经济一体化研究与海岸带综合管理两个方面。严格意义上讲，这两个方面的研究均不能完全等同于陆海经济一体化，但应该属于并构成了陆海经济一体化的研究内容之一。

1934 年，德国学者高兹（Kautz）发表著作《海港区位论》，不仅开创了现代空间视角下的港口研究，也将港口与腹地结合起来。他认为港口—腹地经济地域系统具有运输成本优势和临近市场优势，因而相较于其他地区，一体化的港口—腹地区域享有较大的成本优势。在此基础上，Morgan（1958）等学者进一步探究了腹地经济与港口经济的互动关系。Hoyle（1996）研究了滨水区开发与港口—海岸带的互动关系。在《城市港口工业化与区域发展》一书中，Hoyle 和 Pinder 将港口发展、城市扩张、工业发展以及区域开发的交互作用作为研究的共同主题（转引自韩增林，2012）。20 世纪 90 年代以来，随着我国珠三角、长三角地区经济的快速崛起，James 等学者（2000，2010）

先后分析研究了我国珠三角地区和香港腹地经济与港口经济的互动合作。

海岸带综合管理研究旨在探讨如何通过合理分配社会、经济和环境资源等控制人类活动对海岸环境的影响（Cicin-Sain，1993）。相关研究主要分为两类：一是重要国际会议的宣言和工作论文，如1993年召开的世界海岸大会形成了《海岸带超前综合管理的经济分析》《制定和实施海岸带综合管理的安排》《海岸带综合管理指南》等重要文献；二是一些学者的著作和研究论文，代表性研究主要有Joseph M. Heikoff的《海岸带资源管理：原则和项目》与Cicin-Sain的《海岸带综合管理：内容与实践》等（夏飞等，2013）。近年来，对某一具体国家或地区的海岸带管理进行针对性分析成为海岸带综合管理研究的一个新方向。Ligia Noronha评估分析了印度海岸带综合管理的主要政策及其效果。Pilippe Deboudt等学者详细研究了法国海岸带综合管理在1973—1991年、1992—2000年、2001—2007年三个时期的具体发展情况及相应的影响因素。Aal Johonson分析了澳大利亚昆士兰地区海岸带综合管理计划的实施情况，以及制度、经济、技术因素对其海岸带综合管理的影响（夏飞，2013）。2015年，米德尔伯里学院的蓝色经济中心创建的《海洋与临海经济学》（*Journal of Ocean and Costal Economics*）期刊，则主要发表海洋及临海资源开发相关的经济学理论与实践论文。

二、国内研究

陆海一体化（海陆一体化）这一概念，最初源于20世纪90年代初我国编制海洋开发保护规划时提出的一个原则（夏飞等，2013）。学术界对这一问题的关注最早由韩忠南和栾维新等提出（陈秋玲和于丽丽，2015）。近年来，陆海经济一体化成为陆海一体化研究中的热点问题，取得了积极的研究进展，研究内容主要包括陆海经济一体化的概念与内容、陆海经济关联度及其影响因素、陆海经济一体化评估、陆海经济一体化的措施以及特定区域陆海经济一体化建设和战略等方面。

（一）陆海经济一体化的概念与内容

这一方面的研究主要集中于概念界定。栾维新等（1998）认为，陆海经济一体化是根据海洋经济与陆域经济间的生态、技术、产业的联系机理，依靠临海工业的纽带作用，合理配置海洋产业和沿岸陆域产业，以此提高海洋经济和陆域经济的综合效益。任东明和张文忠（2000）在界定陆海经济一体化时，更加强调资金、技术等生产要素由陆域向海域、由海域向陆域的双向互动。韩立民和卢宁（2007）、卢宁和韩立民（2008）则更加强调陆海两个独立系统的相互协同与相互整合，即通过统一规划、联动开发、综合管理，把本来相对孤立的陆海系统，整合为一个新的统一整体，实现陆海资源更加有效的配置，认为陆海经济一体化主要包括陆海资源一体化、陆海产业发展一体化、陆海环境治理一体化以及陆海开发管理体制一体化等多方面的内容。韩立民（2007）认为，陆海经济一体化是沿海国家和地区统筹陆海关系的一种战略思维，同时，也是依靠海洋优势实现区域经济发展的有效途径。徐质斌（2010）在界定概念的基础之上，侧重从经济学视角论证了陆海经济一体化在产业链再造、交易成本节约等方面的积极作用与意义。王敏（2017）则强调了海陆一体化格局下，海洋经济与生态环境协调发展的必要性。总体来看，现有研究基本都认同陆海经济一体化强调陆海资源的整合、协调与互动，是整合陆海资源、合理布局陆海产业、加强陆海经济联系的一种有效模式（夏飞等，2013）。

（二）陆海经济关联性及其影响因素研究

这一方面的研究主要是探讨和论证陆域经济与海洋经济的关联性，殷克冬等（2008）认为，应当从深层次上发掘陆海经济的内在关联，从而加快陆海经济一体化进程。徐胜（2009）选取1996—2008年海洋经济及陆域经济的产值数据，运用灰色关联度模型对陆海产业的关联性进行了定量实证检验，结果显示，我国陆域经济与海洋经济之间具有较强的关联性，尤其是在沿海区域经济发展过程中，陆海经济更是共生共荣、相互依存。孙加韬（2011）分析了中国海陆产业关联度的影响因素，认为中国海陆产业关联度主要受海洋资源生态环境承载力、海陆产业空间布局和海陆产业结构这三大因素的制约和影响。赵亚萍（2012）采用相关分析、产值贡献率从宏观、中观层面对山东省海陆经济的关联性进行了分析，并运用灰色关联度模型从海陆产业关联度和产业优势稳态度等方面，探讨了山东省海陆产业的波及性。范雅静和陈宝珍（2016）同样运用灰色关联度模型对北部湾地区海陆经济关联程度进行分析，结果显示，北部湾经济区海陆三次产业间的关联度呈现下降趋势。

在关联性研究的基础上，刘新民等（2017）进一步探究了陆海经济一体化的影响因素，发现政策制度环境下的政府参与度、知识产权保护水平，宏观经济环境下的人民购买力水平、GDP 增速，科技环境下的技术成果商业化水平，人才环境下的行业人员素质是海陆经济统筹发展的关键影响因素。

（三）陆海经济一体化评估研究

随着陆海经济一体化实践的不断推进，一些学者开始对我国陆海经济一体化的发展现状进行评估。袁小霞和朱壮（2008）针对我国沿海水产业，运用灰色系统理论对其海陆一体化状况进行了评价，研究发现：与建立海陆一体化的要求相比，我国沿海水产业与其他海洋产业关联度仍然还不高；同时，沿海水产业内部关联度也不是很大。孙才志等（2012）构建包含环境、科技、产业与资源 4 个基本维度的陆海一体化评价指标体系，并通过能力结构关系模型与层次分析方法，对环渤海地区陆海一体化程度进行定量评估，结果表明，天津市和山东省的科技支持能力较强，陆海经济发展以科技带动为主，陆海经济耦合程度也较高；河北省和辽宁省的资源利用能力较强，陆海经济发展以资源型产业为主导产业，陆海经济耦合程度相对较低。王涛等（2014）建立海陆经济合作模型，耦合出了 2002—2011 年的海陆经济合作强度值，认为海陆经济合作从政府引导和市场推动、固有的发展方式以及系统外力的影响三个方面来看都存在较大的难度，需要在国土资源环境、社会经济、基础设施和制度文化等方面多管齐下，全力推动。于丽丽和孟德友（2017）从海陆经济规模、经济效率、产业结构和发展潜力四个方面构建海陆经济一体化评价指标体系，发现从时序变动上，中国海陆经济一体化总体上呈现出增长态势，但增长进程极为缓慢，中国海陆一体化任重道远。徐静和王泽宇（2019）从敏感性和应对性两个方面入手，构建基于脆弱性视角的评价指标体系，并运用熵权-TOPSIS 模型测度了 1996—2015 年中国陆海统筹绩效，研究发现，中国陆海统筹绩效整体呈缓慢提升态势，区域差距逐渐缩小，两极分化趋势减弱。

（四）推动陆海经济一体化的措施

在提出陆海一体化的概念基础之上，学者们亦深入探讨了推进陆海一体化的一般性措施与路径。栾维新（1997）提出，实现陆海经济一体化的有效途径是发展临海产业，依靠临海工业的纽带作用能合理地配置海洋产业和沿岸的陆域产业。徐质斌（1997）认为，陆海联姻、打破界限是解决海洋经济发展中资金短缺问题的重要途径。任东明和张文忠（2000）指出，推动陆海经济一体化，一是陆域产业利用其资金技术优势在海岸带建立海洋开发基地；二是建立临海产业，将海洋资源优势向陆域扩展，弥补陆地自然资源的不足。姚远（2012）对北部湾海陆一体化的政府协调机制进行了分析，认为构建北部湾区域内合作协调机制是促进海陆经济一体化发展的重要前提。张海峰（2005）认为，应树立科学的能源观，实施陆海统筹兴海强国战略。刘广斌和张义忠（2012）认为，中国陆海一体化建设应当多管齐下，从政策支持、机制创新、组织保障、法制建设、制定陆海统一规则、保护海洋生态环境、实施科教兴海战略等多个方面采取有力措施。薛永武（2015）从海洋生态视角探索了海陆统筹的发展战略。王倩和杨勇（2016）将共生理论引入海陆经济统筹发展研究，利用共生行为模式和共生组织模式构成的二维向量对沿海地区海陆经济共生系统目前的状态进行识别，并建议依据比较优势基准、需求基准、产业关联基准、技术进步基准和瓶颈效应基准五个标准来确定海洋主导产业，并大力发展海洋主导产业，拉长海陆产业链，增强海陆产业间协作互动，构建形成海陆经济共生系统的主导界面。

（五）特定区域陆海经济一体化建设和战略研究

在陆海经济一体化一般性措施的基础上，部分学者开始就特定区域的陆海经济一体化进行研究，提出详细的规划战略和建设路径。方煜东（2010）专门研究了宁波—舟山海洋经济一体化，在全面评估宁波—舟山经济一体化现状的基础上，提出从陆海统筹的高度，把陆地和海洋作为一个整体，统一规划，实行陆域和海域优势产业统筹培育、资源要素统筹配置、基础设施统筹建设、生态环境统筹整治等。孙才志等（2012）具体分析了天津市、河北省、辽宁省和山东省的陆海经济发展情况，针对环渤海区域提出了关于陆海经济合作以及整个环渤海地区区域间合作的建议。夏飞等（2013）围绕我国南海陆海经济一体化提出了针对性措施，主要包括制定和规划一体化政策、基础设施互联互通、促进要素跨地区自由流动、优化产业布局以及增强与东盟的国际合作等。张晖和樊燕（2015）从制度支撑、可持续发展机制、空间结构、产业互动纽带、产业联动主体等方面，提出了海南省海陆一体化发展路径的系统性框架。段志霞和王淼（2016）从产业链延伸模式、生产要素流动模式、产业集群模式、政府间合作模式和科技拉动模式五个方面探讨了山东半岛蓝色经济区如何实现海陆产业联动发展。

除了以上五大方面的研究主题，一些学者还对国外陆海经济一体化经验（郑铁桥，2014）、陆海旅游一体化（石建中，2017）、陆海一体化格局下海洋经济与环境协调发展（董晓菲，2017）等相关主题进行了详细而深入的研究。

（六）文献述评

以上的文献梳理表明，国内外学者关于陆海经济一体化形成了极为丰富的研究成果，为进一步的研究奠定了充分的存量知识储备。然而，现有文献仍体现出以下几个方面的不足：一是尽管国内学者已经界定了陆海经济一体化的理论概念，探究了陆海经济的关联性，探索了推进陆海经济一体化的措施路径，但陆海经济一体化的动力机制、影响因素等还缺乏较为深入的理论探讨。二是现有研究对陆海经济一体化评价进行了初步探索，但对中国陆海经济一体化的评价指标体系构建和评价还有待进一步深入。如中国陆海经济一体化的演变趋势如何？中国陆海经济一体化各细分指标的发展现状如何？中国沿海各区域陆海经济一体化的区域差异如何？此外，中国的沿海省份进行了大量陆海经济一体化的具体实践，但现有研究对这些发展实践尚未进行有效总结。

基于此，本书在对陆海经济一体化的内涵、作用机制等方面进行深入的理论阐释基础上，构建陆海经济一体化评价指标体系，对中国陆海经济一体化进行系统评价，深入总结中国沿海省份陆海经济一体化发展实践，并提出陆海经济一体化发展战略和具体对策。

第三节　研究思路与主要内容

本书遵循提出问题、分析问题、解决问题的分析思路，在对相关文献进行述评，对陆海经济一体化的内涵、基础理论、作用机制等进行理论分析的基础上，构建了陆海经济一体化评价指标体系。以此为基础，本书继而深入系统地测度和评价了中国陆海经济一体化的发展现状，并进而对中国各沿海区域陆海经济一体化的发展实践进行了科学总结。基于上述研究，最后提出了陆海经济一体化发展战略，并以广西为例提出了具体的对策建议。

除了导论部分，本书由五篇共三十章组成。

第一篇为理论篇，由第二至四章组成，主要分析陆海经济一体化的内涵、特征，明确陆海经济一体化的空间边界，分析陆海经济一体化的动力机制，阐述陆海经济一体化的相关理论，为后续研究提供理论基础。

第二篇为实证篇，由第五至十二章组成，主要是构建陆海经济一体化指标体系，实证评价中国陆海经济一体化，以及对中国陆海经济一体化影响因素进行实证分析。具体而言，第五至十一章对中国陆海经济一体化进行实证评价，第十二章对中国陆海经济一体化影响因素进行实证分析。其中，对中国陆海经济一体化的实证评价，主要从以下几个方面展开：中国陆海经济一体化综合评价、中国陆海产业联动与协同评价、中国陆海经济空间联动与耦合评价、中国陆海资源共享评价、中国陆海生产要素的效率与流动评价、中国陆海交通基础设施互联互通评价、中国陆海生态环境共生与共荣评价。

第三篇为区域实践篇，由第十三至二十三章组成，主要对中国内地各沿海省份陆海经济一体化的具体实践进行总结，这些省（市、自治区）主要包括广西、广东、江苏、山东、浙江、福建、辽宁、上海、天津、海南、河北。

第四篇为国外经验篇，由第二十四至二十八章组成，主要介绍美国、日本、澳大利亚、加拿大、英国等国家的陆海经济一体化发展经验。

第五篇为战略篇，由第二十九至三十章组成，主要分析中国陆海经济一体化发展战略，提出中国陆海经济一体化的指导思想与基本原则、战略目标、战略任务和战略保障，以及以广西为例提出具体的对策建议。

第四节 研究方法

本书采用的具体研究方法主要包括：

①应用系统分析方法，将陆海经济系统分解为陆海产业系统、陆海经济空间系统、陆海资源系统、陆海交通基础设施系统、陆海生态环境系统等子系统，进而从这些方面对陆海经济一体化进行理论分析和测度评价。

②应用层次分析法、复合系统协同度模型、交叉谱分析、耦合协调度模型、灰色关联模型、耦合评价模型、CRITIC 法、DEA 模型、TOPSIS 方法等多种定量评价分析方法，在构建陆海经济一体化评价指标体系基础上，对中国陆海经济一体化程度进行综合评价和分维度的评价。

③应用层次分析、主成分分析、脉冲响应模型等方法，实证分析产业结构、空间布局、海洋资源环境承载率等因素对中国陆海经济一体化的影响。

④应用历史分析和比较分析方法，对我国陆海经济一体化在不同阶段、不同地区的内容和表现特征加以联系和比较，以揭示其发展阶段和具体特征。

⑤应用社会调查法，对相关国家与国内相关省份开展深入调研，熟悉各地陆海经济一体化具体实践，提炼概括陆海经济一体化的具体特征、基本经验。

第五节　研究创新点

相对于已有研究成果，本书的创新之处主要体现在：

①构建陆海经济一体化的综合评价指标体系，并对中国陆海经济一体化进行了深入系统的实证评价。具体从中国陆海经济一体化综合评价、中国陆海产业联动与协同评价、中国陆海经济空间联动与耦合评价、中国陆海资源共享评价、中国陆海生产要素的效率与流动评价、中国陆海交通基础设施互联互通评价、中国陆海生态环境共生与共荣评价等方面展开。

②对中国陆海经济一体化的影响因素进行了深入的实证分析。具体从产业结构、空间布局、海洋资源环境承载率等方面展开。

③对中国各沿海省份陆海经济一体化实践进行科学总结。系统深入总结了中国内地沿海省份陆海经济一体化的具体做法，并提炼其特征与模式。

④提出了中国陆海经济一体化的战略目标、战略任务、战略保障和具体对策。进一步深化了以往关于陆海统筹促进海洋强国的对策建议，为我国实施海洋强国提供了新视角、新思维、新路径和新对策。

第一篇

理论篇

第二章　陆海经济一体化的基础理论

第一节　系统论

一、系统论概述

系统论思想源远流长，但作为一门学科，正式诞生于20世纪，其奠基者为美国生物学者 L. V. 贝塔朗菲（L. Von. Bertalanffy）。1932 年，他的“抗体系统论”面世，然而在学术界并未受到广泛重视。1937 年，他在研究中阐述了一般系统论原理，为这一门学科打下了基础。1945 年他编撰了《关于一般系统论》，1948 年在美国讲授“一般系统论”时，在学术界激起了震荡。1968 年，他发表了《一般系统理论基础、发展和应用》，标志着系统论正式成为一门学科，这一著作对后来的很多学者产生了巨大的影响。

系统是一个高度抽象的、具有普遍意义的概念，有部分构成整体的意思。根据系统论的相关知识可知，系统指的是彼此联系、彼此影响的两个或更多要素，基于特定的秩序结合在一起，在和外部环境产生关联并互动时，构成的具备特定整体功能的有机整体。每个系统都是更大系统的组成部分，所以我们可以将系统包含的要素叫作子系统。系统论告诉我们，每个系统都具备整体性、关联性、动态平衡性、时序性等一系列的特征。按照系统论的观点，每个系统都是由至少两个彼此矛盾、自成一体，同时均受系统约束的要素（子系统）构成的，但同时它们是有一定联系的，并处于不断运动状态中，最终呈现出系统特定的功能。根据系统论的相关知识可知，在客观世界中的事物和物质，任何一个自然、社会、经济形态都可以看成是一个完整的系统，系统是普遍存在的。系统论把复杂的自然、社会、经济活动划分成若干个保持动态平衡、彼此有所关联的各级系统，从而确保在资源有限的情况下，在最大程度上提高各个单元的效益水平，从而将系统所具备的优势充分地体现出来。

系统论告诉我们两条规律：①系统的总能量超过系统包含的所有要素能量的机械总和；②由于各种规律的存在，系统可以摆脱无序、恶性状态，过渡到有序、良性的动态平衡状态中，从而保持动态的平衡。

系统论诞生后，人们的思维方式悄然巨变。过去人们在研究某个对象时，常遵循的思路是：将事物分解成几个小的部分，通过抽象得到最简单的因素，利用各个部分的性质对对象予以描述。这一思路来自笛卡尔。显然，这种方法是以局部或要素为切入点的，以单项因果决定论为理论依据。在过去的几个世纪，该方法的成效已经得到了大量实践的验证，深受学者们的欢迎。然而，该方法并不是完美的，主要的缺陷在于它忽视了事物的整体性，无法揭示出不同事物彼此间的联系和影响，所以只能够用来研究简单的事物，并不太适用于复杂的对象。随着现代科学的发展，人类碰到的问题愈发复杂和困难，人们发现传统的方法正在逐渐失效。在这样的背景下，系统分析方法却展示出其优势，尤其是它能够很好地兼顾事物的整体性，从大局观出发，更加适用于当前很多复杂的问题和对象。尤其是系统论和控制论、信息论等的一并应用，为很多问题提供了解决方案，有效拓展了人类的思维。它们作为现代科学研究领域的良好工具，为很多学科和领域的发展注入了动力。当然，系统论的应用领域并不仅限于现代科学，还包括了政治、经济、军事、文化等领域，系统论为解决这些领域中的难题提供了工具。

系统论的发展方向可以归结为：其一，和控制论、信息论、运筹学、现代通信等受人瞩目的学科相结合。其二，和控制论、信息论一起，朝着“三归一”的趋势演变。现有的研究成果表明，系统论是前两者的基础。其三，耗散结构论、协同论、突变论、模糊系统论等新理论的诞生和发展，进一步充实了系统论的内容，所以当前需要概括出一门系统学并将其当作系统科学的基础科学理论。其四，系统科学的哲学和方法论问题受到了更多的关注。在系统论不断朝着上述各个方向演变的过程中，更多的学者开始投入这一研究领域，不断努力解决系统科学体系这一问题。系统论的奠基者贝塔朗菲曾从狭义和广义角度阐述系统论。狭义系统论主要的研究对象是系统；而广义的系统论则是对一类相关的系统科学进行理论分析和研究。

二、陆海经济一体化系统构建

开发利用海洋，和一系列因素有关，这些因素来自经济、社会、资源、环境等方面，所以它是大规模的经济—社会—生态复合的复杂系统，需要解决技术以及管理方面的问题。因此，在开发的过程中，应该围绕系统论思想，兼顾陆海两个子系统的特征和关联，从而为沿海地区的长期稳定健康发展创造更好的条件。

陆海经济一体化突破了传统的陆海分离思想，综合兼顾了陆海资源、环境特征，系统考察陆海系统在经济、社会方面的功能。"一体化"充分彰显了系统这一概念，陆海经济一体化本身就是系统论在陆海开发领域的体现。

按照系统论的观点，陆海经济一体化的本质是调控构成该系统的子系统，使其保持协调状态。陆海经济一体化是把分散的海洋产业系统和陆域产业系统统一起来，使系统中各项生产要素能够顺畅流动，从而加强陆海产业关联，提高生产资料配置的合理性水平，将生产成本控制在更低范围内，获取规模经济效益。所以，从数学角度来看，陆海经济一体化系统是海洋产业子系统和陆域产业子系统的函数。直观地表达为：

陆海经济一体化系统 = {海洋产业子系统，陆域产业子系统}

用数学语言可以将上述关系表示为：

$$S=\{M,L\}$$

其中，S 代表陆海经济一体化系统，M 代表海洋产业子系统，L 代表陆域产业子系统。

如果用 r 代表两大产业子系统之间的关系，R 代表全部关系的集合，M 和 L 中不存在相对于 R 的孤立元，则陆海经济一体化系统可以表示为：

$$S=\{M,L,R\}$$

由此可见，陆海经济一体化系统的内容不仅限于海域和陆域两大产业子系统，还有二者彼此间的关系。

根据系统论的相关内容可知，每一个系统都蕴含着能量，陆海经济一体化系统的能量为其所包含的海域和陆域产业子系统彼此影响而形成的总势能，它超过了海域和陆域产业两个子系统的能量的机械总和。在这里，我们用 Es

代表陆海经济一体化系统携带的总势能，E_M 代表海洋产业子系统所包含的势能，E_L 代表陆域产业子系统所包含的势能，Eo 代表二者机械相加之和，也就是 $Eo=E_M+E_L$，所以，陆海经济一体化旨在令 $Es>Eo$，也就是尽量提升经济效益。

然而，海域和陆域这两个子系统都有自身的独特性，所以让整体系统能够朝着更高级的方向演变，关键是将这两个子系统结合在一起，实现联动发展的目标。当陆海经济一体化系统保持最优状态时，其涉及的各个产业有着合理的结构，产业聚合能力强、产业经济运行效率高。最优状态是各个产业都能够进行物质、技术的良好转换，并形成互补的局面。在具体产业不断发展的过程中，当陆海经济一体化系统达到最优平衡状态时，生产、技术、利益、分配等都能够良好协调，将更好地促进劳动生产率、产业聚合力的双重提升，为产业系统一体化持续性发展奠定扎实的基础。

第二节　自组织理论

自组织理论的研究内容是关于系统如何从无序的状态过渡到有序状态。这一理论告诉我们，系统要进入有序状态，应该满足 3 个方面的条件：①具有足够的开放性，能够和外部环境顺畅地交换物质、能量以及信息，这是系统保持有序结构的前提和基础。②系统从无序进入有序状态，应该远离热平衡状态，非平衡是有序之源。③构成系统的各子系统，会对彼此施加非线性影响作用。正是因为这种作用的存在，不同的子系统才能形成协同效应，从而推动系统朝着有序的方向前行。根据自组织理论的相关内容可知，系统必须离开之前的轨道，才能够进入有序状态，此即为有序新结构的自组织过程。

一、耗散结构理论

该理论的研究内容，是探讨系统和环境在物质、能量交换方面的关系，还有它是如何作用于自组织系统的。能够和环境进行物质、能量交换的，才是耗散结构，如城市、生命等。产生耗散结构，必须满足如下 4 个方面的要求，即：远离平衡态、系统的开放性、系统内不同要素间存在非线性机制、系统的涨落。具体来说，远离平衡态指系统中各种物质和能量的分布非常不平衡，某些地方比较集中，某些地方非常分散。如果有一个非线性、非平衡，但开放的系统，它会持续和外部交换物质、能量以及信息，当其某个参量波动到特定的阈值后，系统就会进行涨落，并因此出现非平衡突变现象，从最初的无序状态逐渐切换到有序状态，自然而然地发生了自组织行为。考虑到严重不平衡的非线性区产生的新的稳定宏观有序结构，必须持续和外部交换物质、能量才能保持有序状态，所以它被称之为“耗散结构”。这种结构能够保持动态有序状态，是非平衡态下体系自组织后产生的。

陆海经济一体化系统是基于自然、社会环境的，由海域和陆域子系统构成的，它持续和外部交换物质、能量以及信息，是非常具有代表性的耗散结构。它的主要特点体现在如下几个方面：

其一，远离平衡态。非平衡热力学理论表明，平衡态具有无序这一特征，有序的耗散结构必须保持非平衡状态才能长久。也就是说，耗散结构必须在开放条件下才能够产生，在这一过程中不断地和外部完成物质、能量以及信息的交换。陆海经济一体化本身具有动态性的特征，一些状态参量如陆海经济总产值会随着时空不断改变，两大产业子系统处于不平衡的发展状态。陆海经济一体化系统表现出差异化特征，在海洋开发力度不断扩大的过程中，海洋产业链条日渐拓展，各项海洋活动的联系变得更加紧密，海域产业对陆域产业的依赖性逐渐减弱，由此诞生了彼此独立的陆海两个经济系统。尽管这两个系统之间存在合作关系，但也会不断地竞争要素，由此出现要素不平衡现象，在此基础上产生了势能差，再加上外部环境的影响，一体化系统会不断变化、涨落，在这一过程中，其和平衡态的距离将不断扩大。更多的陆域产业迁移到海岸带区域，和海域经济进行资源、空间等的竞争，如土地资源的竞争等。除此之外，陆海三次产业也是在合作的大框架下竞争，各个维度上的竞争和合作，加速了信息、能量以及物质的流动，进而使系统离开无序状态，和平衡态的距离不断扩大，最终出现了耗散结构。

其二，陆海经济一体化系统间存在非线性相互作用的正负反馈机制。通过前文的分析可知，正是因为不同要素彼此间存在非线性影响，才会形成耗散结构。对于非线性系统而言，若输入出现了明显的变化，输出的变化是非常小的；但若输入出现的变化非常小，输出有可能出现明显的波动。在临界点位置，轻微的涨落也会被大幅放大，导致系统稳定性降低，超过临界点后不再涨落，此时系统会恢复到耗散结构分支上，再一次保持稳定。从海洋经济的角度来看，它的发展能够进一步拓宽陆域经济的空间，为后者的进一步发展带来更多的要素支持，如土地、能源等；随着陆域经济的不断增长，它需要消耗更多的资源、能源等，这对海域经济而言是巨大的需求，在强大的需求推动下，更多新技术被引入海洋经济领域，为其发展提供动力。总而言之，陆海经济一体化系统内部存在诸多的影响机制，各子系统之间并非严格意义上的对称关系，而是有着紧密的关联，相互影响，由此才能够形成一个大的系统。

其三，开放性的特征。对于孤立的系统而言，其熵值通常会随着时间的推移而增大，达到峰值后，系统就会变得无序，所以，孤立系统并不是耗散结构。开放的系统会不断和外部环境交换物质、信息等，在这一过程中得到环境给予的负熵，和其熵值抵消，无序的系统因此进入有序状态。陆海经济一体化系统，是覆盖海岸地区的涉及多种要素的复杂系统，它是由不同级别、层次和类型的子系统构成的。陆海经济一体化系统由陆域、海域子系统构成（也就是一级子系统），它们又是由其他的子系统构成的（二级子系统），然后再分成产业部门的三级子系统，以及企业级别的四级子系统，企业系统涉及的要素体现为组织成员、资源、管理要素等。各种物质、能量和信息，不停地在陆海经济一体化系统和外部环境之间流通、迁移，系统吸收外部的资源、资金、技术，然后进行内部的生产、加工，然后将生产出的产品、服务输送到外部环境中，这需要足够的开放性才能实现。

其四，陆海经济一体化系统是会涨落的。涨落指的是系统在特定时刻检测值和平均值的差异，它具有随机、无序、无法预测的特征。阈值（临界点）周围的涨落被放大很多倍，这样就能够重新恢复宏观态。涨落会促使平衡态的系统转变成耗散结构，在系统整个演变过程中起到引起质变的作用，它会打破系统所处的平衡状态，但同时又会使系统保持在平衡态上。对于陆海经济一体化系统而言，其内部发生着轻微的涨落。一方面，这一系统面对非常复杂的环境，各种物资、信息、能量不断地在系统和环境之中转移，所以环境对系统的影响总是存在的，这是系统内部出现轻微涨落的原因之所在；另一方面，无论是从变迁史、自然资源还是经济基础的角度来看，陆海经济一体化系统总存在一定的差异性，由此形成了势能差，导致涨落。当这一系统处在非平衡状态时，考虑到各种非线性影响的存在。通过开放系统内部的自组织作用以及与外部环境间的物质、能量和信息的交互作用，从外界取负熵抵消自身的熵值，达到正负熵流的叠加抵消。在这种情况下，若制定和实施有效的经济政策，增强系统内部的自组织，加强外部环境的负熵流，陆海经济一体化系统就会不断地发生变化，直至变成耗散结构。

二、协同论

该理论重点探讨的是系统包含的各项要素是如何彼此协同的，并指出只有协同的要素才能保障自组织的进行。系统的结构之所以有所变化，原因在于不同序参量彼此间存在的竞争和协同关系。如果要素单独运动，或者是在局部的协同运动，或者是受到环境因素的影响，就会出现涨落，进而导致系统当下的状态和平均值不一致。如果系统在两种稳态之间迁移，系统要素间的独立运动和协同运动都进入势均阶段，此时即便出现非常轻微的涨落，都会被放大成系统的明显涨落，使系统在短时间内进入有序状态。

协同学的奠基者，是联邦德国斯图加特大学教授、著名物理学家哈肯（Haken）。1971 年，他首创了协同这一术语，并在五年后发表了《协同论导论》，为协同理论的发展奠定了扎实的基础。根据这一理论可知，系统的属性是不一致的，但在具体的环境中，这些系统会在合作的基础上对彼此造成影响。它可以用来解释普遍的社会现象，比如各单位的合作、协调不同部门的关系、企业和对手之间的竞争，还有系统内部各组成部分对彼此的干扰影响等。协同论告诉我们，大量子系统构成的系统，在特定的环境下，子系统相互协作。在协同论方法的指导下，我们能够把现有的研究成果，类比拓展到其他的学科，从而让人们去探索新领域，还可以提炼出和系统相关的因素，进而发挥系统内子系统彼此间的协同效应。哈肯在进行协同论方面的研究时，探讨了临界点周围的行为，对慢变量支配原则以及序参量进行阐述，他的主要观点是，事物是在序参量的干涉下进行演变的，所以其终极形态以及有序性和序参量直接相关。各种系统序参量的物理意义也不同。举例来说，如果是激光系统，序参量即为光场强度。如果是化学反应系统，序参量通常为一种物质的浓度。如果是社会学和管理学方面的系统，通常通过调研的方式获取人们的看法，并将某种一致的看法比如赞成等当作序参量。除此之外，序参量的大小能够反映出有序程度的高低，若系统处于无序状态，序参量的值为零。在外部环境变化的情况下，序参量也会随之而改变，在临界点位置出现了序参量的上限值，在这种情况下就会产生有序、有组织的结构。

综上所述，协同系统包含了至少两个子系统，它能够利用自组织的方式，使系统发展成为具有有序结构的系统。陆海经济一体化系统是海域和陆域子系统结合在一起的复合系统。根据协同论的相关内容可知，系统的整体效果超过构成它的各子系统的效果的代数和，这为陆海经济一体化研究奠定了扎实的理论基础，为这一系统的建设提供了有力的指导。

三、陆海经济一体化系统的自组织演化

任何一个系统都会不断演化，也就是在不同的平衡稳定状态之间切换。陆海经济一体化系统的演化，指的是这一系统从无序转变到有序，表现出显著的自组织性。

自组织理论不是系统构成成分所固有的，而是系统自行组织起来形成的形态、结构、模式以及呈现出的行为、特性、功能，是子系统自下而上自发产生的，通过子系统的相互作用整体上涌现出来的系统自组织的产物和效应。根据系统论可知，单个产业系统一定会朝着熵增和无序方向发展，因此，陆海经济一体化可能成为实现海域经济可持续发展目标的最佳手段，使这一系统能够在信息和资源上进行更有效的互动，实现更高级的耗散结构，有时还会突变和分叉，更大程度地实现负熵流的引入，促进系统的有序发展。

陆海经济一体化在形成的过程中，会不断进行自组织活动。按照耗散结构理论，如果陆海经济系统的外部因素有所改变，并提高到阈值甚至是超过，就会对系统的自组织活动造成干扰。但是，不同子系统彼此间的作用不会因此而停止，在时间不断推移的过程中，不断地积累，在特定的时间序列中，演变成新的、有序的系统。即便无外部的干扰，陆海经济系统也会逐渐变得有序，但和“新的有序”在产生过程、外部特征和外部的交互方式等方面是

明显不相同的。原有的“有序”状态，需要不断地吸收负熵才能够保持，其发展过程是“粗放”的，是需要投入大量的资源、生产要素的，是需要环境作出一定牺牲的，若外部的干扰是“负向”的，就会导致系统发展的“粗放性”变得更加明显，尽管在短时间内对系统而言，能够产生正向效应，但这样的发展是不长久的；若外部施加的是“正向”的干扰，从表面来看好像系统的发展速度有所减慢，但能够实现长期性的良性发展，且消耗的资源、生产要素是有限的、合理的，对环境造成的污染是完全可接受的。陆海经济系统和外部条件彼此协调，一旦系统进入新的“有序”状态，就会朝着“一体化”方向进一步发展。按照协同论理论，在陆海经济一体化程度不断提高的过程中，微观的个体会主动进行合作，形成良好的竞争氛围，为系统的发展注入动力。

第三节　产业关联理论

产业关联理论，也有学者称之为产业联系理论，和产业结构理论相比，它的主要优势在于能够更加精准地揭示不同产业在质和量两方面的关系，凭借这一优势，它得到了比前者更为广泛的应用，属于产业经济学的“中观”部分。它重点探讨了产业之间的中间投入和中间产出彼此的关系。

陆海经济一体化的前提在于两个子系统的资源和服务的互补，关键在于两个子系统彼此间的关联。海域和陆域产业之间有着多样化的联系，从产业关联层面分析，能够反映不同产业的关联程度。由于各海洋产业部门和非海洋产业之间存在复杂的联系，因而一旦某个海洋部门的技术、产品价格、工资发生了变化，就会对与之存在直接关系的产业部门（也有可能是陆域经济产业）造成影响，导致后者的产品需求、成本、价格等随之变化，最终对多个部门造成影响。大部分海洋产业有着很长的产业链，产业彼此间紧密相连，其发展状况直接关系当地经济发展，如港口和海洋交通运输业、海洋船舶工业、海洋油气工业、滨海旅游业等。在和海洋产业有着紧密关联的陆域地区发展海洋产业，将其融入现有的陆域产业链，能够提高当地资源的开发利用率，以陆域产业带动海域产业的发展，反过来海域产业也会反馈陆域产业。

从产业关联这一点进行分析，陆海经济一体化的核心是陆域产业和海域产业彼此促进，从而使两大子系统中各种要素能够自由流动。所以，产业关联理论能够为陆海经济一体化研究提供有力的理论依据。

无论是从产业要素、结构、布局还是制度方面来看，两大子系统之间都有着紧密的关联，各元素彼此影响，并对经济结构或经济规模造成显著的扩散效应。在海洋经济加速前行的过程中，将陆域经济领域中的技术引入进来，加大海洋资源开发力度，促进资源、技术、劳动力在两大子系统中的转移，促进两个子系统的关联发展。首先，在海岸带地区兴建加工和生产基地，完成海洋初级产品的深加工，赋予海产品更高的附加值，海洋开发沿着从海上到陆域的方向发展；其次，陆域产业能够利用区位上的优势，成立工业经济技术开发区，调整外向型经济模式，从全球范围内吸引资金和技术，支持沿海地区经济的发展。在上述两方面作用的共同影响下，将两个子系统的产业、资源等充分整合为一个整体，有利于沿海地区的经济发展。

第四节　可持续发展理论

可持续发展理论（Sustainable Development Theory）是在满足当代人发展需求的前提下，又不对后代人满足其需要的能力构成危害的发展，它的主要原则是公平性、持续性、共同性。这一理论旨在实现共同、协调、公平、高效、多维的发展。从内容的角度来看，它强调的是经济、生态以及社会三者的长期稳定健康发展，要求我们关注经济效率、生态和谐以及社会公平。尽管可持续发展理论是在环境保护呼声日益高涨的背景下诞生的，但人们却赋予其更多的内容，早已突破了环境保护领域。具体而言，从经济角度来说，这一理论强调的是在不以牺牲环境为代价的前提下实现经济增长，从而提升国家的实力，丰富整个社会的财富。可持续发展理论，对经济质量和数量的发展都提出了要求。在这一理论的指导下，过去高投入、高污染、高消耗的生产模式以及消费模式应该尽快作出转变，将清洁生产和文明消费的理念落实到位，从而提升经济活动的效益、降低资源的消耗量、减少废物的形成。

从某种层面而言，集约型的经济增长方式很好地契合了可持续发展的要求。

陆海经济的可持续性是实现可持续发展的动力，也是实现陆海经济一体化的核心所在。然而，一味地追求陆海经济的发展速度、产值与规模是不可取的，一旦海洋的可持续性受到损害，陆海经济的可持续发展将陷入无米之炊的尴尬境地。可见，应做好“技术—开发—保护”的体系建设，为陆海经济的可持续发展奠定坚实的基础。通常从如下两个方面来看待陆海经济的持续性：①陆海经济发展的协同性。即人与人、人与自然的互相扶持。这充分体现了不同个体彼此之间的协调，并形成对总体的支持。推及海洋开发领域而言，所有企事业单位、海洋产业均在为了实现自身目标而开展一系列活动，这些单位、产业彼此制约、互相影响。比如：对海洋渔业资源的开发利用有可能会挤压海洋运输所使用的航道，这就要求各部门从总体利益出发，互相给予支持，确保整体系统的正常运转，在整体行为得到改善的同时实现整体利益。人与自然的协同性指的是自然资源能达到人类的福利需求，而人类的一系列活动可对自然进化起到适当的引导作用，且二者趋于同步。所以，人类对海洋资源进行开发利用的同时，要顺应自然发展的规律对自己的需求、价值观作出必要的调整，要在持续改造自身的同时对自身的各项行为予以规范，还要充分发挥自身的能动性，用人类独有的智慧助力自然自发进化。以海水养殖为例，为了让一些海水养殖品种的生长满足人类的需求，现代海水养殖业引进了先进的海洋生物工程技术，由此实现了人与自然两者的协同进化。②陆海经济发展的生态高效性。主要包括两个方面的内容：第一，基于海洋物质生产与交换而言的生态的高效率，这是指用最低的生态代价实现效益的最大化。第二，基于海洋物质生产与交换而言的生态高效用，指的是达到时空上对资源的最大利用率。在这里，高效性是建立在高的效率、公平、协同的基础之上的。也就是说，对于实践活动的高效率而言，其终极目标为人的福利需求，其最终目的是人的全面发展。换言之，高效性是有效衡量高效率的衡量标准，也是公平性、协同性的一种有力体现。只有对海洋生态的生命价值与功能、经济价值与功能、环境价值与功能等有一个全面的、正确的认知，才能真正实现海洋生态系统开发利用的可持续性。海洋生态的这三种价值与功能彼此之间存在密切的联系，且相辅相成、彼此互为前提。各类海洋资源彼此之间也是相互依存、互相制约的。比如：若因人为干预导致某一海洋资源无法继续存在、形成、积累，将对该资源所处的生态系统网络造成巨大影响，进而影响其他海洋生态系统的生存、发展情况，此时，人类丧失的就不只是海洋生态系统的经济价值，在海洋生态系统的生命支持、环境净化等多方面的价值和功能上都会面临巨大损失。可见，实现海洋生态系统开发利用的可持续性意义重大，这不单只是生产资料经济价值利用方面的可持续性，也是生存、环境价值两方面的可持续性。值得注意的是：实现海洋生态系统可持续利用的最终目的在于实现人类效用的可持续性。对于海洋生态系统可持续利用的认识方面，最关键的一环就是要树立先进的生态资源观念与可持续发展观念。

本章小结

本章主要阐述了陆海经济一体化的基础理论，即系统论、自组织、产业关联、可持续发展等相关理论。就系统论而言，陆海经济系统涉及经济、社会、资源等一系列因素，这个系统规模庞大、内容纷繁复杂，兼具技术、管理两方面的问题。这就要求海洋开发活动必须是在系统论的指导下进行。同时也要将陆海系统的关联性、复杂性全面纳入考虑的范畴，尽可能实现沿海区域的可持续发展与陆海经济系统的良性循环。在系统论的基础上再充分考虑陆海生产对象及其所处空间区位特点上的不同之处，即可建立一个陆海经济一体化系统，该系统包含了海洋产业、陆域产业两个子系统。陆海经济一体化是把海洋产业系统和陆域产业系统统一起来，充分利用陆海产业系统中各项生产要素的自由流动，将陆域产业与海洋产业密切关联在一起，继而对各项生产资料进行集中优化配置，使生产成本大幅下降，最终实现规模经济效益。就自组织理论而言，陆海经济一体化形成的过程包括多个自组织过程。基于耗散结构理论可知：在陆海经济系统受到外来因素的影响而有所改变时，一旦这种变化达到或大于阈值，就将对系统中既有的自组织过程带来一定的“干扰”，不过，这些子系统彼此间一直是存在非线性作用和协同作用的，这两种作用将不断循环累积，直至在某个时间序列中发展成一个全新的、稳定的、有序的系统。就产业关联理论而言，海、陆两个产业系统的产业要素、产业结构、产业布局、产业制度之间存在密切的、复杂的关联，不同因素彼此密切关联，且互相发生作用，相互产生影响。就可持续理论而言，促进陆海经济一体化，要求重视陆海经济发展的协同性和生态高效性。

第三章　陆海经济一体化概述

第一节　陆海经济一体化内涵

陆海经济一体化，是经济一体化的组成部分。1954 年，荷兰学者简·丁伯根（Tinbergen Jan）首创了经济一体化这一术语，他将其界定为：消除有关阻碍经济最有效运行的人为因素，彼此协作和统一，搭建起最合理的国际经济结构。美国学者贝拉·巴拉萨（Balassa，1961）在他编撰的《经济一体化的理论》中提到，经济一体化指的是产品和生产要素在不同的国家之间流通，我们能够将其理解为发展过程（Process），或者是发展状态（State of Affairs）。从发展过程的角度来看，它是任何能够消除国家间差异性待遇的举措，具有动态的特点；从发展状态的角度来看，它是国家间差异性待遇的消失，具有静态的特征。1990 年，我国相关政府部门在推出海洋开发保护计划中，明确了陆海经济一体化这一原则，为陆海经济共联、海洋经济发展等指明了方向。与此同时，更多的学者开始投入这一研究领域中，对陆海经济一体化的概念进行阐述。学者们从不同的角度出发，提出了不同的定义。在这一过程中，陆海经济一体化的概念不断变化。时至今日，陆海经济一体化都并未形成统一的定义，其中比较经典的有：栾维新（1997）是最早阐述其定义的学者之一，他在研究中指出，陆海经济一体化，指的是从整体的角度思考海洋以及陆域两大生态系统，对海域和陆域资源的开发进行统一规划；任东明等（2000）在其研究中指出，陆海经济一体化，指的是在开发海洋资源时，充分利用临海区位优势和海洋的开放性，促进临海产业的快速发展，使海域和陆域能够更好地进行资金、技术、资源方面的互动。具体来说，陆域产业充分利用其资金和技术，在临海地区创建基地，方便进行海洋资源的开发、加工，从而将陆域产业拓展到海域中；同时，在临海产业的经营下，海洋资源能够大量地流入陆域，支持陆域经济的发展。由此可见，陆域和海域资源能够形成互补的局面，为沿海地区经济和社会的发展注入动力。徐质斌（2010）指出，陆海经济一体化是基于陆域和海域地区的关联，在系统论、协同论的指导下，从全局出发进行规划，遵循统一的规则进行开发，将相关的供应链组合在一起，将原本联系不太强的海域、陆域系统，整合成统一系统，从而提高陆域和海域资源配置的合理性水平。韩立民等（2011）指出，从广义的角度来看，陆海一体化指的是在更大程度上体现出海洋的优势，强化陆域和海域经济的关联，站在全局的角度上进行规划，使沿海地区经济和社会发展迅速。从狭义的角度来看，它指的是陆海经济的统一发展，也就是基于海域、陆域的内在关联，在系统论、协同论的指导下，进行统一的规划、联动开发、产业链的融合和管理，将原本相对独立的陆海系统整合起来，从而提高陆域和海域资源配置的合理性。陆海经济一体化，是由陆域和海域彼此为对方服务而驱动的，也就是在充分发挥自身优势的同时和对方形成互补。举例来说，陆域能够得到海域的资源、食品，海域能够得到来自陆域的技术、人力、财力等方面的支持。卢宁等（2014）指出，陆海一体化指的是根据陆域和海域的内在关联，基于系统论和协同论的相关内容，把原本相对独立的陆海系统，整合为一个新的统一整体，从而促进陆海资源更高效地流通和配置。陆海一体化涵盖的内容十分广泛，它包括了资源开发、产业发展、环境治理、开发管理的一体化等。具体来说，在资源开发一体化方面，它的本质是把海洋资源优势延伸到陆域空间，从而形成资源互补的局面，实现资源的统一配置；在产业发展一体化方面，主要是将陆域经济产业朝着海域空间转移，在临海地区、海岸带地区发展；陆海开发管理体制一体化，它是从陆海资源、经济整合发展方面着手，延伸到陆海社会、文化、交通、管理等的一体化；陆海环境治理一体化，是采取有效的措施，对陆域和海域地区的污染进行统一的治理，从而营造更好的陆域和海域生态环境，为陆海经济的发展、社会的可持续前行创造更好的条件；从社会经济的角度分析，它应该还包括陆海区域的一体化整合，除了海陆资源、空间等经济领域的整合之外，也包括陆海文化、社会和管理的统一整合。部分学者主要以海洋资源的开发这一点来阐述陆海一体化的概念，把陆海一体化发展界定为整合陆海资源、促进陆海产业发展、巩固陆海经济关联的模式。在整个陆海一体化体系中，最关键的一点是陆海资源的互补、陆海经济板块之间的互动。梳理现有的研究成果可知，大部分学者在进行这方面的研究时，都将主要的关注点放在陆海产业关联上，仅仅分析了狭义的陆海一体化，且在研究的过程中，通常都聚焦于经济领域。与陆海经济一体化相关的一个概念是陆海统筹。陆海统筹是规划和开发海洋与沿海地区经济发展的指导思想，陆海一体化是在经济前行的过程中执行陆海统筹战略。所以，我们能够将陆海统筹当作特定的观念形态，而陆海一体化则是具备特定组织架构的经济实体。陆海一体化与陆海统筹二者的关联在于一致的目标，即让陆域和海域资源能够互补，陆海产业能够互动，陆海环境协调，最终推动陆域和海域经济、社会快速发展。从这一角度来看，陆海一体化是最高级的陆海统筹，与陆海统筹的区别主要体现在观察视角、层次和内容等方面。

陆海经济一体化和陆海统筹是两个完全不同的概念，尽管它们有一些共同点，但也存在差异。就现状来看，大部分学者在进行陆海经济一体化方面的研究时，都将关注点集中在海岸带区。实际上，从两个经济系统进行分析，二者的关注范围应该相同，也就是整个海域系统、陆域系统。从其内容角度分析，“陆海统筹”是对海域、陆域的所有利益、价值以及文明进行统一的筹划，按照科学的思路将二者整合在一起，涉及经济、文化、环境等领域；而陆海经济一体化仅指的是海域和陆域两大经济系统的整合、融合以及协同。从二者依托的理论角度分析，“陆海统筹”依赖于系统论；陆海经济一体化也以系统论为指导，但同时也引入了协同论、可持续发展论，基于这些理论反映出海域和陆域经济系统一体化机制。所以，和“陆海统筹”相比，陆海经济一体化有着更有力的理论指导，因此具有更强的可操作性。换句话说，陆海经济一体化不但吸纳了“陆海统筹”在经济方面的内涵，并且更加重视陆海经济一体化机制和理论的准确拿捏以及自主应用。

从经济发展机制和理论内涵分析，本书阐述的陆海经济一体化的概念和其狭义定义有共同点和不同点。通过前文的分析可知，学者们可以从广义、狭义的角度阐述陆海一体化的定义。其中，广义的定义已经达成共识，即它指的是海域和陆域在社会、经济、政治、文化系统上彼此联系、彼此影响，由此产生协调和协同、融合和共生的发展态势。但在狭义的定义上，学术界存在一定的分歧，主流的观点有两种：其一，陆海一体化指的是基于陆域和海域经济在生态、技术、产业方面的关联，充分发挥临海工业的桥梁作用，对陆域、海域产业予以科学的安排。如此一来，各个涉海部门就能够协调地使用海域，合理地进行海域和陆域功能分区，在最大程度上降低陆海经济的矛盾，实现更高的陆域和海域经济整体效益（栾维新，1998）。其二，陆海一体化指的是在开发海洋资源的过程中，在最大程度上体现出临海区位优势以及海洋的开放性，促进临海产业的加速发展，从而使陆域和海域经济能够更好地交换资金、技术、资源等生产要素（任东明等，2000）。上述两个观点的共同点在于都是在海洋资源层面上进行阐述的，将陆海一体化当作统一陆海资源、提高陆海产业分布合理性、巩固陆海经济之间关联的科学模式。由此可见，采用陆海一体化的狭义概念更加科学，不太容易导致歧义。并且，学者们从狭义角度界定的陆海一体化，可以从系统层面着手，予以进一步的拓展。

综合以上观点，本书认为：陆海经济一体化，即将陆域和海域当作彼此独立的子系统，二者不断进行能量和物质交换，由此产生天然的和非天然的，比如经济上的关联，主要包含陆海产业发展、空间布局、资源开发、生产要素配置、交通基础设施、生态环境保护等六个方面的一体化。参考经济一体化的阐述，陆海经济一体化是战略思维，同时也是社会发展的必然方向，它是基于陆海产业、空间布局、资源开发、生产要素、交通基础设施、生态环境等方面的因素，从全局出发，进行统一的规划、协调、引导等，不断加强海域和陆域的关联性，提高两大子系统中产业布局的科学性，从而实现更加合理的资源配置以及产业结构局面；疏通经济运行的各个环节，提高产品和生产要素流通效率，促进海域和陆域经济效益的进一步提升，最终将两个子系统捏合成为能够优势互补的经济发展结合体。具体而言，从上述六个方面的一体化来看，陆海经济一体化又可细化为：陆海经济空间关联与耦合、陆海产业联动与协同、陆海资源共享与互化、陆海生产要素互用与对流、陆海交通基础设施互联互通、陆海生态环境共生与共荣等六个维度，后文对中国陆海经济一体化的评价将相应从这些方面展开。

第二节　陆海经济一体化的特征与空间边界

一、陆海经济一体化的特征

陆海经济一体化既是一种经济发展战略，也是陆域、海域经济在其内在动力驱动下所展示的过程与结果，它的特征体现在以下方面。

从战略层面看，陆海经济一体化呈现出全局性、统一性的特征。陆海经济一体化战略，是充分兼顾海域和陆域经济系统，契合二者融合、共同发展的要求，在更大程度上体现出二者的互补性、兼容性等方面的特征，在科学理念的指导下，基于前瞻性的眼光，拟定合理的经济发展战略以及政策，从而促进二者形成的整体性陆海经济系统能够在良好的状态下演变。

从理论机制角度分析，它表现出动力集成性、动态展开性、系统涌现性等特征。所谓动力集成性，指的是海、陆经济系统具备多方面的内在驱动力，由于资源是有限的，人类需要寻找可持续的开发和利用方式，才能确保自身的福利需求永远得到满足，因此会将各种驱动力整合在一起，由此形成了整体性的动力系统，从而使陆海经济系统能够实现共生性的发展。动态展开性，指的是海、陆经济系统融合共生发展，从而呈现出陆海经济系统发展的差异性状况。系统涌现性，它指的是海、陆经济系统利用海域和陆域经济空间、产业、资源等的互动、协调、一体化发展，两大系统构成整体的经济系统，在其不断发展和演变的过程中呈现出单一系统不具备的整体性、倍增性等特征。

在实践方面，它具有可持续性的特征。陆海经济一体化符合人类可持续发展的需求，是人类大规模、高效率、生态友好地利用各方面的陆海资源和生产要素，维持经济长期稳定健康发展的需求。

二、陆海经济一体化的空间边界

陆海经济一体化的区域范围由两个部分构成，其一为沿海地区。这一地区具备海洋资源、能源等多方面的优势，能够让海陆产业达到优势互补的效果，为沿海地区经济的发展注入动力。其二为大区域范围的沿海地区和内陆地区的经济一体化，利用沿海地区经济的点轴联动，不断扩展提高海域和陆域的资源配置，在更大程度上体现出沿海地区的优势，并对内陆地区产生积极的影响，达到更大范围优势互补、协同发展的目的。上述两个部分的内容有着紧密的关联，沿海地区内部的一体化是陆海经济一体化发展的初级阶段，当其发展到高级阶段后，沿海和内陆地区就实现了一体化。

陆海经济一体化，从地理范围角度分析，涉及海域和陆域空间，尤其是海岸带地区，海域和陆域在这里交界，对彼此施加影响，如岛屿、珊瑚礁、海岸、海峡等，都属于此列，充分展示出海域和陆域两大生态系统的关联。

海岸带是人类认识地球的基线，很多经济、政治和军事活动都发生在这里。从最初的“渔盐之利，舟楫之便”到现代海洋生物、矿产、能源等各种资源的开发和利用，基本上都是在这一区域进行。所以，在进行陆海一体化方面的研究时，应该主要关注海岸带地区，充分考虑地域的特征以及产业的发展现状，朝着陆域空间不断拓展。各地区的自然经济、海洋开发情况或多或少存在一定的差异，所以，各国在海岸带方面的规定是存在差异的，再加上学者认识的不同，导致在海岸带的划分方式上存在严重的分歧，海岸带的地理边界至今也没有统一起来。

在我国，海岸带的空间边界是有明确界定的：以占有海岸线的省市行政区域为陆上界线范围。从区域经济学层面而言，海岸带向陆一侧主要应以行政边界为标准，向海一侧应以具有完全主权的领海区域为界。这更符合海岸带区域经济发展的现状，方便陆域地区进行经济的规划以及管理，同时也能够更好地维护海上权益。

考虑海岸带的划分标准不一致，另外还需确保研究能够采集到的资料是完整的，本书主要从《中国海洋统计年鉴》等资料中获取数据和信息，研究过程中陆海经济一体化空间指的沿海地区，根据行政区域标准，向海一侧为我国的海域，向陆一侧为沿海省级行政区域。最终，选择 2017 年《全国海洋经济发展“十三五”规划（公开版）》中明确的 11 个沿海地区 53 个地级以上市作为沿海地区（基于数据的可获取性考虑，不包括港澳台地区），如表 3-1所示。

表 3-1　中国沿海地区行政区划　　单位：个

沿海地区	沿海城市	沿海县	沿海县市	沿海区
天津市	1	—	—	1
河北省	3	6	1	4
辽宁省	6	4	7	11
上海市	1	1	—	4
江苏省	3	8	4	3
浙江省	7	11	10	14
福建省	6	11	8	15
山东省	7	6	14	17
广东省	14	11	6	39
广西壮族自治区	3	1	1	6
海南省	2	5	5	3
合计	53	64	56	117

数据来源：《2018 年中国海洋经济统计公报》。

第四章 陆海经济一体化发展的动力机制

第一节 市场整合机制

一、陆海产业系统的相互依存及整合

陆海产业系统并不是相互独立、互不相关的。它们尽管各具特色，但是在经济技术方面相辅相成，相互影响，通过发挥自身独特的资源优势，确保资源能够得到最大化利用。

（一）空间依存性

作为陆地的自然延伸，海洋经济对陆地经济有着天然的依赖性，尤其是在空间和资源方面。随着技术的不断发展和社会的持续进步，虽然很多海洋资源得到了大力发展，但是沿陆海域空间经济占据着海洋经济的大部分，使海洋产业与陆地经济有着非常大的关联性。在对海洋进行开发的过程中，很多海洋产业，如渔业、盐业等，其所有的生产制作工序全部在陆地上完成；同时，虽然在海上能够完成渔业、交通运输、采矿等现代产业，但是其主要生产基地仍然在陆地上，很多辅助性或者主导性的产业也在陆地上。由此可见，陆地产业的快速发展，对海洋经济的开发起着非常重要的推动作用，能够从技术和配套设施方面完成对海洋经济的全方位服务。海洋资源和空间直接影响沿海地区陆域产业的健康发展。现如今，能源、水资源、矿产等问题已经严重影响陆域产业的发展，尤其是食物和生存空间制约着快速增长的人口。借助先进的科学技术，海洋中丰富的资源不断被人类发现和利用，如何更好地利用海洋，充分发挥海洋优势，已经成为世界各国当下研究的重点

课题。

（二）技术依存性

为了推动海洋经济的不断发展，实现海洋资源的深入开发和海洋产业的不断发展，人们开始将各种先进的科学技术应用到海洋经济中，如化工、勘探、遥感、通信、人工智能等技术。这些技术产生的主要作用有以下两点：①新兴海洋产业部门的产生得益于陆域技术的快速发展。现如今，随着陆地养殖技术的不断成熟和完善，海洋养殖技术体系逐渐形成；陆地勘探技术的发展使海洋勘探能够有成功经验借鉴，对海洋产业经济的持续发展起到了有力的促进作用。②海洋产业的改造与创新必须依靠各种先进技术的有力支持。海洋产业机构的发展和优化离不开高科技手段的持续应用。在海洋产业发展的整个过程中，科学技术起着非常重要的作用。从传统的资源开采到物流发展，海洋经济现在已经形成了包括矿产开发、生物制药等综合性非常高的复合经济体系。海洋经济系统以肉眼可见的高速度，实现了从第一产业到第二和第三产业的飞速发展。随着各种先进科学技术的不断应用和各种海洋产业的快速发展，海洋经济领域相继涌现了一大批新技术、新产品、新产业。由于陆海经济呈现发展紧密的关系，二者相辅相成，因此陆地经济也得到了快速发展。随着技术的不断延伸，海洋经济顺利完成了对陆地经济的延伸和扩展，推动了人类认识海洋、开发海洋的进程，促进了海洋经济的大力发展。同时，海洋经济在某种程度上对科学技术的大力应用，有效地推动了海洋资源在产业化进程中的陆地化过程。随着陆地经济技术的快速发展和完善，海洋战略新兴产业也实现了质的跨越。在科学技术的帮助下，陆海产业逐渐实现了资源的有效整合，确保陆海经济体系的利润最大化。

二、陆海产业的相互关联及整合

海洋产业和陆地产业存在非常紧密的关系，二者相互独立，又相互影响。尤其是在海洋经济发展的初级阶段，往往混合着陆地经济的发展。随着海洋产业的不断升级和完善，各个纵向、横向活动也相继出现在各类海洋经济活动中。现阶段，科学技术发展日新月异，这种大环境下，海洋产业系统也在不断改进、日渐完善，海洋系统能够更好地反馈于陆地系统，确保陆地经济系统的快速发展。在海洋和陆地经济系统中，二者的三次产业存在着非常紧密的关系。其中传统产业在陆地系统中不断形成和完善，然后逐步应用到海洋系统中，推动了海洋产业的快速发展。同时海洋经济的发展，反过来对陆地经济形成了辐射带动作用，这在某种程度上体现了陆地经济和科技的综合实力。在海洋经济和陆地经济发展过程中生产要素不断交融，确保复杂产业体系的构建。各个要素之间形成了复杂的关系。其中，常见的海洋和陆地产业对应关系有以下几种：

第一，以海洋第一产业（海洋渔业）为中心的产业链体系。在渔业、牧业、农业等方面，由于饲料、肥料等相互供给，海洋和陆地产业之间存在着非常紧密的饲养、捕捞关系；许多陆域产业所需的原材料都来源于海洋渔业，如食品加工业、纺织业、化工业等，而陆域产业中的一些先进机械制造技术也可被海洋渔业所应用；陆域运输、仓储等服务来源于海洋渔业。可见，海洋渔业和陆域第三产业之间存在非常紧密的关系。

第二，以海洋第二产业为中心产业链体系。在海洋经济和陆地经济发展过程中，生产要素不断交融，复杂产业体系不断被构建。比如，海洋船舶、盐业等领域和陆域产业构成了非常紧密的关系，其中，陆域第一产业的设备以及第二产业的机械能源、化工原材料等来源于海洋油气业；而海洋油气业的生产技术、交通运输技术、信息服务技术等来源于陆域相关产业；陆域第一产业中畜牧业的食盐以及第三产业的交通运输业来源于海洋盐业和交通业；陆域第一产业的货源和各种零部件的生产来源于海洋船舶行业、制造工业以及船舶工业。

第三，以海洋第三产业为中心产业链体系。海洋经济和陆地经济第三产业在发展过程中，生产要素不断交融，复杂产业体系不断被构建。海洋运输业和陆域第三产业形成非常紧密的关系。在陆域产业中，第一产业的货物就是通过海洋交通运输业运送而来的，与此同时，海洋交通运输业还能对第三产业的运输、能源、机械制造以及技术服务提供相应的支持；此外，陆域产业中，旅游资源、建筑和制造业都是依托海洋第三产业建立起来的，这些生产要素之间构成非常密切的对应关系，推动海洋经济和陆域经济的快速发展。

第二节 要素集聚机制

现代产业的发展呈现出两大显著特征：一是行业分工和地域划分日渐细化；二是生产专业化日益增强。所以，必须保证不同产业之间、不同地域之间各项生产要素流动的自由化、合理化、高效化，这也是现代产业发展最主要的动力源泉，有力地推动了陆海经济一体化的发展。

一、资源流动

现阶段，工业化进程的步伐日渐加快，陆域资源能源短缺、发展空间有限成为困扰经济发展的主要因素，极大地制约了社会经济的持续发展。目前，在工业领域，资源能源短缺导致的产能闲置高达20%；民用生活领域，以最低标准来计，生活用能源的缺口达到22%。因此，大幅提升海洋资源开发能力、大力发展海洋经济，已成为全球各国的燃眉之急。

通常从狭义、广义两个不同的层面来定义海洋资源。狭义上的海洋资源是指诸如海洋生物、海洋矿产之类的与海水直接相关的能量和物质。广义上的海洋资源还泛指港湾、水产加工、海洋运输、海上风能、海底地热等一系列资源。

海洋包含丰富的生物资源，人类现已在海洋生物中提取了逾6500种医药保健产品，深海基因资源极具市场价值，其市场前景高达30亿美元/年；海洋的矿藏资源也极其丰富，海水蕴含着80余种元素；海底也是石油、煤、硫黄、天然气的宝库，全球石油总储量估计为3000亿吨，其中有1350亿吨位于海洋之中；海洋还储存了大量的天然水合物资源，其储量是全球煤、石油、天然气总储量的两倍之多；海洋的再生能源也非常丰富，总量高达1528亿千瓦；海底也是多金属结核资源的宝库，总量逾3万亿吨，目前具备商业开发价值的多金属结核资源多达750亿吨。此外，海洋四通八达，为人类提供了极其便利的运输通道。

近岸海域的油气资源相当可观，深海处的矿产资源非常丰富，远远超过陆域的储量。近年来，勘探技术日渐精进，勘探活动的区域不断向深水区扩张。目前，人类可成功开采到海平面下 4000 米处的石油。中国海域的油气田数量多达 82 个，石油年产量占全国产量的 1/4，中国也成功跻身于全球四大海洋产油强国。现阶段，中国新增海洋原油产量呈迅猛发展态势，海洋石油在新增石油中的占比日益增大，这已成为行业发展的大势所趋。2001—2018 年，海洋石油在新增石油产量中的占比达到了 53%。2018 年，海洋石油在新增石油产量中的占比达到了 4/5。

在陆海产业的各子系统中，能源的流动是双向的，海洋能源不断流向陆域，陆域资源同时也在源源不断地流向海洋。不过，就流量而言，因为陆域的能源已得到大幅开采，从海洋流向陆域的能源远远超过从陆域流向海洋的能源，这就决定了陆海产业子系统间的能源流动总方向为：从海洋产业子系统流向陆域产业子系统。目前，人类的海洋开发能力与日俱增，海洋能源开采量不断扩大，海洋能利用的水平随之提升，海洋对经济发展的支持和贡献也不断增加。

二、资金循环

资金循环是一个动态变化的过程，在此过程中，资金从海、陆产业子系统的内部和陆海产业系统之间互相流通、不断分配。在这种动态循环的驱使之下，资金始终遵循效益最大化这一原则，在陆海经济一体化系统内部不断流动。目前，我国的生产资金缺口巨大，这种情况下，资金循环尤其重要。

资金在系统内部的循环流动是存在大小和方向的，目前，陆域产业系统的资金总量远远超过海洋产业系统。虽然循环过程中资金保持着同时从海向陆、从陆向海的双向流动，不过因叠加所致，其流动的总方向为：由陆域产业子系统流向海洋产业子系统。陆域产业的资本存量远远超过海洋产业，这是显而易见的，所以，陆域产业的平均边际报酬是不及海洋产业的，这使资本从陆域产业流向海洋产业成为可能。与此同时，政府对海洋产业的扶持仍在持续增加，相继出台了多项有助于海洋产业发展的政策和法律规定，加速了海洋产业层次提升的步伐，并对产业架构进行了一系列有益的调整，这些都有益于资本由陆域产业流向海洋产业。

海洋经济的快速发展必须建立在陆域经济高速发展的基础之上。一般认为，陆域经济总体实力强大的地区，有更多的资金用于发展海洋产业。我国的海洋经济发展区域不平衡，这也充分论证了上述观点的正确性。目前，沪、粤、鲁、浙是国内沿海地区经济最发达的地区，这些地区的海洋经济发展均处于国内先进水平。

三、技术传播

技术为一系列知识和手段的总和，涉及管理、组织、技能等多个方面，可以是物质上的，也可以是精神上的，还可以是信息上的，是为制造特定工业产品而创造的，人类可利用其改造自然界。科学技术是生产力系统中诸多要素中的一员，可强化、提高其他要素的质量。

技术在陆域、海洋之间是双向传播、双向转移的，这对海洋经济的发展起到了推动作用，得益于此，经济活动从陆域不断延伸至海洋。陆域经济系统中已经形成了一系列成熟的技术，这些技术不断传播到海洋经济系统，为海洋资源的开发利用、海洋经济的持续发展奠定了必要的基础。技术的进步、传播对陆海产业之间的技术合作和陆海产业链条的无缝衔接起到了有力的促进作用。

技术可细分成两个方面的内容。一是硬件，即物化于产品的技术；二是软件，即文献资料及其内涵的相关知识。生产系统要将物化、文献和内涵的知识充分运用起来，所以，陆海产业间的技术转移一般是指硬件、软件的双重转移。技术可以存储于许多不同的形态中，因此，通常可采用如下方式实现陆海产业间的技术转移：①生产资料、中间产品在陆海产业系统之间的流通，循环过程中产业之间技术的同步转移和传播。②产业运行过程中存在的信息买卖，这里所说的信息主要包含两种类型，一是非财产形态的信息，这种信息不存在特殊限制，便于买卖；二是财产形态的信息，这种信息仅限于特定条件下出售。③以人为媒介的技术传播和转移。通常是由具备专业技能、内涵知识的人将技术转移到各系统中，比如，由技术专员为不同产业的客户安装生产系统、维修设备、进行质量控制等。每一个产业在发展过程中都形成了一系列独具特色的核心技术，这些技术为产业的存续与发展提供了基本保障，海洋产业与陆域产业也不例外，必须在这两个产业之间基于各自的核心技术建立相应的技术功能。这对陆海产业的进一步发展意义重大。

目前，大量先进的陆域科技被广泛运用到海洋领域，得益于此，海洋资源的开发利用、生产加工都日益“陆地化”。陆域系统中各种高新技术的扩散和传播催生了一系列海洋新兴产业，由此实现了陆域系统和海洋系统的双重效益。

技术进步对陆海产业发展意义重大，具体如下：

第一，陆域技术进步催生了一系列的海洋产业与产业部门。一方面，得益于科技的进步，既有的海洋产业与产业部门进行了科学的分解，在技术变革、社会需求扩大的双重作用之下，一些产品、原有生产过程中的某一阶段被分离开来，进化成一种新的产业和产业部门。另一方面，科技革命也会催生新的生产部门。得益于新技术的发明，社会分工不断扩大，由此开辟出一个新的生产活动领域，进而演变成一种新的生产门类和生产部门。比如，陆域生物技术的进步带动了海洋生物医药业的发展；陆域采掘技术为海底油气开采奠定了必要的技术基础。技术进步对海洋产业的发展起到了有力的促进作用，使陆域产业活动不断扩大，延伸至海洋产业。

第二，在技术进步的带动之下，既有海洋产业与产业部门都得到了有益的改造。伴随科学技术的不断进步，各种新技术、新工艺、新装备被用于对之前既有产业进行一系列改造，这对产品的更新换代、附加值的提升，都是大有裨益的，还有可能发明出一种全新的产品。以盐业生产为例，此前，盐业生产以日晒盐为主，在盐化工艺持续发展的带动下，海盐产品的质量及其附加值都有大幅提升，产品种类也日渐多元化，这对海盐业的高速发展起到了极大的促进作用。

第三，在技术进步的带动之下，海洋产业的结构不断升级。技术进步一方面可催生出新的产业部门，并对既有部门进行有益的改造，另一方面，还能带动海洋产业结构持续升级、日趋完善。基于海洋产业发展史可知，在技术进步的带动下，海洋产业的发展已彻底摆脱了以往的“行舟楫之便、兴渔盐之利”的旧日景象，催生了海洋化工业、滨海造船业等一系列新兴产业。海洋产业从以往的第一产业不断发展到如今的第二产业、第三产业。

四、劳动力转移

业内通常将比较劳动生产率作为评价海洋经济部门效益的标准，通过将该指标和陆域经济部门进行对比，可以进一步揭示两个经济部门劳动生产率水平的差距和劳动力的流动方向。通常认为一个产业部门的比较劳动生产率小于 1 时，将出现生产要素外流的现象；相反，就会有生产要素流入。

已有研究表明：我国陆域劳动生产率非常稳定，多数情况下该指标没有超过 1，说明陆域生产要素是外流的；而海洋劳动生产率的数值普遍大于 1，远远超过陆域劳动生产率，说明生产要素由陆域不断向海洋流入，亦即陆域经济子系统和海洋经济子系统之间存在生产要素流动，总体方向为从陆域经济部门向海洋经济部门流动，劳动力的流动也包含在内。海洋产业系统作为劳动力的流入部门在吸纳劳动力方面具有更大的潜力。海洋经济部门在吸纳劳动力方面远远优于陆域经济部门，海洋产值的增加不仅仅带来经济总值的增加，同时提供大量就业机会，缓解地区就业问题。

第三节　政府引导与协调机制

通常认为，一旦公共组织的目标决策超过了单一部门的界定，各部门之间就必须进行有效的沟通和配合，这样才能实现预期的计划目标。政府的日常行政运行中，协调是其中一项非常重要的职能。沿海地区政府对海洋经济的发展尤其重视，将海洋视为区域 GDP 增长的核心环节。对比陆域经济而言，海洋经济的市场前景更加广阔，其利益交错也更加复杂，对此，政府将自身的指导、整合、协调功能充分发挥出来，有利于推动海洋资源的开发利用和海洋经济的持续发展。首先，对于陆海一体化而言，其准主体就是政府。政府在陆海一体化进程中的地位举足轻重，将自身的经济管理职能和服务职能充分发挥出来，从经济、法律、行政三方面着手，采取一系列有效的举措为海洋产业的发展打造一个良好的制度环境和市场环境，为涉海企业的发展提供有益的指导，并给予必要的帮助和扶持，有利于大幅提高涉海产业的竞争力。其次，政府也是政策环境的营造者和提供者。政府可制定一系列规章制度、行业标准，通过这种方法对涉海企业的建立及其后续运作进行指导，也可采用直接制定区域发展战略、对区域产业体系进行定位的方式，引导本地区海洋产业的发展规模、产业格局。最后，政府更是公共服务的践行者和提供者。海洋事业的发展是社会主义市场经济发展不可或缺的组成部分。市场经济中，市场失灵在所难免，这就要求政府在大力推动海洋经济发展的同时，做好海洋经济公共保障工作，营造良好营商环境。

除了政府引导，政府间的协调也对陆海经济一体化产生着重要影响。陆海经济一体化可能涉及多个地方政府。地方政府间的横向关系纷繁复杂，合作、协商、竞争等多重关系并存。政府间的合作旨在实现共同的利益需求，充分采用协同合作的方式来分享彼此的优势资源、克服自身的不足，进而达到合作共赢的目的。地方政府的目标在于为本地区创造最大的利益，一旦其自身利益与共同利益之间产生冲突和矛盾，其势必会为了维护本地利益而与其他地方展开激烈的竞争。一旦这种横向竞争越界，就会引发地方保护主义、过度竞争、重复建设等诸多问题，这些都会扰乱区域经济的发展秩序，制约陆海经济一体化的发展，这就要求政府构建一套科学的协调机制，并充分运用这一机制来有效协调政府间的关系。

政府间的协调要兼顾区域经济的发展和人与社会、自然的协调发展。这就要求区域内的各政府不但要协调好彼此之间的关系，正当竞争的同时又协同合作。通过构建有效的协调机制，充分利用地方政府之间的有效交流和相互合作，将各方的摩擦降至最低；统筹区域内的各项优势资源，使区域内的产业布局更加优化，有利于形成产业集聚的优势；将中心城市的集聚、扩散效应充分发挥出来，使地区的综合实力大幅提升。

当前，我国沿海地区陆海经济一体化，在政府间协调机制方面，已具有一定的现实基础。首先，最近几年，我国相继出台了多个相关区域规划以及区域性的文件，如：2008 年，国务院签发了《广西北部湾经济区发展规划》，次年又出台了《关于进一步促进广西经济社会发展的若干意见》，对区域经济布局的完善作出了明确的要求，有效推动该经济区打造成我国重要的国际区域经济合作区，对该区域的陆海经济一体化产生了重要影响。广东省《粤西地区经济社会发展规划纲要（2011—2015 年）》明确指出要创建区域合作机制，加大力度与环北部湾经济区、大西南地区进行无缝对接和协同合作，将粤西打造成珠三角连接北部湾地区的桥梁，对大西南区域提供出海通道、积极融入北部湾地区的发展建设产生了重要影响。

其次，通过构建各类合作组织、合作机构，成功建立了协调机制的组织框架。如：湛江市、北海市、海口市于 2000 年联合发起成立了北部湾经济合作组织，该组织吸引了钦州、防城港等多个城市参与。经过多年的发展，广西北部湾经济区发展了四千余个非政府组织。

本章小结

本章主要阐述了陆海经济一体化发展的内涵及动力机制，主要分为市场整合机制、要素集聚机制与政府引导机制。在市场整合机制方面，陆海产业系统并不是相互独立、互不相关的。它们尽管各具特色，但是在经济技术方面相辅相成，相互影响，通过发挥自身独特的资源优势，为资源利用的最大化提供有力的保障。

首先，基于海洋第一产业的产业链体系，在渔业、牧业、农业等方面，由于饲料、肥料等相互供给，海洋和陆地产业之间存在着非常紧密的饲养、捕捞关系。其次，基于海洋第二产业的产业链体系，在陆海经济持续发展的进程中，各种生产要素不断交融，复杂产业体系不断被构建。最后，基于海洋第三产业的产业链体系，海洋运输业的发展关系到陆域第三产业的形成。海洋交通运输业为陆域第一产业提供了源源不断的货源，也为陆域第三产业中的运输、能源、机械制造以及技术服务提供相应的支持；此外，陆域产业中的旅游资源、建筑、制造业都是建立在海洋第三产业的基础之上的，这些生产要素之间构成非常密切的对应关系，推动海洋经济和陆域经济的快速发展。

在要素集聚机制方面，陆海产业子系统之间的能源是双向流动的，但是，双向流动的流量并不相等。如今陆域资源枯竭、能源短缺，能源更多的是从海洋流向陆地，这就决定了陆海子系统间能源的总方向，即从海洋产业子系统流向陆域产业子系统。

在政府引导机制方面。各地政府充分发挥自身的资源和区域优势，对促进海洋经济、推动陆海经济一体化产生积极影响。沿海地区的政府向来对海洋经济的发展给予高度重视，把海洋经济发展作为 GDP 增长的重要构成部分。对比陆域经济而言，海洋经济的市场前景更加广阔，利益交错更加复杂，对此，政府要将自身的指导、整合、协调作用充分发挥出来，为海洋的开发利用和当地经济的持续发展提供保障。

第二篇

实证篇

第五章　中国陆海经济一体化综合评价

第一节　中国陆海经济一体化综合评价指标体系构建

一、指标体系的构建原则

（一）目的性原则

在建立评价指标体系时，指标并非越多越好，关键是其在评价过程中所起的作用。任何指标体系的设计都应该涵盖为了达到评价目的所需的基本内容，能够反映对象的全部信息。因此，目的性是出发点。

（二）可行性原则

在选取指标的时候，应该选取有稳定的数据来源、易于操作、具有可测性、能够符合客观实际水平的指标。指标含义应该明确，数据要规范，口径要一致，资料的收集应该简便易行。对于定量指标来说，应当能够通过某种途径，如查阅公开出版物（各类统计年鉴），可以获得反映指标水平的数据资料。对于定性指标来说，应该能通过一定方式，转化为某种可量化指标。

（三）代表性原则

选取的指标要有代表性，能够客观地反映研究对象某一方面的特性。在分析研究的基础上，选择能够全面反映研究对象各个方面的指标。

（四）独立性原则

选取的每一个指标要内涵清晰、相对独立，同一层次的指标应该不相互重叠，相互之间没有因果关系。指标体系要层次分明，简明扼要。整个指标体系的构成要紧密围绕研究目的展开。

（五）科学性原则

指标体系中每一个指标从计算内容到计算方法都必须科学、合理、准确。指标体系的建立一定是在对评价体系进行充分研究的科学基础上，能够真实客观地反映实际情况。

二、相关指标体系研究回顾与启示

关于中国陆海经济一体化的实证研究，现有的文献主要从“陆海一体化”“陆海统筹”“陆海联动”等主题展开。如孙才志等（2012）运用能力关系模型从资源、产业、科技与环境四个角度构建指标体系对环渤海地区海陆一体化程度进行分析。盖美等（2013）从时间与空间两个维度，运用关联度、耦合度模型对中国沿海地区海陆产业耦合情况进行分析，并从产业规模、产业结构、产业增长、产业效率四个维度构建指标体系。于丽丽等（2017）利用耦合模型和耦合协调模型对中国沿海地区海陆经济一体化进行实证分析，并从海陆经济规模、产业结构、经济效率和发展潜力四个方面构建海陆经济一体化评价指标体系。徐静等（2019）对中国陆海统筹的绩效进行实证研究，从敏感性和应对性两方面构建评价指标体系。以上文献为本书的研究提供了有益的研究基础，但仍存在可以改善的地方，这表现在如下四个方面：一是现有研究使用的指标体系过多，对某些方面的度量存在过多的重复。二是有的文献采用的指标，其数值变化很小或者没有变化，当采用客观赋权方法的时候，会影响权重的设置，从而影响陆海一体化的分析。三是部分指标之间存在较大的相关性，这会影响评价的效果。四是某些指标不是所有地区都有数据，用其进行评价，科学性不足。基于此，本书将对现有的指标进行改进，弥补现有文献的不足，建立客观科学的陆海经济一体化指标体系。

三、构建综合评价指标体系

借鉴已有成果并结合研究需要，本书从经济关联、产业联动、资源共享、环境共生、交通互通五个方面构建陆海经济一体化评价指标体系的理论框架。

陆海经济一体化在宏观上首先表现为陆域经济与海洋经济相互关联，两者的经济规模、经济结构与经济效率存在相关性。因此，选用陆域经济与海洋经济的生产总值、生产总值占地区生产总值的比重与生产效率来度量。

陆海产业联动是指陆海产业之间的相互促进、相互制约的关系。陆海三大产业的相互关系表现为，陆域产业的发展是海洋产业发展的基础和前提，海洋产业发展能推进陆域产业向更高层次、更大产能发展，陆海产业良好的联动可促进陆海经济共同发展。为此，直接选用陆域与海洋产业的三大产业的增加值测度产业互动关系。

陆海资源共享是指在陆域资源系统和海洋资源系统因陆海经济一体化形成与发展的陆海经济系统内，相互利用资源，实现资源形态转化与价值增值的过程。资源包括自然资源与生产要素资源。由于各地自然资源分布不均，难以用统一的标准来衡量自然资源开发利用状况，因此本书用生产要素的共享来反映。考虑数据的可得性，选用陆域与海洋经济的就业人数来度量劳动要素，选用固定资产投资来度量资本要素，用科研机构内部经费支出来度量技术要素。

陆海环境共生是指陆域生态环境系统与海洋生态环境系统相互关联、相互影响，推动彼此一体化。对于海洋生态系统而言，加强环境保护与合理利用海洋自然资源，对于海洋生态系统的可持续性具有重要意义；对于陆域生态系统来说，目前需要加强环境污染治理与合理利用自然资源。由于海洋自然资源分布不均，本书选用沿海各省份的渔业捕捞产量来度量海洋自然资源开发利用状况，用海洋生态保护区的面积与人均海岸线度量海洋环境保护状况。与此对应的陆域生态系统，选用人均耕地面积、环境污染治理总额与一般工业固体废物综合利用量来度量陆域生态环境系统的共生状况。

陆海交通互通是指陆域交通基础设施与海洋交通基础设施之间形成的互联互通态势，新复合型的陆海交通基础设施涌现的情形。海陆交通基础设施互通最终将会表现为陆域交通与海洋交通的运输量增加。鉴于数据的可得性，本书选用沿海地区的海洋货物运输量与海洋货物运输周转量、海洋港口货物吞吐量与旅客吞吐量来度量海洋交通基础设施运输能力；用铁路与公路加总的货运量、客运量、货运周转量与客运周转量分别代表陆域货运量、陆域客运量、陆域货运周转量与陆域客运周转量。

综合以上分析，构建的陆海经济一体化综合评价指标体系如表 5-1 所示。

表 5-1　陆海经济一体化综合评价指标体系

目标层	一级指标	二级指标	指标含义与算法
陆域系统指标体系	经济关联	陆域经济生产总值	陆域经济活动总量
		陆域生产总值占 GDP 比重	（陆域生产总值/地区生产总值）×100%
		陆域劳动生产率	陆域生产总值/陆域就业人数
	产业联动	陆域第一产业	地区陆域第一产业增加值
		陆域第二产业	地区陆域第二产业增加值
		陆域第三产业	地区陆域第三产业增加值
	资源共享	陆域就业人数	总就业人数减涉海就业人数
		陆域固定资产投资	地区固定资产投资总量×陆域生产总值/地区生产总值
		陆域科研机构内部经费支出	陆域科研机构内部费用支出
	环境共生	环境污染治理总额	地区环境治理投资总额
		一般工业固体废物综合利用量	从废物中提取使用的固体数量
		人均耕地面积	地区耕地面积/常住人口数
	交通互通	陆域货运量	铁路与公路货运量之和
		陆域货运周转量	铁路与公路货物与其运送距离的乘积之和
		陆域客运量	铁路与公路客运量之和
		陆域客运周转量	铁路与公路客运周转量之和
海洋系统指标体系	经济关联	海洋经济生产总值	海洋经济活动总量
		海洋生产总值占 GDP 比重	（海洋生产总值/地区生产总值）×100%
		海洋劳动生产率	海洋生产总值/涉海就业人数
	产业联动	海洋第一产业	地区海洋第一产业增加值
		海洋第二产业	地区海洋第二产业增加值
		海洋第三产业	地区海洋第三产业增加值

续表

目标层	一级指标	二级指标	指标含义与算法
海洋系统指标体系	资源共享	海洋就业人数	地区涉海就业人数
		海洋固定资产投资	地区固定资产投资总量×海洋生产总值/地区生产总值
		海洋科研机构内部经费支出	海洋科研机构内部费用支出
	环境共生	渔业捕捞产量	地区渔业捕捞产量
		海洋生态保护区面积	海洋生态保护区面积
		人均海岸线	地区海岸线长度/常住人口数
	交通互通	海洋货运量	海洋货运数量
		海洋货运周转量	海洋货运的货物与其运送距离的乘积
		港口货物吞吐量	港口装卸的货物重量总和
		港口旅客吞吐量	旅客进出港口总和

第二节　中国陆海经济一体化综合评价方法

中国陆海经济一体化综合评价涉及较多指标，需确定指标权重。指标体系的赋权方法有主观赋值法和客观赋值法。主观赋值法主要依靠专家对指标体系进行评估赋值；客观赋值法主要根据数据分布特点进行赋值。由于本章研究所涉及的指标体系过多，一些指标的变化程度较小，如采取客观赋值的方法，这些指标的权重相对较小，而个别指标主观看来是很重要的，因此，为避免这种情况出现，本章选取主观赋值的层次分析法，并对分析结果再进行专家评价，最终确定权重。

陆海经济一体化综合评价涉及陆域与海洋两大系统，两大系统又由经济、产业、资源、环境、交通五个子系统构成，因此本章研究采用复合系统协同度模型来测度其协同度，以此衡量陆海经济一体化的综合程度。

一、层次分析法

层次分析法简称 AHP，是 20 世纪 70 年代美国运筹学家 T. L. Saaty 教授提出的一种简便、灵活而又实用的多准则决策方法。

层次分析法的原理是：首先，将系统中的各种因素通过相互之间的关系与隶属结构划分一个递阶层次结构；其次，专家对同一层次内的各因素的相对重要性进行评判，并用一致性准则检验评判的准确性；最后，得到各因素的权重。

层次分析法主要由如下步骤构成：

第一，构建层次分析的结构模型。

在系统分析各个因素的基础上，将各个因素根据不同属性自上而下划分为若干层次，同一个层次的各个因素分别隶属于上一层次的因素，还能对下一层次的因素产生影响。通常将模型分为目标层、准则层和方案层。目标层中只有一个元素，一般是分析问题的预定目标。准则层包括了实现目标的中间环节，它包括下一层次的子准则（方案层），方案层为系统层次分析的最直接表现形式。

第二，构建层次分析的判断矩阵。

在准则层中各因素在目标衡量中所占的比重并不一定相同，需建立一个判定尺度，来度量两两因素间的重要程度。判断矩阵是通过对每个层次的因素两两比较来确定因素之间的重要性，常用 1~9 的数字来衡量，判断矩阵的标度含义见表 5-2。

表 5-2　相对重要性比例标度含义

标度	风险因素 i 与风险因素 j 比较	意义
1	风险因素 i 与风险因素 j 同等重要	$\alpha_i=\alpha_j$
3	风险因素 i 与风险因素 j 稍微重要	$\alpha_i=3\alpha_j$
5	风险因素 i 与风险因素 j 比较重要	$\alpha_i=5\alpha_j$
7	风险因素 i 与风险因素 j 重要得多	$\alpha_i=7\alpha_j$
9	风险因素 i 与风险因素 j 重要很多	$\alpha_i=9\alpha_j$

续表

标度	风险因素 i 与风险因素 j 比较	意义
2，4，6，8	风险因素 i 与风险因素 j 的重要性处于上述判断之间	
以上数值的倒数	风险因素 i 与风险因素 j 的重要性比较结果互为倒数	

假设有 n 个元素 C_1，C_2，…，C_n，利用上表所给的相对重要性比例标度，对元素 C_i 和 C_j 做两两比较判断，获得相对重要度的值 a_{ij}，构成矩阵。专家根据评判准则对各个因素的权重两两比较并进行打分之后，经过整理，可以得到各因素权重的判断矩阵 A：

A	A_1	…	A_n
A_1	a_{11}	…	a_{1n}
…	…	…	…
A_n	a_{n1}	…	a_{nn}

矩阵 A 中的各元素 a_{ij} 表示行指标 A_i 对列指标 A_j 相对重要性的比例标度，则判断矩阵 A 中指标两两比较的特点有 $a_{ij}>0$，$a_{ij}=1, a_{ij}=1/a_{ji}(i,j=1,2,\cdots,n)$。

第三，层次排序。

对构建的准则层判断矩阵，采用方根法求特征向量和最大特征值。具体做法是先计算矩阵每一行的乘积，再对乘积求 n 次方根，最后进行归一化处理，得到特征向量 $W=(w_1,\cdots,w_n)^T$。特征向量 W 对应的最大特征值 $\lambda_{\max}$，见公式 5-1。

$$\lambda_{\max}=\sum_{i=1}^{n}\frac{A\cdot W_i}{n\cdot W_I} \quad 5\text{-}1$$

第四，一致性检验。

首先，计算一致性指标。

该指标是为了判断矩阵的一致性程度，计算公式为 5-2。

$$CI=\frac{\lambda_{\max}-n}{n-1} \quad 5\text{-}2$$

其次，确定 RI。

为了使研究结果更接近实际值，引入随机一致性修正指数 RI 来修正 CI，其中，RI 可查表，CR 可用公式 5-3 计算：

$$CR=\frac{CI}{RI} \tag{5-3}$$

当 $CR<0.10$ 时，认为判断矩阵的一致性是可以接受的，否则应对判断矩阵作适当修正。

表 5-3　平均随机一致性指标 *RI* 取值

阶数 n	1	2	3	4	5	6	7	8	9	10
RI	0. 00	0. 00	0. 52	0. 90	1. 12	1. 24	1. 32	1. 41	1. 49	1. 51

通过一致性检验后的决策矩阵的特征向量即为各指标相对于上一层的重要性。各指标对总目标的权重，将指标层某指标相对于其上一层的重要性乘以与其对应的准则层相对于目标层的重要性，得到的乘积即为指标层各指标相对于目标层的最终权重。

二、复合系统协同度模型

对陆海经济一体化做综合评价，需将陆域与海洋系统视为一个复杂的总系统，综合考虑各种评价分析模型，本书采用复合系统协同度模型进行分析。运用复合系统协同度模型，首先需要将总系统划分为若干子系统，并从每个子系统中寻找若干序参量，将每个序参量设定若干要素指标。然后先求取序参量的有序度，再通过相应合成规则测度出子系统的有序度，最终测度出整个系统的整体协同度，以此衡量系统的全面协同发展程度。具体操作如下：

首先，将系统分为若干子系统并定义。假定一个系统是由若干子系统所构成的，记为 $F=(F_1,F_2,\cdots,F_n)$，F_n 为第 n 个子系统。设子系统 $F_j(j\in[1,k])$ 在演进中的序参量 $e_j=(e_{j1},e_{j2},\cdots,e_{jn})$，其中 $n\geqslant1$，$\alpha_{ji}\leqslant e_{ji}\leqslant\beta_{ji}$，$i=1,2,\cdots,n$，$\alpha_{ji}$和 β_{ji}分别为系统稳定时序参量 e_{ji}的上限与下限。

其次，测定序参量分量的有序度。通常用式 5-4 对子系统序参量分量的有序度进行测度。

$$\mu(e_j)=\begin{cases}\dfrac{e_j-\alpha_{ji}}{\beta_{ji}-\alpha_{ji}} & i\in[1,k]\\ \dfrac{\beta_{ji}-e_j}{\beta_{ji}-\alpha_{ji}} & i\in[k+1,n]\end{cases} \qquad 5\text{-}4$$

上式中，$\mu(e_j)\in[0,1]$，表示序参量对子系统有序的贡献，$\mu(e_j)$ 越大，序参量分量 e_j 对系统有序度的贡献越大。

再次，对子系统有序度进行测定。对子系统有序度的测度通常有两种：一是几何平均法（见式 5-5），二是线性加权求和法（见式 5-6）。通过式 5-5或式 5-6 所求取的值来表征对系统有序性的贡献程度，式 5-6 中 ω_i 为权重。$\mu(e_j)$ 的取值范围是［0,1］，且取值越大，表示子系统的有序度越高。

$$\mu_j(e_j)=\sqrt[n]{\prod_{i=1}^{n}\mu(e_{ji})} \qquad 5\text{-}5$$

$$\mu_j(e_j)=\sum_{i=1}^{n}\omega_i\,\mu(e_{ji})\quad \omega_i\geqslant 0,\ \sum_{i=1}^{n}\omega_i=1 \qquad 5\text{-}6$$

最后，对系统整体协同度进行测定。利用式 5-7 对已测算出的子系统有序度进行运算，可以计算出系统的整体协同度。

$$CE=\varphi\times\sqrt[n]{\prod_{j=1}^{n}\left|\mu_j^1(e_j)-\mu_j^1(e_j)\right|}$$

$$\varphi=\frac{\min\left|\mu_j^1(e_j)-\mu_j^1(e_j)\right|}{\min\left[\mu_j^1(e_j)-\mu_j^1(e_j)\right]},\quad j=1,2,\cdots,n \qquad 5\text{-}7$$

在式 5-7 中，CE 表示系统整体协同度，整体协同度的数值越大反映系统整体协同发展的状况越好，反之则越差。式 5-7 反映了子系统 F_j 从 t_0 到 t_1 时间动态地演化迈向有序过程。此外，子系统的有序性一方面主要体现了子系统内部各构成要素之间发展的协调性，另一方面在一定程度上承载了子系统内部各要素发展水平的信息。

整体系统协同度 CE 表示系统的全面综合协同发展程度，其取值的范围为［-1,1］，数值越大表示系统全面协同发展的程度越大，否则，表示系统发展的协同性越差。

如果整体系统的协同度要大于 0（$CE>0$），就必须使公式（5-7）中的 $\varphi>0$，则约束条件 $\mu_j^1(e_j)-\mu_j^1(e_j)>0$，$j\in[1,k]$ 需成立。

如果系统协同度 CE 位于区间［0,1］，且随着时间的推移其取值越来越大，则说明系统在走向日益协同有序的状态；反之，如果系统协同度 CE 位于区间［-1,0］，则表明若干子系统中至少有一个子系统没有与其他子系统协调发展，而是步入无序的状态，从而使整个系统的协同发展程度受到了负面影响。

随着时间推移，系统全面协同发展程度不断提高，需要各子系统的协调发展。如果某个子系统的发展跟不上其他子系统的发展步伐，就会影响整个系统发展的协同性。因此，利用复合系统协同度模型可以考察在一个连续的时间段内系统协同发展的连续性，可以帮助研究者加深对系统发展规律的理解。

第三节　中国陆海经济一体化综合评价实证分析

一、数据来源及说明

中国陆海经济一体化综合评价以整个沿海地区和沿海地区 11 个省（市、自治区）为研究对象。由于统计口径与指标的变化，陆域产业的科研经费内部支出数据，目前只有 2011—2016 年的，因此，本章以 2011—2016 年为研究区间。主要数据来自《中国海洋统计年鉴》（2012—2017）、《中国统计年鉴》（2012—2017）、《中国科技统计年鉴》（2012—2017）、《中国环境统计年鉴》（2012—2017），以及 2011—2017 年沿海 11 个省（市、自治区）的统计年鉴。为保障数据的一致性，同一指标如各年鉴均有数据，以《中国海洋统计年鉴》为主。需要说明的是，由于 2013、2014 年海南省缺失海洋科研机构内部经费支出数据，且其他几年的数据跳跃性太大，对其数据按三年移动平均进行平滑处理。表 5-4 为沿海地区各指标数据加总。

表 5-4　2011—2016 年沿海地区陆海经济系统各指标数值

子系统	一级指标	二级指标	2011	2012	2013	2014	2015	2016
陆域系统指标体系	经济关联	陆域经济生产总值（亿元）	243469.99	265721.27	289495.68	312370.40	329905.80	355388.30
		陆域生产总值占 GDP 比重	84.23	84.12	84.10	83.73	83.43	83.60
		陆域劳动生产率（万元/人）	7.72	8.36	8.92	9.54	10.06	10.82
	产业联动	陆域第一产业（亿元）	43781.20	48231.70	52291.40	55234.00	57534.40	60099.80
		陆域第二产业（亿元）	1071.20	221193.10	237347.20	250911.80	254368.40	268569.40
		陆域第三产业（亿元）	194567.80	220769.80	250887.60	277129.00	311614.90	345764.30
	资源共享	陆域就业人数（万人）	31526.28	31771.05	32444.36	32726.55	32800.74	32832.27
		陆域固定资产投资（亿元）	123433.0	145858.88	171244.43	195780.31	212403.22	222276.36
		陆域科研机构内部经费支出（千元）	34800177	44572682	47986859	54346171	61690706	69899040
	环境共生	环境污染治理总额（亿元）	3469.20	3950.60	4215.10	4152.50	3926.40	3823.20
		一般工业固体废物综合利用量（万吨）	78700.55	81369.80	83667.45	80310.84	79571.15	77182.18
		人均耕地面积（平方米/人）	61.15	60.69	60.31	59.85	59.43	58.9
	交通互通	陆域货运量（万吨）	1667883	1792728.40	801979	836159	691420	687603
		陆域货运周转量（亿吨千米）	11698.40	12597.50	9046.31	10063.54	9467.76	9681.27
		陆域客运量（万人）	1367423	1510241.1	1430428	1495288	1438093	1526969
		陆域客运周转量（亿人千米）	31636.00	34172.70	33942.46	35089.99	33846.92	35347.22

续表

子系统	一级指标	二级指标	2011	2012	2013	2014	2015	2016
海洋系统指标体系	经济关联	海洋经济生产总值（亿元）	45580. 40	50172. 90	54718. 30	60699. 10	65534. 40	69693. 70
		海洋生产总值占 GDP 比重	15. 77	15. 88	15. 90	16. 27	16. 57	16. 40
		海洋劳动生产率（万元/人）	13. 32	14. 46	15. 57	17. 08	18. 26	19. 24
	产业联动	海洋第一产业（亿元）	2381. 90	2670. 60	3037. 70	3109. 50	3327. 70	3570. 90
		海洋第二产业（亿元）	21667. 60	23450. 20	24608. 90	26660. 00	27671. 90	27666. 60
		海洋第三产业（亿元）	21530. 80	24052. 10	27071. 70	30929. 60	34534. 80	38456. 20
	资源共享	海洋就业人数（亿元）	3421. 70	3468. 80	3514. 30	3553. 70	3588. 50	3622. 50
		海洋固定资产投资（亿元）	23108. 09	27540. 75	32367. 34	38043. 58	42193	43589. 68
		涉海机构内部经费支出（千元）	5697483	6393078	7434571	8859189	9738524	9102980
	环境共生	渔业捕捞产量（万吨）	1317. 8	1368. 3	1376. 4	1456. 2	1534	1575. 81
		海洋生态保护区面积（平方公里）	46935. 74	49035. 00	48503. 00	48455. 00	68266. 53	51791. 00
		人均海岸线（米/人）	0. 055	0. 055	0. 054	0. 054	0. 054	0. 053
	交通互通	海洋货运量（万吨）	205808. 00	217404. 00	225870. 00	250814. 00	267667. 00	281081. 00
		海洋货运周转量（亿吨千米）	67551	72396	66845	78427	78460	83247
		港口货物吞吐量（万吨）	636024	687975	756129	803307. 00	814728	845510
		港口旅客吞吐量（万人次）	7999	7879	7780	8062. 00	8163	8203. 0

二、陆海经济一体化综合评价

（一）子系统及有序度解析

本章运用复合系统协同度模型，对陆海经济一体化做综合评价，需将陆域与海洋系统视为一个复杂的总系统。陆域经济系统与海洋经济系统作为整个系统的子系统，其一级指标作为子系统的序参量，序参量又由二级指标构成。陆域经济系统与海洋经济系统均由经济关联、产业联动、资源共享、环境共生序参量构成，但各序参量的内容不完全一致，而是由其序参量的特点决定。

对子系统有序度的测定其实是通过两个环节来实现的。首先，对序参量的有序度进行测定，之后基于序参量有序度的测定结果，运用适当方法求出子系统的有序度。

（二）数据无量纲化

由于评价指标体系涉及众多指标，其量纲不同，数值数量级相差悬殊，无法直接比较，因此需要对数据进行标准化处理。本书通过离差法对数量级相差悬殊的数据进行无量纲处理，如下：

$$X_{it}=\frac{X'_{it}-\min(X'_{it})}{\max(X'_{it})-\min(X'_{it})} \tag{5-8}$$

X_{it}为标准化处理过第 i 个指标，X'_{it}为原始数据，$\max(X'_{it})$、$\min(X'_{it})$ 分别为指标的最大值与最小值，$\max(X'_{it})-\min(X'_{it})$ 为评价指标的极差。所有标准化处理过的指标，都位于区间 $[0,1]$。

表 5-5　2011—2016 年陆海经济系统各指标数值标准化

子系统	一级指标	二级指标	2011	2012	2013	2014	2015	2016
陆域系统指标体系	经济关联	陆域经济生产总值	0.000	0.190	0.379	0.627	0.828	1.000
		陆域生产总值占 GDP 比重	0.000	0.142	0.159	0.624	1.000	0.780
		陆域劳动生产率	0.000	0.193	0.380	0.635	0.835	1.000
	产业联动	陆域第一产业	0.000	0.243	0.552	0.612	0.795	1.000
		陆域第二产业	0.000	0.297	0.490	0.831	1.000	0.999
		陆域第三产业	0.000	0.149	0.327	0.555	0.768	1.000

续表

子系统	一级指标	二级指标	2011	2012	2013	2014	2015	2016
陆域系统指标体系	资源共享	陆域就业人数	0.000	0.235	0.461	0.657	0.831	1.000
		陆域固定资产投资	0.000	0.216	0.452	0.729	0.932	1.000
		陆域科研机构内部经费支出	0.000	0.172	0.430	0.782	1.000	0.843
	环境共生	环境污染治理总额	0.000	0.098	0.073	0.071	1.000	0.228
		一般工业固体废物综合利用量	1.000	0.792	0.607	0.425	0.237	0.000
		人均耕地面积	0.000	0.196	0.227	0.536	0.838	1.000
	交通互通	陆域货运量	0.000	0.154	0.267	0.598	0.822	1.000
		陆域货运周转量	0.043	0.338	0.000	0.706	0.708	1.000
		陆域客运量	0.000	0.248	0.573	0.799	0.853	1.000
		陆域客运周转量	0.518	0.234	0.000	0.667	0.905	1.000
海洋系统指标体系	经济关联	海洋经济生产总值	0.000	0.199	0.411	0.616	0.772	1.000
		海洋生产总值占 GDP 比重	1.000	0.858	0.841	0.376	0.000	0.220
		海洋劳动生产率	0.000	0.207	0.387	0.587	0.753	1.000
	产业联动	海洋第一产业	0.000	0.273	0.522	0.702	0.843	1.000
		海洋第二产业	0.000	0.823	0.883	0.934	0.947	1.000
		海洋第三产业	0.000	0.173	0.372	0.546	0.774	1.000
	资源共享	海洋就业人数	0.000	0.187	0.703	0.919	0.976	1.000
		海洋固定资产投资	0.000	0.227	0.484	0.732	0.900	1.000
		涉海机构内部经费支出	0.000	0.278	0.376	0.557	0.766	1.000
	环境共生	渔业捕捞产量	0.000	0.645	1.000	0.916	0.613	0.475
		海洋生态保护区面积	0.234	0.646	1.000	0.482	0.368	0.000
		人均海岸线	1.000	0.794	0.625	0.423	0.233	0.000
	交通互通	海洋货运量	0.887	1.000	0.103	0.134	0.003	0.000
		海洋货运周转量	0.747	1.000	0.000	0.286	0.119	0.179
		港口货物吞吐量	0.000	0.895	0.395	0.801	0.443	1.000
		港口旅客吞吐量	0.000	0.684	0.621	0.931	0.596	1.000

（三）指标权重设置

运用德菲尔法对指标体系进行赋权。选取海洋经济方面的学者和海洋局的有关工作人员共 6 名专家，大家一致认为，海洋经济与陆域经济同等重要，其权重分别为 0.5。由于陆域经济系统与海洋经济系统的各一级指标与二级指标都相互对应，因此，陆域经济系统与海洋经济系统的下属各对应指标的权重相同。将子系统目标层用 *A* 表示，一级指标用 *B* 表示，二级指标用 *C* 表示，得到陆域经济系统或海洋经济系统的子系统判定矩阵，见表 5-6。

表 5-6 子系统判定矩阵表

A	*B*1	*B*2	*B*3	*B*4	*B*5
*B*1	1	2	3	3	4
*B*2	1/2	1	1	1	2
*B*3	1/3	1	1	1	2
*B*4	1/3	1	1	1	1
*B*5	1/4	1/2	1/2	1	1

*B*1	*C*1	*C*2	*C*3
*C*1	1	2	1
*C*2	1/2	1	1
*C*3	1	1	1

*B*2	*C*4	*C*5	*C*6
*C*4	1	1/2	1/2
*C*5	2	1	1
*C*6	2	1	1

*B*3	*C*7	*C*8	*C*9
*C*7	1	1	1
*C*8	1	1	1
*C*9	1	1	1

*B*4	*C*10	*C*11	*C*12
*C*10	1	1	1
*C*11	1	1	1
*C*12	1	1	1

*B*5	*C*13	*C*14	*C*15	*C*16
*C*13	1	1	1	1
*C*14	1	1	1	1
*C*15	1	1	1	1
*C*16	1	1	1	1

运用层次分析法计算并经专家对结果进行调整，最终得到指标体系的各权重，如表 5-7。

表 5-7 陆海经济一体化综合评价指标体系权重

目标层	一级指标	二级指标
陆域系统指标体系	经济关联（0. 33）	陆域经济生产总值（0. 16）
		陆域生产总值占 GDP 比重（0. 07）
		陆域劳动生产率（0. 10）
	产业联动（0. 20）	陆域第一产业（0. 04）
		陆域第二产业（0. 08）
		陆域第三产业（0. 08）
	资源共享（0. 19）	陆域就业人数（0. 07）
		陆域固定资产投资（0. 06）
		陆域科研机构内部经费支出（0. 06）

续表

目标层	一级指标	二级指标
陆域系统指标体系	环境共生（0.16）	环境污染治理总额（0.06）
		一般工业固体废物综合利用量（0.05）
		人均耕地面积（0.05）
	交通互通（0.12）	陆域货运量（0.03）
		陆域货运周转量（0.03）
		陆域客运量（0.03）
		陆域客运周转量（0.03）
海洋系统指标体系	经济关联（0.33）	海洋经济生产总值（0.16）
		海洋生产总值占 GDP 比重（0.07）
		海洋劳动生产率（0.10）
	产业联动（0.20）	海洋第一产业（0.04）
		海洋第二产业（0.08）
		海洋第三产业（0.08）
	资源共享（0.19）	海洋就业人数（0.07）
		海洋固定资产投资（0.06）
		涉海机构内部经费支出（0.06）
	环境共生（0.16）	渔业捕捞产量（0.06）
		海洋生态保护区面积（0.06）
		人均海岸线（0.05）
	交通互通（0.12）	海洋货运量（0.03）
		海洋货运周转量（0.03）
		港口货物吞吐量（0.03）
		港口旅客吞吐量（0.03）

（四）中国陆海经济一体化复合系统协同度分析

1. 各序参量的有序度

使用子系统标准化的数据，根据式 5-6，利用指标体系表中的权重，可以分别计算出各个序参量的有序度。

根据式 5-6 计算出沿海地区的陆域经济系统与海洋经济系统的序参量的

有序度，如表 5-8 与表 5-9 所示。

表 5-8 2011—2016 年沿海地区陆域经济系统序参量有序度

序参量	2011	2012	2013	2014	2015	2016
经济关联	0. 070	0. 113	0. 163	0. 184	0. 199	0. 275
产业联动	0. 000	0. 091	0. 121	0. 146	0. 171	0. 200
资源共享	0. 000	0. 043	0. 101	0. 142	0. 168	0. 190
环境共生	0. 062	0. 111	0. 141	0. 100	0. 067	0. 028
交通互通	0. 049	0. 107	0. 034	0. 065	0. 035	0. 065

表 5-9 2011—2016 年沿海地区海洋经济系统序参量有序度

序参量	2011	2012	2013	2014	2015	2016
经济关联	0. 000	0. 060	0. 110	0. 208	0. 286	0. 315
产业联动	0. 000	0. 045	0. 087	0. 135	0. 173	0. 200
资源共享	0. 000	0. 040	0. 085	0. 137	0. 174	0. 181
环境共生	0. 050	0. 055	0. 046	0. 052	0. 114	0. 064
交通互通	0. 017	0. 029	0. 025	0. 083	0. 099	0. 120

2. 陆海系统有序度

根据同样的思路，在计算出陆海经济子系统的序参量有序度后，再计算陆海经济子系统的有序度，见表 5-10 与图 5-1。

表 5-10 2011—2016 年沿海地区陆海经济系统子系统有序度

系统类型	2011	2012	2013	2014	2015	2016
陆域经济子系统	0. 181	0. 465	0. 560	0. 637	0. 640	0. 759
海洋经济子系统	0. 067	0. 229	0. 354	0. 615	0. 846	0. 879

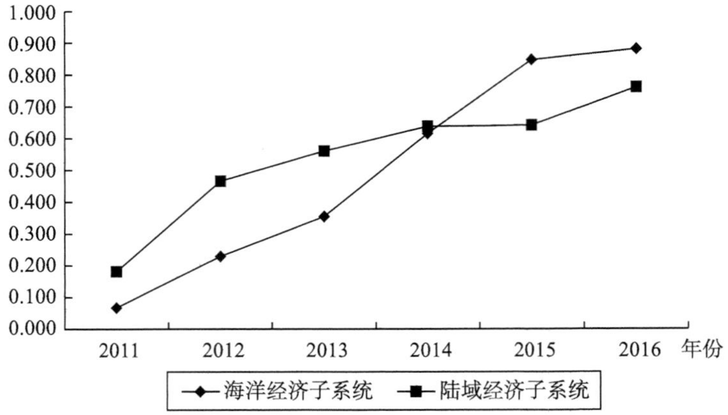

图 5-1　2011—2016 年陆域经济系统与海洋经济系统的有序度

3. 系统协同度测算

以 2011 年为基期，在各子系统有序度基础上，运用式 5-7，对已测算出的子系统有序度进行运算，可得到 2012—2016 年的陆海经济一体化的综合评价指数，从而分析其一体化发展的演化趋势，见表 5-11 及图 5-2。

表 5-11　2012—2016 年沿海地区陆海一体化综合评价协同度及演化趋势

项目	2012	2013	2014	2015	2016
陆海一体化综合评价协同度	0. 215	0. 330	0. 500	0. 598	0. 685

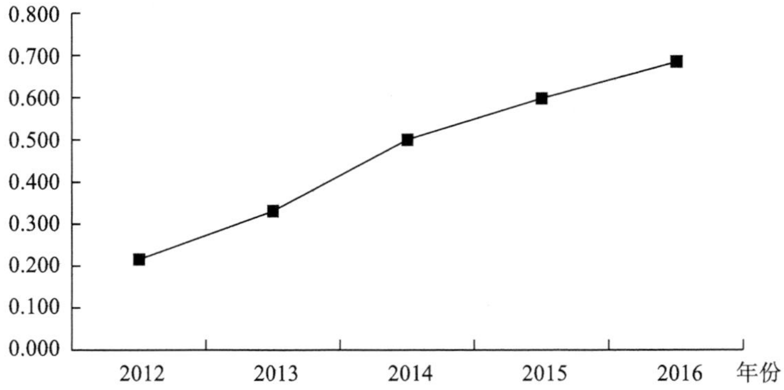

图 5-2　2012—2016 年陆域经济一体化综合评价协同度

4. 系统协同度分析

本章借鉴王锋等（2016）提出的协同度等级划分标准，如表 5-12 所示。根据复合系统协同度模型计算的结果，运用复合系统协同度评价标准进行分级评价。如在从 t_0 到 t_1 时刻有序度大于其在 t_0 时刻有序度时，复合系统处于协同状态，反之则复合系统不协同。

表 5-12　陆域经济系统与海洋经济系统协同度评价标准

协同度	$-1 \leqslant CE < 0$	$-1 \leqslant CE < 0.4$	$0.4 \leqslant CE < 0.6$	$0.6 \leqslant CE < 0.7$	$0.7 \leqslant CE < 0.8$	$0.8 \leqslant CE < 0.9$	$0.9 \leqslant CE < 1$
协同等级	严重失调	中度失调	轻度失调	基本协同	中度协同	良好协同	优质协同

分析结果显示，2011 年以来，陆海经济系统的复合协同度不断上升，但其处于较低的水平，还有巨大的上升空间。由 2011—2016 年沿海地区陆域经济系统与海洋经济系统的有序度，以及陆海经济系统复合协调度计算结果可知，陆域经济系统的有序度处于 0.181～0.759，海洋经济系统的有序度在 0.067～0.879 波动。陆海经济系统的复合协同度在 0.215～0.685。根据表 5-12判断标准，协同度较低，2016 年处于基本协同的阶段。

复合系统协同度主要受到陆域经济子系统与海洋经济子系统有序度的影响。陆海经济复合协同度较低的原因是：①2014 年陆域经济子系统有序度与海洋经济子系统有序度变化方向不一致导致不协同；②陆域经济子系统与海洋经济复合系统协同，但协同度较低。这两方面导致总体协同度较低。

（五）沿海省（市、自治区）复合系统协同度测算

1. 各省（市、自治区）序参量的有序度

运用同样方法，计算出沿海各省（市、自治区）的序参量有序度、子系统有序度与复合系统协同度。见表 5-13、表 5-14、表 5-15、表 5-16。

表 5-13　2011—2016 年沿海各省（市、自治区）陆域经济系统序参量有序度

省（市、自治区）	序参量	2011	2012	2013	2014	2015	2016
天津	经济关联	0. 007	0. 059	0. 080	0. 112	0. 168	0. 330
	产业联动	0. 000	0. 041	0. 073	0. 102	0. 132	0. 200
	资源共享	0. 000	0. 034	0. 105	0. 118	0. 157	0. 190
	环境共生	0. 122	0. 112	0. 072	0. 106	0. 030	0. 000
	交通互通	0. 043	0. 093	0. 044	0. 058	0. 033	0. 038
河北	经济关联	0. 070	0. 124	0. 177	0. 161	0. 163	0. 313
	产业联动	0. 000	0. 063	0. 122	0. 137	0. 132	0. 199
	资源共享	0. 000	0. 067	0. 098	0. 130	0. 177	0. 183
	环境共生	0. 139	0. 063	0. 074	0. 051	0. 059	0. 022
	交通互通	0. 048	0. 104	0. 038	0. 071	0. 034	0. 057
辽宁	经济关联	0. 000	0. 136	0. 195	0. 248	0. 330	0. 016
	产业联动	0. 047	0. 103	0. 139	0. 165	0. 183	0. 074
	资源共享	0. 057	0. 110	0. 147	0. 150	0. 094	0. 060
	环境共生	0. 101	0. 134	0. 079	0. 038	0. 034	0. 009
	交通互通	0. 047	0. 091	0. 066	0. 111	0. 013	0. 028
上海	经济关联	0. 044	0. 066	0. 045	0. 191	0. 226	0. 330
	产业联动	0. 074	0. 058	0. 097	0. 150	0. 057	0. 147
	资源共享	0. 000	0. 026	0. 114	0. 145	0. 166	0. 187
	环境共生	0. 106	0. 067	0. 059	0. 078	0. 078	0. 063
	交通互通	0. 029	0. 044	0. 089	0. 080	0. 069	0. 060
江苏	经济关联	0. 013	0. 045	0. 164	0. 171	0. 198	0. 293
	产业联动	0. 000	0. 044	0. 088	0. 114	0. 153	0. 200
	资源共享	0. 070	0. 086	0. 096	0. 115	0. 112	0. 120
	环境共生	0. 075	0. 053	0. 122	0. 112	0. 104	0. 080
	交通互通	0. 068	0. 096	0. 023	0. 042	0. 039	0. 043
浙江	经济关联	0. 022	0. 039	0. 118	0. 212	0. 207	0. 289
	产业联动	0. 000	0. 035	0. 086	0. 109	0. 136	0. 200
	资源共享	0. 000	0. 040	0. 075	0. 098	0. 132	0. 190
	环境共生	0. 070	0. 082	0. 077	0. 114	0. 095	0. 060
	交通互通	0. 078	0. 094	0. 007	0. 028	0. 041	0. 065

续表

省（市、自治区）	序参量	2011	2012	2013	2014	2015	2016
福建	经济关联	0. 047	0. 137	0. 197	0. 214	0. 196	0. 260
	产业联动	0. 000	0. 049	0. 090	0. 122	0. 146	0. 200
	资源共享	0. 000	0. 049	0. 069	0. 107	0. 160	0. 190
	环境共生	0. 056	0. 105	0. 143	0. 037	0. 045	0. 001
	交通互通	0. 070	0. 116	0. 183	0. 186	0. 197	0. 267
山东	经济关联	0. 000	0. 045	0. 102	0. 130	0. 158	0. 198
	产业联动	0. 000	0. 055	0. 080	0. 124	0. 162	0. 190
	资源共享	0. 082	0. 073	0. 096	0. 112	0. 067	0. 093
	环境共生	0. 100	0. 120	0. 004	0. 006	0. 004	0. 020
	交通互通	0. 070	0. 116	0. 183	0. 186	0. 197	0. 267
广东	经济关联	0. 070	0. 073	0. 130	0. 139	0. 178	0. 262
	产业联动	0. 000	0. 026	0. 068	0. 102	0. 135	0. 200
	资源共享	0. 002	0. 018	0. 077	0. 116	0. 151	0. 190
	环境共生	0. 128	0. 096	0. 116	0. 060	0. 072	0. 062
	交通互通	0. 046	0. 073	0. 051	0. 066	0. 048	0. 063
广西	经济关联	0. 070	0. 104	0. 137	0. 175	0. 207	0. 260
	产业联动	0. 000	0. 039	0. 080	0. 117	0. 152	0. 200
	资源共享	0. 070	0. 071	0. 074	0. 079	0. 108	0. 139
	环境共生	0. 050	0. 105	0. 116	0. 079	0. 075	0. 034
	交通互通	0. 050	0. 109	0. 032	0. 059	0. 038	0. 058
海南	经济关联	0. 066	0. 114	0. 090	0. 239	0. 223	0. 260
	产业联动	0. 000	0. 072	0. 111	0. 153	0. 157	0. 188
	资源共享	0. 000	0. 040	0. 067	0. 103	0. 119	0. 190
	环境共生	0. 068	0. 125	0. 092	0. 069	0. 060	0. 030
	交通互通	0. 098	0. 120	0. 001	0. 013	0. 007	0. 006

表 5-14　2011—2016 年沿海各省（市、自治区）海洋经济系统序参量有序度

省（市、自治区）	序参量	2011	2012	2013	2014	2015	2016
天津	经济关联	0. 063	0. 131	0. 246	0. 330	0. 290	0. 078
	产业联动	0. 035	0. 067	0. 111	0. 175	0. 173	0. 117
	资源共享	0. 000	0. 048	0. 092	0. 143	0. 178	0. 139
	环境共生	0. 050	0. 036	0. 057	0. 047	0. 039	0. 110
	交通互通	0. 060	0. 042	0. 022	0. 044	0. 051	0. 066
河北	经济关联	0. 000	0. 077	0. 125	0. 293	0. 330	0. 220
	产业联动	0. 022	0. 068	0. 100	0. 154	0. 163	0. 120
	资源共享	0. 000	0. 033	0. 065	0. 129	0. 179	0. 163
	环境共生	0. 096	0. 147	0. 030	0. 039	0. 060	0. 040
	交通互通	0. 031	0. 007	0. 055	0. 080	0. 100	0. 097
辽宁	经济关联	0. 103	0. 080	0. 229	0. 295	0. 087	0. 069
	产业联动	0. 094	0. 083	0. 155	0. 155	0. 069	0. 042
	资源共享	0. 040	0. 071	0. 117	0. 124	0. 144	0. 130
	环境共生	0. 031	0. 071	0. 070	0. 082	0. 111	0. 160
	交通互通	0. 030	0. 062	0. 083	0. 092	0. 081	0. 085
上海	经济关联	0. 065	0. 116	0. 160	0. 083	0. 167	0. 260
	产业联动	0. 000	0. 053	0. 063	0. 081	0. 140	0. 200
	资源共享	0. 000	0. 035	0. 095	0. 123	0. 164	0. 181
	环境共生	0. 050	0. 095	0. 069	0. 092	0. 099	0. 114
	交通互通	0. 061	0. 067	0. 031	0. 071	0. 080	0. 092
江苏	经济关联	0. 057	0. 122	0. 073	0. 193	0. 269	0. 297
	产业联动	0. 000	0. 041	0. 056	0. 114	0. 159	0. 200
	资源共享	0. 009	0. 028	0. 071	0. 146	0. 147	0. 159
	环境共生	0. 076	0. 070	0. 043	0. 020	0. 121	0. 038
	交通互通	0. 041	0. 054	0. 098	0. 097	0. 065	0. 056

续表

省（市、自治区）	序参量	2011	2012	2013	2014	2015	2016
浙江	经济关联	0. 048	0. 122	0. 134	0. 111	0. 233	0. 301
	产业联动	0. 005	0. 065	0. 100	0. 062	0. 134	0. 200
	资源共享	0. 000	0. 035	0. 060	0. 099	0. 168	0. 171
	环境共生	0. 050	0. 055	0. 054	0. 063	0. 060	0. 110
	交通互通	0. 030	0. 035	0. 044	0. 068	0. 081	0. 086
福建	经济关联	0. 023	0. 013	0. 056	0. 147	0. 258	0. 330
	产业联动	0. 004	0. 016	0. 048	0. 095	0. 150	0. 200
	资源共享	0. 000	0. 034	0. 056	0. 120	0. 155	0. 190
	环境共生	0. 067	0. 048	0. 066	0. 069	0. 113	0. 088
	交通互通	0. 000	0. 055	0. 083	0. 207	0. 288	0. 323
山东	经济关联	0. 000	0. 055	0. 083	0. 207	0. 288	0. 323
	产业联动	0. 000	0. 046	0. 077	0. 137	0. 174	0. 197
	资源共享	0. 014	0. 062	0. 108	0. 141	0. 153	0. 130
	环境共生	0. 061	0. 089	0. 072	0. 100	0. 103	0. 110
	交通互通	0. 060	0. 042	0. 027	0. 045	0. 065	0. 081
广东	经济关联	0. 000	0. 082	0. 104	0. 217	0. 272	0. 328
	产业联动	0. 020	0. 040	0. 063	0. 112	0. 160	0. 200
	资源共享	0. 000	0. 033	0. 065	0. 112	0. 159	0. 190
	环境共生	0. 110	0. 136	0. 100	0. 102	0. 087	0. 050
	交通互通	0. 000	0. 023	0. 043	0. 084	0. 087	0. 119
广西	经济关联	0. 000	0. 088	0. 163	0. 224	0. 277	0. 330
	产业联动	0. 000	0. 050	0. 097	0. 130	0. 162	0. 200
	资源共享	0. 000	0. 040	0. 066	0. 141	0. 158	0. 135
	环境共生	0. 156	0. 150	0. 041	0. 032	0. 026	0. 010
	交通互通	0. 030	0. 069	0. 064	0. 067	0. 083	0. 081

续表

省（市、自治区）	序参量	2011	2012	2013	2014	2015	2016
海南	经济关联	0.004	0.069	0.184	0.130	0.220	0.330
	产业联动	0.000	0.038	0.091	0.102	0.142	0.200
	资源共享	0.000	0.038	0.081	0.111	0.148	0.190
	环境共生	0.105	0.102	0.092	0.040	0.106	0.110
	交通互通	0.042	0.052	0.022	0.106	0.080	0.098

表 5-15　2011—2016 年沿海各省（市、自治区）陆海经济系统序参量有序度

省（市、自治区）	序参量	2011	2012	2013	2014	2015	2016
天津	陆域经济子系统	0.209	0.325	0.528	0.738	0.733	0.510
	海洋经济子系统	0.172	0.338	0.374	0.496	0.519	0.758
河北	陆域经济子系统	0.257	0.422	0.509	0.549	0.565	0.774
	海洋经济子系统	0.150	0.332	0.374	0.695	0.832	0.639
辽宁	陆域经济子系统	0.252	0.573	0.626	0.713	0.654	0.187
	海洋经济子系统	0.298	0.367	0.654	0.748	0.491	0.486
上海	陆域经济子系统	0.252	0.261	0.403	0.644	0.596	0.787
	海洋经济子系统	0.176	0.365	0.417	0.450	0.650	0.846
江苏	陆域经济子系统	0.226	0.323	0.493	0.554	0.606	0.737
	海洋经济子系统	0.183	0.316	0.340	0.570	0.761	0.749
浙江	陆域经济子系统	0.170	0.289	0.363	0.561	0.612	0.804
	海洋经济子系统	0.133	0.312	0.392	0.403	0.675	0.867
福建	陆域经济子系统	0.130	0.392	0.532	0.567	0.609	0.731
	海洋经济子系统	0.123	0.159	0.265	0.488	0.758	0.898
山东	陆域经济子系统	0.252	0.409	0.464	0.559	0.587	0.767
	海洋经济子系统	0.136	0.294	0.367	0.630	0.783	0.842
广东	陆域经济子系统	0.245	0.287	0.442	0.483	0.584	0.777
	海洋经济子系统	0.130	0.313	0.374	0.627	0.764	0.887

续表

省（市、自治区）	序参量	2011	2012	2013	2014	2015	2016
广西	陆域经济子系统	0. 240	0. 428	0. 439	0. 509	0. 580	0. 692
	海洋经济子系统	0. 186	0. 396	0. 431	0. 594	0. 705	0. 756
海南	陆域经济子系统	0. 232	0. 470	0. 361	0. 577	0. 565	0. 674
	海洋经济子系统	0. 151	0. 298	0. 471	0. 488	0. 697	0. 928

表 5-16　2011—2016 年沿海各省（市、自治区）陆海一体化综合评价协同度及演化趋势

省（市、自治区）	序参量	2011	2012	2013	2014	2015	2016
天津	复合系统协同度	—	0. 139	0. 254	0. 414	0. 426	0. 420
河北	复合系统协同度	—	0. 174	0. 238	0. 400	0. 459	0. 503
辽宁	复合系统协同度	—	0. 148	0. 365	0. 455	0. 279	-0. 111
上海	复合系统协同度	—	0. 041	0. 191	0. 328	0. 404	0. 599
江苏	复合系统协同度	—	0. 113	0. 205	0. 356	0. 469	0. 538
浙江	复合系统协同度	—	0. 146	0. 224	0. 325	0. 489	0. 682
福建	复合系统协同度	—	0. 097	0. 239	0. 399	0. 551	0. 682
山东	复合系统协同度	—	0. 158	0. 221	0. 389	0. 466	0. 603
广东	复合系统协同度	—	0. 087	0. 219	0. 344	0. 464	0. 635
广西	复合系统协同度	—	0. 199	0. 221	0. 331	0. 420	0. 508
海南	复合系统协同度	—	0. 187	0. 203	0. 341	0. 427	0. 586

（六）区域陆海经济一体化的地区差异

由表 5-16 可以发现，除天津、辽宁外，沿海省（市、自治区）的复合系统协同度在研究期间均稳步上升，但总体水平不高。以 2016 年为例，按照表 5-12 的判断标准，可以将沿海省（市、自治区）的陆海经济一体化的复合协同度分为三类，见表 5-17。第一类是严重失调的，只有辽宁省；第二类是轻度失调的，包括天津、河北、上海、江苏、广西、海南；第三类是基本协同，包括浙江、福建、山东、广东。辽宁陆海一体化完全失调的原因是，海洋经济在2016年的增值为负。东北经济失速，拖累海洋经济。轻度失调的省（市、自治区）不仅有经济发达地区天津、上海、江苏，也有经济相对落后的河北、广西与海南，其失调的原因都是海洋经济子系统的有序度增幅大于陆域经济子系统的增幅，造成其协同失调。这也反映了近年来海洋经济发展加速，基本协同的省份都是经济相对发达的地区，但其协同程度还不高，还有很大的发展空间。

表5-17　沿海各省（市、自治区）陆海一体化综合评价协同度所处的类型

协同类型	严重失调	轻度失调	基本协同
省（市、自治区）	辽宁	天津、河北、上海、江苏、广西、海南	浙江、福建、山东、广东

本章小结

本章首先制定中国陆海经济一体化实证评价指标体系的构建原则，即目的性原则、可行性原则、代表性原则、独立性原则和科学性原则。接着回顾了相关研究的指标体系，并在借鉴前人研究的基础上，从经济关联、产业联动、资源共享、环境共生、交通互通五个方面构建了实证分析的指标体系。

陆海经济关联主要从陆域经济系统与海洋经济系统的经济规模、经济结构与经济效率方面来测度；陆海产业联动直接选用陆域产业与海洋产业的三大产业的增加值来测度；陆海资源共享用生产要素的分布情况来反映；陆海环境共生，对海洋经济系统从环境保护与利用海洋自然资源来测度，对陆域经济系统从环境污染治理与利用自然资源来测度；陆海交通互通从陆域交通与海洋交通的运输量相关性来测度。

本章用层次分析法来确定指标体系的权重，用复合系统协同度模型测度陆海经济系统的总协同度，以此来度量陆海经济一体化的程度。研究发现，对于整个沿海地区而言，2011年以来，陆海经济系统的复合协同度不断上升，但其处于较低的水平，还有巨大的上升空间。陆域经济系统的有序度处于

0.181~0.759，海洋经济系统的有序度在 0.067~0.879 波动。2011—2016 年陆海经济系统的复合协同度在 0.215~0.685。根据判断标准，2016 年整个沿海地区处于基本协同的阶段。

分别对沿海省（市、自治区）进行分析，研究发现，除天津、辽宁外，其他沿海省（市、自治区）的复合系统协同度在研究期间均稳步上升，但总体水平不高。以 2016 年为例，可以将沿海省（市、自治区）的陆海经济一体化的复合协同度分为三类。一类是严重失调的，只有辽宁省；第二类是轻度失调的，包括天津、河北、上海、江苏、广西、海南；第三类是基本协同，包括浙江、福建、山东、广东。

第六章　中国陆海经济空间联动与耦合评价

第一节　中国陆海经济空间联动与耦合评价指标体系构建

一、陆海经济空间联动

陆海经济空间联动，是指陆海经济活动主体在陆海相连的空间范围内，进行经济活动布局，充分发挥海洋资源丰富的优势，与陆域的资金、技术、人才优势相结合，实现陆域与海洋之间的经济相互协调、相互促进，实现优势互补、共同发展的一个动态过程。

陆海经济空间联动主要包括如下五层含义：①陆海经济空间联动是优化区域布局的过程，它将经济空间从陆域活动范围拓展到海洋，在陆域与海洋两个空间上对经济活动进行最优产业布局，以获得最大的经济效益，并保持生态环境的平衡。②陆海经济空间联动是一个完整的系统，它是将陆海经济系统视为整体，为实现区域经济发展，各内部要素相互配合协同，形成不同层次、结果和功能分工的有机体，发挥系统综合效应。③陆海经济空间联动是一个演化过程，它是陆域与海洋内部各要素之间，由无序到有序、由无机到有机、由低级到高级、由简单到复杂、由不完善到比较完善的总体演化过程。④陆海经济空间联动是一种竞合行为，它是在市场规律作用下，以各自的资源要素为基础，进行有效竞争，能给整个陆海经济系统带来利益的联合行动。这种行动具有内在必然性，又具有开放性，彼此之间能扬长避短，发挥优势。⑤陆海经济空间联动是一种协作机制，它基于互补和共享，是以增进主体间要素的交往和联系，获取持续竞争优势的一种自组织力量，表现为陆海经济系统之间的物质、资本、技术、劳动等要素不断集聚、配置和整合的过程。陆海经济联动是一致发展模式，它是一种能够拓展自身发展空间、推动经济高效运转、调整产业结构、优化区域布局，乃至重新定位区域功能的发展模式。

二、陆海经济耦合

耦合原本是物理学的一个概念，指两个或两个以上的系统之间通过各种相互作用而彼此影响以至联合起来的现象，在各子系统的良性互动下，各系统相互依赖、相互协调、相互促进的动态关联关系。

陆海经济耦合是指陆域经济系统与海洋经济系统彼此间相互作用、相互关联、相互促进，形成良性互动发展的彼此间各种关系的总和。

陆海经济耦合主要包含如下 4 层含义：①陆海经济耦合是指陆海经济系统之间的整体耦合，这主要是指陆域经济系统与海洋经济系统各自作为一个整体系统，彼此间相互作用、相互促进，达到共同发展的状况。②陆海经济耦合是陆海经济系统的全面耦合，这是指陆海经济系统不但要作为整体彼此促进，其各自对应的子系统之间也应相互作用、相互促进。③陆海经济耦合是有序发展，这是指陆域经济系统与海洋经济系统从独立无序发展到彼此影响的有序发展。④陆海经济耦合是动态的，这是指陆海经济系统的耦合发展不是静态的，而是随着社会经济的发展彼此相互进行调整，以达到最佳的相互促进发展的状态。

三、陆海经济空间联动与耦合评价指标体系

要对陆海经济空间关联与耦合进行有效评价，必须设置合理的评价指标体系。评价指标体系需遵循全面性、科学性、代表性、可得性的原则，从陆海经济关联性出发，利用理论分析、专家咨询等方法，借鉴现有的文献，从经济规模、经济结构、经济效率三个方面选取指标，以此反映陆海经济联动耦合发展情况，构建基于系统耦合的陆海经济评价指标体系，分析陆海经济关联与耦合发展程度，指标体系见表 6-1。

表 6-1　陆海经济系统空间关联与耦合指标体系

目标层	准则层	指标层	指标含义与算法
陆域经济指标体系	经济规模	陆域经济生产总值	地区陆域经济活动总量
		陆域固定资产投资规模	地区固定资产投资总量×(陆域生产总值/地区生产总值)
		陆域就业人数	地区从业人数-涉海从业人数
	经济结构	陆域生产总值占 GDP 比重	(陆域生产总值/地区生产总值)×100%
	经济效率	陆域劳动生产率	陆域生产总值/陆域就业人数
海洋经济指标体系	经济规模	海洋经济生产总值	地区海洋经济活动总量
		海洋产业增加值	地区海洋产业增加值
		海洋就业人数	地区涉海就业人数
	经济结构	海洋生产总值占 GDP 比重	(海洋生产总值/地区生产总值)×100%
	经济效率	海洋劳动生产率	海洋生产总值/涉海就业人数

第二节　中国陆海经济空间联动与耦合评价方法

一、权重设置及指标合成

本章采用标准离差法进行权重设置，标准离差法是一致客观的权重赋值法。如果某个指标的标准差越大，表明指标值的变异程度越大，提供的信息量越多，在综合评价中所起的作用越大，其权重也越大。相反，某个指标的标准差越小，表明指标值的变异程度越小，提供的信息量越少，在综合评价中所起的作用越小，其权重也越小。

第一，数据无量纲化处理。利用极差法对数据进行处理，首先求出变量的最大值与最小值，计算极差，然后计算出新数据。

$$x^{*}=\frac{x-x_{\min}}{x_{\max}-x_{\min}} \tag{6-1}$$

第二，求出无量纲数据的标准差。

$$\sigma_i = \sqrt{\frac{\left(\sum_{i=1}^{n} x^* - E(x^*)\right)}{n}} \qquad 6\text{-}2$$

第三，求出指标权重。第 i 个指标的客观权重为：

$$\omega_i = \frac{\sigma_i}{\sum_{i=1}^{n} \sigma_i} \qquad 6\text{-}3$$

第四，合成指标。根据各指标的权重，利用无量纲数据加权得到合成的陆域经济及海洋经济的总指标。

$$Z_i = \sum_{i=1}^{n} z_i \omega_i \qquad 6\text{-}4$$

上式中，Z_i 表示陆域或海洋系统的综合得分，表示 z_i 指标标准化数值。

二、相关性分析法

卡尔·皮尔森（Karl Pearson）提出了相关性分析，主要是指通过计算两个处于同等地位的变量之间的相关系数来判断它们之间的相关程度的统计分析方法，它广泛地运用于各个领域。相关系数用 R 表示，取值范围为［-1，1］，$R>0$ 表示正相关，$R<0$ 表示负相关。特殊地，$R=1$ 称为完全正相关，$R=-1$称为完全负相关，$R=0$ 称为不相关。以下为相关系数的计算公式：

$$R = \frac{\sum_{i=1}^{n} (x_i - \bar{x})(y_i - \bar{y})}{\sqrt{\sum_{i=1}^{n} (x_i - \bar{x}) \sum_{i=1}^{n} (y_i - \bar{y})}} \qquad 6\text{-}5$$

三、交叉谱分析法

时间序列数据一方面可以直接分析数据的时变特征，另一方面可以将其视为时间轴上许多个不同频率的正弦波或者余弦波的叠加。频域分析主要使用傅立叶变换和谱密度函数比较不同的波动情况，来寻找时间序列波动的主要周期。一个协方差平稳时间序列过程，既可以用时域来表示，也可以用频域来表示，二者可以进行转换。两者从不同侧面来描述时间序列数据的特征。

谱分析主要通过将时间序列数据分解为不相关的频率分量，再对各个不同分量进行分析比较，得出时间序列的频域结构，以此分析时间序列波动变化的特征。

谱分析首先假设过程是协方差平稳的，序列的均值和方差在所研究时间范围内保持不变。对于单个时间序列的谱分析，即对自相关函数进行傅立叶变换得到功率谱密度函数：

$$S_{(f)}=\sum_{k=-\infty}^{\infty}R_{(k)}e^{-2j\pi fk} \quad 6-6$$

其中时间序列的自相关函数为：

$$R_{(k)}=\frac{1}{N}\sum_{t=1}^{n-|k|}(x_t-\bar{x})(x_{t+k}-\bar{x}) \quad 6-7$$

交叉谱分析是对两个时间序列进行谱分析，它还可以对两个时间序列之间的领先与滞后关系及是否存在相互影响进行评估。对于两个时间序列之间的关系进行分析，可以将其中一个设为输入信号，另一个设为输出信号，两者之间的关联关系称之为冲击响应。两者的基本关系如下：

$$y_n=\sum_{k=-\infty}^{\infty}h_{(n-i)}x_i=\sum_{k=-\infty}^{\infty}h_{(n-i)}h_i,\ \sum_{k=-\infty}^{\infty}|h|_n<\infty \quad 6-8$$

时间差为 k 时，时间序列的 x_n 与 y_n 之间的相关系数为：

$$R_{xy(k)}=E[x_{(n-k)}y_n]=E\left[\sum_{k=-\infty}^{\infty}x_{(n-i)}h_ix_{(n-k)}\right]=\sum_{k=-\infty}^{\infty}R_{x(k-i)}h_i=R_{x(k)}h_k \quad 6-9$$

根据傅立叶变换的性质，时间序列 x_n 与时间序列 y_n 之间的互谱密度函数为：

$$\hat{S}_{xy(f)}=DTFT(R_{xy(k)})=S_{x(f)}H_{(f)} \quad 6-10$$

在带有噪声且有损耗的环境中，时间序列 x_n 与时间序列 y_n 之间的互谱密度函数还可表示为：

$$S_{xy(f)}=\sum_{k=-\infty}^{\infty}R_{xy(h)}e^{-i2\pi fk} \quad 6-11$$

互谱概率密度函数可写为：

$$S_{xy(f)}=\sum_{k=-\infty}^{\infty}(\gamma_{xy(k)}+\psi_{xy(k)})e^{-i2\pi fk}=\gamma_{xy(f)}+i\psi_{xy(k)} \quad 6-12$$

其中，实部 $\gamma_{xy(k)}$ 称为余谱，虚部 $\psi_{xy(k)}$ 称为正交谱，由此通过计算可得到两个序列的交叉振幅谱：

$$|S_{xy(f)}| = \sqrt{\gamma_{xy(f)} + \psi_{xy(k)}} \qquad 6\text{-}13$$

其反映时间序列各频率变量在振幅上的相互关系。互谱相位亦称相位谱，可以写为：

$$\Phi_{xy(f)} = \frac{\gamma_{xy(f)}}{\psi_{xy(k)}} \qquad 6\text{-}14$$

其用以描述不同频率下成分所处的相对位置，可以发现一个时间序列是否领先另一个时间序列，以揭示同一时间两个序列的领先与滞后关系。最后：

$$\varphi_{xy(f)} = \frac{S_{xy(f)}}{\sqrt{S_{x(f)} S_{y(k)}}} \qquad 6\text{-}15$$

其表示在频率 f 下，两序列的一致性，在交叉谱分析中称为相干谱，意义类似于相关系数 R^2，反映两个序列在特定频率下的相关性。相干谱的取值范围为［0,1］，越接近 1，说明两序列的相关性越强。

四、耦合协调度模型

陆域产业系统与海洋产业系统协同发展就是两者不断耦合发展的过程。区域陆海产业的耦合过程，就是由低水平的耦合向高水平的耦合逐渐发展。借用物理学耦合的原理，两子系统耦合度可以用下面的公式来度量：

$$C = \left\{\frac{XY}{[(X+Y)/2]^2}\right\}^k \qquad 6\text{-}16$$

$$X = \sum_{i=1}^{m} a_i x_i \qquad 6\text{-}17$$

$$Y = \sum_{i=1}^{m} b_i y_i \qquad 6\text{-}18$$

上式 6-16 中，C 为耦合度，X、Y 为陆域经济与海洋经济的综合评价得分，k 为调节系数，本书取 2，a_i 与 b_i 为权重，x_i 与 y_i 为陆海经济的具体指标得分。C 值越大则耦合度越高，但由于存在高水平的子系统与低水平的子系统的耦合度相同，因此 C 值并不能完全反映系统耦合程度，为此引入耦合协调度来反映系统的耦合水平。耦合协调度 D 如下：

$$D = \sqrt{C \times T} \qquad 6\text{-}19$$

$$T = \alpha X + \beta Y \qquad 6\text{-}20$$

其中，α 与 β 为权重，T 为陆海经济系统综合评价指数，本书假定陆域经济系统与海洋经济系统同等重要，因此权重均为 0.5。参考现有的研究，将耦合协调度分为 10 级，用来衡量陆海经济系统耦合协调发展的具体情况（如表 6-2 所示）。

表 6-2　陆海经济系统耦合协调度等级

协调程度	耦合协调类型	赋值范围	关系类型
协调阶段	优质协调	$0.9 \leq D < 1$	$X-Y>0.1$，海洋产业滞后型 $\lvert X-Y \rvert \leq 0.1$，陆海产业同步型 $Y-X>0.1$，陆域产业滞后型
	良好协调	$0.8 \leq D < 0.9$	
	中级协调	$0.7 \leq D < 0.8$	
磨合阶段	初级协调	$0.6 \leq D < 0.7$	
	勉强协调	$0.5 \leq D < 0.6$	
	濒临协调	$0.4 \leq D < 0.5$	
拮抗阶段	轻度失调	$0.3 \leq D < 0.4$	
	中度失调	$0.2 \leq D < 0.3$	
	严重失调	$0.1 \leq D < 0.2$	
	极度失调	$0 \leq D < 0.1$	

第三节　中国陆海经济空间联动与耦合评价实证分析

一、数据来源与说明

中国陆海经济关联与耦合评价主要以全国及沿海的 11 个省（市、自治区）为研究对象。由于国家海洋局及统计局于 2006 年对海洋产业的统计口径进行了修正，因此，考虑数据的可得性及可比性，本书以 2006—2016 年为研究区间，主要数据来自《中国海洋统计年鉴》（2007—2017）、《中国统计年鉴》（2007—2017），以及 2007—2017 年沿海 11 个省（市、自治区）的统计年鉴。为保障数据的一致性，同一指标如各年鉴均有数据的，以《中国海洋统计年鉴》为主。

二、陆海经济空间联动评价

（一）全国总体评价

通过查询《中国海洋统计年鉴》，全国沿海地区陆海经济数据见表 6-3。

表 6-3 2006—2016 年全国沿海省（市、自治区）陆海经济数据

年份	陆域 GDP（亿元）	陆域固定资产投资（亿元）	陆域就业人数（万人）	陆域 GDP 占比	陆域劳动生产率（万元/人）	海洋 GDP（亿元）	海洋产业总值（亿元）	涉海就业人数（万人）	海洋 GDP 占比	海洋劳动生产率（万元/人）
2006	113210	40121	28280	84	4.00	21592	12697	2943	16	7.34
2007	134354	48781	28923	84	4.65	25619	15071	3133	16	8.18
2008	158007	60477	29561	84	5.35	29718	17591	3197	16	9.30
2009	175331	75812	30302	84	5.79	32162	18769	3252	16	9.89
2010	206325	93019	30918	84	6.67	39619	22886	3332	16	11.89
2011	243470	123433	31526	84	7.72	45580	26518	3402	16	13.40
2012	265721	145859	31771	84	8.36	50173	29405	3449	16	14.55
2013	289496	171244	32444	84	8.92	54718	32659	3494	16	15.66
2014	312370	195780	32727	84	9.54	60699	36365	3534	16	17.18
2015	329906	212403	32801	83	10.06	65534	39555	3568	17	18.37
2016	355388	222276	32832	84	10.82	69694	43013	3602	16	19.35

数据来源：《海洋统计年鉴》。

用极差法对数据进行无量纲处理，得到标准化的数据，如表 6-4。

表 6-4 2006—2016 年全国沿海省（市、自治区）陆海经济标准化数据

年份	陆域 GDP（亿元）	陆域固定资产投资（亿元）	陆域就业人数（万人）	陆域 GDP 占比	陆域劳动生产率（万元/人）	海洋 GDP（亿元）	海洋产业总值（亿元）	涉海就业人数（万人）	海洋 GDP 占比	海洋劳动生产率（万元/人）
2006	0.000	0.000	0.000	0.517	0.000	0.000	0.000	0.000	0.483	0.000
2007	0.087	0.048	0.141	0.520	0.094	0.084	0.078	0.288	0.480	0.070
2008	0.185	0.112	0.281	0.692	0.197	0.169	0.161	0.385	0.308	0.163
2009	0.257	0.196	0.444	1.000	0.261	0.220	0.200	0.469	0.000	0.213

续表

年份	陆域GDP（亿元）	陆域固定资产投资（亿元）	陆域就业人数（万人）	陆域GDP占比	陆域劳动生产率（万元/人）	海洋GDP（亿元）	海洋产业总值（亿元）	涉海就业人数（万人）	海洋GDP占比	海洋劳动生产率（万元/人）
2010	0.384	0.290	0.579	0.432	0.391	0.375	0.336	0.590	0.568	0.379
2011	0.538	0.457	0.713	0.749	0.545	0.499	0.456	0.697	0.251	0.504
2012	0.630	0.580	0.767	0.643	0.639	0.594	0.551	0.768	0.357	0.600
2013	0.728	0.720	0.915	0.630	0.721	0.689	0.658	0.837	0.370	0.693
2014	0.822	0.855	0.977	0.282	0.812	0.813	0.781	0.896	0.718	0.819
2015	0.895	0.946	0.993	0.000	0.888	0.914	0.886	0.949	1.000	0.918
2016	1.000	1.000	1.000	0.165	1.000	1.000	1.000	1.000	0.835	1.000

采用标准离差法对2011—2016年沿海省（市、自治区）陆海经济总体数据进行权重设置，以分析陆海经济关联与耦合情况。为了便于横向比较，所有省（市、自治区）均采用同一权重。根据权重计算得到陆域经济系统与海洋经济系统的标准化分值，并以此进行相关性分析与交叉谱分析。

表6-5 陆域经济系统指标体系权重

变量名称	陆域经济生产总值	陆域固定资产投资规模	陆域就业人数	陆域生产总值占GDP比重	陆域劳动生产率
权重	0.20	0.22	0.21	0.17	0.2

表6-6 海洋经济系统指标权重

变量名称	海洋经济生产总值	海洋产业增加值	涉海就业人数	海洋生产总值占GDP比重	海洋劳动生产率
权重	0.21	0.21	0.20	0.17	0.21

表6-7 2006—2016年陆海经济系统指标体系得分

年份	陆域经济	海洋经济
2006	0.103	0.082
2007	0.166	0.188
2008	0.271	0.234
2009	0.411	0.227

续表

年份	陆域经济	海洋经济
2010	0. 387	0. 443
2011	0. 575	0. 488
2012	0. 635	0. 581
2013	0. 737	0. 659
2014	0. 754	0. 808
2015	0. 754	0. 93
2016	0. 833	0. 972

运用 SPSS22 软件，得到沿海省（市、自治区）陆域经济时间序列谱密度图（图 6-1）与海洋经济时间序列谱密度图（图 6-2）。陆域经济的时间序列与海洋经济的时间序列有大致相同的形状，两者的走势大体相同。陆域经济时间序列在频率为 2. 6 年与 3. 7 年时发生转折，而海洋经济在 2. 7 年与 3. 6 年时发生转折。从周期图中，可以看出两者的走势具有相关性。

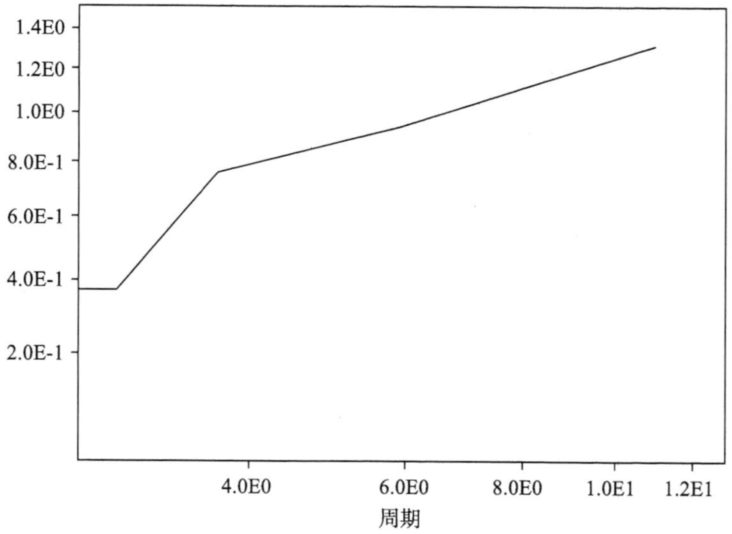

图 6-1 陆域经济时间序列谱密度

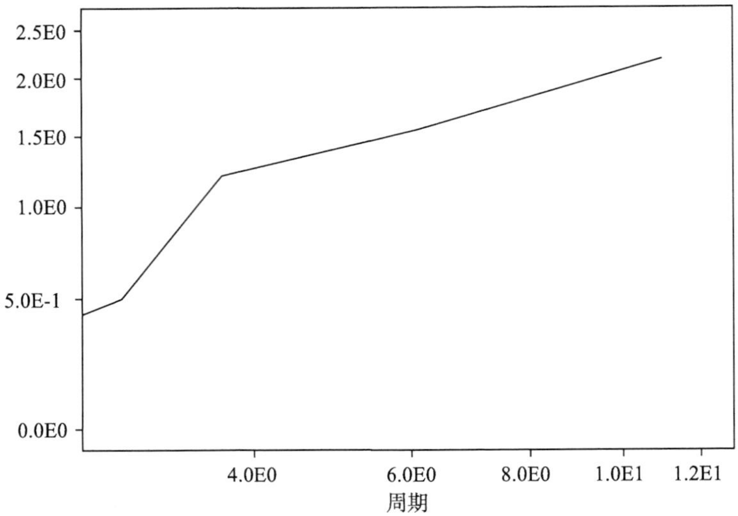

图 6-2 海洋经济时间序列谱密度

对陆域经济时间序列数据与海洋经济时间序列数据做相关性分析，得到两者的相关系数为 0.948，且在 0.01 显著性水平下显著相关，但这一相关系数为静态相关系数。通过交叉谱分析，由图 6-3 与表 6-8 可知，陆域经济时间序列与海洋经济时间序列是动态变化的，在 2.75 年时，其相关系数达到 0.742，到了 5.5 年时，其相关系数最大，为 0.924，此后稍有下降。

相位谱可以用来判断时间序列领先的程度，以相位谱为基础可以计算出两个时间序列的滞后时差。可以看出，在 2.75 年里，海洋经济发展稍微落后陆域经济 0.015 年；5.5 年时间中，海洋经济将落后陆域经济 0.181 年，即一个多月的时间。

表 6-8 沿海省（市、自治区）陆域经济与海洋经济交叉谱分析

周期长度	频率	余谱密度	正交谱	相位谱	一致性	时差
—	0.000	1.666	0.000	0.000	0.916	—
11.000	0.091	1.538	-0.094	-0.061	0.916	-0.107
5.500	0.182	1.007	-0.212	-0.207	0.924	-0.181
3.667	0.273	0.886	-0.154	-0.172	0.889	-0.100
2.750	0.364	0.361	-0.012	-0.034	0.742	-0.015

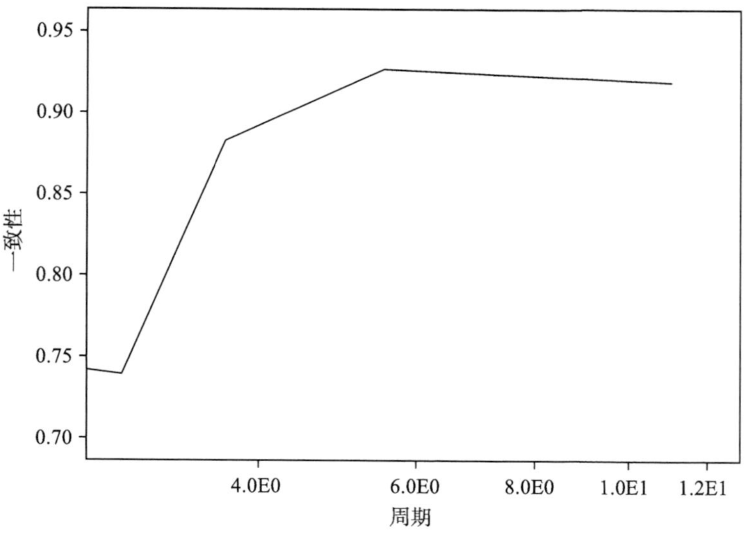

图 6-3　陆域经济与海洋经济相关性变化

（二）沿海省（市、自治区）陆海经济空间联动评价

对天津陆域经济时间序列数据与海洋经济时间序列数据做相关性分析，得到两者的相关系数为 0.814，且在 0.01 显著性水平下显著相关，但这一相关系数为静态相关系数。通过交叉谱分析，由表 6-9 可知，在 2.75 年时，天津陆域经济与海洋经济的相关系数达到 0.526，到 5.5 年时，其相关系数最大，为 0.783，此后稍有下降。对相位谱进行分析，可以看出在 2.75 年里，海洋经济发展稍领先陆域经济 0.19 年；5.5 年时间中，海洋经济领先陆域经济 0.453 年。

表 6-9　天津陆域经济与海洋经济交叉谱分析

周期长度	频率	余谱密度	正交谱	相位谱	一致性	时差
—	0.000	1.669	0.000	0.000	0.753	—
11.000	0.091	1.497	0.227	0.151	0.715	0.264
5.500	0.182	0.915	0.521	0.518	0.783	0.453
3.667	0.273	0.774	0.435	0.512	0.716	0.299
2.750	0.364	0.217	0.100	0.433	0.526	0.190

对河北陆域经济时间序列数据与海洋经济时间序列数据做相关性分析，得到两者显著的相关系数为 0.708。通过交叉谱分析，由表 6-10 可知，在

2. 75 年时，河北陆域经济与海洋经济的相关系数仅为 0. 277，到了 5. 5 年时，其相关系数最大，为 0. 611。对其相位谱进行分析，可以看出，在 2. 75 年里，海洋经济发展稍领先陆域经济 0. 129 年；5. 5 年时间中，海洋经济落后陆域经济 0. 456 年。

表 6-10　河北陆域经济与海洋经济交叉谱分析

周期长度	频率	余谱密度	正交谱	相位谱	一致性	时差
—	0. 000	1. 577	0. 000	0. 000	0. 604	—
11. 000	0. 091	1. 417	-0. 156	-0. 110	0. 558	-0. 192
5. 500	0. 182	0. 820	-0. 471	-0. 521	0. 611	-0. 456
3. 667	0. 273	0. 712	-0. 326	-0. 429	0. 534	-0. 250
2. 750	0. 364	0. 190	0. 058	0. 295	0. 277	0. 129

对辽宁陆域经济时间序列数据与海洋经济时间序列数据做相关性分析，得到两者显著的相关系数为 0. 887。通过交叉谱分析，由表 6-11 可知，在 2. 75 年时，辽宁陆域经济与海洋经济的相关系数仅为 0. 139，到了 5. 5 年时，其相关系数最大，为 0. 799，之后继续上升到 0. 933。对其相位谱进行分析，可以看出，在 2. 75 年里，海洋经济发展落后陆域经济 0. 636 年；5. 5 年时间中，海洋经济落后陆域经济 0. 215 年。

表 6-11　辽宁陆域经济与海洋经济交叉谱分析

周期长度	频率	余谱密度	正交谱	相位谱	一致性	时差
—	0. 000	1. 717	0. 000	0. 000	0. 915	—
11. 000	0. 091	1. 581	-0. 112	-0. 071	0. 933	-0. 124
5. 500	0. 182	0. 863	-0. 217	-0. 246	0. 799	-0. 215
3. 667	0. 273	0. 669	-0. 192	-0. 279	0. 712	-0. 163
2. 750	0. 364	0. 009	-0. 071	-1. 451	0. 139	-0. 636

对上海陆域经济时间序列数据与海洋经济时间序列数据做相关性分析，得到两者显著的相关系数为 0. 799。通过交叉谱分析，由表 6-12 可知，在 2. 75 年时，上海陆域经济与海洋经济的相关系数仅为 0. 547，到了 5. 5 年时，其相关系数为 0. 792，此后上升到 0. 898。对其相位谱进行分析，可以看出，

在 2.75 年里，海洋经济发展稍落后陆域经济 0.094 年；5.5 年时间中，海洋经济落后陆域经济 0.126 年，呈现递增趋势。

表 6-12　上海陆域经济与海洋经济交叉谱分析

周期长度	频率	余谱密度	正交谱	相位谱	一致性	时差
—	0.000	1.233	0.000	0.000	0.856	—
11.000	0.091	1.144	-0.137	-0.119	0.898	-0.209
5.500	0.182	0.766	-0.111	-0.144	0.792	-0.126
3.667	0.273	0.709	-0.076	-0.107	0.748	-0.063
2.750	0.364	0.342	-0.075	-0.216	0.547	-0.094

对江苏陆域经济时间序列数据与海洋经济时间序列数据做相关性分析，得到两者显著的相关系数为 0.981。通过交叉谱分析，由表 6-13 可知，在 2.75 年时，江苏陆域经济与海洋经济的相关系数达到 0.936，到了 5.5 年时，其相关系数为 0.967，之后继续上升到 0.976。对其相位谱进行分析，可以看出，在 2.75 年里，海洋经济发展稍落后陆域经济 0.032 年；5.5 年时间中，海洋经济领先陆域经济 0.038 年。由于数值相对较小，两者大致表现为同步发展。

表 6-13　江苏陆域经济与海洋经济交叉谱分析

周期长度	频率	余谱密度	正交谱	相位谱	一致性	时差
—	0.000	1.406	0.000	0.000	0.974	—
11.000	0.091	1.286	-0.005	-0.004	0.976	-0.007
5.500	0.182	0.872	0.038	0.044	0.967	0.038
3.667	0.273	0.789	0.020	0.025	0.962	0.015
2.750	0.364	0.366	-0.027	-0.073	0.936	-0.032

对浙江陆域经济时间序列数据与海洋经济时间序列数据做相关性分析，得到两者显著的相关系数为 0.928。通过交叉谱分析，由表 6-14 可知，在 2.75 年时，河北陆域经济与海洋经济的相关系数为 0.819，到了 5.5 年时，其相关系数达到最大，为 0.894。对其相位谱进行分析，可以看出，在 2.75 年里，海洋经济发展稍领先陆域经济 0.03 年；5.5 年时间中，海洋经

济领先陆域经济 0. 242 年。

表 6-14 浙江陆域经济与海洋经济交叉谱分析

周期长度	频率	余谱密度	正交谱	相位谱	一致性	时差
—	0. 000	1. 362	0. 000	0. 000	0. 865	—
11. 000	0. 091	1. 247	0. 107	0. 085	0. 848	0. 150
5. 500	0. 182	0. 849	0. 240	0. 276	0. 894	0. 242
3. 667	0. 273	0. 768	0. 183	0. 234	0. 866	0. 137
2. 750	0. 364	0. 364	0. 025	0. 068	0. 819	0. 030

对福建陆域经济时间序列数据与海洋经济时间序列数据做相关性分析，得到两者显著的相关系数为 0. 868。通过交叉谱分析，由表 6-15 可知，在 2. 75 年时，福建陆域经济与海洋经济的相关系数为 0. 892，此后不断下降，5. 5 年时，仅为 0. 786。对其相位谱进行分析，可以看出，在 2. 75 年里，海洋经济发展稍领先陆域经济 0. 038 年；5. 5 年时间中，海洋经济落后陆域经济 0. 302 年。

表 6-15 福建陆域经济与海洋经济交叉谱分析

周期长度	频率	余谱密度	正交谱	相位谱	一致性	时差
—	0. 000	1. 505	0. 000	0. 000	0. 677	—
11. 000	0. 091	1. 393	-0. 076	-0. 055	0. 696	-0. 096
5. 500	0. 182	0. 943	-0. 339	-0. 345	0. 786	-0. 302
3. 667	0. 273	0. 854	-0. 255	-0. 290	0. 780	-0. 170
2. 750	0. 364	0. 400	0. 035	0. 086	0. 892	0. 038

对山东陆域经济时间序列数据与海洋经济时间序列数据做相关性分析，得到两者显著的相关系数为 0. 967。通过交叉谱分析，由表 6-16 可知，在 2. 75 年时，山东陆域经济与海洋经济的相关系数为 0. 892，到了 5. 5 年时，其相关系数达到最大，为 0. 942。对其相位谱进行分析，可以看出，在 2. 75 年里，海洋经济发展稍领先陆域经济 0. 017 年；5. 5 年时间中，海洋经济落后陆域经济 0. 151 年。

表 6-16　山东陆域经济与海洋经济交叉谱分析

周期长度	频率	余谱密度	正交谱	相位谱	一致性	时差
—	0.000	1.566	0.000	0.000	0.921	—
11.000	0.091	1.446	-0.049	-0.034	0.922	-0.060
5.500	0.182	0.968	-0.169	-0.173	0.942	-0.151
3.667	0.273	0.875	-0.123	-0.140	0.930	-0.082
2.750	0.364	0.397	0.015	0.038	0.892	0.017

对广东陆域经济时间序列数据与海洋经济时间序列数据做相关性分析，得到两者显著的相关系数为 0.913。通过交叉谱分析，由表 6-17 可知，在 2.75 年时，广东陆域经济与海洋经济的相关系数为 0.913，到了 5.5 年时，其相关系数达到 0.986。对其相位谱进行分析，可以看出，在 2.75 年里，海洋经济发展稍领先陆域经济 0.055 年；5.5 年时间中，海洋经济领先陆域经济 0.073 年。由于数值相对较小，两者大致表现为同步发展。

表 6-17　广东陆域经济与海洋经济交叉谱分析

周期长度	频率	余谱密度	正交谱	相位谱	一致性	时差
—	0.000	1.512	0.000	0.000	0.990	—
11.000	0.091	1.381	0.060	0.043	0.991	0.076
5.500	0.182	0.950	0.080	0.084	0.986	0.073
3.667	0.273	0.857	0.075	0.088	0.963	0.051
2.750	0.364	0.413	0.052	0.124	0.913	0.055

对广西陆域经济时间序列数据与海洋经济时间序列数据做相关性分析，得到两者显著的相关系数为 0.801。通过交叉谱分析，由表 6-18 可知，在 2.75 年时，广西陆域经济与海洋经济的相关系数为 0.754，此后一直下降，到了 5.5 年时，其相关系数为 0.660。对其相位谱进行分析，可以看出，在 2.75 年里，海洋经济发展稍领先陆域经济 0.025 年；5.5 年时间中，海洋经济落后陆域经济 0.272 年。

表 6-18 广西陆域经济与海洋经济交叉谱分析

周期长度	频率	余谱密度	正交谱	相位谱	一致性	时差
—	0.000	0.998	0.000	0.000	0.596	—
11.000	0.091	0.865	-0.043	-0.050	0.601	-0.088
5.500	0.182	0.664	-0.213	-0.311	0.660	-0.272
3.667	0.273	0.616	-0.160	-0.254	0.651	-0.148
2.750	0.364	0.380	0.022	0.057	0.754	0.025

对海南陆域经济时间序列数据与海洋经济时间序列数据做相关性分析，得到两者显著的相关系数为 0.918。通过交叉谱分析，由表 6-19 可知，在 2.75 年时，海南陆域经济与海洋经济的相关系数为 0.759，到了 5.5 年时，其相关系数最大，为 0.912。对其相位谱进行分析，可以看出，在 2.75 年里，海洋经济发展稍落后陆域经济 0.074 年；5.5 年时间中，海洋经济落后陆域经济 0.310 年。

表 6-19 海南陆域经济与海洋经济交叉谱分析

周期长度	频率	余谱密度	正交谱	相位谱	一致性	时差
—	0.000	1.702	0.000	0.000	0.845	—
11.000	0.091	1.580	-0.178	-0.112	0.835	-0.196
5.500	0.182	1.038	-0.384	-0.354	0.912	-0.310
3.667	0.273	0.924	-0.303	-0.316	0.879	-0.185
2.750	0.364	0.393	-0.067	-0.169	0.759	-0.074

表 6-20 沿海省（市、自治区）的相关性分析总结

省（市、自治区）	相关系数	最大一致性	海洋领先/同步/落后
天津	0.814	0783	领先
河北	0.708	0.611	领先→落后
辽宁	0.887	0.799	落后
上海	0.799	0.898	落后
江苏	0.981	0.976	同步
浙江	0.928	0.894	领先
福建	0.868	0.786	领先→落后

续表

省（市、自治区）	相关系数	最大一致性	海洋领先/同步/落后
山东	0.967	0.942	领先→落后
广东	0.913	0.991	同步
广西	0.801	0.660	领先→落后
海南	0.918	0.912	落后

三、陆海经济耦合评价

（一）全国陆海经济耦合发展评价

2006—2016 年，全国陆域经济系统与海洋经济系统的综合得分如图 6-4 所示。从全国沿海省（市、自治区）来看，陆域经济系统与海洋经济系统都处于高速增长的状态；两者的增速呈现交替上升的态势。自 2014 年来，由于国家实施建设海洋强国和“21 世纪海上丝绸之路”战略，海洋经济发展显著加速，增速开始明显超过陆域经济。2014 年，国家设立了青岛西海岸新区和大连金普新区，天津、江苏被列为海洋经济创新发展示范区域，我国海洋经济创新发展示范区域增加到 10 个，形成层次清晰、定位准确、特色鲜明、结构优化的海洋经济空间开发格局。

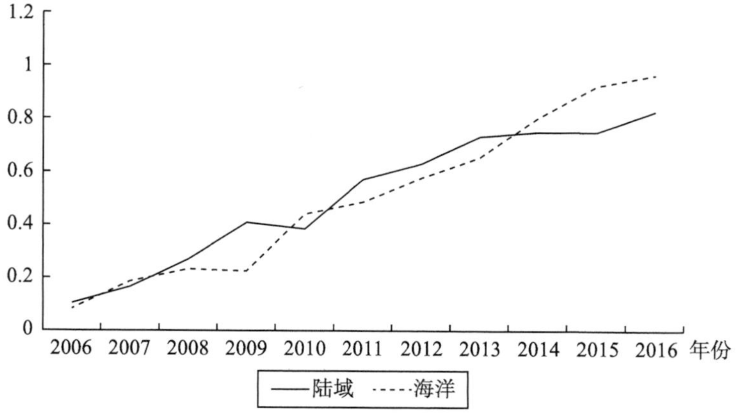

图 6-4　2006—2016 年陆海经济系统综合得分

根据耦合模型计算出来的耦合度、耦合协调度及陆域经济与海洋经济的得分的差值，参照耦合协调度的分级标准，得到全国陆海经济耦合评价结果，见表 6-21。

表 6-21 2006—2016 年全国陆海经济耦合度评价结果

年份	耦合度	耦合协调度	差值	协调程度	协调类型
2006	0.974	0.301	0.021	拮抗阶段	轻度失调陆海产业发展同步型
2007	0.992	0.419	-0.022	磨合阶段	濒临失调陆海产业发展同步型
2008	0.989	0.500	0.037	磨合阶段	勉强协调陆海产业发展同步型
2009	0.840	0.517	0.184	磨合阶段	勉强协调海洋经济发展滞后型
2010	0.991	0.641	-0.057	磨合阶段	初级协调陆海产业发展同步型
2011	0.987	0.724	0.087	协调阶段	初级协调陆海产业发展同步型
2012	0.996	0.778	0.054	协调阶段	初级协调陆海产业发展同步型
2013	0.994	0.833	0.078	协调阶段	中级协调陆海产业发展同步型
2014	0.998	0.883	-0.054	协调阶段	良好协调陆海产业发展同步型
2015	0.978	0.908	-0.176	协调阶段	良好协调陆域经济发展滞后型
2016	0.988	0.944	-0.139	协调阶段	良好协调陆域经济发展滞后型

注：差值为陆域产业综合评价指数减去海洋产业综合评价指数。

由表 6-21 可知，全国陆海经济的耦合度都非常高，其耦合协调度也在不断增长，整个系统的耦合水平不断提高。根据耦合结果，可以将上述过程分为四个阶段。

拮抗阶段：2006 年及之前，陆域经济系统与海洋经济系统独立无序发展，陆海经济发展的差异较小。

磨合前期阶段：2007—2009 年，陆域经济系统与海洋经济系统相互磨合，陆域经济系统发展速度高于海洋经济。

磨合后期阶段：2010—2012 年，陆域经济系统与海洋经济系统继续磨合，受金融危机的影响，陆域经济发展减速，此时陆域经济与海洋经济处于大致同步发展阶段。

协调前期阶段：2013—2014 年，经过前期的磨合，陆域经济与海洋经济开始进入协调阶段，两者保持同步发展速度。

协调后期阶段：2015—2016 年，陆域经济与海洋经济的协调度进一步提升，由于建设海洋强国和“21 世纪海上丝绸之路”战略的实施，海洋经济的发展开始超过陆域经济的发展。

（二）沿海省（市、自治区）陆海经济耦合评价

为了便于横向与纵向比较，将各省（市、自治区）的权重设置为与全国的权重一致，并采用相同的标准化对数据进行统一处理，经计算得到中国各省（市、自治区）陆海经济耦合协调度，见表 6-22，各省（市、自治区）耦合度的趋势变化见图 6-5。

表 6-22　2006—2016 年各省（市、自治区）陆海经济耦合协调度

年份	天津	河北	辽宁	上海	江苏	浙江	福建	山东	广东	广西	海南
2006	0.407	0.356	0.421	0.371	0.277	0.438	0.296	0.563	0.602	0.058	0.258
2007	0.429	0.369	0.442	0.446	0.368	0.466	0.297	0.596	0.623	0.066	0.260
2008	0.481	0.389	0.460	0.451	0.388	0.491	0.315	0.625	0.655	0.082	0.288
2009	0.517	0.236	0.473	0.530	0.452	0.533	0.320	0.640	0.679	0.102	0.307
2010	0.562	0.289	0.490	0.538	0.522	0.553	0.361	0.680	0.713	0.135	0.338
2011	0.600	0.348	0.532	0.567	0.569	0.580	0.395	0.708	0.739	0.143	0.360
2012	0.625	0.377	0.531	0.576	0.598	0.598	0.437	0.736	0.760	0.193	0.368
2013	0.653	0.393	0.550	0.565	0.606	0.612	0.460	0.758	0.782	0.231	0.368
2014	0.680	0.447	0.559	0.601	0.644	0.623	0.469	0.795	0.813	0.260	0.385
2015	0.689	0.456	0.533	0.614	0.671	0.646	0.468	0.820	0.836	0.283	0.387
2016	0.638	0.428	0.528	0.644	0.695	0.669	0.486	0.842	0.866	0.305	0.392

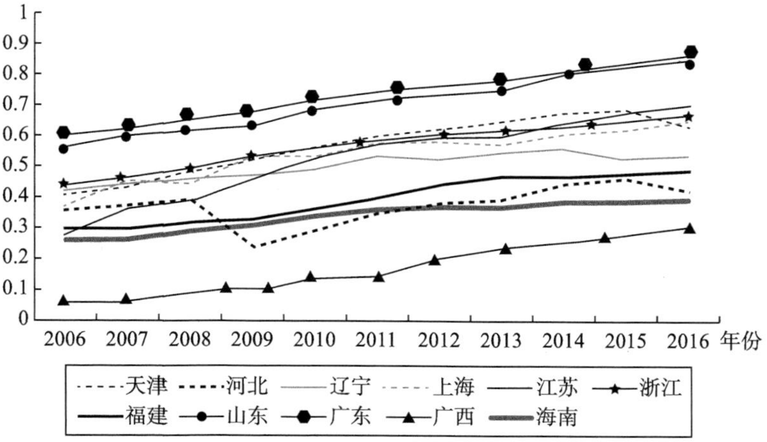

图 6-5　2006—2016 年沿海省（市、自治区）陆海经济耦合协调度趋势

图 6-5 中，从上至下各趋势线依次为广东、山东、江苏、浙江、上海、天津、辽宁、福建、河北、海南、广西。研究期间，除河北出现个别年份向下波动的现象，各省（市、自治区）总体表现为稳定的增长态势。

从耦合协调度的数值来看，以 2016 年为例，各省（市、自治区）陆海经济耦合发展处于轻度失调的拮抗阶段至良好协调阶段。根据 2016 年各省（市、自治区）的耦合协调度，可将其分为三类。第一类是山东、广东，其值大于 0.8 小于 0.9，处于良好协调阶段；第二类是天津、上海、江苏、浙江，其值大于 0.6 小于 0.7，处于初级协调阶段；第三类为辽宁，其值大于 0.5 小于 0.6，处于勉强协调阶段；第四类为河北、福建，其值大于 0.3 小于 0.4，处于濒临失调阶段；第五类为广西、海南，其值小于 0.4，处于轻度失调阶段。从整体来看，陆海经济耦合发展的程度与经济发展水平大致相同。海南陆域经济得分远小于海洋经济得分，因而导致其耦合发展的水平较低；而广西恰好相反，其陆域经济得分远高于海洋经济得分，导致两者不匹配，耦合数值低。

本章小结

本章首先对陆海经济空间联动的含义进行了界定，认为陆海经济空间联动就是陆海经济活动主体在陆海相连的空间范围内，进行经济活动布局，充分发挥海洋资源丰富的优势，与陆域的资金、技术、人才优势相结合，实现陆域经济与海洋经济之间的相互协调、相互促进，从而实现优势互补、共同发展的一个动态过程。陆海经济耦合是指陆域经济系统与海洋经济系统彼此间相互作用、相互关联、相互促进，形成良性互动发展的彼此间各种关系的总和。

遵循全面性、科学性、代表性、可得性的原则，本章从经济规模、经济结构、经济效率三个方面选取指标构建基于系统耦合的陆海经济评价指标体系，分析陆海经济空间联动与耦合发展程度。

本章利用相关性分析与交叉谱分析方法，对我国沿海地区的陆海经济空间联动进行实证分析。实证发现，沿海地区的陆海经济的相关系数较大，两者发展呈密切关联的态势；交叉谱分析则发现，两者的相关性是动态变化的，在5.5年的时候相关性最大，海洋经济的发展稍落后于陆域经济。

对不同区域的实证分析发现，从相关系数来看，除河北、上海外，其他省（市、自治区）的相关系数均大于0.8。交叉谱的一致性分析，除辽宁、广西外，其他省（市）的最大一致性相关系数均大于0.8，说明这些省（市）的陆海经济表现为高度相关。海洋经济领先的省（市）是天津、浙江，同步发展的是江苏与广东，其他省（自治区）表现为海洋经济发展落后于陆域经济。

沿海省（市、自治区）的陆海经济的耦合发展，总体表现为耦合值都非常高，其耦合协调度也在不断增长，整个系统的耦合水平不断提高，其发展经历了拮抗阶段、磨合前期阶段、磨合后期阶段、协调前期阶段、协调后期阶段五个阶段。

根据2016年各省（市、自治区）的耦合协调度大小，可将其分为三类。第一类是山东、广东，处于良好协调阶段；第二类是天津、上海、江苏、浙江，处于初级协调阶段；第三类为辽宁，处于勉强协调阶段；第四类为河北、福建，处于濒临失调阶段；第五类为广西、海南，处于轻度失调阶段。

第七章　中国陆海产业联动与协同评价

第一节　中国陆海产业联动与协同评价指标体系构建

一、陆海产业联动

联动是相关的事物，一方发生变化时对另一方的影响，这种影响可以相互促进，也可能形成相互制约的关系。产业联动是区域内的关联产业在发展过程中，形成的相互促进或相互制约的关系。良好的区域产业联动，可以优化区域产业结构，完善产业系统，促进区域产业升级，提升区域整体的经济竞争力。

陆海产业联动是指陆海关联产业之间的相互促进、相互制约的关系。通过区域战略调整，可以达到陆海产业间优势互补、协同发展，优化区域产业结构，提升产能及增强区域竞争力。陆海产业联动主要表现为两个方面。一方面，陆域产业的发展是海洋产业发展的基础和前提，海洋产业发展能推进陆域产业向更高层次、更大产能发展，陆海产业良好的联动可促进陆海经济共同发展。另一方面，依托临海的区位优势，发展外向型经济，建立临海工业区，可将陆域产业与海洋产业有效结合，带动陆域与海洋相关产业发展，促进沿海地区的经济发展。

二、陆海产业协同

协同是指同一系统中，各子系统分工协调运作，使系统表现为良好的和谐共进。关于产业协同的测度方法，目前有产业相关度、灰色关联度模型、空间计量模型、耦合协调模型、复合系统协同度模型、哈肯模型等。陆海产业协同，主要是指陆域产业与海洋产业作为产业系统的子系统，有效协调运作，使整个产业系统和谐发展。目前大多数学者运用系统耦合模型来评价陆海产业协同，本章也采用产业耦合模型来测度陆海产业协同发展。

产业耦合与产业联动是有区别的。产业联动是产业耦合的基础，产业耦合不仅包括产业之间在要素、信息、能量等方面的关联，还具有更高级的协作共生关系，彼此间进行相互选择、约束，同时促进或放大系统功能。子系统间的选择与约束，减少了各自的自由度与部分属性，促进与放大又导致其各自的部分功能被放宽与加大。

三、陆海产业联动与协同评价指标体系

本章对陆海产业联动与协同分别进行评价，因此，需建立陆海产业联动评价指标体系与陆海产业协同指标体系。根据陆海产业联动与协同的含义，直接选用陆域一二三产业与海洋一二三产业进行评价分析，指标体系见表 7-1。

表 7-1　陆海产业联动标体系

目标层	指标层	指标含义
陆域产业指标体系	陆域第一产业增加值	反映陆域第一产业发展情况
	陆域第二产业增加值	反映陆域第二产业发展情况
	陆域第三产业增加值	反映陆域第三产业发展情况
海洋产业指标体系	海洋第一产业增加值	反映海洋第一产业发展情况
	海洋第一产业增加值	反映海洋第二产业发展情况
	海洋第一产业增加值	反映海洋第三产业发展情况

对于陆海产业耦合评价，从陆海产业关联性出发，利用理论分析、专家咨询等方法，借鉴现有的文献，从产业规模、产业结构、产业效率三个方面选取指标，以此反映陆海产业综合发展情况，构建基于系统耦合的陆海产业系统耦合评价指标体系，测度陆海产业协同发展的程度，指标体系见表 7-2。

表 7-2 陆海产业系统耦合指标体系

目标层	准则层	指标层	指标含义与算法
陆域产业指标体系	产业规模	陆域第一产业增加值	地区陆域产业第一产业增加值
		陆域第二产业增加值	地区陆域产业第二产业增加值
		陆域第三产业增加值	地区陆域产业第三产业增加值
	产业结构	陆域第一产业占比	（陆域第一产业/陆域生产总值）×100%
		陆域第二产业占比	（陆域第二产业/陆域生产总值）×100%
		陆域第三产业占比	（陆域第三产业/陆域生产总值）×100%
	产业效率	陆域劳动生产率	陆域生产总值/陆域就业人数
		陆域产业增长率	（当年陆域生产总值-上年陆域生产总值）/上年陆域生产总值
海洋产业指标体系	产业规模	海洋第一产业增加值	地区海洋产业第一产业增加值
		海洋第二产业增加值	地区海洋产业第二产业增加值
		海洋第三产业增加值	地区海洋产业第三产业增加值
	产业结构	海洋第一产业占比	（海洋第一产业/海洋生产总值）×100%
		海洋第二产业占比	（海洋第二产业/海洋生产总值）×100%
		海洋第三产业占比	（海洋第三产业/海洋生产总值）×100%
	产业效率	海洋劳动生产率	海洋生产总值/海洋就业人数
		海洋产业增长率	（当年海洋生产总值-上年海洋生产总值）/上年海洋生产总值

第二节 中国陆海产业联动与协同评价方法

一、灰色关联模型

灰色关联模型是指已知部分信息的不确定系统内的各子系统之间随时间变化过程中，分析其相互关联程度的模型。陆海产业之间是动态变化、交互影响、非平衡的复杂关系，可用灰色关联模型来测度其关联性。灰色关联模型的具体计算步骤如下：

第一，确定分析的序列集。设参考时间序列为：

$$x_0=\{x_0(k),k=1,2,\cdots,n\} \tag{7-1}$$

比较时间序列为：

$$x_i=\{x_i(k),k=1,2,\cdots,n\} \tag{7-2}$$

第二，数据无量纲化。各序列为了具有可比性，用每个序列的首个数据去除该序列的每个数据 $x_i(k)$。

第三，计算绝对差。计算每个比较序列与参考序列对应元素的绝对差值，即：

$$|x_0(k)-x_i(k)| \tag{7-3}$$

第四，确定绝对差的最大值与最小值：

$$\min_{i=1}^{n}\min_{k=1}^{m}|x_0(k)-x_i(k)| \tag{7-4}$$

第五，计算关联系数：

$$\zeta_i(k)=\frac{\min\limits_i\min\limits_k|x_0(k)-x_i(k)|+\rho\cdot\max\limits_i\max\limits_k|x_0(k)-x_i(k)|}{|x_0(k)-x_i(k)|+\rho\cdot\max\limits_i\max\limits_k|x_0(k)-x_i(k)|} \tag{7-5}$$

式中 ρ 为分辨系数，位于（0，1）之间，如其越小，关联系数间差异越大，区分能力越强，一般取 0.5。

第六，计算关联度。分别计算其个指标与参考序列对应元素的关联系数的均值，用以反映各评价对象与参考序列的关联关系，关联度为：

$$r_i=\frac{1}{m}\sum_{k=1}^{m}\zeta_i(k) \tag{7-6}$$

二、耦合评价模型

陆域产业系统与海洋产业系统协同发展就是两者不断耦合发展的过程。区域陆海产业的耦合过程，就是由低水平的耦合向高水平的耦合逐渐发展。借用物理学耦合的原理，两子系统耦合度可以用下面的公式来度量：

$$C=\left\{\frac{XY}{[(X+Y)/2]^2}\right\}^k \tag{7-7}$$

$$X=\sum_{i=1}^{m}a_ix_i \tag{7-8}$$

$$Y=\sum_{i=1}^{m}b_iy_i \tag{7-9}$$

上式中，C 为耦合度，X、Y 为陆域产业与海洋产业的综合评价得分，k 为调节系数，本书取 2，a_i 与 b_i 为权重，x_i 与 y_i 为陆海产业的具体指标得分。C 值越大则耦合度越高。但由于存在高水平的子系统与低水平的子系统的耦合度相同，因此 C 值并不能完全反映系统耦合程度，为此引入耦合协调度来反映系统的耦合水平。耦合协调度 D 用如下公式计算：

$$D=\sqrt{C\times T} \quad 7\text{-}10$$

$$T=\alpha X+\beta Y \quad 7\text{-}11$$

α 与 β 为权重，T 为陆海产业系统综合评价指数，本书假定陆域产业系统与海洋产业系统同等重要，因此权重均为 0.5。参考现有的研究，将耦合协调度分为 10 级，用来衡量陆海产业系统耦合协调发展的具体情况，见表 7-3。

表 7-3　陆海产业系统耦合协调度等级

协调程度	耦合协调类型	赋值范围	关系类型
协调阶段	优质协调	$0.9\leq D<1$	$X-Y>0.1$，海洋产业滞后型 $\|X-Y\|\leq 0.1$，陆海产业同步型 $Y-X>0.1$，陆域产业滞后型
	良好协调	$0.8\leq D<0.9$	
	中级协调	$0.7\leq D<0.8$	
磨合阶段	初级协调	$0.6\leq D<0.7$	
	勉强协调	$0.5\leq D<0.6$	
	濒临协调	$0.4\leq D<0.5$	
拮抗阶段	轻度失调	$0.3\leq D<0.4$	
	中度失调	$0.2\leq D<0.3$	
	严重失调	$0.1\leq D<0.2$	
	极度失调	$0\leq D<0.1$	

第三节　中国陆海产业联动与协同评价实证分析

中国陆海产业联动与协同的评价主要以全国及沿海的 11 个省（市、自治区）为研究对象。由于国家海洋局及统计局于 2006 年对海洋产业的统计口径进行了修正，因此，考虑数据的可得性及可比性，本书以 2006—2016 年为研究区间，主要数据来自《中国海洋统计年鉴》（2007—2017）、《中国统计年鉴》(2007—2017),以及2007—2017年沿海11个省(市、自治区)的统计年鉴。为保障数据的一致性,同一指标如各年鉴均有数据,以《中国海洋统计年鉴》为主。

一、陆海产业联动评价

(一)全国总体情况与分析

本节以陆海三次产业为主要研究对象,分析陆海三次产业的灰色关联度。查询《中国海洋统计年鉴》,全国陆海三次产业增加值原始数据见表7-4。

表7-4 2006—2016年全国陆海三次产业增加值 单位:亿元

年份	海洋产业增加值	海洋第一产业增加值	海洋第二产业增加值	海洋第三产业增加值	陆域产业增加值	陆域第一产业增加值	陆域第二产业增加值	陆域第三产业增加值
2006	21592.3	1228.8	10217.8	10145.7	197846.2	22088.2	94144.0	81614.0
2007	25618.7	1395.4	12011.0	12212.3	244613.6	26392.6	114622.6	103598.4
2008	29718.0	1694.3	13735.3	14288.4	289797.5	31058.9	136221.3	122517.4
2009	32161.9	1857.7	14926.5	15377.6	316919.5	32304.1	145245.2	139370.3
2010	39619.2	2008.0	18919.6	18691.6	373411.1	37354.6	172710.2	163346.4
2011	45580.4	2381.9	21667.6	21530.8	443720.2	43781.2	205371.3	194567.8
2012	50172.9	2670.6	23450.2	24052.1	490194.5	48231.7	221193.1	220769.8
2013	54718.3	3037.7	24608.9	27071.7	540526.1	52291.4	237347.2	250887.6
2014	60699.1	3109.5	26660.0	30929.6	583274.9	55234.0	250911.8	277129.0
2015	65534.4	3327.7	27671.9	34534.8	623517.7	57534.4	254368.4	311614.9
2016	69693.7	3570.9	27666.6	38456.2	674433.5	60099.8	268569.4	345764.3

参照灰色关联模型,用初值法对原始数据进行无量纲处理,结果如表7-5。

表7-5 2006—2016年全国陆海三次产业增加值无量纲结果

年份	海洋产业增加值	海洋第一产业增加值	海洋第二产业增加值	海洋第三产业增加值	陆域产业增加值	陆域第一产业增加值	陆域第二产业增加值	陆域第三产业增加值
2006	1.000	1.000	1.000	1.000	1.000	1.000	1.000	1.000
2007	1.186	1.136	1.175	1.204	1.236	1.195	1.218	1.269

续表

年份	海洋产业增加值	海洋第一产业增加值	海洋第二产业增加值	海洋第三产业增加值	陆域产业增加值	陆域第一产业增加值	陆域第二产业增加值	陆域第三产业增加值
2008	1. 376	1. 379	1. 344	1. 408	1. 465	1. 406	1. 447	1. 501
2009	1. 490	1. 512	1. 461	1. 516	1. 602	1. 463	1. 543	1. 708
2010	1. 835	1. 634	1. 852	1. 842	1. 887	1. 691	1. 835	2. 001
2011	2. 111	1. 938	2. 121	2. 122	2. 243	1. 982	0. 011	2. 384
2012	2. 324	2. 173	2. 295	2. 371	2. 478	2. 184	2. 350	2. 705
2013	2. 534	2. 472	2. 408	2. 668	2. 732	2. 367	2. 521	3. 074
2014	2. 811	2. 531	2. 609	3. 049	2. 948	2. 501	2. 665	3. 396
2015	3. 035	2. 708	2. 708	3. 404	3. 152	2. 605	2. 702	3. 818
2016	3. 228	2. 906	2. 708	3. 790	3. 409	2. 721	2. 853	4. 237

以海洋产业增加值为参考序列，以陆域产业增加值及陆域三次产业增加值作为比较序列，计算海洋产业与陆域产业之间的灰色关联度，比较序列与参考序列的对应的差值绝对值如表 7-6。

表 7-6　2006—2016 年全国陆海三次产业增加值无量纲差值的绝对值

年份	Δ_{01}	Δ_{02}	Δ_{03}	Δ_{04}
2006	0. 000	0. 000	0. 000	0. 000
2007	0. 050	0. 009	0. 032	0. 083
2008	0. 089	0. 030	0. 071	0. 125
2009	0. 112	0. 027	0. 053	0. 218
2010	0. 052	0. 144	0. 000	0. 166
2011	0. 132	0. 129	2. 100	0. 273
2012	0. 154	0. 140	0. 026	0. 381
2013	0. 198	0. 167	0. 013	0. 540
2014	0. 137	0. 310	0. 146	0. 585
2015	0. 117	0. 430	0. 333	0. 783
2016	0. 181	0. 507	0. 375	1. 009

参照灰色关联模型关联系数公式，计算出全国海洋产业与陆域各产业的关联系数，见表 7-7。以此为基础，得到全国海洋产业与陆域各产业的灰色

关联度 $r_0=0.518$，$r_1=0.679$，$r_2=0.866$，$r_3=0.636$，即全国海洋产业与全国陆域产业总体的关联度为 0.518，全国海洋产业与陆域第一产业的关联度为 0.679，全国海洋产业与陆域第二产业的关联度为 0.866，全国海洋产业与陆域第三产业的关联度为 0.636。

根据相同的方法，继续计算出全国海洋第一产业、第二产业、第三产业与陆域各产业的灰色关联度，见表 7-7。

表 7-7　2006—2016 年全国陆海三次产业关联系数

年份	ξ_{01}	ξ_{02}	ξ_{03}	ξ_{04}
2006	1.000	1.000	1.000	1.000
2007	0.663	0.966	0.971	0.858
2008	0.527	0.894	0.937	0.801
2009	0.470	0.902	0.952	0.698
2010	0.654	0.638	1.000	0.752
2011	0.429	0.663	0.333	0.649
2012	0.392	0.644	0.976	0.570
2013	0.333	0.603	0.988	0.483
2014	0.419	0.450	0.878	0.463
2015	0.459	0.371	0.759	0.392
2016	0.354	0.333	0.737	0.333

表 7-8　全国陆域产业与海洋产业关联度

项目	陆域生产总值	陆域第一产业	陆域第二产业	陆域第三产业
海洋生产总值	0.518	0.679	0.866	0.636
海洋第一产业	0.560	0.660	0.873	0.629
海洋第二产业	0.674	0.623	0.890	0.680
海洋第三产业	0.686	0.734	0.816	0.535

如表 7-8 所示，全国海洋产业与陆域产业总体关联度为 0.518，海洋产业与陆域各产业的关联度是陆域第三产业<第一产业<第二产业。海洋第一产业与陆域产业总体的关联度为 0.560，海洋第一产业与陆域各产业的关联度是陆

域第三产业<第一产业<第二产业。海洋第二产业与陆域产业总体的关联度为0.674，海洋第二产业与陆域各产业的关联度是陆域第一产业<第三产业<第二产业。海洋第三产业与陆域产业总体的关联度为0.686，海洋第三产业与陆域各产业关联度是陆域第三产业<第一产业<第二产业。由此可知，陆域第二产业与海洋各产业的关联度最高。

（二）分区域结果与分析

运用灰色关联模型对我国沿海省（市、自治区）的陆域产业与海洋产业的关联性进行分析，得到表7-9至表7-19。

天津市海洋产业与陆域产业总体关联度为0.843，海洋产业与陆域各产业的关联度是陆域第一产业<第二产业<第三产业。海洋第一产业与陆域产业总体的关联度为0.518，海洋第一产业与陆域各产业的关联度是陆域第三产业<第一产业<第二产业。海洋第二产业与陆域产业总体的关联度为0.848，海洋第二产业与陆域各产业的关联度是陆域第一产业<第二产业<第三产业。海洋第三产业与陆域产业总体的关联度为0.695，海洋第三产业与陆域各产业关联度是陆域第一产业<第二产业<第三产业。见表7-9。

表7-9 天津陆域产业与海洋产业关联度

项目	陆域生产总值	陆域第一产业	陆域第二产业	陆域第三产业
海洋生产总值	0.843	0.557	0.587	0.740
海洋第一产业	0.518	0.634	0.681	0.612
海洋第二产业	0.848	0.578	0.719	0.763
海洋第三产业	0.695	0.594	0.675	0.651

河北省海洋产业与陆域产业总体关联度为0.529，海洋产业与陆域各产业的关联度是陆域第二产业<第一产业<第三产业。海洋第一产业与陆域产业总体的关联度为0.580，海洋第一产业与陆域各产业的关联度是陆域第一产业<第二产业<第三产业。海洋第二产业与陆域产业总体的关联度为0.609，海洋第二产业与陆域各产业的关联度是陆域第二产业<第一产业<第三产业。海洋第三产业与陆域产业总体的关联度为0.534，海洋第三产业与陆域各产业关联度是陆域第三产业<第二产业<第一产业。见表7-10。

表 7-10　河北陆域产业与海洋产业关联度

项目	陆域生产总值	陆域第一产业	陆域第二产业	陆域第三产业
海洋生产总值	0.529	0.577	0.514	0.580
海洋第一产业	0.580	0.608	0.618	0.625
海洋第二产业	0.609	0.620	0.583	0.633
海洋第三产业	0.534	0.629	0.559	0.514

辽宁省海洋产业与陆域产业总体关联度为 0.674，海洋产业与陆域各产业的关联度是陆域第二产业<第一产业<第三产业。海洋第一产业与陆域产业总体的关联度为 0.524，海洋第一产业与陆域各产业的关联度是陆域第一产业<第三产业<第二产业。海洋第二产业与陆域产业总体的关联度为 0.607，海洋第二产业与陆域各产业的关联度是陆域第二产业<第三产业<第一产业。海洋第三产业与陆域产业总体的关联度为 0.658，海洋第三产业与陆域各产业关联度是陆域第一产业<第三产业<第二产业。见表 7-11。

表 7-11　辽宁陆域产业与海洋产业关联度

项目	陆域生产总值	陆域第一产业	陆域第二产业	陆域第三产业
海洋生产总值	0.674	0.613	0.534	0.735
海洋第一产业	0.524	0.528	0.726	0.568
海洋第二产业	0.607	0.684	0.561	0.665
海洋第三产业	0.658	0.590	0.789	0.592

上海市海洋产业与陆域产业总体关联度为 0.561，海洋产业与陆域各产业的关联度是陆域第二产业<第三产业<第一产业。海洋第一产业与陆域产业总体的关联度为 0.593，海洋第一产业与陆域各产业的关联度是陆域第二产业<第一产业<第三产业。海洋第二产业与陆域产业总体的关联度为 0.560，海洋第二产业与陆域各产业的关联度是陆域第二产业<第一产业<第三产业。海洋第三产业与陆域产业总体的关联度为 0.564，海洋第三产业与陆域各产业关联度是陆域第三产业<第一产业<第二产业。见表 7-12。

表 7-12　上海陆域产业与海洋产业关联度

项目	陆域生产总值	陆域第一产业	陆域第二产业	陆域第三产业
海洋生产总值	0.561	0.728	0.575	0.608
海洋第一产业	0.593	0.562	0.541	0.619
海洋第二产业	0.560	0.583	0.477	0.599
海洋第三产业	0.564	0.673	0.716	0.621

江苏省海洋产业与陆域产业总体关联度为0.534，海洋产业与陆域各产业的关联度是陆域第三产业<第二产业<第一产业。海洋第一产业与陆域产业总体的关联度为0.686，海洋第一产业与陆域各产业的关联度是陆域第三产业<第二产业<第一产业。海洋第二产业与陆域产业总体的关联度为0.520，海洋第二产业与陆域各产业的关联度是陆域第三产业<第二产业<第一产业。海洋第三产业与陆域产业总体的关联度为0.540，海洋第三产业与陆域各产业关联度是陆域第二产业<第一产业<第三产业。见表7-13。

表 7-13　江苏陆域产业与海洋产业关联度

项目	陆域生产总值	陆域第一产业	陆域第二产业	陆域第三产业
海洋生产总值	0.534	0.579	0.566	0.530
海洋第一产业	0.686	0.694	0.689	0.683
海洋第二产业	0.520	0.555	0.544	0.501
海洋第三产业	0.540	0.606	0.589	0.748

浙江省海洋产业与陆域产业总体关联度为0.535，海洋产业与陆域各产业的关联度是陆域第一产业<第二产业<第三产业。海洋第一产业与陆域产业总体的关联度为0.511，海洋第一产业与陆域各产业的关联度是陆域第一产业<第二产业<第三产业。海洋第二产业与陆域产业总体的关联度为0.575，海洋第二产业与陆域各产业的关联度是陆域第一产业<第二产业<第三产业。海洋第三产业与陆域产业总体的关联度为0.679，海洋第三产业与陆域各产业关联度是陆域第三产业<第一产业<第二产业。见表7-14。

表 7-14　浙江陆域产业与海洋产业关联度

项目	陆域生产总值	陆域第一产业	陆域第二产业	陆域第三产业
海洋生产总值	0. 535	0. 560	0. 580	0. 582
海洋第一产业	0. 511	0. 563	0. 561	0. 596
海洋第二产业	0. 575	0. 483	0. 530	0. 560
海洋第三产业	0. 679	0. 625	0. 676	0. 544

福建省海洋产业与陆域产业总体关联度为 0. 713，海洋产业与陆域各产业的关联度是陆域第一产业<第二产业<第三产业。海洋第一产业与陆域产业总体的关联度为 0. 567，海洋第一产业与陆域各产业的关联度是陆域第一产业<第三产业<第二产业。海洋第二产业与陆域产业总体的关联度为 0. 594，海洋第二产业与陆域各产业的关联度是陆域第一产业<第二产业<第三产业。海洋第三产业与陆域产业总体的关联度为 0. 772，海洋第三产业与陆域各产业关联度是陆域第一产业<第二产业<第三产业。见表 7-15。

表 7-15　福建陆域产业与海洋产业关联度

项目	陆域生产总值	陆域第一产业	陆域第二产业	陆域第三产业
海洋生产总值	0. 713	0. 615	0. 706	0. 704
海洋第一产业	0. 567	0. 550	0. 603	0. 530
海洋第二产业	0. 594	0. 553	0. 579	0. 588
海洋第三产业	0. 772	0. 660	0. 775	0. 778

山东省海洋产业与陆域产业总体关联度为 0. 654，海洋产业与陆域各产业的关联度是陆域第二产业<第三产业<第一产业。海洋第一产业与陆域产业总体的关联度为 0. 627，海洋第一产业与陆域各产业的关联度是陆域第一产业<第二产业<第三产业。海洋第二产业与陆域产业总体的关联度为 0. 569，海洋第二产业与陆域各产业的关联度是陆域第二产业<第一产业<第三产业。海洋第三产业与陆域产业总体的关联度为 0. 706，海洋第三产业与陆域各产业关联度是陆域第二产业<第三产业<第一产业。见表 7-16。

表 7-16 山东陆域产业与海洋产业关联度

项目	陆域生产总值	陆域第一产业	陆域第二产业	陆域第三产业
海洋生产总值	0.654	0.696	0.650	0.661
海洋第一产业	0.627	0.564	0.604	0.637
海洋第二产业	0.569	0.647	0.597	0.711
海洋第三产业	0.706	0.716	0.683	0.647

广东省海洋产业与陆域产业总体关联度为0.624，海洋产业与陆域各产业的关联度是陆域第一产业<第二产业<第三产业。海洋第一产业与陆域产业总体的关联度为0.560，海洋第一产业与陆域各产业的关联度是陆域第一产业<第二产业<第三产业。海洋第二产业与陆域产业总体的关联度为0.531，海洋第二产业与陆域各产业的关联度是陆域第三产业<第二产业<第一产业。海洋第三产业与陆域产业总体的关联度为0.739，海洋第三产业与陆域各产业关联度是第一产业<第二产业<第三产业。见表7-17。

表 7-17 广东陆域产业与海洋产业关联度

项目	陆域生产总值	陆域第一产业	陆域第二产业	陆域第三产业
海洋生产总值	0.624	0.615	0.637	0.770
海洋第一产业	0.560	0.566	0.545	0.551
海洋第二产业	0.531	0.546	0.545	0.526
海洋第三产业	0.739	0.694	0.713	0.734

广西壮族自治区海洋产业与陆域产业总体关联度为0.590，海洋产业与陆域各产业的关联度是陆域第二产业<第三产业<第一产业。海洋第一产业与陆域产业总体的关联度为0.543，海洋第一产业与陆域各产业的关联度是陆域第二产业<第三产业<第一产业。海洋第二产业与陆域产业总体的关联度为0.596，海洋第二产业与陆域各产业的关联度是陆域第二产业<第三产业<第一产业。海洋第三产业与陆域产业总体的关联度为0.696，海洋第三产业与陆域各产业关联度是陆域第二产业<第一产业<第三产业。见表7-18。

表 7-18　广西陆域产业与海洋产业关联度

项目	陆域生产总值	陆域第一产业	陆域第二产业	陆域第三产业
海洋生产总值	0. 590	0. 690	0. 570	0. 648
海洋第一产业	0. 543	0. 590	0. 515	0. 520
海洋第二产业	0. 596	0. 621	0. 529	0. 590
海洋第三产业	0. 696	0. 731	0. 603	0. 752

海南省海洋产业与陆域产业总体关联度为 0. 634，海洋产业与陆域各产业的关联度是陆域第二产业<第一产业<第三产业。海洋第一产业与陆域产业总体的关联度为 0. 661，海洋第一产业与陆域各产业的关联度是陆域第一产业<第三产业<第二产业。海洋第二产业与陆域产业总体的关联度为 0. 541，海洋第二产业与陆域各产业的关联度是陆域第二产业<第三产业<第一产业。海洋第三产业与陆域产业总体的关联度为 0. 716，海洋第三产业与陆域各产业关联度是陆域第二产业<第一产业<第三产业。见表 7-19。

表 7-19　海南陆域产业与海洋产业关联度

项目	陆域生产总值	陆域第一产业	陆域第二产业	陆域第三产业
海洋生产总值	0. 634	0. 612	0. 577	0. 632
海洋第一产业	0. 661	0. 587	0. 738	0. 649
海洋第二产业	0. 541	0. 709	0. 516	0. 602
海洋第三产业	0. 716	0. 597	0. 529	0. 641

二、陆海产业协同评价

（一）指标体系权重设置

指标权重设置的方法主要有客观赋值法与主观赋值法。客观赋值法主要根据数据本身的变异程度或相关程度来确定权重，如熵权法；主观赋值法主要根据专家人为打分来确定权重，如 AHP。由于熵权法与耦合模型融合较好，能避免主观因素带来的偏差，因此，本研究采用熵权法对指标体系设置权重。

（二）评价结果分析

1. 全国陆海产业协同分析评价

运用熵权法得到全国陆海产业系统耦合的指标权重，参考专家意见对其进行合理修正，结果见表 7-20。对原始数据运用极距法进行标准化处理，然后根据权重进行加总，得到陆海产业子系统的得分，见表 7-21。

表 7-20 陆海产业系统耦合指标权重

目标层	准则层	指标层	权重（%）
陆域产业指标体系	产业规模	陆域第一产业增加值	3.78
		陆域第二产业增加值	15.14
		陆域第三产业增加值	18.92
	产业结构	陆域第一产业占比	2.91
		陆域第二产业占比	12.93
		陆域第三产业占比	16.48
	产业效率	陆域劳动生产率	16.41
		陆域产业增长率	13.43
海洋产业指标体系	产业规模	海洋第一产业增加值	3.89
		海洋第二产业增加值	15.56
		海洋第三产业增加值	19.46
	产业结构	海洋第一产业占比	1.79
		海洋第二产业占比	14.36
		海洋第三产业占比	19.75
	产业效率	海洋劳动生产率	13.10
		海洋产业增长率	12.09

2006—2016 年，全国陆域子系统与海洋子系统的综合水平变化如表 7-21 与图 7-1 所示。从全国来看，陆域子系统与海洋子系统均处于高速增长的状态；陆域系统有更多的产业，体量远大于海洋子系统，除 2010—2011 年，陆域子系统的增速低于海洋子系统，其他时间它的增速都大于海洋子系统。2010—2011 年，由于金融危机以及国内经济环境恶化等多重影响，国内经济增速突然下降，导致陆域子系统得分迅速下降。

表 7-21　2006—2016 年全国陆海产业子系统综合评价得分

年份	陆域子系统综合评价得分	海洋子系统综合评价得分
2006	0.335	0.274
2007	0.433	0.289
2008	0.424	0.319
2009	0.378	0.285
2010	0.510	0.475
2011	0.345	0.474
2012	0.566	0.490
2013	0.630	0.547
2014	0.661	0.626
2015	0.722	0.663
2016	0.798	0.707

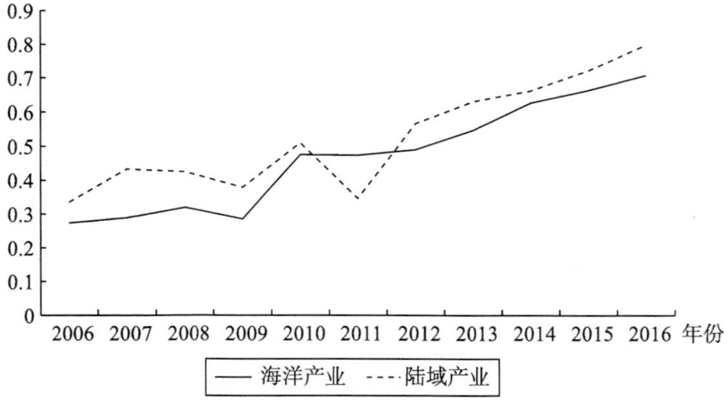

图 7-1　2006—2016 年陆海子系统综合评价指数

根据耦合模型计算出来的耦合度、耦合协调度及陆域子系统与海洋子系统的得分的差值，参照耦合协调度的分级标准，得到全国陆海产业耦合评价结果，见表 7-22。

表 7-22　2006—2016 年全国陆海产业系统耦合度评价结果

年份	耦合度	耦合协调度	差值	协调程度	协调类型
2006	0.980	0.546	0.060	磨合阶段	勉强协调陆海产业发展同步型
2007	0.923	0.577	0.143	磨合阶段	勉强协调海洋产业发展滞后型
2008	0.961	0.597	0.104	磨合阶段	勉强协调海洋产业发展滞后型
2009	0.961	0.564	0.094	磨合阶段	勉强协调陆海产业发展同步型
2010	0.997	0.700	0.035	磨合阶段	初级协调陆海产业发展同步型
2011	0.951	0.624	-0.129	磨合阶段	初级协调陆域产业发展滞后型
2012	0.990	0.723	0.076	协调阶段	中级协调陆海产业发展同步型
2013	0.990	0.763	0.083	协调阶段	中级协调陆海产业发展同步型
2014	0.999	0.802	0.034	协调阶段	良好协调陆海产业发展同步型
2015	0.996	0.831	0.059	协调阶段	良好协调陆海产业发展同步型
2016	0.993	0.864	0.091	协调阶段	良好协调陆海产业发展同步型

注：差值为陆域产业综合评价指数减去海洋产业综合评价指数。

由表 7-22 可知，全国陆海产业系统的耦合值都非常高，其耦合协调度也在不断增长，整个系统的耦合水平不断提高，根据耦合的结果，可以将上述过程分为四个阶段。

磨合前期阶段：2006—2009 年，陆域子系统与海洋子系统相互磨合，陆域产业凭借巨大的体量，其发展快于海洋子系统。

磨合后期阶段：2010—2011 年，陆域子系统与海洋子系统继续磨合，海洋产业由于前期的发展滞后，开始依然落后于陆域产业。2008 年爆发的金融危机及国内外经济环境巨变，对陆域产业系统产生严重影响，使陆域产业系统落后于海洋产业。

协调前期阶段：2012—2013 年，经过前期的磨合，陆域子系统与海洋子系统开始进入协调阶段，但陆域子系统得到恢复，因其庞大的体量，发展速度高于海洋子系统。

协调后期阶段：2014—2016 年，陆域子系统与海洋子系统的协调进一步融洽，但整体上是陆域产业系统继续保持良好的发展势头，并拉动海洋产业系统的发展。海洋产业系统由于没有新的发展动力，其发展依赖于陆域产业系统的发展。

2. 各区域陆海产业协同分析评价

为了便于横向与纵向比较，将各省（市、自治区）的权重设置为与全国的权重一致，并采用相同的标准化对数据进行统一处理，经计算得到沿海各省（市、自治区）陆海产业系统耦合协调度，见表 7-23，各省（市、自治区）的耦合度的趋势变化见图 7-2。

表 7-23　2006—2016 年沿海省（市、自治区）陆海产业系统耦合协调度

年份	天津	河北	辽宁	上海	江苏	浙江	福建	山东	广东	广西	海南
2006	0.590	0.578	0.559	0.611	0.642	0.605	0.569	0.626	0.633	0.508	0.494
2007	0.587	0.598	0.574	0.668	0.642	0.612	0.595	0.645	0.611	0.521	0.500
2008	0.609	0.610	0.586	0.663	0.631	0.616	0.498	0.668	0.681	0.526	0.510
2009	0.613	0.534	0.584	0.663	0.653	0.627	0.600	0.664	0.688	0.507	0.500
2010	0.642	0.606	0.612	0.686	0.688	0.648	0.624	0.700	0.724	0.541	0.530
2011	0.654	0.625	0.641	0.698	0.707	0.666	0.638	0.720	0.741	0.531	0.539
2012	0.656	0.618	0.625	0.693	0.713	0.665	0.635	0.732	0.752	0.550	0.529
2013	0.665	0.622	0.642	0.693	0.719	0.675	0.648	0.746	0.768	0.554	0.525
2014	0.675	0.642	0.646	0.707	0.744	0.683	0.666	0.772	0.797	0.562	0.528
2015	0.674	0.636	0.624	0.711	0.756	0.700	0.675	0.783	0.812	0.567	0.524
2016	0.671	0.639	0.582	0.739	0.774	0.718	0.696	0.802	0.842	0.577	0.534
均值	0.639	0.609	0.607	0.684	0.697	0.656	0.622	0.714	0.731	0.540	0.533

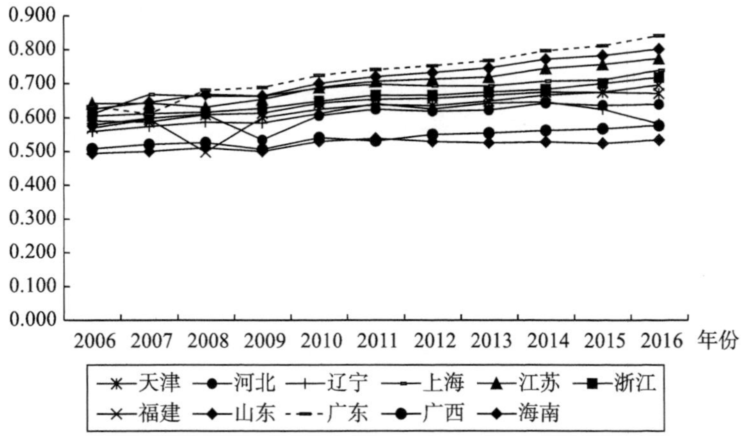

图 7-2　2006—2016 年沿海省（市、自治区）陆海产业系统耦合协调度趋势

图 7-2 中，从上至下各趋势线依次为广东、山东、江苏、上海、浙江、福建、河北、天津、辽宁、广西、海南。研究期间，除河北、福建省出现个别年份向下波折的现象，各省（市、自治区）总体表现为稳定的增长态势。

从耦合协调度的数值来看，各省（市、自治区）位于［0.493，0.841］，处于濒临失调的磨合阶段至良好协调的四个子阶段。根据各省（市、自治区）的耦合协调度的平均值，可将其分为三类。第一类是山东、广东，其均值大于 0.7 小于 0.8，处于平均中级协调阶段，占总数的 18%；第二类是天津、河北、辽宁、上海、江苏、浙江、福建，其均值大于 0.6 小于 0.7，处于平均初级协调阶段，占总数的 64%；第三类为广西、海南，其均值大于 0.5 小于 0.6，处于勉强协调阶段，占总数的 18%。从整体来看，我国大多数沿海省（市、自治区）目前处于初级协调阶段，虽然一些省（市、自治区）的陆域经济发展很好，人均 GDP 已达到或接近发达国家水平，但海洋产业需要更高的科技水平，以及更好的协调管理能力，因此，目前海洋产业的发展总体滞后于陆域产业的发展，其发展主要靠陆域产业的发展，除非出现重大科技变革与海洋资源开发。海洋产业自身推动陆海产业协调发展的动力还没出现。

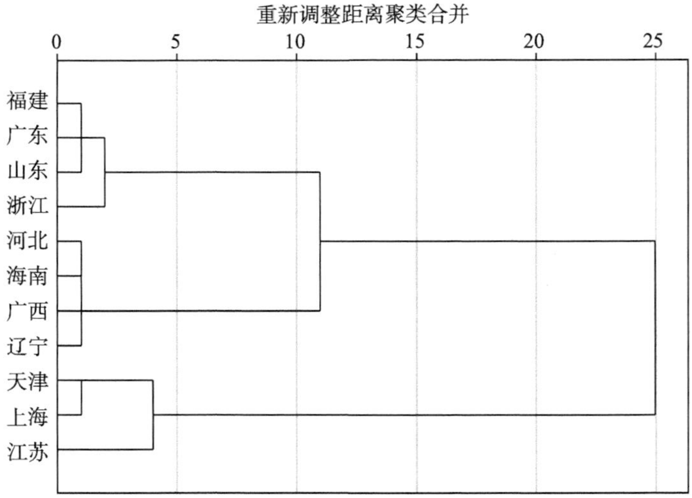

图 7-3　沿海地区陆海产业协调发展空间单元系统聚类树状图

为进一步分析各省（市、自治区）陆海产业耦合协调发展情况，本研究以 2016 年为基准，以地区人均 GDP、陆域产业发展综合得分、海洋产业发展综合得分与陆海产业耦合协调度为变量，利用 SPSS 软件，采用系统聚组内连接、平方欧式距离法进行聚类分析，得到图 7-3。

由图 7-3 可知，沿海地区的陆海产业协调发展可明显分为三大类。第一类为协调发展滞后经济发展型，包括江苏、上海与天津。这三省（市）的经济发展水平排名高于其耦合协调度的排名，其陆域经济发展水平较高，海洋产业发展滞后于陆域产业发展，这也使陆海产业协调发展滞后于整体经济发展水平。

第二类为经济发展滞后协调发展型，包括福建、广东、山东、浙江。这四省陆海产业耦合协调发展度排名超过其经济发展水平排名，其海洋生产总值排名靠前，海洋产业发展协调程度较高，而整体的经济发展水平滞后其陆海产业协调发展。

第三类为经济发展与协调发展落后型，包括河北、海南、广西与辽宁。这四省（自治区）经济发展水平与耦合协调发展水平排名均靠后。辽宁与河北属于老工业基地，整体经济在近年的发展中落后于其他沿海地区。相对于河北、海南、广西，辽宁的整体经济发展要好些，但海洋产业总体生产总值不高，陆海产业协调发展落后；海南与广西，整体经济落后，海洋生产总值较低，陆海协调发展较落后；河北人均国民生产总值小于辽宁与海南，但陆海产业协调度高于其他三省（自治区）。总体来说，四省（自治区）整体经济发展与陆海产业协调发展均落后于其他沿海地区，表现为较低层次的耦合协调发展。

本章小结

本章根据陆海产业联动与协同的含义，直接选用陆域第一、二、三产业与海洋第一、二、三产业进行评价分析。对于陆海产业耦合评价，从产业规模、产业结构、产业效率三个方面选取指标，构建评价指标体系，测度陆海产业协同发展的程度。

研究发现，全国海洋产业与全国陆域产业总体的关联度为 0.518，全国海洋产业与陆域第一产业的关联度为 0.679，全国海洋产业与陆域第二产业的关联度为 0.866，全国海洋产业与陆域第三产业的关联度为 0.636。陆域第二产业与海洋各产业的关联度最高。

沿海省（市、自治区）的海洋产业与陆域产业总体关联度处于 0.529 ~ 0.843，从低到高依次为河北、江苏、浙江、上海、广西、广东、海南、山东、辽宁、福建、天津。

全国陆海产业系统的耦合值都非常高，其耦合协调度也在不断增长，整个系统的耦合水平不断提高。全国陆海产业耦合可分为四个阶段。2006—2009 年为磨合前期阶段，2010—2011 年为磨合后期阶段，2012—2013 年为协调前期阶段，2014—2016 年为协调后期阶段。

从耦合协调度的数值来看，各省（市、自治区）位于［0.493，0.841］，处于濒临失调的磨合阶段至良好协调的四个子阶段。根据各省（市、自治区）的耦合协调度的平均值，可将其分为三类。第一类是山东、广东，处于平均中级协调阶段；第二类是天津、河北、辽宁、上海、江苏、浙江、福建，处于平均初级协调阶段；第三类为广西、海南，处于勉强协调阶段。

沿海地区的陆海产业协调发展可分为三大类。第一类为协调发展滞后经济发展型，包括江苏、上海与天津。第二类为经济发展滞后协调发展型，包括福建、广东、山东、浙江。第三类为经济发展与协调发展落后型，包括河北、海南、广西与辽宁。

第八章　中国陆海资源共享与互化评价

第一节　中国陆海资源共享与互化评价要素

陆海资源共享与互化是指陆域资源系统和海洋资源系统在因陆海经济一体化形成与发展的陆海经济系统内，相互利用资源，实现资源形态转化与价值增值的过程。

陆海资源主要指自然资源与生产要素资源。陆域与海洋都蕴藏着丰富的自然资源，但陆域经济系统对自然资源开发利用较早，自然资源消耗多，在部分地区自然资源呈现危机状态，表现为资源耗竭、荒漠化等形态，对人类社会可持续发展构成严峻挑战。

海洋是一个巨大的资源宝库，蕴藏着各类丰富的可再生或不可再生的自然资源。这些资源包括与海洋自身密切相关的海洋生物资源、海洋矿产资源、海洋能源资源、海洋化学资源，以及与海洋有关的海洋旅游资源、海洋交通资源等。由于各地的海洋自然资源蕴藏种类相差较大，开发程度也有很大差异，因而无法用统一的标准来衡量其与陆域经济系统资源共享与互化的情况。

基于此，本章对资源共享与互化进行评价，主要是分析生产要素资源在陆域经济系统与海洋经济系统的分布。生产要素资源主要是指劳动力、资本、技术。生产要素具有流动性，往往流向具有较高收益的地方。生产要素在陆域经济系统与海洋经济系统的流动，从某种程度上反映了资源共享与互化的情况。资源共享与互化主要探讨生产要素在陆域经济系统与海洋经济系统的分布、利用情况。

第二节　中国陆海资源共享与互化评价方法

现有文献关于陆海资源共享与互化的研究较少，本研究主要参考王涛等（2014）、于丽丽（2016）的方法，对陆海资源共享与互化进行评价。本章用劳动、资本、技术三个生产要素分布来衡量资源共享与互化。首先运用CRITIC法分别确定三者在陆域经济系统与海洋经济系统的权重，然后计算三者在陆域经济系统与海洋经济系统分别所占比重，乘以各自的指标权重相加得到陆海资源共享与互化度。

CRITIC法是一种客观的权重赋值法，它以指标内的变异性和冲突性来综合衡量。一方面，它以标准差的形式来表现指标内的变异性，表示同一指标各评价对象之间取值差距的大小；另一方面，它用 $R_j=\sum_{i=1}^{n}(1-r_{ij})$ 表示指标的冲突性。其中，指标之间的冲突性以指标之间的相关性为基础，r_{ij}为评价指标 i 和 j 之间的相关系数。如果两个指标的相关系数较大，则说明它们之间的冲突性较低。

假设 C_j 表示第 j 个指标所包含的信息量，则 C_j 表示为：

$$C_j=\sigma_j\sum_{i=1}^{n}(1-r_{ij})=\sigma_j\quad R_j,\ j=1,\ 2,\ 3,\ \cdots,\ n \tag{8-1}$$

C_j 越大则第 j 个评价指标所包含的信息量也越大，该指标的相对重要性也越大，第 j 个指标的客观权重 w_j 为：

$$w_j=C_j/\sum_{i=1}^{n}C_j,\ i=1,\ 2,\ 3,\ \cdots,\ n \tag{8-2}$$

最后计算评价的综合数值 I：

$$I=\sum w_i z_i \tag{8-3}$$

z_i 为指标数值。

第三节　中国陆海资源共享与互化评价实证分析

一、评价要素及数据来源

本章用劳动、资本与技术3个生产要素在陆域经济系统与海洋经济系统的分布来衡量陆海资源共享与互化。海洋系统劳动指标选取涉海就业人口，陆域系统劳动指标用总就业人口减去涉海就业人口；固定资产投资是资本存量增加的重要途径，它主要指建造和购置固定资产的经济活动，包括固定资产更新、改建、扩建与新建等。因此，资本指标选取固定资产投资作为衡量指标。由于《中国海洋统计年鉴》等海洋经济统计资料中并无海洋产业固定资产投资指标，本章根据海洋产业生产总值占国民生产总值的比例，对当年的固定资产投资进行调整。本章选取沿海省（市、自治区）的科研机构经费内部支出作为技术要素的代理变量。陆域产业的科研经费内部支出=该区域科研机构经费内部支出-海洋科研机构内部支出。

由于统计口径与指标的变化，目前海洋科研机构经费内部支出指标只有2011—2016年的数据，因此，本章只能选取该时间段进行研究。其他指标均来自《海洋统计年鉴》与《中国统计年鉴》及相应省（市、自治区）的统计年鉴。由于海南省的海洋科研机构内部经费支出数据严重缺失，因此，本部分研究不包括海南。

采用CRITIC法对2011—2016年沿海省（市、自治区）（不包括海南）的劳动、资本及技术总数据进行权重设置，以评价其陆海资源共享与互化。为了便于横向比较，所有省（市、自治区）均采用同一权重。

表8-1　陆域经济系统生产要素权重系数

变量名称	劳动	资本	技术
权重	0.22	0.30	0.48

表 8-2 海洋经济系统生产要素权重系数

变量名称	劳动	资本	技术
权重	0.34	0.19	0.47

二、全国陆海资源共享与互化分析

表 8-3 为 2011—2016 年中国陆域与海洋经济系统中各要素占比情况。由表 8-3 可知，陆域经济劳动要素所占比例，基本保持在 90%左右；陆域经济资本的占比在 84%左右，近年来有所上升；陆域经济技术要素的占比由 2011 年的 85.93%上升到 2016 年的 88.48%。相应的海洋经济系统中，劳动所占比由 2011 年的 9.74%上升到 2016 年的 9.89%，资本占比由 2011 年的 15.77%上升到 16.4%，而技术占比则由 2011 年的 14.07%下降到 11.52%。与庞大的陆域经济生产要素相比，海洋经济各要素的占比均较小。表 8-4 为 2011—2016 年陆域经济与海洋经济资源共享与互化水平。2011—2016 年，陆域经济的资源共享与互化水平从 86.37%上升到 87.38%，中间有所波折；而海洋经济的资源共享与互化水平从 12.92%下降到 11.89%，中间也有起伏。对照表 8-4,可以发现陆域经济所占比重从 2011 年的 84.23%下降到 83.6%，海洋经济所占比重从 15.77%上升到 16.4%。因此，可以说 2011—2016 年中国的海洋经济效率提升了。

表 8-3 2011—2016 年中国陆域与海洋经济系统生产要素占比（%）

陆域经济	2011 年	2012 年	2013 年	2014 年	2015 年	2016 年
劳动	90.26	90.21	90.28	90.26	90.19	90.11
资本	84.23	84.12	84.10	83.73	83.43	83.60
技术	85.93	87.46	86.59	85.98	86.37	88.48
海洋经济	2011 年	2012 年	2013 年	2014 年	2015 年	2016 年
劳动	9.74	9.79	9.72	9.74	9.81	9.89
资本	15.77	15.88	15.90	16.27	16.57	16.40
技术	14.07	12.54	13.41	14.02	13.63	11.52

表 8-4　2011—2016 年全国陆海经济资源共享与互化与经济占比（%）

年份	资源共享测度		经济占比	
	陆域经济	海洋经济	陆域经济	海洋经济
2011	86.37	12.92	84.23	15.77
2012	87.06	12.24	84.12	15.88
2013	86.65	12.63	84.10	15.90
2014	86.25	12.99	83.73	16.27
2015	86.33	12.89	83.43	16.57
2016	87.38	11.89	83.60	16.40

三、沿海省（市、自治区）陆海资源共享与互化评价

（一）天津陆海资源共享与互化评价

由表 8-5 可知，天津陆域经济的生产要素的占比都有所上升，而海洋经济的生产要素的占比都相应地下降了。由表 8-6 可知，2011—2016 年天津陆域经济的资源共享水平由 75.96%上升到 80.95%，海洋经济资源共享水平则由 23.13%下降到 18.83%。陆域经济的份额由 68.88%上升到 77.38%，海洋经济的份额则由 31.12%下降到 22.62%。由此可知，海洋经济的效率提升了，但陆域经济的速度与规模大于海洋经济。

表 8-5　2011—2016 年天津陆域与海洋经济生产要素占比（%）

陆域经济	2011 年	2012 年	2013 年	2014 年	2015 年	2016 年
劳动	77.37	78.20	79.07	79.55	79.79	79.73
资本	68.88	69.45	68.31	68.00	70.23	77.38
技术	79.74	77.48	83.27	79.35	79.76	83.75
海洋经济	2011 年	2012 年	2013 年	2014 年	2015 年	2016 年
劳动	22.63	21.80	20.93	20.45	20.21	20.27
资本	31.12	30.55	31.69	32.00	29.77	22.62
技术	20.26	22.52	16.73	20.65	20.24	16.25

表 8-6　2011—2016 年天津陆域经济与海洋经济资源共享测度结果（%）

年份	资源共享测度		经济占比	
	陆域经济	海洋经济	陆域经济	海洋经济
2011	75.96	23.13	68.88	31.12
2012	75.23	23.80	69.45	30.55
2013	77.86	21.00	68.31	31.69
2014	75.99	22.74	68.00	32.00
2015	76.91	22.04	70.23	29.77
2016	80.95	18.83	77.38	22.62

（二）河北陆海资源共享与互化评价

由表 8-7 可知，河北陆域经济生产要素的劳动与技术的占比基本保持不变，资本占比略有下降；与此对应，海洋经济的资本占比略有上升，其他基本保持不变。由表 8-8 可知，2011—2016 年河北陆域经济的资源共享水平基本保持在 96.26%～97.03%，海洋经济资源共享水平则由 2.63% 上升到 2.86%。陆域经济的份额由 94.08% 下降到 93.79%，海洋经济的份额则由 5.92%上升到 6.21%。由此可知，海洋经济的效率提升了，但海洋经济所占份额过小，对河北经济的影响较小。

表 8-7　2011—2016 年河北陆域与海洋经济生产要素占比（%）

陆域经济	2011 年	2012 年	2013 年	2014 年	2015 年	2016 年
劳动	97.62	97.66	97.69	97.67	97.65	97.64
资本	94.08	93.90	93.85	93.03	92.86	93.79
技术	98.52	98.69	98.37	97.75	97.75	98.14
海洋经济	2011 年	2012 年	2013 年	2014 年	2015 年	2016 年
劳动	2.38	2.34	2.31	2.33	2.35	2.36
资本	5.92	6.10	6.15	6.97	7.14	6.21
技术	1.48	1.31	1.63	2.25	2.25	1.86

表 8-8　2011—2016 年河北陆域经济与海洋经济资源共享测度结果（%）

年份	资源共享测度		经济占比	
	陆域经济	海洋经济	陆域经济	海洋经济
2011	96. 99	2. 63	94. 08	5. 92
2012	97. 03	2. 57	93. 90	6. 10
2013	96. 86	2. 72	93. 85	6. 15
2014	96. 31	3. 17	93. 03	6. 97
2015	96. 26	3. 21	92. 86	7. 14
2016	96. 72	2. 86	93. 79	6. 21

（三）辽宁陆海资源共享与互化评价

由表 8-9 可知，辽宁陆域经济生产要素的劳动与技术的占比都有所下降，资本占比基本保持不变；与此对应，海洋的生产要素的劳动与技术占比都相应上升了。由表 8-10 可知，2011—2016 年辽宁陆域经济资源共享水平由 89. 15%下降到 84. 93%，海洋经济资源共享水平则由 10. 74%上升到 15. 03%。陆域经济的份额基本保持在 84. 95%左右，海洋经济的份额则基本保持在 15. 05%左右。海洋经济的资源共享度小于其经济所占份额，其经济效率相应高于陆域经济。

表 8-9　2011—2016 年辽宁陆域与海洋经济生产要素占比（%）

陆域经济	2011 年	2012 年	2013 年	2014 年	2015 年	2016 年
劳动	86. 54	86. 69	87. 03	87. 10	86. 15	85. 36
资本	84. 95	86. 35	86. 18	86. 32	87. 69	84. 99
技术	92. 96	92. 56	88. 76	89. 46	83. 02	84. 68
海洋经济	2011 年	2012 年	2013 年	2014 年	2015 年	2016 年
劳动	13. 46	13. 31	12. 97	12. 90	13. 85	14. 64
资本	15. 05	13. 65	13. 82	13. 68	12. 31	15. 01
技术	7. 04	7. 44	11. 24	10. 54	16. 98	15. 32

表 8-10 2011—2016 年辽宁陆域经济与海洋经济资源共享测度结果（%）

年份	资源共享测度		经济占比	
	陆域经济	海洋经济	陆域经济	海洋经济
2011	89. 15	10. 74	84. 95	15. 05
2012	89. 41	10. 62	86. 35	13. 65
2013	87. 61	12. 32	86. 18	13. 82
2014	88. 00	11. 94	86. 32	13. 68
2015	85. 11	15. 03	87. 69	12. 31
2016	84. 93	15. 03	84. 99	15. 01

（四）上海陆海资源共享与互化评价

由表 8-11 可知，上海陆域经济的生产要素占比都有所上升，海洋的生产要素占比都有所下降。由表 8-12 可知，2011—2016 年上海陆域经济的资源共享水平由 82. 48%上升到 84. 83%，海洋经济资源共享水平则由 16. 45%下降到 14. 11%。陆域经济的份额由 70. 73%上升到 73. 51%，海洋经济的份额由 29. 27%下降到 26. 49%。陆域经济的资源共享度大于其经济所占份额，其经济效率相应低于海洋经济。

表 8-11 2011—2016 年上海陆域与海洋经济生产要素占比（%）

陆域经济	2011 年	2012 年	2013 年	2014 年	2015 年	2016 年
劳动	81. 26	81. 19	84. 47	84. 26	84. 05	83. 95
资本	70. 73	70. 54	70. 81	73. 48	73. 09	73. 51
技术	90. 38	92. 08	90. 84	90. 68	91. 28	92. 30
海洋经济	2011 年	2012 年	2013 年	2014 年	2015 年	2016 年
劳动	18. 74	18. 81	15. 53	15. 74	15. 95	16. 05
资本	29. 27	29. 46	29. 19	26. 52	26. 91	26. 49
技术	9. 62	7. 92	9. 16	9. 32	8. 72	7. 70

表 8-12　2011—2016 年上海陆域经济与海洋经济资源共享测度结果（%）

年份	资源共享测度		经济占比	
	陆域经济	海洋经济	陆域经济	海洋经济
2011	82.48	16.45	70.73	29.27
2012	83.22	15.72	70.54	29.46
2013	83.43	15.13	70.81	29.19
2014	84.11	14.77	73.48	26.52
2015	84.24	14.63	73.09	26.91
2016	84.83	14.11	73.51	26.49

（五）江苏陆海资源共享与互化评价

由表 8-13 可知，江苏陆域经济的劳动要素占比有所下降，资本与技术要素占比有所上升；海洋的劳动要素占比有所上升，资本与技术要素占比有所下降。由表 8-14 可知，2011—2016 年江苏陆域经济的资源共享水平由 92.86%上升到 94.17%，海洋经济资源共享水平则由 6.59%下降到 5.35%。陆域经济的份额略有上升，2016 年为 91.46%；海洋经济的份额略有下降，2016 年为 8.54%。陆域经济的资源共享度大于其经济所占份额，其经济效率相应低于海洋经济。

表 8-13　2011—2016 年江苏陆域与海洋经济生产要素占比（%）

陆域经济	2011 年	2012 年	2013 年	2014 年	2015 年	2016 年
劳动	96.01	95.96	95.91	95.86	95.82	95.78
资本	91.34	91.26	91.68	91.41	91.30	91.46
技术	92.37	94.63	93.63	91.24	93.63	95.13
海洋经济	2011 年	2012 年	2013 年	2014 年	2015 年	2016 年
劳动	3.99	4.04	4.09	4.14	4.18	4.22
资本	8.66	8.74	8.32	8.59	8.70	8.54
技术	7.63	5.37	6.37	8.76	6.37	4.87

表 8-14　2011—2016 年江苏陆域经济与海洋经济资源共享测度结果（%）

年份	资源共享测度		经济占比	
	陆域经济	海洋经济	陆域经济	海洋经济
2011	92.86	6.59	91.34	8.66
2012	93.91	5.56	91.26	8.74
2013	93.54	5.97	91.68	8.32
2014	92.31	7.16	91.41	8.59
2015	93.41	6.07	91.30	8.70
2016	94.17	5.35	91.46	8.54

（六）浙江陆海资源共享与互化评价

由表 8-15 可知，浙江陆域经济的生产要素占比都有所下降，相应的海洋经济的劳动要素都有所上升。由表 8-16 可知，2011—2016 年浙江陆域经济的资源共享水平由 84.82%上升到 86.66%，海洋经济资源共享水平则由 14.82%下降到 13.07%。陆域经济的份额略有上升，2016 年为 86.04%；海洋经济的份额略有下降，2016 年为 13.96%。陆域经济的资源共享度与其经济所占份额基本相等，陆域经济与海洋经济的效率大致相当。

表 8-15　2011—2016 年浙江陆域与海洋经济生产要素占比（%）

陆域经济	2011 年	2012 年	2013 年	2014 年	2015 年	2016 年
劳动	88.67	88.57	88.47	88.36	88.31	88.28
资本	85.96	85.73	86.00	86.46	85.97	86.04
技术	82.33	84.56	86.30	85.57	81.62	86.31
海洋经济	2011 年	2012 年	2013 年	2014 年	2015 年	2016 年
劳动	11.33	11.43	11.53	11.64	11.69	11.72
资本	14.04	14.27	14.00	13.54	14.03	13.96
技术	17.67	15.44	13.70	14.43	18.38	13.69

表 8-16　2011—2016 年浙江陆域经济与海洋经济资源共享测度结果（%）

年份	资源共享测度		经济占比	
	陆域经济	海洋经济	陆域经济	海洋经济
2011	84.82	14.82	85.96	14.04
2012	85.79	13.86	85.73	14.27
2013	86.69	13.02	86.00	14.00
2014	86.45	13.31	86.46	13.54
2015	84.40	15.28	85.97	14.03
2016	86.66	13.07	86.04	13.96

（七）福建陆海资源共享与互化评价

由表 8-17 可知，福建陆域经济的劳动与技术要素占比有所上升，资本占比有所下降；海洋经济的劳动与技术要素占比所下降，资本要素占比有所上升。由表 8-18 可知，2011—2016 年福建陆域经济的资源共享水平由 73.42%上升到 77.62%，海洋经济资源共享水平则由 25.63%下降到 21.02%。陆域经济的份额略有下降，2016 年为 72.23%；海洋经济的份额略有上升，2016 年为 27.77%。陆域经济效率略低于海洋经济。

表 8-17　2011—2016 年福建陆域与海洋经济生产要素占比（%）

陆域经济	2011 年	2012 年	2013 年	2014 年	2015 年	2016 年
劳动	82.86	83.36	83.06	83.47	84.03	84.04
资本	75.60	77.25	76.89	75.14	72.76	72.23
技术	67.73	72.26	77.49	72.57	76.35	78.05
海洋经济	2011 年	2012 年	2013 年	2014 年	2015 年	2016 年
劳动	17.14	16.64	16.94	16.53	15.97	15.96
资本	24.40	22.75	23.11	24.86	27.24	27.77
技术	32.27	27.74	22.51	27.43	23.65	21.95

表 8-18　2011—2016 年福建陆域经济与海洋经济资源共享测度结果（%）

年份	资源共享测度		经济占比	
	陆域经济	海洋经济	陆域经济	海洋经济
2011	73.42	25.63	75.60	24.40
2012	76.20	23.02	77.25	22.75
2013	78.53	20.73	76.89	23.11
2014	75.74	23.24	75.14	24.86
2015	76.96	21.72	72.76	27.24
2016	77.62	21.02	72.23	27.77

（八）山东陆海资源共享与互化评价

由表 8-19 可知，山东陆域经济的劳动与资本要素占比略有下降，技术占比有所上升；海洋经济的劳动与资本要素占比有所上升，技术要素占比有所下降。由表 8-20 可知，2011—2016 年山东陆域经济的资源共享水平由 70.18%上升到 78.07%，海洋经济资源共享水平则由 28.36%下降到 20.48%。陆域经济的份额略有下降，2016 年为 80.48%；海洋经济的份额略有上升，2016 年为 19.52%。陆域经济效率高于海洋经济。

表 8-19　2011—2016 年山东陆域与海洋经济生产要素占比（%）

陆域经济	2011 年	2012 年	2013 年	2014 年	2015 年	2016 年
劳动	91.99	91.97	91.89	91.84	91.79	91.73
资本	82.30	82.06	82.27	81.01	80.28	80.48
技术	52.62	53.73	51.80	57.38	62.53	70.31
海洋经济	2011 年	2012 年	2013 年	2014 年	2015 年	2016 年
劳动	8.01	8.03	8.11	8.16	8.21	8.27
资本	17.70	17.94	17.73	18.99	19.72	19.52
技术	47.38	46.27	48.20	42.62	37.47	29.69

表 8-20　2011—2016 年山东陆域经济与海洋经济资源共享测度结果（%）

年份	资源共享测度		经济占比	
	陆域经济	海洋经济	陆域经济	海洋经济
2011	70.18	28.36	82.30	17.70
2012	70.64	27.89	82.06	17.94
2013	69.76	28.78	82.27	17.73
2014	72.05	26.42	81.01	18.99
2015	74.29	24.15	80.28	19.72
2016	78.07	20.48	80.48	19.52

（九）广东陆海资源共享与互化评价

由表 8-21 可知，广东陆域经济的劳动与资本要素占比略有下降，技术占比有所上升；海洋经济的劳动与资本要素占比有所上升，技术要素占比有所下降。由表 8-22 可知，2011—2016 年广东陆域经济的资源共享水平由 78.42%下降到 78.23%，海洋经济资源共享水平则由 21.05%下降到 20.99%。陆域经济的份额略有下降，2016 年为 80.25%；海洋经济的份额略有上升，2016 年为 19.75%。陆域经济效率高于海洋经济。

表 8-21　2011—2016 年广东陆域与海洋经济生产要素占比（%）

陆域经济	2011 年	2012 年	2013 年	2014 年	2015 年	2016 年
劳动	86.24	86.06	86.23	86.22	86.17	86.17
资本	82.73	81.59	81.85	80.49	80.16	80.25
技术	72.14	74.04	75.03	73.74	72.20	73.34
海洋经济	2011 年	2012 年	2013 年	2014 年	2015 年	2016 年
劳动	13.76	13.94	13.77	13.78	13.83	13.83
资本	17.27	18.41	18.15	19.51	19.84	19.75
技术	27.86	25.96	24.97	26.26	27.80	26.66

表 8-22　2011—2016 年广东陆域经济与海洋经济资源共享测度结果（%）

年份	资源共享测度		经济占比	
	陆域经济	海洋经济	陆域经济	海洋经济
2011	78.42	21.05	82.73	17.27
2012	78.95	20.44	81.59	18.41
2013	79.54	19.87	81.85	18.15
2014	78.51	20.73	80.49	19.51
2015	77.66	21.54	80.16	19.84
2016	78.23	20.99	80.25	19.75

（十）广西陆海资源共享与互化评价

由表 8-23 可知，广西陆域经济的劳动与资本要素占比略有下降，技术占比有所上升；海洋经济的劳动与资本要素占比有所上升，而技术要素占比有所下降。由表 8-22 可知，2011—2016 年广西陆域经济的资源共享水平由 96.3%下降到 95.85%，海洋经济资源共享水平则由 3.55%上升到 3.87%。陆域经济的份额略有下降，2016 年为 93.17%；海洋经济的份额略有上升，2016 年为 6.83%。陆域经济效率小于海洋经济。

表 8-23　2011—2016 年广西陆域与海洋经济生产要素占比（%）

陆域经济	2011 年	2012 年	2013 年	2014 年	2015 年	2016 年
劳动	96.19	95.90	95.87	95.84	95.84	95.83
资本	94.76	94.16	93.74	93.48	93.27	93.17
技术	97.32	97.07	97.02	92.55	93.49	97.54
海洋经济	2011 年	2012 年	2013 年	2014 年	2015 年	2016 年
劳动	3.81	4.10	4.13	4.16	4.16	4.17
资本	5.24	5.84	6.26	6.52	6.73	6.83
技术	2.68	2.93	2.98	7.45	6.51	2.46

表 8-24　2011—2016 年广西陆域经济与海洋经济资源共享测度结果（%）

年份	资源共享测度		经济占比	
	陆域经济	海洋经济	陆域经济	海洋经济
2011	96.30	3.55	94.76	5.24
2012	95.94	3.88	94.16	5.84
2013	95.79	3.99	93.74	6.26
2014	93.56	6.15	93.48	6.52
2015	93.94	5.75	93.27	6.73
2016	95.85	3.87	93.17	6.83

本章小结

本章用劳动、资本、技术三个生产要素分布来衡量资源共享与互化。首先运用 CRITIC 法分别确定三者在陆域经济系统与海洋经济系统中的权重，然后计算三者在陆域经济系统与海洋经济系统分别所占比重，乘以各自的指标权重相加得到陆海资源共享度。

研究发现，2011—2016 年，沿海省（市、自治区）陆域经济的劳动要素所占比例，基本保持在 90%左右；陆域经济资本的占比在 84%左右，近年来有所上升；陆域经济技术要素的占比由 2011 年的 85.93%上升到 2016 年的 88.48%。海洋经济系统中，劳动占比由 2011 年的 9.74%上升到 2016 年的 9.89%，资本占比由 2011 年的 15.77%上升到 16.4%，而技术占比则由 2011 年的 14.07%下降到 11.52%。与庞大的陆域经济生产要素相比，海洋经济各要素的占比均份额较小。2011—2016 年，陆域经济的资源共享水平从 86.37%上升到 87.38%，中间有所波折；而海洋经济的资源共享水平从 12.92%下降到 11.89%，中间也有起伏。2011—2016 年中国的海洋经济效率提升了。

2016 年陆域资源共享与互化水平位于 80%以下的有山东、广东；位于 80%~90%的省（市）有天津、辽宁、上海、浙江；位于 90%以上的省（自治区）有河北、江苏、广西。2011—2016 年，陆域经济的资源共享与互化水平上升的省（市、自治区）有天津、上海、江苏、浙江、福建、山东、广西；

海洋经济资源共享与互化水平上升的省有辽宁、广东；资源共享与互化水平保持不变的是河北。与其经济份额相比，海洋经济效率高于陆域经济效率的省（市、自治区）有天津、河北、辽宁、上海、江苏、福建、广西；海洋经济效率低于陆域经济的省有山东、广东；陆域经济效率与海洋经济效率大致相等的有河北。

第九章 中国陆海生产要素互用与对流评价

第一节 中国陆海生产要素互用与对流评价对象

生产要素是社会生产所需要的各种资源，主要指劳动、资本、技术。陆海生产要素互用与对流，是指由于效率的变化，导致生产要素要在不同产业间流动。根据经济学的观点，生产要素的合理配置及效率提高将推动经济增长。一般而言，生产要素总是从低效的部门向高效部门流动。随着陆海经济一体化，陆域产业部门与海洋产业部门的效率将会趋同，这也将导致生产要素在陆海产业之间的自由流动。同时生产要素在陆海产业部门的流动，将促进陆海产业之间的资源共享、互补，提高陆海经济一体化的程度。本章对生产要素互用与对流进行评价，主要包括对生产要素效率评价与生产要素流动评价。

一、劳动

古典经济学的佩第—克拉克定理认为，劳动力总是流向生产效率高的部门。当某部门劳动生产率提高，其工资将上升，将使更多的劳动力流向该部门；如果某部门劳动生产率下降，其工资降低，劳动力将流出。陆域产业部门与海洋产业部门的生产效率的差异，将引发劳动力在两部门之间流动。劳动力要素的流动不仅与产业转移有关，还受地理区位、地域文化、公共服务水平、政府政策等因素的影响。为推动陆海经济一体化的进程，应努力消除劳动力要素在陆海产业间流动的障碍，提升陆海产业部门的经济效率。

二、资本

资本是指用来进行生产的物质资料，主要包括厂房、机器设备与资金。资本的流动以追求更高的收益为唯一目标，它无须考虑复杂的社会环境问题。因此，某部门的经济效益好、投资收益高，将会使资本流向该部门。与陆域产业部门相比，海洋产业部门的发展相对要晚，收益相对要高，因此，资本会从陆域产业部门流向海洋产业部门。同时，随着陆域产业部门资本的抽离，也会提高其资本的边际报酬，拉动陆域产业资本的收益率。由于不同的区域，不同的陆域产业部门与海洋产业部门在其发展过程中存在较大的差异，因此，在不同的区域会表现为资本在不同的产业部门流动的现象。

三、技术

技术包含人类生产活动中的管理、组织与技能，是人类改造自然所运用的物质手段、精神思想、信息渠道的总和。技术的进步，能改变劳动、资本的组合，使其发挥更大效益，从而更快地推动经济增长。与陆域产业相比，海洋产业的发展更依赖科学技术的进步。技术的进步和传播促成了陆海产业的合作，促进了产业链的延伸。技术在陆域产业部门与海洋产业部门之间的传播推动了陆海经济一体化。与劳动、资本类似，技术首先在效益高的部门得到运用，然后逐渐传播到其他效益低的部门。

第二节　中国陆海劳动要素互用与对流评价

一、指标构建与数据来源

本章分析劳动力要素在陆海产业的效率差异以及在陆海产业之间的流动性。劳动生产率是指劳动者在单位时间内产出与其投入之比，反映了劳动的产出能力与效率，是劳动力资源优化配置的依据。劳动生产率的计算公式如下：

劳动生产率=(产业增加值/GDP 平减指数)/产业全部平均人员

公式中引入 GDP 平减指数是为了消除价格波动影响，GDP 平减指数以研究起始年度为基期。

比较劳动生产率是指一个部门产值占比与该部门劳动力占比的比值。它可用来测度二元经济。具体的计算方法如下：

设 Q 为总产出，L 为劳动力总数，Q_1 为陆域产业的产值，Q_2 为海洋产业产值，L_1 为陆域产业的劳动力总量，L_2为海洋产业的劳动力总量；则，$Q=Q_1+Q_2$，$L=L_1+L_2$。设 i_1 为陆域产业的比较劳动生产率，i_2 为海洋产业的比较劳动生产率，则比较劳动生产率的计算为：

$$i_1=\frac{Q_1/Q}{L_1/L},\ i_2=\frac{Q_2/Q}{L_2/L} \tag{9-1}$$

比较劳动生产率为 1，则表明本部门劳动力占比与产值占比相等，即本部门所用劳动力要素创造了同比例的产值，本部门与国民经济同步发展。当比较劳动生产率大于 1 时，说明相对于其他部门劳动力要素，本部门劳动力要素效率更高，能吸引其他部门的劳动力流向本部门。

由于海洋产业统计口径的变化，本章仅选取 2006—2016 年的劳动要素数据。本章的劳动力数据与国内生产总值数据均来自《中国海洋统计年鉴》与《中国统计年鉴》以及各沿海省（市、自治区）的统计年鉴。陆域产业部门的劳动就业人口数据，为总就业人口减去涉海就业人口；陆域产业部门的生产总值为区域国内生产总值减去海洋产业生产总值。

二、陆海劳动要素互用与对流评价

（一）涉海就业人数明显提升

近年来，我国加快了海洋产业的发展。海洋产业不断发展，竞争力提升，吸收了大量劳动力就业。2006—2016 年，我国涉海就业人数从 2960. 3 万人增加到 3622. 5 万人，年均增长 2. 04%；陆域就业人数从 73439. 7 万人增加到 73980. 5 万人，年均增长 0. 07%。海洋产业劳动力就业人数增长速度明显高于陆域产业就业人数增长速度。涉海就业人数占沿海就业总人数的比例由 3. 87%提高到 4. 67%，见表 9-1。海洋产业将逐渐成为国民就业的重要领域。

表 9-1 沿海省（市、自治区）海洋产业与陆域产业就业人数

年份	2006	2008	2012	2016
涉海就业人数（万人）	2060.3	3218.3	3468.8	3622.5
陆域就业人数（万人）	73439.7	72345.7	73235.2	73980.5
涉海就业人数占比	3.87%	4.26%	4.52%	4.67%
陆域就业人数占比	96.13%	95.74%	95.48%	95.33%

（二）沿海省（市、自治区）涉海就业人数存在较大的区域差异

11 个沿海省（市、自治区）的就业人数存在明显差异，其中广东涉海就业人数最多，为 868.5 万人，其次是山东，为 549.8 万人。而涉海就业人数最少的是河北，为 99.7 万人，其次是广西，为 118.4 万人。涉海就业人数最高的广东是最低河北的 8.7 倍，区域涉海就业存在明显差距。而涉海就业劳动力占比最高的是海南，为 24.81%，其次为天津 20.27%，对区域劳动力就业贡献较大。涉海就业占比不足 5%的包括河北、广西、江苏，分别为 2.36%、4.17%与 4.22%，这些地区的海洋产业还需大力发展，以吸纳更多的劳动力就业。

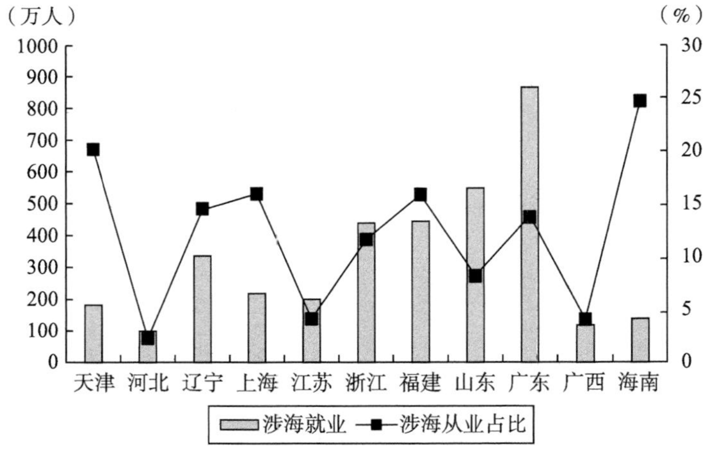

图 9-1 2016 年沿海省（市、自治区）涉海就业人数与占比

（三）陆海劳动生产率的对比分析

1. 陆海经济劳动生产率的比较

本章对沿海地区的劳动生产率、陆域产业劳动生产率与海洋产业劳动生产率进行比较分析，通过计算得到图 9-2。由图 9-2 可以看出，沿海地区劳动生产率在 2006—2016 年均在增长，但海洋产业劳动生产率的数值各年都为最高，其次是沿海地区的劳动生产率，再次为陆域产业劳动生产率。2006 年，海洋产业劳动生产率、沿海地区劳动生产率与陆域劳动生产率分别为 7.34 万元/人、4.32 万元/人、4 万元/人；而 2016 年上述数据分别变为 13.57 万元/人、8.18 万元/人、7.59 万元/人。与陆域劳动生产率相比，海洋劳动生产率具有明显的优势。

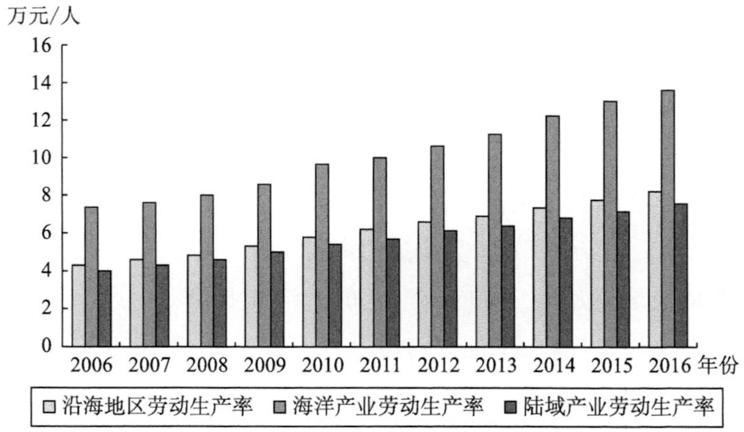

图 9-2　2006—2016 年陆海产业劳动生产率比较

与劳动生产率相比，比较劳动生产率能反映劳动力要素的流动。经计算得到 2006—2016 年的比较劳动生产率，见图 9-3 与表 9-2。可发现，2006—2016 年，海洋产业的比较劳动生产率均在 1.6 以上，而陆域产业的比较劳动生产率基本保持 0.93 不变。这说明劳动力要素基本保持从陆域产业流向海洋产业。

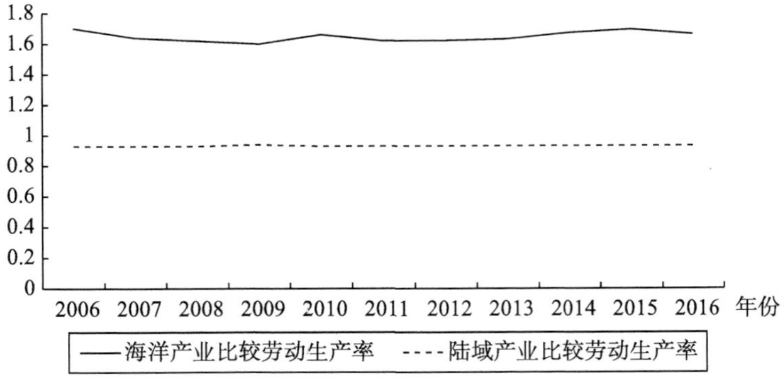

图 9-3 2006—2016 年陆海产业比较劳动生产率

表 9-2 2006—2016 年全国陆海产业比较劳动生产率

年份	2006	2007	2008	2009	2010	2011	2012	2013	2014	2015	2016
海洋产业	1.70	1.64	1.62	1.60	1.66	1.62	1.62	1.63	1.67	1.69	1.66
陆域产业	0.93	0.93	0.93	0.94	0.93	0.93	0.93	0.93	0.93	0.93	0.93

2. 陆海劳动生产率的空间差异分析

陆海劳动生产率在全国范围内存在较大差异。2006 年，上海的海洋产业劳动生产率为 22.27 万元/人，为全国沿海省（市、自治区）最高的，其与陆域产业的差值也是最大的。2006 年河北的海洋产业劳动生产率为 13.4 万元/人，仅次于上海，其与陆域产业的差距也位居第二；但 2016 年，河北海洋劳动生产率相继被江苏、山东、天津超越。2006 年、2016 年海洋劳动生产率最低的是海南，分别为 2.75 万元/人、8.3 万元/人，其与陆域产业劳动生产率的差距也最小。2006 年、2016 年陆域劳动生产率最低的是广西，其分别为 1.7 万元/人、6.27 万元/人。2006 年海洋劳动生产率最高的与最低相差 8 倍，而 2016 降为 4.1 倍；2006 年陆域劳动生产率最高的与最低相差 5.3 倍，而 2016 降为 3.01 倍，均有缩小的趋势。除辽宁外，2016 年，所有省（市、自治区）的海洋产业劳动生产率与陆域产业劳动生产率的差距均扩大了。见表9-3。

表 9-3　2006—2016 年全国陆海产业劳动生产率空间差异　单位：万元/人

区域	2006 年			2016 年		
	海洋产业	陆域产业	差值	海洋产业	陆域产业	差值
天津	9.16	7.23	1.93	22.12	19.23	2.89
河北	13.40	3.00	10.40	19.98	7.29	12.69
辽宁	5.37	4.19	1.18	9.91	9.63	0.28
上海	22.27	9.03	13.24	34.06	18.07	15.99
江苏	7.84	4.56	3.28	32.89	15.54	17.35
浙江	5.16	4.94	0.22	14.97	12.25	2.72
福建	4.78	3.70	1.07	17.92	8.85	9.07
山东	8.19	3.34	4.85	24.15	8.97	15.18
广东	5.80	4.94	0.85	18.39	11.99	6.39
广西	3.11	1.70	1.41	10.57	6.27	4.30
海南	2.75	2.69	0.07	8.30	6.92	1.38

与陆海劳动生产率相比，2006—2016 年，全国陆海产业比较劳动生产率的差异相对要小些。2006 年、2016 年，海洋产业比较劳动生产率最高的均为河北，但其从 4.15 下降到 2.63，下降幅度达到 36%。海洋产业比较劳动生产率与陆域产业比较劳动生产率两者差距最大的也是河北，其差值从 3.22 下降到 1.67，下降达 48.14%。2006 年、2016 年，海洋产业比较劳动生产率位居第二的是山东，其值分别为 2.21、2.36，其陆域产业比较劳动生产率从 0.90 下降到 0.88，使两者差值从 1.31 上升到 1.48。2006 与 2016 年，海洋产业比较劳动生产率的最小值均为 1.02，分别为海南与辽宁。沿海地区的陆域产业比较劳动生产率相差不大，大多数省（市、自治区）均在 0.9 左右，都没有超过 1。2016 年的均值为 0.69，小于 2006 年 0.75。这说明陆域产业的比较劳动生产率相对于海洋产业有所下降，要素加快向海洋产业流动。见表 9-4。

表 9-4　2006—2016 年全国陆海产业比较劳动生产率空间差异

区域	2006 年			2016 年		
	海洋产业	陆域产业	差值	海洋产业	陆域产业	差值
天津	1.18	0.93	0.25	1.12	0.97	0.15
河北	4.15	0.93	3.22	2.63	0.96	1.67
辽宁	1.24	0.96	0.27	1.02	1.00	0.03

续表

区域	2006 年			2016 年		
	海洋产业	陆域产业	差值	海洋产业	陆域产业	差值
上海	1.90	0.77	1.13	1.65	0.88	0.77
江苏	1.68	0.98	0.70	2.02	0.95	1.07
浙江	1.04	1.00	0.04	1.19	0.97	0.22
福建	1.22	0.95	0.27	1.74	0.86	0.88
山东	2.21	0.90	1.31	2.36	0.88	1.48
广东	1.15	0.98	0.17	1.43	0.93	0.50
广西	1.78	0.97	0.80	1.64	0.97	0.67
海南	1.02	0.99	0.02	1.14	0.95	0.19

第三节　中国陆海资本要素互用与对流评价

资本是重要的生产要素，资本积累推动经济不断增长。资本的形成体现为机械、厂房、设备等物质生产资料的增加，是一国生产能力的反映。固定资产投资是资本存量增加的重要途径，它主要指建造和购置固定资产的经济活动，包括固定资产更新、改建、扩建与新建等活动。固定资产投资指标是反映固定资产投资规模、速度、比例、方向的综合指标。因此，本章将固定资产投资指标作为分析资本要素的指标。

一、指标构建与数据处理

（一）指标选取与数据来源

衡量固定资产投资效率的指标主要有投资效率系数、边际资本产出率、资本产出回归系数。

固定资产投资效率是指报告期内的其对应的地区生产总值的增量与其投入的固定资产的比值，它反映了固定资产的投资效率，是重要的宏观经济指标。其计算公式是：

固定资产投资效率=（报告期地区生产总值-上期地区生产总值）/报告期

固定资产投资×100%

边际资本产出比率是指增加一单位产量时，需增加的资本量，其计算公式如下：

边际资本产出比率=资本增量/总产出增量 ×100%

其中，资本的增量等于投资增量，当投资增量为固定资产投资时，边际资本产出比率与固定资产投资效率系数互为倒数。

资本产出回归系数是指用投入资本与其产出做回归，用拟合系数作为资本产出系数。

以上指标中，固定资产投资效率与边际资本产出比率的内涵基本一致，而资本产出回归系数则从计量经济学角度，对投资产出做分析，与模型的拟合好坏有很大的关系。基于此，本章选择固定资产投资效率与比较固定资产投资效率来分析陆海产业的投资效益，并以此分析陆海产业的要素流动。

由于《中国海洋统计年鉴》等海洋经济统计资料中并无海洋产业固定资产投资指标，本章根据海洋产业生产总值占国民生产总值的比例，对当年的固定资产进行调整。

（二）固定资产投资滞后期的确定

固定资产投资将形成生产能力，增加总产出，但由于固定资产从投资到形成现实的生产能力需要一定的时间，当年的投资往往需要经过几年的时间才能最终完全形成产出能力。如，当年投资的厂房、设备及基础设施，需若干年才能真正增加产量。因此，固定资产投资对总产出的影响存在滞后期。

本章利用2004—2016年沿海地区固定资产投资、陆海产业增加值数据，就固定资产投资对国民经济、陆海产业的滞后影响，运用格兰杰因果模型来判断其滞后期。研究发现，沿海地区固定资产对国民经济、陆海产业影响的滞后期均为两年。

二、陆海资本要素互用与对流评价

本章对沿海地区国民经济、陆海产业的固定资产投资效率进行分析，经计算得到图9-4。可以看出，2006—2016年，固定资产投资效率均随时间下降。2006年，海洋产业固定资产投资效率为0.63，陆域产业固定资产投资效率为0.47，沿海地区固定资产投资效率为0.49；而2016年，三者相应地降为0.10、0.13和0.12。2006—2016年，三者的平均值分别为0.32、0.29、0.30，均小于1，说明投资效率不高。

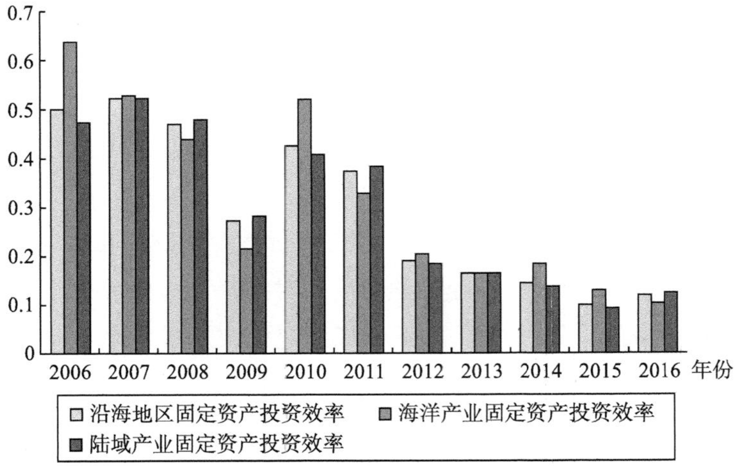

图9-4　2006—2016年陆海产业固定资产投资效率比较

除2008年、2009年、2011年与2016年外，海洋产业的固定资产投资效率均高于陆域产业，在大多数年度内，海洋产业的固定资产收益相对陆域产业具有优势。由于陆域产业固定资产投资占比较大，因而陆域产业固定资产投资效率与整个地区的固定资产投资效率基本一致。

沿海地区的陆海产业的固定资产投资效率相差也较大。2006年海洋产业固定资产投资效率最高的是河北，为3.08，其次是上海、江苏，分别为1.60和1.40；最低的是浙江，为-0.44。陆域产业的固定资产投资效率均较低，都没有超过1，最高的是天津0.75，其次为广东、浙江，分别为0.70、0.49。2006年除天津、浙江、福建、广东，其他七个省（自治区）的海洋产业固定资产投资效率都高于陆域产业。2016年海洋产业固定资产投资与陆域产业固定资产投资均有较大下降，其数值都没有超过1。海洋产业固定资产投资效率最高的是上海，仅为0.41，其次为广东、福建，分别为0.26、0.17。陆域产业固定资产投资效率最高的也是上海，其次是广东、天津，分别为0.27、0.26。2016年只有辽宁、福建、广西、海南的海洋产业固定资产投资效率高于陆域产业，其他七个省（市）则相反。

表 9-5　2006—2016 年全国陆海产业固定资产投资效率空间差异

区域	2006 年			2016 年		
	海洋产业	陆域产业	差值	海洋产业	陆域产业	差值
天津	-0.15	0.75	-0.90	-0.27	0.26	-0.53
河北	3.08	0.20	2.88	-0.07	0.09	-0.16
辽宁	0.71	0.22	0.49	-0.09	-0.44	0.35
上海	1.60	-0.20	1.79	0.41	0.50	-0.09
江苏	1.40	0.35	1.05	0.13	0.16	-0.03
浙江	-0.44	0.49	-0.93	0.15	0.16	-0.01
福建	0.41	0.45	-0.04	0.17	0.12	0.04
山东	0.96	0.29	0.67	0.09	0.11	-0.02
广东	-0.14	0.70	-0.84	0.26	0.27	-0.01
广西	1.90	0.37	1.53	0.11	0.09	0.02
海南	0.57	0.37	0.20	0.15	0.08	0.07

第四节　中国陆海技术要素互用与对流评价

海洋相对陆域而言，其环境更为复杂，因此开发海洋资源需要更高的技术。海洋资源的勘察、海洋产品的生产、海洋经济的发展，越来越依靠海洋科技的竞争。技术可改善生产的方式，提高生产效率，进而促进经济增长。技术可在海洋与陆域之间流动，一般而言，技术会从产出效率低的领域流向产出效率高的领域。通过对陆域与海洋技术产出效率的比较分析，可以发现技术流动的特征，进而判断陆海经济一体化的情况。

一、指标构建与数据来源

相对于劳动与资本，技术产出效率更难度量，因而只能度量其相对产出效率，因此，本章通过相对比较技术产出效率来衡量其在陆海产业之间的流动。比较技术产出效率的计算如下：

设 Q 为总产出，T 为研发总投入，Q_1 为陆域产业的产值，Q_2 为海洋产业产值，T_1 为陆域产业的研发总投入，T_2 为海洋产业的研发总投入；则，$Q=Q_1+Q_2$，$T=T_1+T_2$。设 r_1 为陆域产业的比较技术产出效率，r_2 为海洋产业的比较技术产出效率，则比较技术产出效率计算为：

$$r_1=\frac{Q_1/Q}{T_1/T},\quad r_2=\frac{Q_2/Q}{T_2/T} \tag{9-2}$$

比较技术产出效率为 1，则表明本部门技术投入占比与产值占比相等，即本部门所用技术要素创造了同比例的产值，本部门与国民经济同步发展。当比较技术产出效率大于 1 时，说明相对于其他部门，本部门技术产出效率更高，能吸引其他部门的技术要素流向本部门。

本章选取沿海省（市、自治区）的科研机构经费内部支出作为技术要素的代理变量，所有数据均来自《中国科技统计年鉴》与《中国海洋统计年鉴》。陆域产业的科研经费内部支出=该区域科研机构经费内部支出-海洋科研机构内部支出。由于统计口径与指标的变化，目前只有 2011—2016 年的数据。

二、技术要素互用与对流评价

（一）陆海产业科研经费显著提高

这些年来，我国加大了科研投入，陆域产业与海洋产业的科研经费都有了很大的增长。2011—2016 年，陆域产业科研机构的内部经费支出的增长率达到年均 14.97%，海洋科研机构的内部经费支出增长率也达到了 9.8%。陆域产业的科研机构经费的内部支出要大于海洋产业。从 2014 年起，海洋科研机构内部经费支出的占比有下降趋势，从 14.02%降到 11.52%；而陆域科研机构的内部经费支出占比则从 85.98%上升到 88.48%。

表 9-6　2011—2016 年沿海地区海洋产业与陆域产业科研机构经费内部支出情况

年份	2011	2012	2013	2014	2015	2016
海洋科研机构内部经费支出（亿元）	56.97	63.93	74.35	88.59	97.39	91.03
陆域科研机构内部经费支出（亿元）	348.00	445.73	479.87	543.46	616.91	698.99
海洋科研机构内部经费支出占比（%）	14.07	12.54	13.41	14.02	13.63	11.52
陆域科研机构内部经费支出占比（%）	85.93	87.46	86.59	85.98	86.37	88.48

（二）沿海地区海洋产业科研经费支出存在显著区域差异

以 2016 年为例，沿海地区海洋科研经费投入相差较大，其中上海、广东和山东分别位居前一、二、三名，支出额为 215 亿元、196.64 亿元、138.29 亿元；而海南、广西与河北分别位居倒数一、二、三名，其支出额都没超过 10 亿元，仅分别为 1.69 亿元、3.26 亿元与 7.15 亿元。科研经费支出最高的上海为最低的海南的 127 倍，区域科研经费支出相差巨大。科研经费占比靠前的为山东、广东与福建，分别是 29.69%、26.66%、21.95%，位居末位的三位为海南、河北与广西，分别是 1.57%、1.86%与 2.46%。

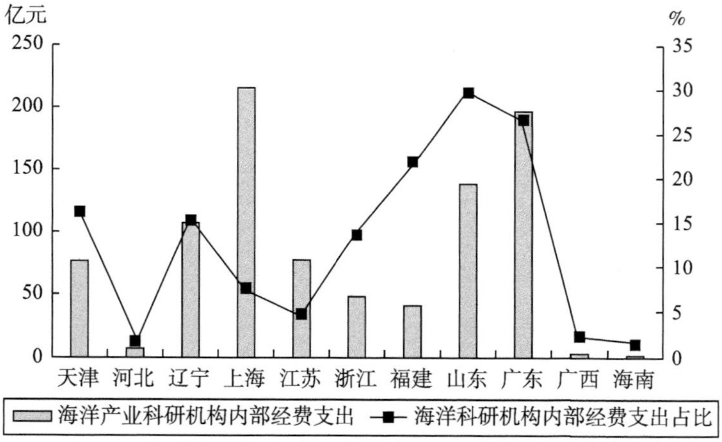

图 9-5　2016 年沿海地区海洋科研机构内部经费支出与其占比

（三）陆海产业的比较技术产出效率及空间差异

1. 陆海产业比较技术产出效率差异

计算全国的陆海产业比较技术产出效率，见表 9-7，可知，2011—2016 年，海洋产业的技术产出效率要高于陆域产业，其数值都在 1.1～1.5，说明技术要素在逐渐流向海洋产业。而陆域产业的比较技术产出效率基本在0.94～0.98，陆域产业的技术投入与产出基本平衡，存在轻微的技术要素流出现象。

表 9-7 2011—2016 年全国陆海产业比较技术产出效率

年份	2011	2012	2013	2014	2015	2016
海洋产业	1.12	1.27	1.19	1.16	1.22	1.42
陆域产业	0.98	0.96	0.97	0.97	0.97	0.94

2. 陆海产业比较技术产出效率的空间差异分析

由于 2013 年、2014 年海南省缺失海洋科研机构内部经费支出数据，且其他几年的数据跳跃性太强，因而没有计算海南的比较技术产出效率。整体来看，2016 年海洋产业比较技术产出效率相对于 2011 年有所下降；而陆域产业比较技术产出效率 2016 年相对于 2011 年都有所上升，除山东外其他均位于 1 以下且接近 1。这表明相对海洋产业，各省（市、自治区）陆域产业的比较技术产出效率近年来均有所上升，技术要素流向海洋产业的趋势有所放缓。10 个沿海省（市、自治区）大致可以分为四类，第一类是海洋产业比较技术产出效率远大于陆域产业，技术要素强势流向海洋产业，如天津、河北、上海、江苏、广西，这些省（市、自治区）在 2011—2016 年，前者均远大于后者。第二类是陆域产业比较技术产出效率远大于海洋产业，如山东、广东。第三类是两者逐渐平衡型，如辽宁、浙江。第四类是福建，由陆域产业技术比较产出效率远大于海洋产业变成海洋产业比较技术产出效率远大于陆域产业。这反映技术要素在海洋产业与陆域产业的流动存在较大的差异。对于第一类，技术要素由陆域产业流向海洋产业；对于第二类，技术要素由海洋产业流向陆域产业；第三类，则技术要素在陆海产业间基本达到平衡状态。第四类福建省，则是技术要素由流向陆域产业剧烈转变为流向海洋产业。

表 9-8 2011 年和 2016 年全国陆海产业比较技术产出效率空间差异

区域	2011			2016		
	海洋产业	陆域产业	差值	海洋产业	陆域产业	差值
天津	1.54	0.86	0.67	1.39	0.92	0.47
河北	4.00	0.95	3.04	3.34	0.96	2.38
辽宁	2.14	0.91	1.22	0.98	1.00	-0.02
上海	3.04	0.78	2.26	3.44	0.80	2.65
江苏	1.13	0.99	0.15	1.75	0.96	0.79

续表

区域	2011			2016		
	海洋产业	陆域产业	差值	海洋产业	陆域产业	差值
浙江	0.79	1.04	-0.25	1.02	1.00	0.02
福建	0.76	1.12	-0.36	1.26	0.93	0.34
山东	0.37	1.56	-1.19	0.66	1.14	-0.49
广东	0.62	1.15	-0.53	0.74	1.09	-0.35
广西	1.95	0.97	0.98	2.77	0.96	1.82

第五节 中国陆海生产要素互用与对流综合评价

一、陆海要素互用与对流综合评价指标体系构建

生产要素会在不同产业间流动，一般从收益低的产业流向高收益产业。根据指标的全面性、科学性、代表性、可得性原则，采用前文劳动、资本与技术的指标对陆海产业要素流动进行评价，指标体系见表9-9。

表9-9 陆海生产要素互用与对流评价指标体系

目标层	准则层	指标层	指标含义与算法
陆域要素流动指标体系	劳动要素	比较劳动生产率	部门产值占比与该部门劳动力占比的比值
	资本要素	陆海资本比较效率	陆域产业固定资产投资效率/海洋产业固定资产投资效率
	技术要素	比较技术产出效率	部门产值占比与该部门科研机构内部经费支出占比的比值

续表

目标层	准则层	指标层	指标含义与算法
海洋要素流动指标体系	劳动要素	比较劳动生产率	部门产值占比与该部门劳动力占比的比值
	资本要素	海陆资本比较效率	海洋产业固定资产投资效率/陆域产业固定资产投资效率值
	技术要素	比较技术产出效率	部门产值占比与该部门科研机构内部经费支出占比的比值

二、指标体系权重设置

为了对沿海省（市、自治区）（不包括海南）的要素流动情况进行评价，采用客观赋权的熵值法进行权重设置。对 2011—2016 年 10 个省（市、自治区）的劳动、资本与技术要素进行赋权，其中陆域产业与海洋产业的权重相差不大。为了便于横向比较，采用统一的权重，见表 9-10。

表 9-10　陆海产业生产要素权重系数

变量名称	劳动	资本	技术
权重	0. 34	0. 32	0. 34

三、陆海要素互用与对流综合评价

（一）全国陆海产业生产要素互用与对流评价

经计算得到中国的陆海产业生产要素的流动指数，见表 9-11 与图 9-6。可以发现，2011—2016 年海洋产业生产要素流动指数均大于 1，表明生产要素呈现流入海洋产业的特点；而陆域产业在 2011 年与 2016 年稍大于 1，其他年份小于 1，表明在 2011 年与 2016 年，陆域产业生产要素流动基本处于平衡状态，而其他年份呈现生产要素流出的状态。总体来看，沿海地区 2011 年、2016 年，生产要素呈现净流入的状态；而在 2012—2015 年，沿海地区生产要素呈现出由陆域产业流向海洋产业。

表 9-11　2011—2016 年沿海地区陆海产业生产要素流动指数

年份	海洋产业生产要素流动指数	陆域产业生产要素流动指数
2011	1.21	1.02
2012	1.33	0.94
2013	1.28	0.96
2014	1.40	0.88
2015	1.44	0.87
2016	1.31	1.02

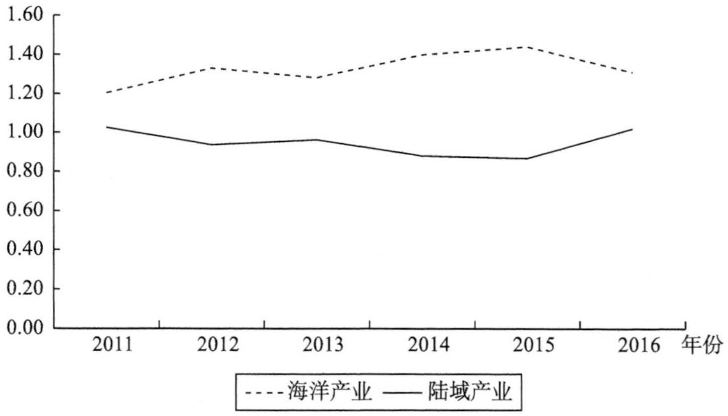

图 9-6　2011—2016 年陆海产业生产要素流动指数

（二）沿海省（市、自治区）陆海生产要素流动分析评价

天津的陆海产业生产要素流动指数见表 9-12。由表 9-12 可知，2011—2014 年生产要素主要流向海洋产业领域，其中，2011—2012 年，陆域产业基本保持生产要素平衡状态，2013—2014 则呈流出状态。2015 年生产要素流向陆域产业；2011—2012 年，生产要素由区域外流入天津，而 2016 年生产要素呈现流出天津的状态。

表 9-12　2011—2016 年天津陆海产业生产要素流动指数

年份	海洋产业生产要素流动指数	陆域产业生产要素流动指数
2011	1.21	1.06
2012	1.19	1.01

续表

年份	海洋产业生产要素流动指数	陆域产业生产要素流动指数
2013	1.66	0.78
2014	1.44	0.85
2015	0.92	1.82
2016	0.53	0.96

2011—2015 年，河北的海洋产业生产要素流动指数远大于陆域产业，呈现生产要素流向海洋产业的态势，陆域产业则为生产要素净流出状态；2016 年海洋产业生产要素流动指数相对前几年下降近一半，但还是远大于 1，陆域产业生产要素流动指数稍大于 1，整体呈现要素由区域外流入河北的状态。见表 9-13。

表 9-13　2011—2016 年河北陆海产业生产要素流动指数

年份	海洋产业生产要素流动指数	陆域产业生产要素流动指数
2011	2.62	0.90
2012	2.94	0.87
2013	2.56	0.93
2014	3.85	0.71
2015	3.20	0.74
2016	1.78	1.06

2015 年辽宁海洋产业生产要素指数为负，主要是由于海洋固定资产投资收益为负导致，意味着生产要素流向陆域产业；而 2016 年陆域产业生产要素指数为负，主要由于陆海资本比较效率为负，也意味着生产要素流出陆域产业；2011—2013 年，生产要素主要流入海洋产业；2014 年生产要素基本保持平衡状态；而 2015—2016 年生产要素呈现流出辽宁的状态。见表 9-14。

表 9-14　2011—2016 年辽宁陆海产业生产要素流动指数

年份	海洋产业生产要素流动指数	陆域产业生产要素流动指数
2011	1.55	0.88
2012	1.01	3.62

续表

年份	海洋产业生产要素流动指数	陆域产业生产要素流动指数
2013	1.14	0.95
2014	1.06	1.06
2015	-1.32	0.65
2016	0.75	-0.93

2014 年，上海的陆域生产要素流动指数为 5.08，偏高，表现为生产要素强势流入陆域产业；其他年份，海洋产业生产要素流动指数均高于陆域产业。整体来看，2011 年生产要素由区域外流入上海，其他时间为生产要素从陆域流向海洋产业。见表 9-15。

表 9-15　2011—2016 年上海陆海产业生产要素流动指数

年份	海洋产业生产要素流动指数	陆域产业生产要素流动指数
2011	1.75	1.11
2012	2.17	0.83
2013	1.98	0.94
2014	1.52	5.08
2015	2.04	0.82
2016	2.00	0.96

2011—2016 年，江苏海洋产业生产要素流动指数远大于 1，表现为生产要素流向海洋产业；2013 年与 2016 年，海洋产业与陆域产业生产要素流动指数均大于 1，表明有生产要素由区域外流入江苏。见表 9-16。

表 9-16　2011—2016 年江苏陆海产业生产要素流动指数

年份	海洋产业生产要素流动指数	陆域产业生产要素流动指数
2011	1.47	0.95
2012	1.64	0.94
2013	1.27	1.40
2014	1.47	0.90
2015	1.56	0.92
2016	1.54	1.06

2011 年，浙江海洋产业与陆域产业生产要素流动基本保持平衡；而 2012 年生产要素由陆域产业流向海洋产业；2013—2014 年，则由海洋产业流向陆域产业；2015 年又由陆域产业流向海洋产业；2016 年，生产要素流动达到基本平衡。见表 9-17。

表 9-17　2011—2016 年浙江陆海产业生产要素流动指数

年份	海洋产业生产要素流动指数	陆域产业生产要素流动指数
2011	1.01	1.01
2012	1.15	0.92
2013	0.99	1.11
2014	0.86	1.37
2015	1.21	0.88
2016	1.06	1.01

2011 年，福建海洋产业与陆域产业生产要素流动基本保持平衡；2012 年，生产要素由海洋产业流向陆域产业；2013 年后，海洋产业生产要素流动指数远高于陆域产业，意味着生产要素一直由陆域产业流向海洋产业。见表 9-18。

表 9-18　2011—2016 年福建陆海产业生产要素流动指数

年份	海洋产业生产要素流动指数	陆域产业生产要素流动指数
2011	1.00	1.09
2012	0.85	1.66
2013	1.19	0.92
2014	1.55	0.80
2015	2.22	0.70
2016	1.45	0.85

2011—2013 年，山东海洋产业与陆域产业生产要素流动指数均远大于 1，意味着生产要素由区域外流入山东；2014—2015 年，生产要素由陆域产业流向海洋产业；2016 年，陆域产业生产要素基本保持平衡，海洋产业生产要素流动指数远大于 1，意味着生产要素由区域外流向山东海洋产业。见表 9-19。

表 9-19　2011—2016 年山东陆海产业生产要素流动指数

年份	海洋产业生产要素流动指数	陆域产业生产要素流动指数
2011	1.15	1.21
2012	1.26	1.10
2013	1.14	1.22
2014	1.67	0.92
2015	1.63	0.89
2016	1.30	1.06

广东生产要素在海洋产业与陆域产业之间反复流动。2011 年，生产要素由海洋产业流向陆域产业，而 2012 年则反之，2013 年又由海洋产业流向陆域产业，其后 2014—2015 年又反过来，2016 年海洋产业与陆域产业的生产要素基本达到平衡。见表 9-20。

表 9-20　2011—2016 年广东陆海产业生产要素流动指数

年份	海洋产业生产要素流动指数	陆域产业生产要素流动指数
2011	0.87	1.17
2012	1.45	0.83
2013	0.96	1.08
2014	1.46	0.83
2015	1.16	0.93
2016	1.04	1.02

2012—2016 年，广西的海洋产业生产要素流动指数均远高于陆域产业，表明生产要素从陆域产业流向海洋产业。2011 年，海洋产业与陆域产业生产要素流动指数均远大于 1，表明生产要素由区域外流向广西。见表 9-21。

表 9-21　2011—2016 年广西陆海产业生产要素流动指数

年份	海洋产业生产要素流动指数	陆域产业生产要素流动指数
2011	1.30	1.27
2012	1.84	0.81
2013	1.82	0.83
2014	1.33	0.88

续表

年份	海洋产业生产要素流动指数	陆域产业生产要素流动指数
2015	1.39	0.88
2016	1.89	0.92

本章小结

生产要素是社会生产所需要的各种资源，主要包括劳动、资本、技术。随着陆海经济一体化，陆域产业部门与海洋产业部门的效率将会趋同，这也将导致生产要素在陆海产业之间的自由流动。

本章对沿海地区陆海经济劳动生产率进行比较分析，研究发现：与陆域劳动生产率相比，海洋劳动生产率具有明显的优势。陆海劳动生产率在全国范围内存在较大的差异。沿海地区的陆域产业比较劳动生产率相差不大，大多数省（市、自治区）均在0.9左右，都没有超过1，这说明陆域产业的比较劳动生产率低于海洋产业，要素加快向海洋产业流动。

对沿海地区陆海经济固定资产收益进行比较分析，研究发现：在大多数年度内，海洋产业的固定资产收益相对陆域产业具有优势。2006年，除天津、浙江、福建、广东，其他七个省（市、自治区）的海洋产业固定资产投资效率都高于陆域产业。2016年只有辽宁、福建、广西、海南的海洋产业固定资产投资效率高于陆域产业，其他七个省（市）则相反。

对沿海地区的技术产出能力进行比较分析，研究发现：研究期间内，陆海产业的科研经费显著提高，陆域产业的科研机构经费的内部支出要大于海洋产业；沿海省（市）海洋产业科研经费支出存在显著区域差异，科研经费支出最高的上海为最低海南的127倍，区域科研经费支出相差巨大。

对沿海地区的陆海产业技术产出效率进行比较分析，研究发现：研究期间内，海洋产业的技术产出效率要高于陆域产业，其说明技术要素在逐渐流向海洋产业；而陆域产业的技术投入与产出基本平衡，存在轻微的技术要素流出现象。根据陆海产业比较技术产出效率，可将沿海地区分为四类。第一类包括天津、河北、上海、江苏、广西，其技术要素由陆域产业流向海洋产业；第二类包括山东、广东，其技术要素由海洋产业流向陆域产业；第三类包括辽宁、浙江，其技术要素在陆海产业间基本达到平衡状态。第四类福建省，则是技术要素由流向陆域产业剧烈转变为流向海洋产业。

对中国沿海地区生产要素互用与对流进行分析，研究发现：2011 年、2016 年，沿海地区生产要素呈现净流入状态；而 2012—2015 年，沿海地区生产要素呈现由陆域产业流向海洋产业。以 2016 年为例，生产要素从区域内净流出的省（市）有天津、辽宁；生产要素从区域外净流入的省（市）有河北、江苏；生产要素从区域外净流入海洋产业的有上海、山东；生产要素流动基本平衡的有浙江与广东。

第十章　中国陆海交通基础设施互联互通评价

第一节　中国陆海交通基础互联互通评价方法

本章将运用灰色关联模型和数据包络分析方法（DEA）对中国陆海交通互联互通进行评价，由于前文已对灰色关联模型进行介绍，本节仅介绍数据包络分析方法（DEA）。数据包络分析法（DEA）是一种基于最优线性规划对同类型单位或者组织的工作效率进行评价的方法。例如，很多单位在生产过程中，具有相同类型的投入或者产出，就可采用数据包络法，比较这些单位的投入或者产出绩效。在进行比较的时候，将这些单位的投入和产出核算为相同的计量单位，并将这些单位的投入和产出按照其大小进行对比排序。

一、数据包络方法的主要思想

一个经济系统或者一个经济单位的生产过程，可以看成是其在一定范围内，投入一定数量或者单位的生产要素并产生一定“效益”的活动，这个“效益”既可表示为产品的具体产量，也可以是定性的结果，即主观评价的效果。这一从“投入”到“产出”的过程，必须要经历一系列的决策才能实现。换句话说，经济系统或者经济单位的“效益”是决策的结果。所以在数据包络分析中，这样的转换单元称为“决策单元”。每个决策单元都代表一定的经济含义，其基本特点就是将“投入”与“产出”转换为“输入”和“输出”，并且在“输入”与“输出”的转换过程中，经济系统或者经济单位实现自身决策的目标。

二、数据包络分析法的 C^2R 模型

C^2R 模型是数据包络法的一个基本模型。在这个模型中，我们将模型设定为有 n 个决策单元($j = 1$)，在这些决策单元中都有相同的 m 项投入（输入)，则输入向量为：

$$x_j = (x_{1j,}\ x_{2j},\ x_{3j},\ \cdots,\ x_{mj})^T > 0,\ j = 1,\ 2,\ \cdots,\ n$$

同样，在这些决策单元中有相同的 s 项产出（输出)，则输出向量为：

$$y_j = (y_{1j,}\ y_{2j},\ y_{3j},\ \cdots,\ y_{mj})^T > 0,\ j = 1,\ 2,\ \cdots,\ n$$

x_{ij} 表示在经济系统中或者是经济单位中第 j 个决策单元中第 i 种类型的投入量，也就为输入量；y_{ij} 表示在经济系统中或者是经济单位中第 j 个决策单元中第 i 种类型的产出量，也就为输出量。

为了将经济系统中或者是经济单位中所有的“输入”和“输出”，即“投入”与“产出”进行综合统一，我们将生产过程简单设定为只有一个投入量和一个产出量的简单生产过程，并且我们对每一个“投入”和“产出”，即“输入”与“输出”给予一定的权数。分别设定“输入”与“输出”的向量分别为：$v = (v_1,\ v_2,\ \cdots,\ v_m)^T$，$u = (u_1,\ u_2,\ \cdots,\ u_m)^T$。其中 v_i 为第 i 类“投入”，也即输入的权重，u_j 为 j 种类型的“产出”，也即为第 j 种类型的权重。

通过权重的核算，可以得到第 j 个决策单元的“输入”，也即“产出”综合值为 $\sum_{i=1}^{m} v_i x_{ij}$。同样，经过权重的核算，可以得到第 r 个决策单元的产出综合值为 $\sum_{r=1}^{s} u_r y_{rj}$。因此，定义每个生产系统和生产单位的决策单位 DMU_j 的效率评价指数为：

$$h_j = \frac{\sum_{r=1}^{s} u_r y_{rj}}{\sum_{i=1}^{m} v_i x_{ij}} \qquad 10-1$$

在实际应用中，通过选择合适的方法确定最佳的权重 v 和 m，以此得到决策效率评价指数的最优值。而这个最优的效率评价指数是该决策单元相对于其他决策单元来说存在的不可能更优的相对效率评价指数。因此，在应用中

限定所有的最优决策效率评价指数 h_j 的值小于等于 1，即 $\max h_j \leqslant 1$。这就意味着，在评价系统中，若在 k 个决策单元中存在 $h_k = 1$，也就意味着第 k 个决策单元与其他决策单元相比较，生产决策效率是最高的，但仅局限于这个经济系统或者经济单位是最优效率的。如果存在 $h_k < 1$，意味着第 k 个决策单元与其他决策单元相比，在经济系统中的生产决策效率相对低于其他决策单元，生产决策效率还有待提高，即该决策单元在这个经济系统或者经济单元中的决策效率还不是最优的。

根据上面的分析，在这个经济系统或者经济单位中的第 j_0 个决策单元的相对优化生产决策效率的决策模型为：

$$\max h_{j_0} = \frac{\sum_{r=1}^{s} u_r y_{rj_0}}{\sum_{i=1}^{m} v_i x_{ij_0}}$$

$$s.t.\begin{cases} \dfrac{\sum_{r=1}^{s} u_r y_{rj}}{\sum_{i=1}^{m} v_i x_{ij}} \leqslant 1,\ j = 1,\ 2,\ \cdots,\ n \\ v = (^{v}_{1},\ v_2,\ \cdots,\ vT \geqslant 0 \\ u = (^{u}_{1},\ u_2,\ \cdots,\ u_m)T \geqslant 0 \end{cases} \tag{10-2}$$

这是一个分式规划模型，必须转化为线性规划最优模型才能求解。经过转化，变化为：

$$t = \frac{1}{\sum_{i=1}^{m} v_i x_{ij_0}},\ \mu_r = tu_r,\ w_i = tv_i \tag{10-3}$$

则模型转化为：

$$\max h_{j_0} = \sum_{r=1}^{s} \mu_r y_{rj_0}$$

$$s.t.\begin{cases}\sum_{r=1}^{s}\mu_r y_{rj}-\sum_{i=1}^{m}w_i x_{ij}\leqslant 0,\ j=1,\ 2,\ \cdots,\ n\\ \sum_{i=1}^{m}w_i x_{ij_0}=1\\ \\ \mu_r,\ w_i\geqslant 0,\ i=1,\ 2,\ 3\cdots m;\ r=1,\ 2,\ \cdots,\ s\end{cases}\qquad 10-4$$

将上面的向量形式写为：

$$\max h_{h_{j0}}=\mu^T Y_0$$

$$s.t.\begin{cases}\mu^T Y_j-w^T X_j\leqslant 0\\ w^T X_0=1\ \mathrm{j}=1,\ 2,\ \cdots,\ \mathrm{n}\\ w\geqslant 0,\ \mu\geqslant 0\end{cases}\qquad 10-5$$

式 10-5 在线性规划中具有十分重要的意义，借助对偶理论，对该模型建立对偶模型，使其更容易从理论和经济意义上进行深入分析，建立的对偶模型如下：

$$\min\theta$$

$$s.t.\begin{cases}\sum_{j=1}^{n}\lambda_j x_j\leqslant\theta x_0\\ \sum_{j=1}^{n}\lambda_j y_j\geqslant y_0\\ \lambda_j\geqslant 0,\ j=1,\ 2,\ \cdots,\ n\\ \theta\text{ 无约束}\end{cases}\qquad 10-6$$

同时在模型中引入松弛变量和剩余变量，将松弛变量设为 s^+，将剩余变量设为 s^-，将式 10-6 的不等式约束公式通过转换变为等式约束条件，经过转换后的等式约束条件为：

$$s.t.\begin{cases}\sum_{j=1}^{n}\lambda_j x_j+s^{+}=\theta x_0\\ \sum_{j=1}^{n}\lambda_j y_j-s^{-}=y_0\\ \lambda_j\geqslant 0,\ j=1,\ 2,\ \cdots,\ n\\ \theta\text{ 无约束 } s^{+}\geqslant 0,\ s^{-}\geqslant 0\end{cases} \tag{10-7}$$

将上述的等式约束条件运用线性最优化的方法，求出的最优解分别为 λ^* ，s^{*-} ，θ^* ，通过分析有如下的经济结论和经济意义。

第一，如果 $\theta^*=1$，且 $s^{*-}=0$，$s^{*+}=0$，那么上面约束方程中的决策单元 DMU_{j0} 为数据包络法的最优决策方程解，即在原有的约束线性规划方程中的解存在 $w^*>0$，$\mu^*>0$，并且其约束方程的最优决策值为 $h_{j0}^*=1$。此时，在经济系统或者经济单位中的决策单元 DMU_{j0} 在生产活动中不仅技术上是有效率的，而且在规模上也是有效率的。

第二，在上面的约束条件方程中，无论是输入松弛变量或者是输出的松弛变量在数量上大于 0，那么此时要解答上面的最优线性规划的最优值 $h_{j0}^*=1$ ，则称决策单元 DMU_{j0} 为弱数据包络法有效，即如果满足技术有效率，就不再满足规模上有效率；或者如果满足规模上有效率，就不再满足技术上有效率。二者只能满足其中之一，因此称为弱有效。

第三，如 $\theta^*<1$，那么在最优线性规划模型中的决策单元 DMU_{j0} 不是数据包络最有效率的。其隐含的经济结论以及经济意义就是，在经济系统或者经济单元系统中的生产活动既不是技术最优效率，也不是规模最优效率。

第四，另外在 C^2R 模型中可以采用 λ_j 的最优值来判断线性最优规划单元中的规模收益状况。第一种情况，若在最优线性规划模型中不存在最优解 $\lambda_j^*(j=1,\ 2,\ 3,\ \cdots,\ n)$ 使关系式 $\sum\lambda_j^*=1$ 存在，那么线性规划的决策单元 DMU_{j0} 存在不变的规模收益。第二种情况，若在最优线性规划模型中不存在最优解 $\lambda_j^*(j=1,\ 2,\ 3,\ \cdots,\ n)$ 使关系式 $\sum\lambda_j^*=1$ 存在，但是如果存在 $\sum\lambda_j^*<1$ ，那么线性规划的决策单元 DMU_{j0} 存在规模收益递减。第三种情况，若在最优线性规划模型中不存在最优解 $\lambda_j^*(j=1,\ 2,\ 3,\ \cdots,\ n)$ 使关系式 $\sum\lambda_j^*=1$ 存在，但是如果存在 $\sum\lambda_j^*>1$，那么线性规划的决策单元

DMU_{j0} 存在规模收益递增。

第二节　中国陆海交通基础设施互联互通水平评价

中国陆海交通基础设施互联互通评价，主要以全国及沿海 11 个省（市、自治区）为研究对象。由于国家海洋局及统计局于 2006 年对海洋综合交通的统计口径予以调整，所以，为了满足数据可得性和可比性要求，笔者选择 2006—2016 年采集数据，数据来源于《中国海洋统计年鉴》（2007—2017）、《中国统计年鉴》（2007—2017）以及 2007—2017 年沿海 11 个省（市、自治区）的统计年鉴。为确保数据具有一致性，同一指标如各年鉴均有数据的，以《中国海洋统计年鉴》为主。

一、整体评价

本章主要以陆域综合交通与海域交通为研究对象，分析陆海交通的协同发展水平。查询《中国海洋统计年鉴》，全国陆域综合交通与海域交通原始数据见表 10-1。

表 10-1　2006—2016 年我国陆海交通客运量、货运量及周转量

年份	陆域综合交通（万吨）	铁路客运量（万人）	铁路货运量（万吨）	公路客运量（万人）	公路货运量（万吨）	海洋综合交通（万吨）	海洋货运量（万吨）	海洋客运量（万人）
2006	4061217	125656	288224	1860487	1466347	270750	132613	9860
2007	4503582	135670	314237	2050680	1639432	304034	151311	10033
2008	5453829	146193	330354	2682114	1916759	314844	159831	9346
2009	5802120	152451	333348	2779081	2127834	341310	162164	10918
2010	6511315	167609	364271	3052738	2448052	401341	190370	10218
2011	7223280	186226	393263	3286220	2820100	450524	205808	10473
2012	7903435	189337	390438	3557010	3188475	484457	217404	10611
2013	6221892	210597	396697	1853463	3076648	583320	225870	8877

续表

年份	陆域综合交通（万吨）	铁路客运量（万人）	铁路货运量（万吨）	公路客运量（万人）	公路货运量（万吨）	海洋综合交通（万吨）	海洋货运量（万吨）	海洋客运量（万人）
2014	6596190	235704	381334	1908198	3332838	624575	250814	10521
2015	6119157	253484	335801	1619097	3150019	640639	267667	11133
2016	6286957	281405	333186	1542759	3341259	665472	281081	11081

数据来源：《中国海洋统计年鉴》（2007—2017）、《中国统计年鉴》（2007—2017）。

根据灰色关联模型，通过初值法完成数据的无量纲处理，见表 10-2。

表 10-2　2006—2016 年我国陆海交通客运量、货运量无量纲处理

年份	陆域综合交通	铁路客运量	铁路货运量	公路客运量	公路货运量	海洋综合交通	海洋货运量	海洋客运量
2006	1	1	1	1	1	1	1	1
2007	1. 1089	1. 0797	1. 0903	1. 1022	1. 1180	1. 1229	1. 1410	1. 0175
2008	1. 3429	1. 1634	1. 1462	1. 4416	1. 3072	1. 1629	1. 2052	0. 9479
2009	1. 4287	1. 2132	1. 1566	1. 4937	1. 4511	1. 2606	1. 2228	1. 1073
2010	1. 6033	1. 3339	1. 2638	1. 6408	1. 6695	1. 4823	1. 4355	1. 0363
2011	1. 7786	1. 4820	1. 3644	1. 7663	1. 9232	1. 6640	1. 5519	1. 0622
2012	1. 9461	1. 5068	1. 3546	1. 9119	2. 1744	1. 7893	1. 6394	1. 0762
2013	1. 5320	1. 6760	1. 3763	0. 9962	2. 0982	2. 1545	1. 7032	0. 9003
2014	1. 6242	1. 8758	1. 3230	1. 0256	2. 2729	2. 3068	1. 8913	1. 0670
2015	1. 5067	2. 0173	1. 1651	0. 8703	2. 1482	2. 3662	2. 0184	1. 1291
2016	1. 5480	2. 2395	1. 1560	0. 8292	2. 2786	2. 4579	2. 1196	1. 1238

参考序列选择海洋综合交通，以陆域综合交通、铁路客运量、铁路货运量、公路客运量、公路货运量为比较序列，计算陆域综合交通与海洋之间的灰色关联度，比较序列与参考序列对应的差值绝对值见表 10-3。

表 10-3　2006—2016 年全国陆海交通无量纲差值的绝对值

年份	Δ_{01}	Δ_{02}	Δ_{03}	Δ_{04}	Δ_{05}
2006	0	0	0	0	0
2007	0. 0838	0. 0847	0. 2181	0. 2183	0. 2053

续表

年份	Δ_{01}	Δ_{02}	Δ_{03}	Δ_{04}	Δ_{05}
2008	0. 0770	0. 0578	0. 0899	0. 0657	0. 0158
2009	0. 2350	0. 2371	0. 2596	0. 2108	0. 1689
2010	0. 1952	0. 2031	0. 4448	0. 4283	0. 4133
2011	0. 0203	0. 0256	0. 0580	0. 0822	0. 0758
2012	0. 2162	0. 2550	0. 2365	0. 2640	0. 3775
2013	0. 0075	0. 0495	0. 1514	0. 1081	0. 0491
2014	0. 1450	0. 0635	0. 1327	0. 2657	0. 4302
2015	0. 4048	0. 4452	0. 4844	0. 5507	0. 7069
2016	0. 1128	0. 1815	0. 0756	0. 0660	0. 1714

参照灰色关联模型关联系数公式，计算出海洋综合交通与陆域综合交通、铁路客运量、铁路货运量、公路客运量、公路货运量的关联系数，见表 10-4。以此为基础，得到全国海洋综合交通与陆域各交通的灰色关联度 G(1,2) = 0. 1860，G(1,3) = 0. 6017，G(1,4) = 0. 2161，G(1,5) = 0. 1721，G(1,6) = 0. 4582，即全国海洋综合交通与全国陆域综合交通总体的关联度为 0. 1860，全国海洋综合交通与铁路客运量的关联度为 0. 6017，全国海洋综合交通与铁路货运量的关联度为 0. 2161，全国海洋综合交通与公路客运量的关联度为 0. 1721，全国海洋综合交通与公路货运量的关联度为 0. 4582。

根据相同的方法，继续计算出全国海洋货运量、海洋客运量与陆域各交通的灰色关联度，见表 10-4。

表 10-4　全国陆域综合交通与海洋综合交通关联度

项目	海洋综合交通	海洋货运量	海洋客运量
陆域综合交通	0. 1860	0. 3265	0. 3319
铁路客运量	0. 6017	0. 7595	0. 3529
铁路货运量	0. 2161	0. 3102	0. 3767
公路客运量	0. 1721	0. 2098	0. 2850
公路货运量	0. 4582	0. 4975	0. 2721

全国海洋综合交通与陆域综合交通总体关联度为 0. 1860，海洋综合交通

与陆域综合交通各部分的关联度是：公路客运量<铁路货运量<公路货运量<铁路客运量。海洋综合交通与铁路客运量总体的关联度为：0.6017，海洋货运量与陆域综合交通各部分的关联度为：公路客运量<铁路货运量<公路货运量<铁路客运量。海洋货运量与铁路客运量总体的关联度为0.7595，海洋客运量与陆域综合交通各部分的关联度为：公路货运量<公路客运量<铁路客运量<铁路货运量。海洋客运量与铁路货运量总体的关联度为0.3767。由此可见，铁路客运量与海洋综合交通的关联度最高。

二、分区域评价

运用灰色关联模型对天津的陆域综合交通与海洋综合交通的关联性进行分析，得到表10-5。天津市海洋综合交通与陆域综合交通总体关联度为0.1816，低于全国总体关联度（0.1816<0.1860）。海洋综合交通与陆域各交通的关联度是：公路客运量<公路货运量<铁路客运量<铁路货运量，其中，天津海洋综合交通与铁路货运量关联度最大，为0.2887。海洋货运量与陆域综合交通的关联度为0.1815，海洋货运量与陆域各交通的关联度是：公路客运量<公路货运量<铁路客运量<铁路货运量，其中海洋和铁路货运量关联度最强，为0.2844。海洋客运量与陆域综合交通总体的关联度为0.2377，海洋客运量与陆域各交通的关联度是：铁路货运量<公路货运量<公路客运量<铁路客运量，其中，天津海洋客运量与铁路客运量关联度最大，为0.3282。

表10-5　天津陆域综合交通与海洋综合交通关联度

项目	海洋综合交通	海洋货运量	海洋客运量
陆域综合交通	0.1816	0.1815	0.2377
铁路客运量	0.2552	0.2549	0.3282
铁路货运量	0.2887	0.2844	0.1824
公路客运量	0.1972	0.1954	0.2423
公路货运量	0.2372	0.2373	0.2239

由表10-6可知，河北省海洋综合交通与陆域综合交通总体关联度为0.2550，高于全国整体关联度。海洋综合交通与陆域各交通的关联度是：铁路客运量<公路客运量<铁路货运量<公路货运量，其中，河北省海洋综合交通

与公路货运量关联度最大，为0.4181。河北省海洋货运量与陆域综合交通的关联度为0.2550，海洋货运量与陆域各交通的关联度是：铁路客运量<公路客运量<铁路货运量<公路货运量，其中，河北海洋货运量与公路货运量关联度最大，为0.4281。海洋客运量与陆域综合交通总体的关联度为0.2666，海洋客运量与陆域各交通的关联度是：公路客运量<铁路货运量<公路货运量<铁路客运量，其中，河北海洋客运量与铁路客运量关联度最大，为0.4560。

表10-6 河北陆域综合交通与海洋综合交通关联度

项目	海洋综合交通	海洋货运量	海洋客运量
陆域综合交通	0.2550	0.2550	0.2666
铁路客运量	0.2752	0.2752	0.4560
铁路货运量	0.3115	0.3118	0.2638
公路客运量	0.2753	0.2759	0.1997
公路货运量	0.4181	0.4281	0.4507

由表10-7可知，辽宁省海洋综合交通与陆域综合交通总体关联度为0.4804，高于全国整体关联度。海洋综合交通与陆域各交通的关联度是：铁路货运量<公路客运量<铁路客运量<公路货运量，其中，辽宁省海洋综合交通与公路货运量关联度最大，为0.3866。辽宁省海洋货运量与陆域综合交通的关联度为0.5068，海洋货运量与陆域各交通的关联度是：铁路货运量<公路客运量<铁路客运量<公路货运量，其中辽宁海洋和公路货运量关联度最强，为0.4124。海洋客运量与陆域综合交通总体的关联度为0.2454，海洋客运量与陆域各交通的关联度是：公路货运量<公路客运量<铁路客运量<铁路货运量，其中，辽宁海洋客运量与铁路货运量关联度最大，为0.3461。

表10-7 辽宁陆域综合交通与海洋综合交通关联度

项目	海洋综合交通	海洋货运量	海洋客运量
陆域综合交通	0.4804	0.5068	0.2454
铁路客运量	0.3614	0.3063	0.3095
铁路货运量	0.2379	0.2196	0.3461
公路客运量	0.3528	0.2650	0.3085
公路货运量	0.3866	0.4124	0.2226

由表 10-8 可知，上海海洋综合交通与陆域综合交通总体关联度为 0.7413，高于全国整体关联度。海洋综合交通与陆域各交通的关联度是：铁路货运量<铁路客运量<公路客运量<公路货运量，其中，上海海洋综合交通与公路货运量关联度最大，为 0.7636。上海海洋货运量与陆域综合交通的关联度为 0.7295，海洋货运量与陆域各交通的关联度是：铁路货运量<铁路客运量<公路货运量<公路客运量，其中，上海海洋货运量与公路客运量关联度最大，为 0.7348。海洋客运量与陆域综合交通总体关联度为 0.2053，海洋客运量与陆域各交通的关联度是：公路客运量<公路货运量<铁路客运量<铁路货运量，其中上海海洋客运量与铁路货运量关联度最大，为 0.3104。

表 10-8　上海陆域综合交通与海洋综合交通关联度

项目	海洋综合交通	海洋货运量	海洋客运量
陆域综合交通	0.7413	0.7295	0.2053
铁路客运量	0.4027	0.4095	0.2317
铁路货运量	0.3887	0.3773	0.3104
公路客运量	0.7111	0.7348	0.1982
公路货运量	0.7636	0.7219	0.2073

由表 10-9 可知，江苏海洋综合交通与陆域综合交通总体关联度为 0.1761，低于全国整体关联度。海洋综合交通与陆域各交通的关联度是：公路客运量<铁路货运量<公路货运量<铁路客运量，其中江苏海洋综合交通与铁路客运量关联度最大，为 0.4991。江苏海洋货运量与陆域综合交通的关联度为 0.1759，海洋货运量与陆域各交通的关联度是：公路客运量<铁路货运量<公路货运量<铁路客运量，其中江苏海洋货运量与铁路客运量关联度最大，为 0.4985。海洋客运量与陆域综合交通总体的关联度为 0.2498，海洋客运量与陆域各交通的关联度是：铁路货运量<公路货运量<铁路客运量<公路客运量，其中江苏海洋和公路客运量关联度最强，为 0.3538。

表 10-9　江苏陆域综合交通与海洋综合交通关联度

项目	海洋综合交通	海洋货运量	海洋客运量
陆域综合交通	0.1761	0.1759	0.2498
铁路客运量	0.4991	0.4985	0.2122

续表

项目	海洋综合交通	海洋货运量	海洋客运量
铁路货运量	0.1819	0.1817	0.1746
公路客运量	0.1611	0.1610	0.3538
公路货运量	0.2032	0.2030	0.2041

由表10-10可知，浙江海洋综合交通与陆域综合交通总体关联度为0.2660，高于全国整体关联度。海洋综合交通与陆域各交通的关联度是：公路客运量<公路货运量<铁路货运量<铁路客运量，其中浙江海洋综合交通与铁路客运量关联度最大，为0.4828。浙江海洋货运量与陆域综合交通的关联度为0.2608，海洋货运量与陆域各交通的关联度是：公路客运量<公路货运量<铁路货运量<铁路客运量，其中浙江海洋货运量与铁路客运量关联度最大，为0.4785。海洋客运量与陆域综合交通总体的关联度为0.4656，海洋客运量与陆域各交通的关联度是：铁路客运量<公路货运量<公路货运量<公路客运量，其中浙江海洋客运量与公路客运量关联度最大，为0.4380。

表10-10　浙江陆域综合交通与海洋综合交通关联度

项目	海洋综合交通	海洋货运量	海洋客运量
陆域综合交通	0.2660	0.2608	0.4656
铁路客运量	0.4828	0.4785	0.3531
铁路货运量	0.4484	0.4131	0.4023
公路客运量	0.2332	0.2291	0.4380
公路货运量	0.4187	0.4045	0.4053

由表10-11可知，福建海洋综合交通与陆域综合交通总体关联度为0.3317，高于全国整体关联度。海洋综合交通与陆域各交通的关联度是：公路客运量<铁路货运量<铁路客运量<公路货运量，其中，福建海洋综合交通与公路货运量关联度最大，为0.6457。福建海洋货运量与陆域综合交通的关联度为0.3222，海洋货运量与陆域各交通的关联度是：公路客运量<铁路货运量<铁路客运量<公路货运量，其中，福建海洋货运量与公路货运量关联度最大，为0.6406。海洋客运量与陆域综合交通总体的关联度为0.5802，海洋客运量与陆域各交通的关联度是：公路客运量<铁路客运量<公路货运量<铁路货运

量，其中，福建海洋客运量与铁路货运量关联度最大，为0.4422。

表10-11　福建陆域综合交通与海洋综合交通关联度

项目	海洋综合交通	海洋货运量	海洋客运量
陆域综合交通	0.3317	0.3222	0.5802
铁路客运量	0.4637	0.4796	0.3448
铁路货运量	0.3537	0.3491	0.4422
公路客运量	0.2479	0.2442	0.3122
公路货运量	0.6457	0.6406	0.4157

由表10-12可知，山东海洋综合交通与陆域综合交通总体关联度为0.2037，高于全国整体关联度。海洋综合交通与陆域各交通的关联度是：公路客运量<公路货运量<铁路货运量<铁路客运量，其中，山东海洋综合交通与铁路客运量关联度最大，为0.5709。山东海洋货运量与陆域综合交通的关联度为0.1722，海洋货运量与陆域各交通的关联度是：公路客运量<公路货运量<铁路货运量<铁路客运量，其中，山东海洋货运量与铁路客运量关联度最大，为0.5861。海洋客运量与陆域综合交通总体的关联度为0.4890，海洋客运量与陆域各交通的关联度是：公路客运量<铁路客运量<公路货运量<铁路货运量，其中，山东海洋客运量与铁路货运量关联度最大，为0.3606。

表10-12　山东陆域综合交通与海洋综合交通关联度

项目	海洋综合交通	海洋货运量	海洋客运量
陆域综合交通	0.2037	0.1722	0.4890
铁路客运量	0.5709	0.5861	0.2950
铁路货运量	0.4065	0.2722	0.3606
公路客运量	0.1894	0.1675	0.2929
公路货运量	0.3173	0.2618	0.3053

由表10-13可知，广东海洋综合交通与陆域综合交通总体关联度为0.2289，高于全国整体关联度。海洋综合交通与陆域各交通的关联度是：公路客运量<铁路货运量<铁路客运量<公路货运量，其中，广东海洋综合交通与公路货运量关联度最大，为0.6354。广东海洋货运量与陆域综合交通的关联度为0.2091，海洋货运量与陆域各交通的关联度是：公路客运量<铁路货运量

<铁路客运量<公路货运量，其中，广东海洋货运量和公路货运量关联度最强，为 0. 6457。海洋客运量与陆域综合交通总体的关联度为 0. 3340，海洋客运量与陆域各交通的关联度是：公路客运量<铁路客运量<公路货运量<铁路货运量，其中，海洋客运量和铁路货运量关联度最强，为 0. 4230。

表 10-13　广东陆域综合交通与海洋综合交通关联度

项目	海洋综合交通	海洋货运量	海洋客运量
陆域综合交通	0. 2289	0. 2091	0. 3340
铁路客运量	0. 5623	0. 5773	0. 3034
铁路货运量	0. 3637	0. 3723	0. 4230
公路客运量	0. 2199	0. 2073	0. 2367
公路货运量	0. 6354	0. 6457	0. 3485

由表 10-14 可知，广西海洋综合交通与陆域综合交通总体关联度为 0. 2780，高于全国整体关联度。广西海洋综合交通与陆域各交通的关联度是：铁路货运量<公路客运量<公路货运量<铁路客运量，其中，广西海洋综合交通与铁路客运量关联度最大，为 0. 4189。广西海洋货运量与陆域综合交通的关联度为 0. 2804，海洋货运量与陆域各交通的关联度是：铁路货运量<公路客运量<公路货运量<铁路客运量，其中，广西海洋货运量与铁路客运量关联度最大，为 0. 4127。海洋客运量与陆域综合交通总体的关联度为 0. 2932，海洋客运量与陆域各交通的关联度是：公路客运量<铁路货运量<公路货运量<铁路客运量，其中，海洋和铁路客运量关联度最强，为 0. 4932。

表 10-14　广西陆域综合交通与海洋综合交通关联度

项目	海洋综合交通	海洋货运量	海洋客运量
陆域综合交通	0. 2780	0. 2804	0. 2932
铁路客运量	0. 4189	0. 4127	0. 4932
铁路货运量	0. 2157	0. 2130	0. 3530
公路客运量	0. 2315	0. 2327	0. 2638
公路货运量	0. 3641	0. 3606	0. 3604

由表 10-15 可知，海南海洋综合交通与陆域综合交通总体关联度为 0. 3548，高于全国整体关联度。海南海洋综合交通与陆域各交通的关联度是：

铁路客运量<公路客运量<公路货运量<铁路货运量，其中，海洋综合交通和铁路货运量关联度最强，为 0. 5470。海南海洋货运量与陆域综合交通的关联度为 0. 3566，海洋货运量和陆域各交通的关联度为：铁路客运量<公路客运量<公路货运量<铁路货运量，其中，海洋货运量和铁路货运量关联度最强，为 0. 5273。海洋客运量与陆域综合交通总体的关联度为 0. 3252，海洋客运量与陆域各交通的关联度是：铁路客运量<公路客运量<公路货运量<铁路客运量，其中，海南海洋客运量与铁路货运量关联度最大，为 0. 6213。

表 10-15　海南陆域综合交通与海洋综合交通关联度

项目	海洋综合交通	海洋货运量	海洋客运量
陆域综合交通	0. 3548	0. 3566	0. 3252
铁路客运量	0. 2900	0. 2952	0. 2709
铁路货运量	0. 5470	0. 5273	0. 6213
公路客运量	0. 3044	0. 3047	0. 3129
公路货运量	0. 5249	0. 4992	0. 4792

综合以上对全国及沿海 11 个省（市、自治区）陆海交通灰色关联分析，结果如图 10-1 所示。

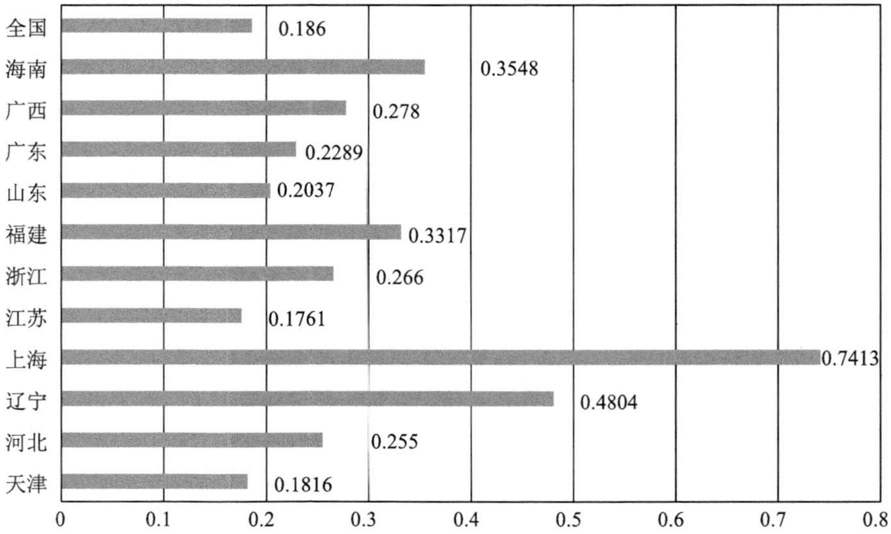

图 10-1　全国及沿海 11 个省（市、自治区）陆海交通灰色关联分析

由图 10-1 可知，上海陆海交通关联度最大，为 0.7413，远高于全国其他沿海省（市、自治区）。近年来，上海海洋交通运输业发展迅速。2018 年上海港货物吞吐量为 7.17 亿吨，集装箱吞吐量为 3653.7 万标箱，居世界首位。现代航运服务业，如航运融资、航运保险、航运金融衍生品等业务规模不断壮大。滨海旅游业为消费增长注入动力。2018 年，到港邮轮与旅客发送量依次是 341 艘次和 82.12 万人次，居全球第八，陆海交通基础设施不断完善。辽宁陆海交通关联度居于第二梯度，为 0.4804。近年来，辽宁依托临近日韩蒙俄的地缘优势、沿海沿边的区位优势、位居进关出海要冲的交通优势和作为东北区域中心的城市群优势，加强陆海双向统筹与海陆空联动，重点打造提供多样化运输服务，以“一带一路”沿线国家、东北亚国家以及国内的相关地区为服务对象的多层次物流组织功能以及服务体系，实现了定位明确、功能优势集中、高效运行的物流枢纽布局。海南、福建位于第三梯度，2019 年底，海南省已营运高速公路共有 1368 公里，已营运公路共有 36022 公里，搭建起以“三纵四横”国省道为核心，利用环岛高速公路串联沿海，然后不断朝着中心位置拓展，覆盖全岛的公路网络体系。此外，海南全省完成公路水路固定资产投资 160 亿元，比交通运输部下达的 135 亿元任务增长 18.5%。全省完成公路水路营运性货运量 23514 万吨、货运周转量 1613 亿吨公里，相比上一年的增幅分别为 12.1%、87.8%。全岛港口货物吞吐量 1.94 亿吨，相比上一年增长 6 个百分点，主要归功于 3594 万吨的外贸吞吐量，相比上一年增长 12.1%。福建公路网络覆盖面不断扩大，总共投资达到了 3490 亿元，已运营高速公路为 5000 公里，其中有 2600 公里是 2017 年投入运营的，“三纵六横”公路网已经初具雏形。普通干线公路总共 3800 公里，其中 65%为普通国省道二级及以上公路。新建和改造农村公路 1.3 万公里，实现了硬公路覆盖所有建制村的目标。农村公路“生命防护工程”3.3 万公里，总共改造桥梁 1816 座。建立并实施公路管理养护标准，将备案的农村公路全部纳入进来。同时，铁路网络主骨架成形，总投资 1150 亿元，已运营铁路达到 3300 公里左右，其中有 1570 公里为快速铁路。合福高铁、厦深、向莆、龙厦、赣龙新双线已经投入运营，开工建设南（平）三（明）龙（岩）、福州至平潭、衢州至宁德 3 条快速铁路，在建里程 528 公里，“两纵五横”主骨架已然凸显。疏港铁路支线建成 2 条、在建 3 条，海铁联运格局初步形成。广西、广东、山东和浙江位于第四梯度，其陆海交通联动高于全国均值。江苏和天津位于第五梯度，陆海联动水平低于全国均值，说明这些省（市）陆海交通基础设施互联互通不足。

第三节　中国陆海交通基础设施互联互通效率研究

一、陆海交通基础互联互通评价指标体系构建

（一）构建原则

模型前提假设如下：①各省的运输规模报酬都是变化的；②各省相互独立不影响，并且是以同一类型为基础；③各省的运输投入和产出存在因果逻辑关联。

在研究过程中涉及人力要素、网络、设备和期望产出等方面的数据，以《中国统计年鉴》《中国交通年鉴》和《中国海洋统计年鉴》为主要来源。非期望产出指标数据来源于《中国能源年鉴》。基于此，笔者以2006—2016年为时间跨度，采集相关的数据，为后续的研究做准备。在分析各地区互联互通效率过程中，采集铁路、公路、海运方面的数据，基于DEA-BCC模型，在兼顾技术进步这一因素的基础上，对各地区铁路、公路和海运的全要素生产率的变化进行对比分析。

充分利用运输发展理论和综合运输体系理论，构建效率评价指标体系，为实例分析提供依据。在构建评价体系的过程中，最关键的一个步骤是指标的选择。合适的指标能够准确地反映互联互通效率。指标选择太多，将会导致评价变得更加复杂；指标选择太少，无法反映被评价对象的整体状况。总而言之，在选择评价指标的过程中，主要遵循如下原则：科学性原则、系统性原则、可行性原则、稳定性原则、综合性原则。

（二）指标体系

陆海交通基础设施的发展，从一开始各自独立的运输方式到综合管理的运输模式，再到更多地体现交通运输信息智能化和低碳环保化。交通运输发

展的新阶段必然也存在人力要素、网络要素、设备要素三大本质方面的改进。互联互通效率指标结构图如 10-2 所示。

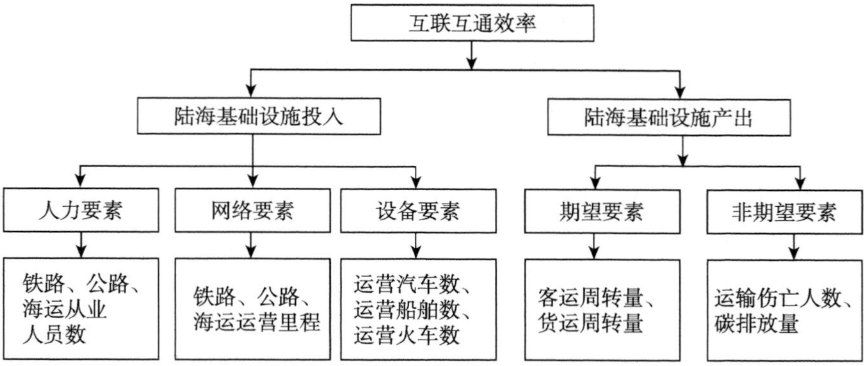

图 10-2　评价指标体系

互联互通效率的衡量应从投入要素和产出要素两个角度出发。其中，人力要素、网络要素、设备要素是衡量互联互通效率投入的重要因素。客货运周转量是衡量互联互通效率产出的重要指标。交通运输伤亡人数、碳排放量是衡量非期望产出的重要指标。

1. 投入要素

（1）人力要素

交通运输体系的发展，需要大量的人力要素作为基础。相关统计年鉴数据能够确定这方面要素的投入，但考虑管道和航空运输方面的数据不健全，所以忽视这两方面的人力要素，仅考虑铁路、公路和海路从业人员。

（2）网络要素

陆海交通运输体系包括铁路运输、公路运输、海运运输。铁路、公路及海运的拥有量是衡量互联互通效率投入变量的重要指标。本章以三种运输方式的运营里程数为指标进行研究和分析。

（3）设备要素

铁路、公路和海运三种运输方式下，运输工具也在一定程度上反映投入的高低，如火车、运营车辆和船舶的数量。这里着重考虑铁路、公路和海运工具的数量。相比较而言，火车的数量较少，且这方面的数据难以获取，因此仅统计运营汽车和船舶的数量。

2. 产出要素

运输产出是衡量互联互通效率输出的重要方式。运输产出分为期望产出和非期望产出。

（1）期望产出

它是指有助于总体目标实现，和预期相符的产出效果。对于互联互通效率而言，其期望产出能够利用客运周转量、货运周转量反映，二者是特定时间范围内，输送旅客或货物的数量和平均运距的乘积，能够较为全面地揭示运输产出的状况。

（2）非期望产出

非期望产出是指对总体目标实现没有帮助，在预期之外的产出效果。在这里以机动车碳排放量为指标来评价非期望产出，通过此项指标能够了解运输业的环保程度。梳理现有的研究成果可知，用碳排放量来衡量环保性是比较科学的。然而，用碳排放量方面的数据无法直接获取，必须根据现有的数据进行科学的计算后才能得到。现有的运输工具，基本都是以汽油、柴油为能源的，这两种能源的消耗量数据是可以获取的。按照 IPPC 的公式来计算碳排放量，具体为：

$$C=E_1\times K_1+E_2\times K_2 \tag{10-8}$$

其中，C 代表碳排放量，E_1、E_2 代表汽油和柴油的能源消耗量，K_1、K_2 代表汽油和柴油的碳排放系数。根据《IPCC 能源统计知识手册》中各类能源低位发热量进行计算，由此能够确定汽油和柴油的碳排放系数。最终计算出的排放量系数为：汽油 0. 8140（t 碳/t 汽油），柴油 0. 8616（t 碳/t 柴油）。据此能够进一步确定碳排放量。

交通运输业伤亡人数，在一定程度上揭示出行业的安全程度。梳理现有的研究成果可知，有些学者选择的是交通运输死亡人数指标，但是这一指标并不精确，本章主要以伤亡人数来衡量，包括受伤人数与死亡人数的总和。

（三）评价步骤

数据包络分析法为效率的量化分析提供了可能，它能够用来对不同决策单元的优劣予以对比分析。DEA 适用于涉及若干输入和输出指标的决策单元。通过 DEA 模型计算互联互通效率的步骤如下：

①确定决策目标。只有在明确决策目标的条件下，才可以搭建完整的指标体系。将体系涉及的数据提供给 DEA 系统，后者提供评价结论，为决策提供有力的依据。

②选择决策单元。它的作用是把输入转变成输出。本章研究的是全国沿海省（市、自治区）的互联互通效率，所以将全国沿海 11 个省（市、自治区）作为决策单元。

③建立科学的指标体系。通过前文的分析可知，本章中的互联互通效率评价体系，采用了投入和产出两方面的指标，比较合理，能够保障 DEA 分析结果是充分科学的。

④DEA 模型的选择。参照已有研究，本章的研究适合采用 DEA-BCC、DEA-CCR 模型以及 DEA-malmquist 模型。

⑤综合评价结果。结合 DEA 模型提供的结果进行分析，从而反映各省（市、自治区）陆海交通基础设施的互联互通效率现状。

本章采用 DEA 模型方法，将综合技术效率分为纯技术效率和规模效率两部分进行论证分析，这样可以更加准确而真实地反映决策单元的效率水平。用 DEA-CCR 模型计算综合技术效率，用 DEA-BCC 模型计算纯技术效率。本章涉及非期望产出，因此，应该从投入角度出发，去分析如何实现最小投入。因此本书采用 BCC 模型和 CCR 模型，对互联互通效率进行静态分析。同时，使用 DEA 和 Malmquist 指数分析法对沿海省（市、自治区）在各个时期的互联互通效率进行对比分析，并将 Malmquist 指数转换成技术变化率和资源配置变化率，对互联互通效率进行横向、纵向的比较。

二、陆海交通基础设施互联互通效率评价

（一）基于 DEA-BCC-CCR 模型的互联互通效率静态分析

互联互通效率能够反映运输所投入的人力、网络、设备要素的结构是否合理，更是衡量运输规模的重要手段。根据上文分析，构建互联互通效率评价指标体系，通过模型对各个地区的互联互通效率展开静态评价。为了研究沿海各省（市、自治区）互联互通效率的状况，本书从省域角度选取了 11 个决策单元（DMU）作为研究对象，选取沿海 11 省（市、自

治区）运输状况的面板数据，运用 DEA-BCC 和 DEA-CCR 模型展开分析。由于本章涉及非期望产出，因此笔者运用 Maxdeautrl 7.0 软件对运输的综合技术效率以及综合技术效率分解下的纯技术效率和规模效率展开分析，由此得到的结果详见表 10-16、表 10-17、表 10-18。

表 10-16　2006—2016 年中国沿海 11 省（市、自治区）运输综合技术效率

年份	2006	2007	2008	2009	2010	2011	2012	2013	2014	2015	2016	均值
天津	1	1	1	1	1	1	1	1	1	1	1	1
河北	1	1	1	1	1	1	1	1	1	1	1	1
辽宁	0.93	0.96	1	1	1	1	1	1	1	1	1	1
上海	1	1	1	1	1	1	1	1	1	1	1	1
江苏	1	1	1	1	1	1	1	1	1	1	1	1
浙江	1	1	1	1	1	1	1	1	0.98	1	1	1
福建	0.93	1	0.83	0.75	0.72	0.68	0.81	0.78	0.83	0.85	0.74	0.78
山东	1	1	1	1	1	1	0.88	0.82	0.83	0.87	0.96	0.94
广东	1	1	1	1	1	1	1	1	1	1	1	1
广西	1	1	1	1	1	1	1	0.78	0.68	0.92	0.93	0.94
海南	1	1	1	1	1	1	1	0.94	0.99	0.97	0.96	0.99
均值	0.99	1	0.98	0.98	0.97	0.97	0.97	0.94	0.94	0.96	0.96	0.97

表 10-17　2006—2016 年中国沿海 11 省（市、自治区）运输纯技术效率

年份	2006	2007	2008	2009	2010	2011	2012	2013	2014	2015	2016	均值
天津	1	1	1	1	1	1	1	1	1	1	1	1
河北	1	1	1	1	1	1	1	1	1	1	1	1
辽宁	0.94	0.97	1	1	1	1	1	1	1	1	0.98	0.99
上海	1	1	1	1	1	1	1	1	1	1	1	1
江苏	1	1	1	1	1	1	1	1	1	1	1	1
浙江	1	1	1	1	1	1	1	1	0.98	1	1	1
福建	1	1	0.84	0.72	0.73	0.69	0.66	0.83	0.84	0.85	0.88	0.82
山东	1	1	1	1	1	1	1	0.92	0.88	0.84	0.86	0.95
广东	1	1	1	1	1	1	1	1	1	1	1	1
广西	1	1	1	1	1	1	1	0.88	0.83	0.97	1	0.97
海南	1	1	1	1	1	1	1	1	1	1	1	1
均值	0.99	1	0.99	0.97	0.98	0.97	0.97	0.97	0.96	0.97	0.97	0.98

表 10-18 2006—2016 年中国沿海 11 省（市、自治区）运输规模效率

年份	2006	2007	2008	2009	2010	2011	2012	2013	2014	2015	2016	均值
天津	1	1	1	1	1	1	1	1	1	1	1	1
河北	1	1	1	1	1	1	1	1	1	1	1	1
辽宁	0.98	0.97	1	1	1	1	1	1	1	1	0.99	0.99
上海	1	1	1	1	1	1	1	1	1	1	1	1
江苏	1	1	1	1	1	1	1	1	1	1	1	1
浙江	1	1	1	1	1	1	1	1	0.97	1	1	1
福建	1	1	0.94	0.92	0.93	0.99	0.96	0.93	0.94	0.95	0.98	0.96
山东	1	1	1	1	1	1	1	0.98	1	0.94	0.96	0.99
广东	1	1	1	1	1	1	1	1	1	1	1	1
广西	1	1	1	1	1	1	1	0.97	0.89	0.94	0.95	0.98
海南	1	1	1	1	1	1	0.93	1	0.92	0.95	0.94	0.98
均值	1	1	0.99	0.99	0.99	1	0.99	0.99	0.97	0.98	0.98	0.99

按照相关的文献，在确定各省（市、自治区）的 DEA 效率情况时，采用的标准是：效率值为 1，代表 DEA 有效；效率值为 0.8～0.99，代表 DEA 弱有效；效率值为 0.6～0.79，代表 DEA 中等有效；效率值不足 0.6 的，代表低效率。

表 10-16、表 10-17 和表 10-18 展示出全国沿海各省（市、自治区）陆海运输的综合技术效率、纯技术效率以及规模效率。综合技术效率反映的是投入和产出的比例关系，它由纯技术效率和规模效率构成。其中反映运输投入的是纯技术效率，反映在给定的情况下，各省（市、自治区）之间获取运输最大产出的能力。规模效率则是反映各省（市、自治区）是否在最合适的运输结构规模下进行运输。二者的乘积即为综合技术效率，因此二者都是影响综合技术效率的重要因素，所以本章分析了 2006—2016 年沿海各省（市、自治区）的三大效率值。

1. 综合技术效率评价分析

该指标反映了综合运输的效率水平，它能够充分揭示地区运输发展效率，更能间接反映运输水平状况。它同时也受规模效率和纯技术效率的影响。

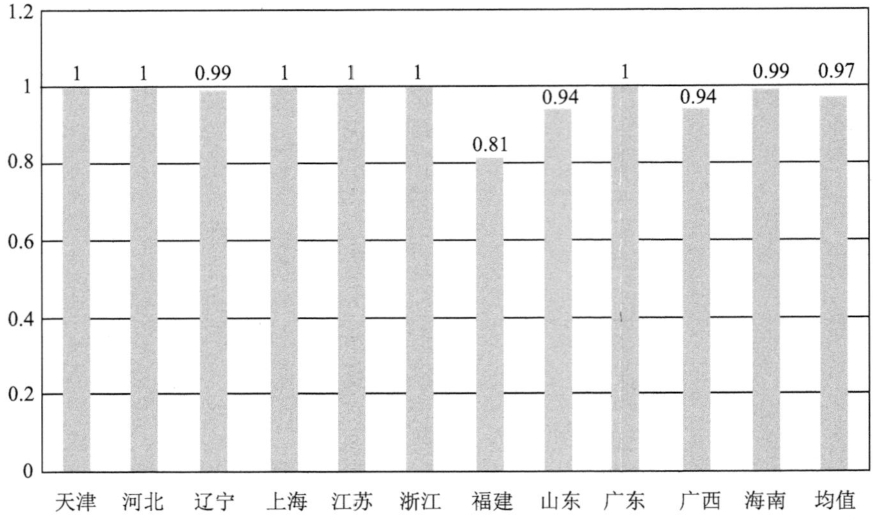

图 10-3 我国沿海各省（市、自治区）陆海交通互联互通效率均值

表 10-19 陆海交通基础设施互联互通综合技术效率平均值水平

综合技术效率	低于全国平均值	高于全国平均值
省（市、自治区）	福建、山东、广西	天津、河北、辽宁、上海、江苏、浙江、广东、海南

表 10-16、表 10-19 和图 10-3 得出各地区综合技术效率：本章所涉及的各省（市、自治区）的综合技术效率均处于较高水平。其中沿海各省（市、自治区）各年的平均值为 0.97，低于平均值的省（市、自治区）主要集中在福建、山东、广西，说明这些地区的陆海交通互联互通效率不高，其余省（市、自治区）都超过了平均水平，说明这些省（市、自治区）运输状况较佳，为提升全国水平作出了贡献。对各省（市、自治区）不同年份的运输状况进行分析，能够确定，在数据统计期间，综合技术效率年平均值并未实现效率最优，但距生产前沿面并不远。2013 年均值最低，综合技术效率为 0.922，实现最优水平的 92.2%。其他各地区的情况是：浙江在 2014 年，辽宁在 2006 年，山东和广西在 2013 年、2014 年、2015 年和 2016 年，海南在 2013 年、2015 年和 2016 年的综合效率处于生产前沿面上，说明上述地区在上述年份达到了最大化的产出。福建 2006 年、四川 2008 年和重庆 2015 年均达到了综合效率最优，说明上述地区陆海交通运输的功能并未在最大程度上体现出来，这与不同地区不同年份的网络要素、运输从业人员服务的“软”

要素有很大关系。

表 10-20　陆海交通基础设施互联互通综合技术效率有效值情况分类

综合技术效率	运输有效省（市）	陆海交通互联互通效率弱有效省（自治区）	中等陆海交通互联互通效率省
省（市、自治区）	天津、河北、上海、江苏、浙江、广东	辽宁、山东、广西、海南	福建

由表 10-20 综合技术效率有效值情况分类可以得到如下结论：陆海交通互联互通效率有效省（市）包括天津、河北、上海、江苏、浙江、广东，说明这些省（市）的陆海交通互联互通效率始终处于生产前沿面。充分证明，2006—2016 年的陆海交通互联互通效率始终保持在最优状态。上述六个省（市）的运输人力、网络以及设备要素投入均实现了最大化的产出。而辽宁、山东、广西、海南则属于 DEA 弱有效省（自治区），即陆海交通互联互通效率还有较大的提升空间，但是整体而言陆海交通互联互通效率为有效状态，运输的人力、网络以及设备要素还需进一步提高。而福建则处于中等效率状态，说明其陆海交通互联互通效率处于较低水平。

表 10-21　陆海交通基础设施互联互通效率变动情况

陆海交通互联互通效率整体上升	陆海交通互联互通效率整体下降	陆海交通互联互通效率整体波动
辽宁	广西、海南	福建

对陆海交通互联互通效率的变化情况进行分析，各省（市、自治区）在此项指标上的变化情况是不一致的。基于数据统计期间的截面数据展开分析。从表 10-21 可知，辽宁的陆海交通互联互通效率整体呈上升趋势，广西、海南整体呈下降趋势，而福建呈现波动状态。

2006 年 2 个省（市）的综合技术效率未达到最优状态，此后福建的此项指标一直处于很低水平，在 2011 年达到最低 0. 68。实际上，从 2007 年开始，福建的综合效率就从未超过 0. 9，也就是保持 DEA 低效状态。研究发现，福建运输状况良好，随着近年来陆海交通基础设施的不断完善，福建的交通设施日益健全，在 2007—2014 年规模效率逐年递减，可以得出在交通运输快速发展的时期，规模效率成为影响和制约福建综合效率的关键因素。同理，2011—2012 年，山东综合运输效率水平也在降低，此时它的规模效率仍然在降低，所以山东的运输规模状况在2011—2012年仍然制约着陆海交通基础设施的发展。

2. 纯技术效率评价分析

运输的纯技术效率反映在投入给定的情况下获得最大产出的潜力，同时也能判断投入的有效利用率，而纯技术效率的变动最主要是受管理和技术等因素的影响。

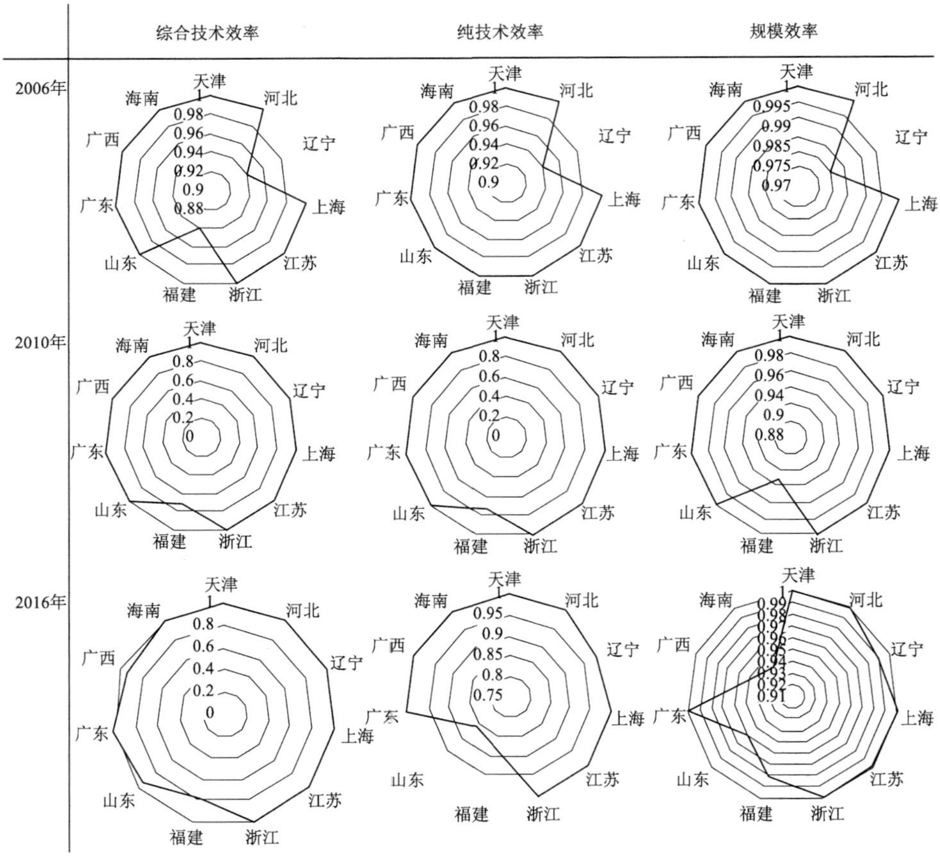

图 10-4　不同年份的沿海各省（市、自治区）雷达图

对图10-4进行分析可知，沿海省（市、自治区）陆海交通基础设施互联互通纯技术效率保持在高位，且在数据统计期间非常稳定。纯技术效率这一项指标的平均值为0.98。在数据统计期间，大部分（不包括辽宁、福建、山东、广西）地区的指标平均值均实现了 DEA 最优，且此项指标值最优的省（市、自治区）比综合效率最优的省（市、自治区）更多，充分证明综合技术效率和纯技术效率之间为正相关关系。另外，根据图 10-4 可知，综合技术效率和纯技术效率雷达图的相似度更高，证明纯技术效率和综合技术效率之间为正相关关系。福建 2012 年的纯技术效率为 0.66，除此之外其他年份都实现了纯技术效率最优，也就是说在这一年并未实现产出的最大化，资源的有效利用率并不高，不过在其他年份，纯技术效率保持较高的水平。山东和广西的纯技术效率达不到有效水平，主要由于投入要素并未得到充分有效的利用，需要提高管理效率、人员素质以及运输能力。天津、河北、上海、江苏、浙江、广东的纯技术效率实现了最优，究其根源在于资源投入能够有效地转化为产出，当地政府拟定的一系列政策也起到了积极的作用。海南纯技术效率同样达到最优，这是因为投入要素较少，存在供不应求的问题，所以才实现了要素的有效利用和转化。

3. 规模效率评价分析

采用规模效率衡量沿海各省（市、自治区）陆海交通基础设施规模的合理性，有利于分析行业规模最小情况下，效率是否最低。随着规模扩大则效率提高到极值，但是规模继续扩大时，由于管理水平不能适应，规模效率又会随之降低。对图 10-4 进行分析可知，规模效率出现了小幅的变化，少数省（市）的变化较为明显。其中，天津、河北、上海等省（市）在数据统计期间的规模效率均为 1，证明运输三种要素投入从规模来看达到了运输的最优要求。而辽宁、福建、广西、海南的规模效率变化较为明显，其中福建的波动幅度最大，且影响综合技术效率的变动。整体而言，沿海各省（市）的最低效率值为 0.96，均值为 0.99。由此可见，绝大多数省（市、自治区）在规模上资源投入能够满足运输的需求。从各省（市、自治区）的规模效率的均值来看，苏浙沪、河北和广东的运输业规模是最高的。在前文的分析中，规模效率值为 1 的省（市、自治区）资源配置达到了最优。而有些经济不太发达地区的此项指标值同样达到了 1，原因在于其投入的资源和人员都是有限的，容易实现资源的最优配置，但距离饱和还有一定的差距。

（二）基于 Malmquist 指数的互联互通效率动态分析

1. 沿海 11 省（市、自治区）Malmquist 指数模型分析

前文已用 DEA-BCC-CCR 模型对沿海 11 省（市、自治区）陆海交通互联互通效率情况做了静态分析，但并没有反映技术进步对陆海交通互联互通效率的影响。本节将从全要素生产率的角度出发，引入技术进步，对陆海交通互联互通效率进行动态分析。

笔者依旧选择原始数据，通过 DEA-Malmquist 指数模型对数据统计期间各省（市、自治区）运输全要素生产率波动趋势进行分析，对各年份全要素生产率进行对比研究，揭示我国沿海各省（市、自治区）陆海交通互联互通的变化规律，通过计算确定全要素生产率变动指数（MI）、技术效率变动指数（EC）、技术进步指数（TC）、规模效率变动指数（SEC）、纯技术效率变动指数（PEC），详见表 10-22。

表 10-22　我国沿海 11 省（市、自治区）互联互通 Malmquist 指数变化

	MI	EC	TC	SEC	PEC
天津	1.068	1.000	1.068	1.000	1.000
河北	1.422	1.000	1.422	1.000	1.000
辽宁	1.993	1.005	1.983	1.000	1.005
上海	1.012	1.000	1.012	1.000	1.000
江苏	1.013	1.000	1.013	1.000	1.000
浙江	0.973	1.000	0.973	1.000	1.000
福建	0.944	0.975	0.968	0.987	0.988
山东	1.003	0.973	1.031	1.000	0.973
广东	0.983	1.000	0.983	1.000	1.000
广西	0.985	0.987	0.998	0.983	1.004
海南	0.971	0.977	0.994	0.991	0.986

注：全要素生产率变动指数（MI）= 技术效率变动指数（EC）×技术进步变动指数（TC）；技术效率变动指数（EC）= 纯技术效率变动指数（PEC）×规模效率变动指数（SEC）

表 10-23　我国沿海省（市、自治区）的全要素生产率占比分布

技术进步占主导地位	技术效率占主导地位	双方都占主导地位
天津、河北、辽宁、福建、海南、广东	山东	上海、江苏、浙江、广西

从表 10-22、表 10-23 可知，全国沿海大部分省（市、自治区）的技术进步是影响全要素生产率变动的主要因素，所以技术进步是全要素生产率变化的主导因素，而技术进步的本质是改善产能过剩。只有山东，全要素生产率因技术效率的变化而变化。天津、河北、广东以及苏浙沪的技术效率变动指数均为 1，证明技术效率并非全要素生产率的关键影响因素。广西的全要素生产率并未出现明显的变化，技术效率和技术进步是 0. 987 和 0. 998，因此技术效率和技术进步都会导致全要素生产率波动。

表 10-24　我国沿海各省（市、自治区）的 Malmquist 平均指数分布

全要素生产率>1	全要素生产率<1
天津、河北、辽宁、上海、江苏、山东	浙江、福建、广东、广西、海南

沿海 11 省（市、自治区）的平均全要素生产率指数的变动各不相同。指标数值超过 1 的地区包括天津、河北、辽宁、江苏、山东和上海，这些地区的数据显示，当投入要素保持恒定的情况下，技术的变化导致产出显著提升，产能过剩的问题得到缓解。但是在浙江、福建、广东、海南和广西，全要素生产率没有达到 1，其全要素生产率的波动，主要是由于技术效率的变化。

由此可见，全要素生产率的变化来源于技术进步和技术效率变动，而技术效率是由纯技术效率和规模效率构成的。由上文表 10-22 可知，天津的全要素指数为 1. 068，技术进步指数增长率为 6. 8%，证明在这一地区，全要素生产率的提高，主要来源于技术的进步，技术效率值为 1，证明技术效率并未对当地陆海交通基础设施全要素生产率起到制约和促进作用，上海和江苏同理。而辽宁的全要素生产率为 1. 993，技术进步指数增长了 98. 3%，证明当地的陆海交通基础设施全要素生产率的提高，原因在于技术进步。尽管技术效率、纯技术效率以及规模效率均发挥了积极的推动作用，但是见效并不太明显。福建的纯技术效率和规模技术效率变动不大，因此二者并非全要素生产率的关键因素，技术进步是影响全要素生产率变动的主导因素，因此产能过

剩情况有所缓解。江苏全要素变化主要来源于技术效率的变动。山东的全要素生产率为 1.003，导致其变动的原因有：①因为技术效率的降低，而技术效率的降低来自规模效率的减少；②因为技术进步指数的提高。广西的全要素增长率变动受到技术效率和技术进步的影响并不多。重庆全要素生产率的增长主要是由于技术进步。

2. 陆海互联互通 Malmquist 指数整体分析

本节从时间趋势的角度，研究 2006—2016 年全要素生产率的变动情况，如表 10-25 所示。

表 10-25　我国沿海地区 2006—2016 年 Malmquist 指数变化

时间	MI	EC	TC	SEC	PEC
2006—2007	0.917	0.906	1.012	0.942	0.962
2007—2008	1.058	0.943	1.122	0.971	0.971
2008—2009	1.114	1.002	1.112	1.013	0.989
2009—2010	1.222	0.979	1.248	0.991	0.988
2010—2011	1.511	1.056	1.431	1.024	1.031
2011—2012	0.957	0.995	0.962	0.992	1.003
2012—2013	1.211	0.976	1.241	0.993	0.983
2013—2014	1.144	1.024	1.117	1.019	1.005
2014—2015	1.559	1.030	1.513	1.011	1.019
2015—2016	0.625	0.995	0.628	0.993	1.002

由表 10-25 可知，在全要素生产率这一项指标上，2006—2016 年之间，只有 2006—2007 年、2011—2012 年和 2015—2016 年的指标数值未达到 1，其余均大于 1，且均值是 1.131。表明我国沿海 11 个省（市、自治区）的陆海交通运输业的生产效率整体有较大程度的增长，涨幅为 13.1%。整体而言，在数据统计期间，各省（市、自治区）的指标数值都有所提高。而在技术进步指数方面，只有 2011—2012 年、2015—2016 年未超过 1，其他年份都超过了 1，证明技术进步是影响全要素生产率的关键因素，它能够在一定程度上缓解产能过剩。

根据图 10-5，为揭示和全要素生产率有关的因素，进行纵向分析，结果表明全要素生产率变动指数和技术进步指数的变化趋势是基本相符的。而技术进步指数、技术效率变动指数和规模效率变动指数三者的变化趋势基本相同。证明在数据统计期间，技术进步是全要素生产率变化的重要因素，而技术效率的波动，则和规模效率、纯技术效率的变化有关。

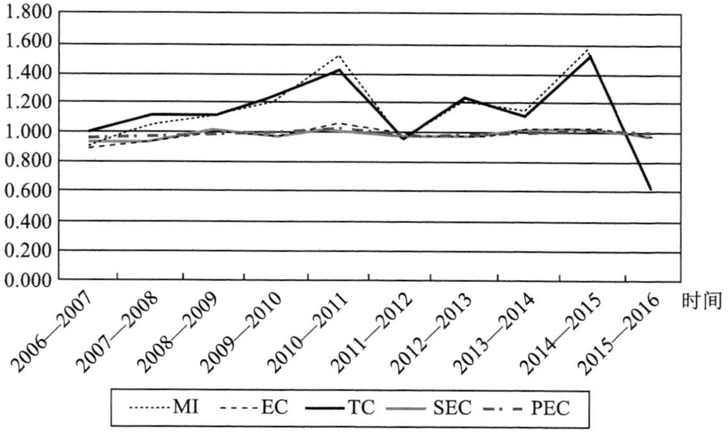

图 10-5　沿海地区 2006—2016 年 Malmquist 指数波动

本章小结

本章利用灰色关联模型及 DEA 模型，对陆海交通基础设施互联互通的协同性及其效率进行分析。

在陆海交通基础设施互联互通的协同性方面，以海洋综合交通为参考序列，以陆域综合交通、铁路客运量、铁路货运量、公路客运量、公路货运量为比较序列，计算陆域综合交通与海洋之间的灰色关联度。研究发现：①整体协同性方面，全国海洋综合交通与陆域综合交通总体关联度为 0. 1860，海洋综合交通与陆域综合交通各部分的关联度是：公路客运量<铁路货运量<公路货运量<铁路客运量。海洋综合交通与铁路客运量总体的关联度为 0. 6017，海洋货运量与陆域综合交通各部分的关联度是：公路客运量<铁路货运量<公路货运量<铁路客运量。海洋货运量与铁路客运量总体的关联度为 0. 7595，海洋客运量与陆域综合交通各部分的关联度是：公路货运量<公路客运量<铁路

客运量<铁路货运量。海洋客运量与铁路货运量总体的关联度为0.3767。铁路客运量与海洋综合交通的关联度最高。②分区域协同性方面，通过灰色关联模型来研究不同地区陆域综合交通与海洋综合交通的关联性，发现上海陆海交通关联度最大，为0.7413，远高于全国其他沿海省（市、自治区）；辽宁陆海交通关联度位于第二梯度，为0.4804；海南、福建位于第三梯度；广西、广东、山东和浙江位于第四梯度，其陆海交通联动高于全国均值；江苏和天津位于第五梯度，陆海联动水平低于全国均值，说明这些省（市）陆海交通基础设施互联互通不足。

在陆海交通基础设施互联互通效率方面，本章以投入和产出要素为着手点，搭建陆海交通互联互通效率评价指标体系，对中国陆海交通基础设施互联互通效率进行静态分析和动态分析。结果发现：①基于DEA-BCC-CCR模型的互联互通效率静态分析。综合技术效率评价分析方面，沿海各省（市、自治区）的综合技术效率处于较高水平，不存在无效省。在这项指标上，各省（市、自治区）的年均值为0.97，低于平均值的省（市、自治区）主要集中在福建、山东、广西，说明这些省（市、自治区）的陆海交通互联互通效率偏低，其他省（市、自治区）都超过了全国平均水平。福建2006年、四川2008年和重庆2015年实现综合效率最优，其他年份都未能达到最优，说明这三个地区的陆海交通运输功能并未在最大程度上体现出来。陆海交通互联互通效率有效省（市）包括天津、河北、上海、江苏、浙江、广东，说明这些省（市）的陆海交通互联互通效率始终处于生产前沿面。由此也能够确定2006—2016年的陆海交通互联互通效率一直处于最优状态。在纯技术效率评价分析方面，各沿海省（市、自治区）陆海交通基础设施互联互通纯技术效率均保持在高位，且在数据统计期间非常稳定，其平均值为0.98。在数据统计期间，大部分（不包括辽宁、福建、山东、广西）地区的指标平均值均实现了DEA最优，且此项指标值最优的省（市、自治区）比综合效率最优的省（市、自治区）更多，充分证明综合技术效率和纯技术效率之间为正相关关系。从规模效率角度来看，此项指标值出现了小幅变化，个别省（市、自治区）变化幅度较大。其中，天津、河北、上海、江苏、浙江、广东在数据统计期间此项指标值均为1，证明三种要素投入规模达到了运输需求。而其他地区，如辽宁、福建、广西、海南的规模效率出现了大幅变化，尤其是福建，这直接导致综合技术效率出现变化。整体而言，沿海各省（市、自治区）的最低效率值为 0.96，均值为 0.99。②基于 Malmquist 指数的互联互通效率动态分析。结果表明，在大部分地区，技术进步都是造成全要素生产率变化的核心原因，这是因为技术的发展能够缓解甚至解决运输产能过剩问题。而技术效率的变动只影响到山东全要素生产率，说明技术效率并非全要素生产率的关键影响因素。然后对陆海互联互通 Malmquist 指数予以分析，探讨在数据统计期间，全要素生产率是如何变化的。结果表明，在数据统计期间，只有 2006—2007 年、2011—2012 年和 2015—2016 年的此项指标值未达到 1，剩余年份都超过了 1，且这 9 个时期的均值为 1.131，表明我国沿海 11 个省（市、自治区）陆海交通运输业的生产效率整体有较大程度增长，提高了 13.1 个百分点。整体而言，在数据统计期间，各省（市、自治区）的指标数值都有所提高。而在技术进步指数方面，只有 2011—2012 年、2015—2016 年未超过 1，其他年份都超过了 1，证明技术进步是影响全要素生产率的关键因素，它能够在一定程度上缓解运输产能过剩问题。

第十一章 中国陆海生态环境共生与共荣评价

第一节 中国陆海生态环境共生与共荣评价指标体系

本章对中国陆海生态环境共生与共荣进行评价，主要从陆地与海洋两个角度对海洋环境的影响展开评价。从海洋角度来看，对海洋生态环境造成影响主要来源于两个方面，一方面是陆地对海洋资源的利用。陆地对海洋资源的利用越多，对海洋生态环境的破坏性就越大，因此，海洋资源的利用是个逆指标。本章将从我国海洋原油利用、海洋天然气利用、海洋矿业利用、海洋渔业捕捞、海洋渔业养殖、海盐产量等 6 个指标来评价我国海洋资源的总体利用情况。另一方面是对海洋生态环境的保护。我国对海洋生态环境的保护主要体现在海洋保护区的建设。对于一个国家或者地区来说，海洋保护区的数量越多，海洋保护区的面积越大，说明对海洋生态环境的保护力度就越大，因此，海洋保护区的建设是个正指标。本章将从海洋保护区数量、国家级海洋保护区数量、地区级海洋保护区数量、海洋海岸生态系统保护区数量、海洋自然遗址保护区数量、海洋生物多样性保护区数量、其他类型保护区数量、海洋保护区面积等 8 个指标来评价我国海洋保护区的建设情况。从陆地角度来看，对海洋生态环境的保护主要体现在陆地污染的治理。海洋的主要污染源来自陆地，因此陆地的污染治理力度越强，海洋生态环境受影响的程度就越轻，海洋生态环境就越好。本章将从环境污染治理投资总额、工业污染治理投资、环境污染治理投资占 GDP 比重这 3 个方面对陆地环境污染治理情况进行评价。具体评价指标体系见表 11-1。

表 11-1　中国陆海生态环境共生与共荣评价指标体系

目标层	准则层	指标层	指标性质
中国陆海生态环境共生与共荣	海洋资源利用	海洋原油利用情况（万吨）	负
		海洋天然气利用情况（万立方米）	负
		海洋矿业利用情况（万吨）	负
		海洋渔业捕捞情况（万吨）	负
		海洋渔业养殖情况（万吨）	负
		海盐产量（万吨）	负
	海洋保护区建设	海洋保护区数量（个）	正
		国家级海洋保护区数量（个）	正
		地方级海洋保护区数量（个）	正
		海洋海岸生态系统保护区（个）	正
		海洋自然遗迹保护区（个）	正
		海洋生物多样性保护区（个）	正
		其他类型海洋保护区（个）	正
		海洋保护区面积（平方公里）	正
	环境污染治理	环境污染治理投资总额（亿元）	正
		工业污染治理投资（亿元）	正
		环境污染治理投资占 GDP 比重（%）	正

（一）海洋资源利用指标

海洋资源既包括生物资源，也包括非生物资源，还包括其他空间资源等。生物资源主要是指海洋中能为人类利用并为人类提供经济价值的动物和植物。非生物资源则是指海洋中的矿物质以及海洋动力资源以及化学资源，这些资源能够为人类的经济发展作出贡献。空间资源则包括海洋的海水下面、海洋的上空以及海洋的水平面等空间，这些空间资源也为人类的经济发展提供了场所。对生物资源的开发和利用主要包括两个指标，即海洋渔业的捕捞情况以及海洋渔业的养殖情况。海洋渔业捕捞以及海洋养殖虽然增加了经济生产总值，但是从陆地和海洋的共生与共荣来看，过度捕捞以及过度发展海洋养殖，会对海洋生态环境造成破坏，因此对陆海生态环境的影响来说是个负指标。海洋原油利用、海洋天然气利用、海洋矿业利用、海洋盐业生产这 4 个指标，体现的是对海洋非生物资源的利用。这些非生物资源，不仅为陆地经济的发展提供了必不可少的能源，同时也为陆地经济的发展提供了直接动力。同样，海洋非生物资源的过度开发和利用，也会对海洋生态环境造成破坏。虽然这些海洋资源的利用对陆海经济一体化发展既体现正向作用也体现负向作用，但本章主要倾向于研究其对海洋生态环境的影响，因此，所有的指标都认定为负指标。

（二）海洋保护区建设指标

当前我国建立的海洋保护区类型主要有：海洋海岸生态系统保护区、海洋自然遗址保护区、海洋生物多样性保护区、其他类型保护区。海洋海岸生态系统保护区是指包括海洋、海岸等的生态环境作为保护对象的保护区。海洋自然遗址保护区是以海底和海岸的自然遗址和历史遗址作为保护对象的保护区。海洋生物多样性保护区是以海洋的动物、植物、微生物以及它们生长的复杂的生态系统环境作为保护对象的保护区。其他类型的海洋保护区主要是指除了前面保护类型以外的、以海洋相关资源作为保护对象的保护区。从建设的对象来看，我国的保护区又分为国家级海洋保护区和地区级海洋保护区，两者的区别在于资金来源不同。国家级海洋保护区的资金来源主要依靠中央政府，而地区级海洋保护区建设的资金来源全部依靠地方政府的财政资金。不管什么类型的海洋保护区，都是以法律的形式或者其他形式对海洋的相关环境进行保护和管理。海洋保护区建设的个数以及海洋保护区建设的面积，这两个指标的值越大，说明海洋生态环境的保护力度越大。同样，海洋保护区的建设情况，对陆海经济一体化建设既有负面作用，也有正面作用。由于本章研究重点在于海洋的生态环境保护，因此，海洋保护区的建设，对于陆海生态环境共生共荣是一个正指标。

（三）环境污染治理指标

本章节的环境污染治理，主要从三个指标来进行衡量，分别是地区环境污染治理投资总额、工业污染治理投资总额以及环境污染投资总额占 GDP 的比重。首先，环境污染治理投资总额。该指标值越大，体现政府从深层次角度控制海洋污染的力度越强，也就越容易从根本上控制陆地污染，从而缓解海洋的生态环境污染问题。其次，工业污染治理投资。该指标反映了政府在工业污染治理方面的力度。由于工业污染不仅是陆地污染，同时也是海洋污染的重要来源，该指标与陆海生态环境协同发展呈正向关系。最后，环境污染治理投资总额占 GDP 的比重。该指标反映了一个地区在自身经济发展的基础上对于环境污染治理的决心和力度，包括海洋和陆地污染。这三个指标中，前两个指标反映的是总量指标，第三个指标反映的是相对指标，共同反映了陆海生态环境共生与共荣的执行力度。对于陆海共生共荣来说，这三个指标都是正指标。

第二节　中国陆海生态环境共生与共荣评价分析法

本章将采用 TOPSIS 方法和数据包络方法对陆海生态环境共生与共荣进行评价，前文已对数据包络方法进行介绍，因此此处仅介绍 TOPSIS 方法。TOPSIS（Technique for Order Preference by Similarity to an Ideal Solution）方法，由 C. L. Hwang 和 K. Yoon 于 1981 年首次提出。TOPSIS 法根据有限个评价对象与理想化目标的接近程度进行排序，是在现有的对象中进行相对优劣的评价。TOPSIS 评价方法的主要步骤是：

第一步：设需要进行评价的对象有 n 个，所有的评价对象都有 m 个评价指标，将收集起来的原始数据写成矩阵的形式，即：

$$X=(X_{ij})_{m\times n}$$

第二步：将各对象的评价指标进行归一化变换，对高优指标的变换公式为：

$$Z_{ij}=\frac{X_{ij}}{\sqrt{\sum_{i=1}^{n}X_{ij}^{2}}}$$

对低优指标的变换公式为：

$$Z_{ij}=\frac{\frac{1}{X_{ij}}}{\sqrt{\sum_{i=1}^{n}\left(\frac{1}{X_{ij}}\right)^{2}}}$$

第三步：同一化、归一化后得到矩阵 $Z_{ij}=(Z_{ij})_{n\times m}$，然后求出矩阵中各列的最大值与最小值，得到最大值向量的矩阵和最小值向量的矩阵，将两个矩阵分别设为：

$$Z^+=(Z_{MAX1},Z_{MAX2},Z_{MAX3},\cdots,Z_{MAXm})$$

$$Z^-=(Z_{MIN1},Z_{MIN2},Z_{MIN3},\cdots,Z_{MINm})$$

第四步：求出第 i 个对象与其所在列的最高值之间的距离，求出第 i 个对象与其所在列的最小值之间的距离，其公式分别为 D_i^+ 和 D_i^-：

$$D_i^+=\sqrt{\sum_{j=1}^{m}(Z_{MAXj}-Z_{ij})^2}$$

$$D_i^-=\sqrt{\sum_{j=1}^{m}(Z_{MINj}-Z_{ij})^2}$$

第五步：计算出第 i 个评价对象与最大值之间的接近程度，用 C_i 表示：

$$C_i=\frac{D_i^-}{D_i^-}+D_i^+$$

第三节　中国陆海生态环境共生与共荣评价实证分析

一、数据来源

本章数据来自《中国环境统计年鉴 2014—2018》。针对有些指标的数据需要进行如下说明：第一，《中国环境统计年鉴 2016—2018》中关于海洋资源利用的数据只有 2015 年的，因此由于数据的不可获得性，导致 2016—2017 年我国海洋原油利用情况、海洋天然气利用情况、海洋矿业利用情况、海洋渔业捕捞情况、海洋渔业养殖情况、海盐产量的数据同样缺失，因此可能会造成纵向评价结果出现偏误。第二，《中国环境统计年鉴 2016—2017》中关于海洋保护区的数据仅包括 2015 年的数据，同样由于数据的不可获得性，导致 2016 年我国的海洋保护区数量、国家级海洋保护区数量、地方级海洋保护区数量、海洋海岸生态系统保护区数量、海洋自然遗址保护区数量、海洋生物多样性保护区数量、其他类型保护区数量、海洋保护区面积的数据同样缺失，也可能造成评价结果出现偏误。

表 11-2　2013—2017 年陆海生态环境共生与共荣指标相关数据

年份	2013	2014	2015	2016	2017
海洋原油利用情况（万吨）	4541.1	4614.0	5416.4	5416.4	5416.4
海洋天然气利用情况（万立方米）	1176455	1308899	1472400	1472400	1472400
海洋矿业利用情况（万吨）	4434.3	4727.4	4821.3	4821.3	4821.3
海洋渔业捕捞情况（万吨）	1376.4	1456.2	1534.0	1534.0	1534.0
海洋渔业养殖情况（万吨）	1739.2	1812.6	1875.6	1875.6	1875.6
海盐产量（万吨）	2681.1	3085.3	3138.9	3138.9	3138.9
海洋保护区数量（个）	133	135	156	156	160
国家级海洋保护区数量（个）	30	33	35	35	35
地方级海洋保护区数量（个）	103	102	121	121	125
海洋海岸生态系统保护区（个）	48	56	82	82	82
海洋自然遗迹保护区（个）	7	24	11	11	7
海洋生物多样性保护区（个）	71	52	66	66	69
其他类型海洋保护区（个）	7	3	1	1	2
海洋保护区面积（平方公里）	48503	49035	52788	52788	50738
环境污染治理投资总额（亿元）	9516.5	9575.5	8806.4	9219.8	9539.0
工业污染治理投资（亿元）	867.7	997.7	773.7	819	681.5
环境污染治理投资占 GDP 比重（%）	1.67	1.51	1.28	1.24	1.15

数据来源：《中国环境统计年鉴 2014—2018》。

二、中国陆海生态环境共生与共荣综合评价

（一）陆海生态环境共生与共荣的纵向评价

1. 2013—2017 年我国海洋资源利用的纵向对比

表 11-3 为 TOPSIS 方法的评价结果，由于 2015—2017 年的数据是一致的，因此导致 2015—2017 年评价结果是一样，对此前文也特别做了说明。从表 11-3 的结果看，我国对海洋资源的利用是在逐年增加。当然，从海洋经济角度来说，这是一个正向指标，但是，本章是从海洋生态环境保护的角度来分析，理论上来讲，利用程度越强，对环境的破坏性就越大，因此排名就越

靠后，这也就能合理解释表 11-3 的排序情况了。

表 11-3　2013—2017 年我国海洋资源利用的评价结果

年份	D+	D-	Ci	排序结果
2013	0.028713	0.013546	0.042259	1
2014	0.009957	0.028262	0.038219	2
2015	0.004801	0.004414	0.009215	3
2016	0.004801	0.004414	0.009215	3
2017	0.004801	0.004414	0.009215	3

2. 2013—2017 年我国海洋保护区建设的纵向对比

表 11-4 的评价结果显示，2013—2017 年，我国海洋保护区的建设数量以及建设面积都在逐年增加。从前文表 11-2 我国海洋保护区建设情况的相关数据也可以明显看出，我国海洋保护区总数量、国家级海洋保护区数量、地方级海洋保护区数量、海洋海岸生态系统保护区数量、海洋自然遗址保护区数量、海洋生物多样性保护区数量、其他类型保护区数量、海洋保护区面积等指标都在逐年增加。由此显示，我国对于海洋环境保护的力度在逐年增强，海洋保护区的建设也在全面推进。

表 11-4　2013—2017 年我国海洋保护区建设的评价结果

年份	D+	D-	Ci	排序结果
2013	0.29657	0.544582	0.841152	5
2014	0.29757	0.545523	0.843070	4
2015	0.306305	0.553448	0.859753	3
2016	0.618181	0.786245	1.404427	2
2017	0.761268	0.872507	1.633775	1

3. 2013—2017 年我国环境治理投资的纵向对比

表 11-5 的 TOPSIS 方法的评价结果显示，2013—2017 年，我国的环境治理投资力度逐年增加。同样，从表 11-2 中环境治理投资的相关数据也可以明显看出，无论是环境治理的总投资，还是工业环境治理投资，以及环境治理投资占 GDP 的比重，都在逐年增加。由此显示，我国高度重视环境治理并采

取了实际行动。

表 11-5　2013—2017 年我国环境治理投资的评价结果

年份	D+	D-	Ci	排序结果
2013	0. 031245	0. 865473	0. 004857	5
2014	0. 034321	0. 923871	0. 002828	4
2015	0. 002575	0. 082865	0. 028498	3
2016	0. 004309	0. 142002	0. 026033	2
2017	0. 000951	0. 01994	0. 046745	1

4. 2013—2017 年我国陆海生态环境共生与共荣综合纵向评价

表 11-6 的 TOPSIS 方法的评价结果，可知 2013 年的评价结果是最好的。虽然后面几年的环境投资情况与海洋保护区的建设情况都比 2013 年要强，但是，2013 年对海洋资源的利用是最低的，因此，综合评价来看，2013 年达到最好的状态。2014 年次之，2015 年与 2016 年的综合评价排在 2017 年的后面。由此可以看出，我国在海洋环境治理方面的变化。

表 11-6　2013—2017 年我国陆海生态环境共荣共生的评价结果

年份	D+	D-	Ci	排序结果
2013	0. 62072	1. 194768	0. 658097	1
2014	1. 058368	0. 652506	0. 381388	2
2015	1. 260473	0. 303581	0. 194099	5
2016	1. 259331	0. 307607	0. 196311	4
2017	1. 253868	0. 308308	0. 197358	3

（二）2017 年我国陆海生态环境共生与共荣的横向评价

从海洋资源的利用方面看：①海洋原油的利用，天津市的海洋原油利用是最高的，达到 3113. 8 万吨；其次是广东，为 1688 万吨；江苏、浙江、福建、广西、海南这 5 个地区的海洋原油利用为 0。②在海洋天然气的利用情况方面，广东的海洋天然气利用是最高的，为 967351 万立方米；其次是天津，达到 289771 万立方米；排第三的是上海，达到 123977 万立方米；其他包括辽宁、河北、山东、广东也有利用，但相比利用数量还比较少；而江苏、浙江、福建、广西、海南这5个地区的海洋天然气的利用为0。③从海洋矿业的利用情况来看，浙江的海洋矿业利用量最大，为2591.1万吨；山东次之，为1327.7万吨；天津、河北、辽宁、上海、江苏、广东的海洋矿业利用量为0。④从海洋渔业捕捞情况来看，浙江是我国海洋渔业捕捞最大的省份，达到393.7万吨；排名第二和第三的分别是山东和福建，分别是275.1万吨和232.2万吨；海洋渔业捕捞最小的省（市）是天津，为6.5万吨。⑤从海洋渔业养殖情况来看，山东是我国海洋渔业养殖最大的省份，养殖数量达到499.6万吨；排名第二的是福建，达到404.1万吨；上海的数量为0。⑥从海盐产量来看，山东省是我国海盐产量最大的省份，高达2345.7万吨，远远高于其他沿海省（市、自治区）；排名第二的为河北省，为344.7万吨；其他省（市、自治区）的海盐产量也相对较低。因此，从海洋资源的利用以及经济发展的角度来看，海洋资源利用较大的省（市、自治区），其经济发展水平也比较高，陆海经济一体化的水平也相对较高；但是从环境的共生共荣的角度看，海洋资源利用较大的省（市、自治区），其对海洋生态环境的破坏也相对较大。

从海洋保护区的建设数量和建设面积来看：①海洋保护区总建设个数方面，广东的海洋保护区数量最多，有69个，其中国家级的7个，地区级的62个。从功能出发的海洋保护区类型来看，广东的海洋海岸生态系统保护区有31个，海洋自然遗迹保护区有2个，海洋生物多样性保护区有36个。海洋保护区的数量排第二的是海南，为19个。海洋保护区总数量在10个以上的省份有山东、福建、辽宁，分别为18个、15个、14个；其他省（市、自治区）的数量在5个以下。②国家级的保护区数量方面，广东的数量为7个，排名第二的是辽宁，数量为5个，海南、福建、山东为4个，其他省（市、自治区）多为3个或者2个。③地区级海洋保护区的建设数量来看，由于各省、直辖市和自治区的经济实力有明显区别，因此地区级的海洋保护区的建设数量也有较大区别。地区级海洋保护区建设数量最多的仍然是广东，达到62个；排名第二的是海南，有15个；排名第三和第四的是山东和福建，分别是14个和11个；辽宁排在第五，有9个；剩余的其他省（市、自治区）数量也相对较少。④其他功能类型的保护区数量方面，拥有海洋海岸生态系统保护区数量最大的是广东，有31个；共同排名第二的有福建、山东和海南，都为

12个；其他省（市、自治区）的数量相对较少。⑤海洋自然遗址的保护区数量方面，拥有数量最多的是上海和辽宁，都是3个；其他省（市、自治区）的数量相对比较少，有不少省（市、自治区）没有。海洋自然遗址保护区的建设在很大程度上由这些沿海省（市、自治区）的历史和自然条件决定。⑥海洋生物多样性的保护区数量方面，广东仍然是拥有数量最多的省份，有36个；共同排名第二的为山东和辽宁，数量为8，与第一名有较大差距；其他省（市、自治区）的数量也相对较少。⑦从海洋保护区的建设面积来看，保护区面积最大的是海南，有24727平方公里；排名第二的是辽宁，有10060平方公里。由此看出，我国海洋保护区的建设数量跟地区的经济建设情况紧密联系，而海洋保护区的建设面积与省（市、自治区）所处的地理位置有很大关联。

从海洋生态环境治理的情况来看：①环境污染治理投资总额方面，投资总额最大的是山东，达到948.8亿元；排名第二的是江苏，投资总额达到715.2亿元；排名第三、第四、第五的分别为河北、浙江和广东，达到605.8亿元、452.9亿元、366.2亿元。②工业污染治理投资方面，工业污染治理投资最大的也是山东，投资达到113.1亿元；排名第二的是上海和江苏，都为44.8亿元，与第一名有较大差距；排名第三的是广东，为42亿元；排名第四的是浙江，为36.9亿元；排名第五的是河北，为34.3亿元；其他省（市、自治区）的投入相对较少。③环境污染治理占GDP的比重方面，比重最高的是河北，环境污染投资占GDP的比重达到1.68%；排名第二的是山东，比重达到1.31%；排名第三的是海南，比重为1.21%；其他省（市、自治区）的比重都低于1%。

表11-7　2017年我国各地区陆海生态环境共生与共荣指标相关数据

项目	天津	河北	辽宁	上海	江苏	浙江
海洋原油利用情况（万吨）	3113.8	219.8	53.0	32.5	0	0
海洋天然气利用情况（万立方米）	289771	77634	1991	123977	0	0
海洋矿业利用情况（万吨）	0	0	0	0	0	2591.1
海洋渔业捕捞情况（万吨）	6.5	25.4	137.8	17.0	58.8	393.7
海洋渔业养殖情况（万吨）	1.1	50.6	294.2	0	89.4	93.3
海盐产量（万吨）	168.7	344.7	139.5	0	84.1	7.6
海洋保护区数量（个）	2	3	14	4	4	3

续表

项目	天津	河北	辽宁	上海	江苏	浙江
国家级海洋保护区数量（个）	1	1	5	2	2	2
地方级海洋保护区数量（个）	1	2	9	2	2	1
海洋海岸生态系统保护区（个）	1	2	3	3	1	2
海洋自然遗迹保护区（个）	1	1	3	0	0	0
海洋生物多样性保护区（个）	0	0	8	1	3	1
其他类型海洋保护区（个）	0	0	0	0	0	0
海洋保护区面积（平方千米）	708	373	10060	1368	3559	691
环境污染治理投资总额（亿元）	71.2	605.8	219.2	160.4	715.4	452.9
工业污染治理投资（亿元）	7.8	34.3	13.0	44.8	44.8	36.9
环境污染治理投资占 GDP 比重（%）	0.38	1.68	0.92	0.53	0.83	0.87

项目	福建	山东	广东	广西	海南
海洋原油利用情况（万吨）	0	309.2	1688.0	0	0
海洋天然气利用情况（万立方米）	0	11676	967351	0	0
海洋矿业利用情况（万吨）	204.0	1327.7	0	494.4	204.1
海洋渔业捕捞情况（万吨）	232.2	275.1	156.0	65.5	136.1
海洋渔业养殖情况（万吨）	404.1	499.6	303.2	114.2	25.9
海盐产量（万吨）	26.5	2345.7	12.3	0.8	9.1
海洋保护区数量（个）	15	18	69	5	19
国家级海洋保护区数量（个）	4	4	7	3	4
地方级海洋保护区数量（个）	11	14	62	2	15
海洋海岸生态系统保护区（个）	12	12	31	3	12
海洋自然遗迹保护区（个）	1	2	2	0	1
海洋生物多样性保护区（个）	1	8	36	2	6
其他类型海洋保护区（个）	1	0	0	0	0
海洋保护区面积（平方千米）	744	5540	4500	518	24727
环境污染治理投资总额	224.4	948.8	366.2	184.1	54.1
工业污染治理投资	14.7	113.1	42.0	7.6	3.4
环境污染治理投资占 GDP 比重（%）	0.69	1.31	0.41	0.90	1.21

数据来源：《中国环境统计年鉴 2014—2018》。

1. 2017 年我国海洋资源利用的横向对比

从表 11-8 的 TOPSIS 方法的评价结果看，海洋资源利用较低的前 5 个省（市、自治区）分别是天津、广西、江苏、海南。从环境保护角度评价，海洋资源利用较低，环境保护相对较好，则排名靠前，因此天津排名第一，其次分别是广西、江苏、海南。海洋资源利用较高的前 5 个省（市、自治区）分别是山东、辽宁、广东、河北、福建，相应地，利用程度高，就意味着对环境的破坏性相对比较大，其评价的排名也就相对靠后。

表 11-8　2017 年各地区海洋资源利用的横向评价结果

地区	D+	D−	Ci	排序结果
天津	1. 3573	1. 972495	0. 592377	1
河北	2. 846631	0. 204068	0. 066892	8
辽宁	3. 112006	0. 167186	0. 050984	10
上海	2. 165263	0. 306248	0. 123911	5
江苏	2. 63044	0. 571887	0. 178585	3
浙江	2. 873233	0. 400692	0. 122389	6
福建	2. 899549	0. 399956	0. 121217	7
山东	3. 320592	3. 26E−05	9. 81E−06	11
广东	3. 09633	0. 167222	0. 051239	9
广西	1. 856862	1. 36369	0. 423434	2
海南	2. 83279	0. 401013	0. 124006	4

2. 2017 年我国环境治理投资的横向对比

从表 11-9 的 TOPSIS 方法的评价结果看，环境治理投资力度综合比较，排名靠前的 5 个省份分别是山东、河北、江苏、浙江和广东，排名靠后的 5 个省（市、自治区）包括：天津、福建、广西、辽宁和海南。环境治理投资越大，对海洋的污染影响就越小，对海洋生态环境的保护就越到位。

表 11-9　2017 年各地区环境治理投资的横向评价结果

地区	D+	D−	Ci	排序结果
天津	1. 016065	0. 001023	0. 001006	11

续表

地区	D+	D-	Ci	排序结果
河北	0. 338672	0. 34351	0. 503546	2
辽宁	0. 753203	0. 044856	0. 056206	8
上海	0. 617834	0. 086424	0. 122716	6
江苏	0. 310598	0. 290617	0. 483383	3
浙江	0. 440674	0. 145124	0. 247738	4
福建	0. 773847	0. 028047	0. 034976	10
山东	0. 013455	0. 991986	0. 986617	1
广东	0. 540907	0. 111637	0. 17108	5
广西	0. 830537	0. 034791	0. 040206	9
海南	0. 928689	0. 06771	0. 067955	7

3. 2017 年我国海洋保护区建设的横向对比

从表 11-10 的 TOPSIS 方法的评价结果看，综合各种类型保护区的数量以及海洋保护面积，山东的海洋保护区建设情况综合排名第一；其次较好的有河北、江苏、浙江；排名最后的是天津。

表 11-10　2017 年各地区海洋保护区建设的横向评价结果

地区	D+	D-	Ci	排序结果
天津	1. 016065	0. 001023	0. 001006	11
河北	0. 338672	0. 34351	0. 503546	2
辽宁	0. 753203	0. 044856	0. 056206	8
上海	0. 617834	0. 086424	0. 122716	6
江苏	0. 310598	0. 290617	0. 483383	3
浙江	0. 440674	0. 145124	0. 247738	4
福建	0. 773847	0. 028047	0. 034976	10
山东	0. 013455	0. 991986	0. 986617	1
广东	0. 540907	0. 111637	0. 17108	5
广西	0. 830537	0. 034791	0. 040206	9
海南	0. 928689	0. 06771	0. 067955	7

4. 2017 年我国陆海生态环境共生与共荣综合指标横向对比

表 11-11 为 TOPSIS 方法的评价结果，将海洋资源利用、环境治理投资、海洋保护区建设情况等多个指标综合来看，广东在陆海生态环境共生与共荣的综合评价中排名第一，说明广东对海洋生态环境的保护力度比较大；其次是天津，虽然天津在海洋保护区建设方面的评价靠后，但是综合来看，天津做得较好；排名第三的是江苏，无论是在海洋资源利用还是环境污染治理投资以及海洋保护区建设方面，都排名靠前，说明江苏在海洋生态环境协调方面取得了较大的成绩。

表 11-11　2017 年我国各地区陆海生态环境共荣共生的横向评价结果

地区	D+	D-	Ci	排序结果
天津	7. 643738	2. 021281	0. 209134	2
河北	8. 385845	0. 596288	0. 066386	9
辽宁	7. 996868	0. 889406	0. 100088	8
上海	7. 975017	0. 405207	0. 048353	11
江苏	6. 816053	1. 67388	0. 197161	3
浙江	8. 635831	0. 554388	0. 060324	10
福建	8. 385845	0. 596288	0. 066386	9
山东	6. 650444	1. 487501	0. 182786	5
广东	5. 209352	3. 831481	0. 423797	1
广西	7. 80064	1. 433338	0. 155224	6
海南	6. 789209	1. 540082	0. 1849	4

三、陆海生态环境共生与共荣的执行效率评价

为了实现陆海生态环境的共生与共荣，实现陆海环境一体化，我国各沿海省（市、自治区）都采取了相应的措施，特别是在海洋环境治理方面，各省（市、自治区）都会实施一些项目，进行海洋环境方面的改善。在海洋环境的改善方面，最为明显的结果体现在对海洋污染的排放。由于缺少各省（市、自治区）海洋海水水质的具体数据。采用污染排放数量来反映海洋的污染状况。本章节将采用数据包络法对 11 个省（市、自治区）的陆海生态环境

共生和共荣的执行效果进行评价。

（一）数据来源

11个省（市、自治区）投入和产出的指标数据来源于《中国环境统计年鉴2017》。由于《中国环境统计年鉴2017》相关指标的数据只有2015年的数据，因此，下文对11个省（市、自治区）进行的执行效率的评价所采用的数据为2015年的。

（二）投入与产出的指标数据

表11-12中，首先看产出指标，11个省（市、自治区）2015年直接向海洋排放的污水量，福建最多，达到36330.7万吨；其次是河北，达到21529.3万吨；5000万~10000万吨的包括上海、山东和浙江，分别为9824.8万吨、7942.9万吨、7867.6万吨；剩余的都低于5000万吨，如海南3251.1万吨、广西3175.6万吨、广东3119.9万吨、江苏1393万吨、辽宁1315.7万吨、天津0吨。可以看出，各地污水直接排入海洋的数量存在较大的区别。

表11-12　2015年陆海共荣共生执行效率的产出与投入指标

省（市、自治区）	产出指标	投入指标				
	污水直接排入海（万吨）	沿海地区废水治理项目（个）	沿海地区治理固体废弃物项目（个）	废水项目完工率（%）	固体废弃物项目完工率（%）	海洋保护区面积（万平方米）
天津	0	19	11	68.421	72.727	708
河北	21529.3	16	1	81.250	100.000	373
辽宁	1315.7	23	2	78.261	100.000	10060
上海	9824.8	79	1	78.481	100.000	1368
江苏	1393	219	6	78.995	66.667	3559
浙江	7867.6	309	19	73.786	89.474	691
福建	36330.7	89	62	50.562	90.323	744
山东	7942.9	93	9	78.495	66.667	5540
广东	3119.9	188	6	73.404	83.333	4500
广西	3175.6	36	7	80.556	71.429	518
海南	3251.1	3	0	33.333	100.000	24727

数据来源：《中国环境统计年鉴2017》。

再看表 11-12 的投入指标。由于本部分内容是对我国沿海地区陆海共生与共荣的执行效率进行评价，因此，投入指标采用沿海地区所安排的废水治理项目和固体废弃物治理项目。首先从绝对指标来看，需要对比我国沿海地区 11 个省（市、自治区）的所安排的污水治理和固体废弃物治理项目的绝对数量，同时还需要对比这些地区对于所安排的污水治理项目和固体废弃物治理项目的完工率。①污水治理项目对比。浙江安排的污水治理项目是最多的，达到了 309 项；其次是江苏，达到 219 项；排名第三的是广东，为 188 项。从排名前三的省（市、自治区）来看，它们都是我国经济发达的地区，而且在污水治理项目上执行的力度也比较强。其他地区，山东、福建、上海安排的污水治理项目在 50～100 项，分别是 93 项、89 项和 79 项；广西、天津、河北、辽宁和海南安排的污染治理项目相对比较少，尤其是海南，只有 3 项。②治理固体废弃物。2015 年，福建安排的固体废弃物的项目是最多的，达到 62 项；其次是浙江，达到 19 项；其他地区所安排的固体废弃物项目相对比较少，如海南为 0 项。由于对海洋的污染主要来源于废水，固体废弃物的污染相对较少，因此，相比污水处理项目，大多数地区所安排的固体废弃物项目偏少。③废水项目的完工率。完工率最高的是河北，达到 81. 25%；排名第二的是广西，达到 80. 56%；上海、辽宁、江苏、浙江、山东等都在 70%～80%；天津为 68%；比较低的是福建和海南，分别为 50. 56%、33. 33%。所安排的废水治理项目的完工率反映了陆海共荣共生的执行效率，由于不同省（市、自治区）所安排的项目数量有较大的区别，所以该指标只能部分反映陆海共生与共荣的执行效率。④固体废弃物项目完工率。河北、辽宁、上海和海南所安排的固体废弃物项目的完工率达到 100%；其他省（市、自治区）的项目完工率也不低。由于海洋污染主要来源于污水排放，固体废弃物的污染相对较少，因此沿海地区所安排的固体废弃物治理项目也比较少，完工率也相对较高。⑤对海洋污染的长期治理。主要是建立海洋保护区。对于海洋保护区的投入，一个关键指标就是海洋保护区的面积。海南建立的海洋保护区面积是最大的，达到 24727 万平方米；其次是辽宁，达到 10060 万平方米；河北最小，为 373 万平方公里。从这些投入指标来看，各地区的投入也不尽相同，因此需要对各省（市、自治区）的投入效率进行评价。

（三）DEA 模型的评价结果

对表 11-12 的数据运用数据包络法（DEA 法）进行评价。由于产出指标的数据采用的是直接排入海洋的污水量，而该指标对于陆海共生与共荣的评价效率来讲是个逆向指标，因此，需要对该指标进行正向化处理，将处理完的指标运用 deap2.1 对我国沿海地区 11 个省（市、自治区）的陆海共生与共荣的执行效率进行评价，其结果见表 11-13。

表 11-13　DEA 方法下的陆海共荣共生执行效率评价

省（市、自治区）	综合效率	技术效率	规模效率
天津	1.000	1.000	1.000
河北	0.001	1.000	0.001
辽宁	0.004	0.938	0.004
上海	0.001	1.000	0.001
江苏	0.939	1.000	0.001
浙江	0.087	0.925	0.000
福建	0.000	1.000	0.000
山东	0.000	1.000	0.000
广东	0.001	0.962	0.001
广西	0.000	1.000	0.000
海南	0.000	0.945	0.004

如表 11-13 所示，综合效率最高的是天津。由于天津在 2015 年直接排入海洋的污水数量为 0，因此，尽管天津所安排的污水项目和固体废弃物的处理项目上并不是很占优势，但是基于数据包络法的分析，由于只有一个产出指标，那么这个指标赋予的权重也相对比较大，从而使天津的陆海共生与共荣的执行综合效率达到最大。综合效率排名第二的是江苏。江苏在 2015 年废水直接排入大海的数量并不是很多，而且安排的污水处理项目和固体废弃物的处理项目也比较多，同时海洋保护区的面积也相对比较大。在陆海共生共荣的执行效率中排名第三的是浙江。在 DEA 方法中，浙江的产出指标虽然在 11 个省（市、自治区）中并不占优势，但是浙江在安排的污水治理项目和固体

废弃物治理的项目中却占有极大的优势，这也会使投入指标所占的比重较大。辽宁、上海、河北、广东的综合效率处于相对中间层面，与前三名有显著的差距。而广西、海南、福建、山东的综合效率还比较低。当然，这个综合效率只能部分地反映各省、（市、自治区）陆海共生和共荣的执行效率。由于受到数据不可获得性的限制，所以导致无论是现有的产出指标还是现有的收入指标，都不能完全地代表陆海共生与共荣的执行效率。

本章小结

本章对陆海生态环境的共生与共荣进行评价。为了全面评价陆海生态环境的共生与共荣的状况和执行效率，本章从两个方面展开评价。第一个方面是对陆海生态环境的共生与共荣进行评价。对于此评价，本章采用 TOPSIS 评价方法从三个方面展开评价，包括海洋资源的利用、海洋生态保护区建设、环境治理投资。首先，从纵向评价了 2013—2017 年我国陆海生态环境的共生与共荣状况。在海洋资源的利用上，从生态环境角度进行评价的结果是，2013 年为最佳，后面的状况逐渐变差，这反映我国对海洋资源的利用每年都在增加；在海洋保护区的建设上，2017 年是最佳的，2016 年次之，2015 年更次之，说明我国对海洋生态环境保护重视程度不断增加，海洋保护区无论是建设数量还是建设面积都在不断增加；从污染治理投资来看，其结果与海洋保护区的建设相同，同样反映我国对污染治理的投资在不断增加。其次，本章从横向角度对 11 个沿海省（市、自治区）的陆海生态环境的共生与共荣进行评价。在海洋资源的利用上，从生态环境保护的角度得到 TOPSIS 的评价结果，排名（由好到次）分别为：天津、广西、江苏、海南、上海、浙江、山东、辽宁、广东、河北、福建；从海洋保护区的建设来看，得到 TOPSIS 的评价结果，排名（由好到次）分别为：山东、河北、江苏、浙江、广东、上海、海南、辽宁、广西、福建、天津；从环境污染治理来看，得到 TOPSIS 的评价结果，排名（由好到次）分别为：山东、河北、江苏、浙江、广东、上海、天津、福建、广西、辽宁、海南；从海洋资源利用、海洋保护区建设、环境污染治理这三个指标综合评价，得到 TOPSIS 的评价结果，排名（由好到次）

分别为：广东、天津、江苏、海南、山东、广西、辽宁、河北、福建、浙江、上海。

第二个方面是对陆海生态环境共生与共荣的执行效率进行评价，主要采用数据包络法（DEA）进行分析。得出结论：11个省（市、自治区）的执行效率排名（由好到次）分别为：天津、江苏、浙江、辽宁、上海、河北、广东、福建、山东、广西、海南。由于数据的不可获得性，实证结果所得结论只能部分地反映各省（市、自治区）的执行效率情况。

第十二章　中国陆海经济一体化影响因素实证分析

前面几章对中国陆海经济一体化进行了实证评价，本章将进一步实证分析中国陆海经济一体化的影响因素。由前文分析可知，陆海经济一体化，就是将海洋和陆域作为两个独立的子系统，利用海洋资源、能源、空间和陆域劳动力、资本、技术等要素的流动，将陆海产业系统有效地关联在一起，予以全局规划，确保陆海资源能够彼此互补、陆海产业彼此协调、陆海产业合理布局、陆海经济互动发展、陆海统筹和一体化发展。基于数据可得性和一致性，本章主要从陆海产业关联来考察陆海经济一体化的程度。

本章将探讨陆海产业结构、产业空间布局、海洋资源生态环境承载率是如何对陆海产业关联度造成影响的，并揭示其表现形式，通过实证研究，确定三项因素对我国陆海产业关联度的影响程度。当前，国内陆海一体化进入陆海产业联动发展的阶段，要实现真正的陆海一体化，必须解决多方面因素所导致的问题。例如，沿海地区陆海产业的布局还需优化、各产业争抢土地资源、污染排放并未进行统一规划导致污染问题日益严重。

第一节　产业结构对中国陆海经济一体化的影响

一、产业结构对中国陆海经济一体化影响的理论分析

第一，战略新兴海洋产业发展落后，导致陆海经济一体化难以真正实现。在我国沿海地区，海洋经济和陆域经济存在一系列冲突，无法适应宏观经济结构，陆海产业结构错接的问题十分突出。2018 年，中国海洋生产总值中，海洋渔业、滨海旅游业和海洋交通运输业的占比居前三名，三者总共占比

73.9%，但海洋电力业、海水利用业、海洋生物医药业的总占比低于2%，海洋油气业的占比也仅有8.5%。在这样不合理的产业结构下，产生了两个主要的问题：①在陆海一体化的早期阶段，海洋经济中的渔业、交通运输业、滨海旅游业三大产业一体化较为明显。但同时，这种传统的海洋产业的发展空间有限，发展到一定阶段后，其对陆海经济一体化的促进作用将会降低。比如海洋经济领域的第二产业，以往以资源密集型产业为主，大部分为初级产品、中间产品，制成品占比非常少，精加工环节较少，所以无法有效和陆域经济匹配并保持同步发展。正是因为这一现象的存在，导致我国陆海经济一体化程度（灰色近似关联度）长期无法突破0.4~0.5这一范围。②海洋战略新兴产业本身的规模不够大，和陆域经济无法形成紧密的关联。当前，国内海洋战略性新兴产业（海洋电力、海洋生物医药等）的发展规划始终局限于海洋，未能将其和陆域经济当作一个整体进行思考。如此一来，就形成了海洋经济和陆域经济分开发展的现实，二者的产业关联度难以大幅提高。

第二，海洋产业链的长度影响陆海经济一体化建设。陆海产业一体化程度是由产业链的长度、产业活动和其前后活动彼此关联共同决定的。从产业链长度方面看，海洋产业链的长度越长，陆海一体化水平越高。从产业活动及其和前后活动彼此关联角度分析，产业活动的前向关联度大，此时以需求型产业为主；后向关联度大，此时以供给型产业为主，但最终的结果都是促进陆海产业关联度的提高。然而，当前国内海洋产业链比较短，并没有产生陆海产业集群。就拿渔业来说，健全的产业链应该包含鱼苗育种与供应，渔产品的生产、加工、销售等环节，同时产业链的发展能够为渔船、渔具等相关行业提供助力。统计数据显示，发达国家75%的水产品都是加工后销售的，鲜销产品占比仅为25%。但在国内，高达70%的水产品是鲜销的。除此之外，尽管我国每年船舶的产量排在世界首位，然而配套体系却非常不健全，将近80%船舶上的重要设备、零部件，都是从国外购买的。相比韩国、日本，这两个国家造船业十分发达，设备进口率仅为10%。配套体系的欠缺，极大地限制了国内船舶产业链的进一步拓展。所以，在陆海经济一体化建设方面，我国当前最重要的是提高产业结构的合理性，实施多元化策略，进一步延长产业链，促进相关产业的发展，在产业链中体现出自身的优势，用最低的成本换回所需的资源，不断促进相关市场的成熟，促成双赢、共赢局面的形成，使产业链中的各主体能够更好地抵御风险，为陆海经济一体化建设奠定扎实的基础。

第三，沿海地区陆海产业结构同质化明显，导致陆海关联度难以提升。沿海和内陆地区的梯度差异，对陆海一体化建设是非常有利的。各沿海省（市、自治区）产业差异化，能够为陆海产业的互补、互动奠定扎实的基础。如果产业过于同质化，就会造成不同地区之间出现激烈的竞争，这对陆海经济一体化建设会造成阻碍。当前，我国沿海地区产业结构同质化程度还在进一步提高，依旧以资源依赖型、劳动力密集型、群众自发型产业为主。例如，2019 年，环渤海经济区的支柱型海洋经济产业主要是海洋渔业、滨海旅游业、交通运输业，长三角则为滨海旅游业、交通运输业、船舶工业、海洋渔业，珠三角则为滨海旅游业、海洋交通业、海洋化工业、油气业、海洋渔业等。由此可见，产业同质化的现象非常明显。单拿环渤海地区而言，辽宁、河北、天津等省（市），都拥有自己的石化钢铁基地。无论是从海洋资源开发，还是产业布局的角度来看，省（市）之间存在严重的重复建设以及无序竞争问题，使产业发展严重失衡，产业集群迟迟无法形成。这样的局面使我国海洋经济的效益难以提升，规模效益体现不出来，无法对附近的陆域产业注入动力，陆海产业关联度受到限制。

第四，临海产业的逐步发展能够促进陆海经济一体化程度的提升，然而就现状来看，这些产业的发展才刚刚开始。临海产业是加强陆海关联的桥梁，它指的是处在海洋和其他产业中间，基于海洋空间和资源才能得到发展的部门。从区域的角度来看，它的发展区域主要为海岸带。常见的主要有：需要海运原料和产品的产业，如港口工业；需要海域空间的产业，如船舶业、海洋设备制造业等；需要使用海水资源的产业，如海盐化工业、港口电力业等。上述临海产业的发展，其主要的作用在于：①在更大程度上体现出海洋资源的价值和海洋的优势，将海上生产和陆上加工、经营、贸易等整合在一起，从而拓展海域空间，开发更多的海洋资源，加强陆海产业之间的黏性；②促进陆域资源的开发，使一部分内陆经济力量转向海洋，增加海岸带区域的经济容量，充分利用陆域发展方面的软、硬件优势来开发海域资源，使海洋空间的作用和价值以及区位优势能够充分地体现出来。正是因为这两个方面的作用，临海产业的发展才能够更好地促进陆域、海域资源的开发，推动陆海产业的发展，为陆海经济一体化建设以及陆海经济的共同开发创造更好的条件。

二、产业结构对中国陆海经济一体化影响的实证分析

（一）模型设定和分析方法

为了揭示产业结构和陆海经济一体化之间的关系，首先通过主成分分析法评价我国陆海产业结构，接着使用单位根检验方法，在验证陆海产业结构绩效和陆海经济一体化程度变量平稳性之后，展开格兰杰因果关系检验，确认二者的双向因果关系，最后使用脉冲响应模型来揭示不同变量间的关联。

1. 主成分分析法

主成分分析法是通过数学降维的方式，找出几个综合变量取代之前的变量，前提是前、后的变量承载的信息是相同的。这种把多个变量化为少数几个互相无关的综合变量的统计分析方法称为主成分分析法，也有学者称之为主分量分析法。

主成分分析的步骤如下：

假设样本观测数据矩阵为：

$$X=\begin{pmatrix} x_{11} & x_{12} & \cdots & x_{1p} \\ x_{21} & x_{22} & \cdots & x_{2p} \\ \cdots & \cdots & \cdots & \cdots \\ x_{n1} & x_{n2} & \cdots & x_{np} \end{pmatrix}$$

第一步：对收集到的数据予以标准化处理。

$$x_{ij}^{*}=\frac{x_{ij}-\bar{x}_j}{\sqrt{\operatorname{var}(x_j)}} \quad (i=1,\ 2,\ \cdots,\ n;\ j=1,\ 2,\ \cdots,\ p)$$

$$\text{其中，}\bar{x}_j=\frac{1}{n}\sum_{i=1}^{n}x_{ij}$$

$$\operatorname{var}(x_j)=\frac{1}{n-1}\sum_{i=1}^{n}(x_{ij}-\bar{x}_j)^2$$

$$(j=1,\ 2,\ \cdots,\ p)$$

第二步：计算样本相关系数矩阵。

$$R = \begin{bmatrix} r_{11} & r_{12} & \cdots & r_{1p} \\ r_{21} & r_{22} & \cdots & r_{2p} \\ \cdots & \cdots & \cdots & \cdots \\ r_{p1} & r_{p2} & \cdots & r_{pp} \end{bmatrix}$$

出于方便研究的考虑，依旧用 X 代表标准化后的数据，此时可以确定 X 的相关系数为：

$$r_{ij} = \frac{1}{n-1}\sum_{t=1}^{n} x_{ti}x_{tj}$$

$$(i, j = 1, 2, \cdots, p)$$

第三步：通过雅克比方法，计算出相关系数矩阵 R 的特征值（$\lambda_1, \lambda_2, \cdots, \lambda_p$）以及与之对应的特征向量 $a_i = (a_{i1}, a_{i2}, \cdots, a_{ip})$，$i=1, 2, \cdots, p$。

第四步：确定关键的主成分及其表达式。

在应用该方法的过程中，涉及主成分的数量为 p，然而，考虑不同主成分的方差不断减小，其承载的信息会变少，因此在具体分析的过程中，无须使用所有的 p 个主成分。我们以主成分的贡献率为依据，从中选择 k 个主成分。贡献率指的是主成分的方差在总方差中的占比，它反映单个特征值在总特征值中的占比，也就是：

$$贡献率 = \frac{\lambda_i}{\sum_{i=1}^{p}\lambda_i}$$

贡献率越大，证明主成分携带的信息越多。k 是一个常数，通常基于主成分的累计贡献率确定，一般至少应该为 85%，此时综合变量才能携带原始变量的绝大部分信息。

第五步：计算主成分得分。

经过标准化处理后，根据各个样品，代入主成分表达式，由此计算出不同主成分下的各个样品的新数据，也就是主成分得分。详细的形式为：

$$\begin{pmatrix} F_{11} & F_{12} & \cdots & F_{1k} \\ F_{21} & F_{22} & \cdots & F_{2k} \\ \cdots & \cdots & \cdots & \cdots \\ F_{n1} & F_{n2} & \cdots & F_{nk} \end{pmatrix}$$

第六步：基于主成分得分的数据，完成后续的统计分析。具体的统计分析内容，是根据目标问题决定的，比如成分回归，综合评价等。

2. 平稳性检验

在做此项统计检验前，必须确保数据满足平稳性要求。原因在于，在数据不满足这一要求的情况下开展格兰杰因果检验，或许会发生伪回归的问题，得出不正确的结论。能够用于单位根检验的方法多种多样，ADF 即为其中之一。

ADF（Augmented Dickey-Fuller）检验法诞生于 1979 年，其创建者为 Dickey 和 Fuller，它是在 DF 检验的基础上发展而来的，因此也有学者称之为增广 DF 检验。它的主要特征在于，假定时间数据序列 $\{y_t\}$ 来自一个 P 阶自回归过程 $AR(P)$，此时创建估计模型，完成单位根检验。在具体的操作过程中，可以采用的检验模型有很多，其中应用比较广泛的有：

$$\Delta y_t = \varpi y_{t-1} + \sum_{i=1}^{k} \beta_i \Delta y_{t-i} + \varepsilon_t$$

$$\Delta y_t = \alpha + \varpi y_{t-1} + \sum_{i=1}^{k} \beta_i \Delta y_{t-i} + \varepsilon_t$$

$$\Delta y_t = \alpha + \delta t + \varpi y_{t-1} + \sum_{i=1}^{k} \beta_i \Delta y_{t-i} + \varepsilon_t$$

上述三个模型中，Δy_{t-i} 为滞后项，它的作用是让残差白化。所以，基于这些模型，检验单位根的假设 $H_0: \rho = 1$ 会转变成 $H_0: \omega = 0$。

3. 格兰杰因果关系检验

在经济学领域中，经常会遇到涉及不同变量的问题，为了能够揭示这些变量彼此间的因果关系，学者们不断进行研究，格兰杰因果关系检验方法就是在这样的背景下诞生的。它是由克莱夫·格兰杰（Clive W. J. Granger）提出的，能够反映不同经济变量彼此间的因果关系。他认为，这种关系是“依赖于使用过去某些时点上所有信息的最佳最小二乘预测的方差”。

当涉及时间序列时，两个经济变量 X、Y 之间的格兰杰因果关系可以描述成：若在包含了变量 X、Y 的过去信息的条件下，对变量 Y 的预测效果要优于只单独由 Y 的过去信息对 Y 进行的预测效果，即变量 X 有助于解释变量 Y 的将来变化，则认为变量 X 是引致变量 Y 的格兰杰原因。

格兰杰因果关系检验的步骤如下：

第一，对现有的 Y 对全部的滞后项以及其他变量予以回归处理，也就是 y 对其滞后项 $Yt-1, Yt-2, \ldots, Yt-q$ 及其他变量的回归，不过这一环节并未纳入 X 的滞后项，这里的回归是受约束的。经过回归处理后能够确定受约束的残差平方和 RSS_R。

第二，完成纳入 X 滞后项的回归，也就是在上式中将 X 滞后项考虑进来，由此得到无约束的回归，确定无约束的残差平方和 RSS_{UR}。

第三，零假设是 H_0：$\alpha 1=\alpha 2=\cdots=\alpha q=0$，即滞后项 x 不属于此回归。

第四，为了检验此假设，用 F 检验，即：

$$F=\frac{(RSS_R-RSS_{UR})/q}{RSS_{UR}/(n-k)}$$

它符合自由度为 q 和（$n-k$）的 F 分布。其中，n 代表样本容量，q 等于 X 滞后项的个数，也就是有约束回归方程中待估参数的数量，k 是无约束回归中待估参数的数量。

第五，基于某一显著性水平 α 上计算得到的 F 值超过了临界 F_α，此时零假设是不成立的，由此可以推断出 X 是 Y 的原因。

第六，同样，为了检验 Y 是否是 X 的原因，可将变量 Y 与 X 相互替换，重复上述步骤。

在某些情况下，滞后期长度发生变化，也会导致检验结果出现变化。这或许应该归因于被检验变量的平稳性，或者是样本容量长度。选定差异性的滞后期，就会导致差异性的检验结果。所以，通常情况下，需要在多种滞后期长度下进行检验，从而反映模型中随机干扰项目不存在序列相关的滞后期长度，据此确定滞后期。

格兰杰检验仅仅能够在涉及时间序列数据的模型中使用，不适用于仅存在横截面数据的模型。

（二）数据及指标选取

陆海产业结构的绩效评价，是一项难度系数非常高的工程，主要的原因在于与之相关的因素有很多。基于陆海产业竞争力的概念，参考前人的研究结论，笔者在这里运用主成分分析法，选择合适的指标进行评价，以更加全面、准确地反映我国陆海产业结构的绩效状况。

1. 指标体系

结合本书研究的内容和需求，从海域和陆域产业方面分别确立了 13 个和 10 个指标，具体来说有：X1 代表海洋渔业；X2 代表海洋石油和天然气业；X3 代表海洋矿业；X4 代表海洋盐业；X5 代表海洋化工业；X6 代表海洋生物医药业；X7 代表海洋电力业；X8 代表海水利用业；X9 代表海洋船舶工业；X10 代表海洋工程建筑业；X11 代表海洋交通运输业；X12 代表滨海旅游业；X13 代表农林牧渔业；X14 代表采矿业；X15 代表制造业；X16 代表电力、燃气及水的生产和供应业；X17 代表建筑业；X18 代表交通运输、仓储及邮政业；X19 代表信息传输、计算机服务和软件业；X20 代表批发和零售业；X21 代表住宿和餐饮业；X22 代表金融业；X23 代表房地产业。如下表 12－1 所示。

表 12-1　2008—2018 年中国陆海主要产业增加值　（单位：亿元）

年份	2008	2009	2010	2011	2012	2013	2014	2015	2016	2017	2018
X1	2228.60	2440.80	2851.60	3202.90	3560.50	3997.60	4126.60	4317.40	4615.40	4676.00	4801.00
X2	1020.50	614.10	1302.20	1719.70	1718.70	1666.60	1530.40	981.90	868.80	1126.00	1477.00
X3	35.20	41.60	45.20	53.30	45.10	54.00	59.60	63.90	67.30	66.00	71.00
X4	43.60	43.60	65.50	76.80	60.10	63.20	68.30	41.00	38.90	40.00	39.00
X5	416.80	465.30	613.80	695.90	843.00	813.90	920.00	964.20	961.80	1044.00	1119.00
X6	56.60	52.10	83.80	150.80	184.70	238.70	258.10	295.70	341.30	385.00	413.00
X7	11.30	20.80	38.10	59.20	77.30	91.50	107.70	120.10	128.50	138.00	172.00
X8	7.40	7.80	8.90	10.40	11.10	11.90	12.70	13.70	13.70	14.00	17.00
X9	742.60	986.50	1215.60	1352.00	1291.30	1213.20	1395.50	1445.70	1492.40	1455.00	997.00
X10	347.80	672.30	874.20	1086.80	1353.80	1595.50	1735.00	2073.50	1731.30	1841.00	1905.00
X11	3499.30	3146.60	3785.80	4217.50	4752.60	4876.50	5336.90	5641.10	5699.80	6312.00	6522.00
X12	3766.40	4277.10	5303.10	6239.90	6931.80	7839.70	9752.80	10880.60	12432.80	14636.00	16078.00
X13	33428.10	34659.70	39619.00	46122.60	50581.20	54692.40	57472.20	59852.60	62451.00	64660.00	67558.70
X14	19629.43	16726.02	20872.29	26296.20	25093.00	25467.60	23417.10	19104.50	18260.40	21025.50	23115.50
X15	102539.49	110118.50	130282.53	156456.80	169806.60	181867.80	195620.30	202420.10	214289.30	240505.40	264820.40
X16	8091.31	8395.43	11221.62	12389.80	14006.00	15002.20	14819.00	14981.70	15328.00	16797.20	18332.30
X17	18807.60	22681.50	27259.30	32926.50	36896.10	40896.80	45401.70	47761.30	51498.90	57905.60	65493.00
X18	16367.60	16522.40	18783.60	21842.00	23763.20	26042.70	28534.40	30519.50	33028.70	37121.90	40337.20
X19	7859.67	8163.79	8950.78	10304.80	11928.70	13729.70	15939.60	17516.80	20124.10	23808.90	28733.50

续表

年份	2008	2009	2010	2011	2012	2013	2014	2015	2016	2017	2018
X20	26186.20	29004.60	35907.90	43734.50	49835.50	56288.90	63170.40	67719.60	73724.50	81156.60	88903.70
X21	6616.10	6957.00	7712.00	8565.40	9536.90	10228.30	11228.70	12306.10	13607.80	15056.00	16520.60
X22	18345.60	21836.80	25733.10	30747.20	35272.20	41293.40	46853.40	56299.80	59964.00	64844.30	70610.30
X23	14600.30	18760.50	23326.60	27780.70	30751.90	35340.40	38086.40	42573.80	49969.40	57086.00	64623.00

数据来源：《中国统计年鉴 2009—2019》《中国海洋统计年鉴 2009—2019》，国家海洋局。

2. 我国陆海产业结构的绩效主成分分析

由于此次的绩效评价涉及众多指标，因此不可避免地会产生指标多重相关性问题，而主成分分析方法正好提供了该问题的解决方案。

首先对数据予以标准化处理，处理后得到无量纲数据，代入公式 $Y_i=\frac{x_i-\bar{x}}{s}$ 计算。结果如表 12-2 所示。

表 12-2　2008—2018 年中国陆海主要产业增加值标准化数据

年份	2008	2009	2010	2011	2012	2013	2014	2015	2016	2017	2018
X1	−1.62	−1.39	−0.94	−0.55	−0.16	0.31	0.45	0.66	0.99	1.05	1.19
X2	−0.67	−1.75	0.07	1.18	1.17	1.04	0.68	−0.78	−1.07	−0.39	0.53
X3	−1.65	−1.11	−0.81	−0.12	−0.82	−0.06	0.41	0.77	1.06	0.95	1.37
X4	−0.65	−0.65	0.90	1.70	0.52	0.74	1.10	−0.83	−0.98	−0.90	−0.97
X5	−1.68	−1.47	−0.83	−0.47	0.16	0.04	0.50	0.69	0.68	1.03	1.36
X6	−1.30	−1.33	−1.09	−0.57	−0.30	0.12	0.27	0.56	0.91	1.25	1.47
X7	−1.48	−1.30	−0.96	−0.55	−0.20	0.07	0.39	0.63	0.79	0.98	1.64
X8	−1.46	−1.33	−0.95	−0.44	−0.20	0.07	0.34	0.69	0.69	0.79	1.81
X9	−2.08	−1.05	−0.08	0.49	0.24	−0.09	0.68	0.89	1.08	0.93	−1.00
X10	−1.84	−1.26	−0.90	−0.53	−0.05	0.38	0.62	1.23	0.62	0.81	0.93
X11	−1.23	−1.54	−0.98	−0.60	−0.12	−0.01	0.40	0.66	0.72	1.26	1.44
X12	−1.23	−1.11	−0.87	−0.64	−0.48	−0.26	0.20	0.47	0.84	1.37	1.71
X13	−1.54	−1.44	−1.02	−0.48	−0.11	0.23	0.46	0.66	0.88	1.06	1.30
X14	−0.66	−1.58	−0.27	1.44	1.06	1.18	0.53	−0.83	−1.09	−0.22	0.44

续表

年份	2008	2009	2010	2011	2012	2013	2014	2015	2016	2017	2018
X15	-1.48	-1.33	-0.94	-0.44	-0.18	0.06	0.32	0.45	0.68	1.19	1.66
X16	-1.69	-1.59	-0.73	-0.37	0.13	0.44	0.38	0.43	0.54	0.99	1.46
X17	-1.49	-1.23	-0.91	-0.53	-0.26	0.01	0.32	0.48	0.74	1.17	1.69
X18	-1.26	-1.25	-0.97	-0.59	-0.35	-0.07	0.24	0.48	0.79	1.29	1.69
X19	-1.07	-1.03	-0.91	-0.71	-0.48	-0.21	0.11	0.34	0.72	1.26	1.98
X20	-1.42	-1.28	-0.95	-0.58	-0.29	0.02	0.34	0.56	0.84	1.20	1.57
X21	-1.25	-1.15	-0.92	-0.66	-0.37	-0.16	0.14	0.47	0.86	1.30	1.74
X22	-1.35	-1.16	-0.95	-0.67	-0.42	-0.09	0.22	0.74	0.94	1.21	1.53
X23	-1.39	-1.13	-0.84	-0.56	-0.37	-0.08	0.09	0.38	0.84	1.29	1.77

将相关数据输入 SPSS 系统软件中进行分析，据此绘制方差贡献分析表、主成分得分系数矩阵，确定主成分综合评价得分，详见表 12-3、表 12-4、表 12-5。

表 12-3 方差贡献分析

Total Variance Explained					
Component	Initial Eigenvalues			Extraction Sums of Squared Loadings	
	Total	% of Variance	Cumulative %	Total	% of Variance
1	18.859	81.994	81.994	18.859	81.994
2	2.854	12.411	94.405	2.854	12.411
3	.931	4.048	98.453		
4	.152	.660	99.113		
5	.102	.443	99.556		
6	.040	.174	99.731		
7	.022	.098	99.828		
8	.020	.087	99.916		
9	.013	.058	99.973		
10	.006	.027	100.000		
11	2.202E-15	9.572E-15	100.000		
12	9.492E-16	4.127E-15	100.000		

续表

Total Variance Explained					
Component	Initial Eigenvalues			Extraction Sums of Squared Loadings	
	Total	% of Variance	Cumulative %	Total	% of Variance
13	6. 093E-16	2. 649E-15	100. 000		
14	5. 029E-16	2. 186E-15	100. 000		
15	3. 775E-16	1. 641E-15	100. 000		
16	2. 896E-16	1. 259E-15	100. 000		
17	9. 628E-17	4. 186E-16	100. 000		
18	-1. 882E-17	-8. 183E-17	100. 000		
19	-1. 796E-16	-7. 810E-16	100. 000		
20	-3. 255E-16	-1. 415E-15	100. 000		
21	-4. 453E-16	-1. 936E-15	100. 000		
22	-6. 904E-16	-3. 002E-15	100. 000		
23	-2. 166E-15	-9. 420E-15	100. 000		

从表 12-4 中可以看出每个主成分的方差，即特征值，它的大小表示对应成分能够描述原有信息的多少。以累计贡献率 85%为标准来看，前两个主成分的累计贡献率为 94. 405%，即这两个主成分携带了原始数据的大部分信息，将二者当作第一、二主成分。

表 12-4　主成分得分系数矩阵

Component Score Coefficient Matrix		
	Component	
	1	2
Zscore（X1）	. 052	. 021
Zscore（X2）	. 001	. 333
Zscore（X3）	. 051	-. 012
Zscore（X4）	-. 026	. 311
Zscore（X5）	. 051	. 045
Zscore（X6）	. 053	-. 013
Zscore（X7）	. 053	. 005
Zscore（X8）	. 052	. 015
Zscore（X9）	. 027	. 101

续表

Component Score Coefficient Matrix		
	Component	
	1	2
Zscore (X10)	.049	.041
Zscore (X11)	.052	.006
Zscore (X12)	.053	-.050
Zscore (X13)	.052	.026
Zscore (X14)	.001	.331
Zscore (X15)	.052	.015
Zscore (X16)	.050	.079
Zscore (X17)	.053	-.001
Zscore (X18)	.053	-.025
Zscore (X19)	.052	-.058
Zscore (X20)	.053	-.010
Zscore (X21)	.053	-.043
Zscore (X22)	.054	-.042
Zscore (X23)	.053	-.029

首先，通过使用 SPSS 软件得出各年主成分的得分值，再运用公式计算得出综合评价值。

综合评价值计算方法：

①计算主成分的权重：

$$W_1 = 18.859/(18.859+2.854) = 0.8686$$

$$W_2 = 2.854/(18.859+2.854) = 0.1314$$

②综合评价值计算：

运用公式 $F = W_1y_1 + W_2y_2$，其中，y_1 为主成份值，F 为综合评价值，W_i 为权重。详细的计算结果见表 12-5。

表 12-5　主成分综合评价得分

年份	第一主成分	第二主成分	权重 1	权重 2	综合评价得分
2008	-1.46866	-0.91567	0.8686	0.1314	-1.3960
2009	-1.2876	-1.45777	0.8686	0.1314	-1.3100

续表

年份	第一主成分	第二主成分	权重 1	权重 2	综合评价得分
2010	-0. 93796	0. 24661	0. 8686	0. 1314	-0. 7823
2011	-0. 55495	1. 50792	0. 8686	0. 1314	-0. 2839
2012	-0. 26177	1. 05068	0. 8686	0. 1314	-0. 0893
2013	0. 01891	1. 06209	0. 8686	0. 1314	0. 1560
2014	0. 31265	0. 8745	0. 8686	0. 1314	0. 3865
2015	0. 63323	-0. 66854	0. 8686	0. 1314	0. 4622
2016	0. 84315	-0. 9805	0. 8686	0. 1314	0. 6035
2017	1. 17014	-0. 49763	0. 8686	0. 1314	0. 9510
2018	1. 53284	-0. 22169	0. 8686	0. 1314	1. 3023

对表 12-5 进行分析可知，近十年，陆海产业结构的绩效逐年提升。一个重要的原因在于改革开放以来，陆域和海域产业在经济总量上都得到了快速增长（在主成分综合评价表中，第一主成分的权重为 0. 9440，它反映的正是总量的增长）。

3. 陆海产业结构绩效对陆海经济一体化的影响

要揭示陆海产业结构绩效和陆海经济一体化二者的因果关系，这一问题的本质是分析一个变量是否是另一个变量的原因，因此在这里展开格兰杰因果关系检验。

第一，单位根检验。这里我们选取陆海产业结构绩效（PER）、陆海产业关联度（REL）两个变量 2008—2018 年的时间序列数据进行研究（用陆海产业关联度从产业层面对陆海经济一体化进行度量），陆海产业关联度（REL）已在第七章中计算，这里就不再赘述。

表 12-6　2008—2018 年中国陆海产业关联度和产业绩效

年份	REL	PER
2008	0. 5183	-1. 3960
2009	0. 5095	-1. 3100
2010	0. 5008	-0. 7823
2011	0. 4923	-0. 2839

续表

年份	REL	PER
2012	0.4839	-0.0893
2013	0.4757	0.1560
2014	0.4676	0.3865
2015	0.4597	0.4622
2016	0.4519	0.6035
2017	0.4442	0.9510
2018	0.4366	1.3023

第二，通过 Eviews 软件完成单位根检验。可看出，陆海产业关联度变量（REL）为平稳序列，陆海产业结构绩效变量（PER）为一阶差分平稳序列。

表 12-7 陆海产业结构绩效（D1. PER）平稳性检验

Null Hypothesis：D1PER has a unit root
Exogenous：Constant
Lag Length：1（Automatic-based on SIC，maxlag=1）

		t-Statistic	Prob. *
Augmented Dickey-Fuller test statistic		-3.021325	0.0745
Test critical values：	1% level	-4.582648	
	5% level	-3.320969	
	10% level	-2.801384	

表 12-8 陆海产业关联度（REL）平稳性检验

Null Hypothesis：REL has a unit
rootExogenous：Constant
Lag Length：1（Automatic-based on SIC，maxlag=1）

		t-Statistic	Prob. *
Augmented Dickey-Fuller test statistic		-38.20298	0.0001
Test critical values：	1% level	-4.297073	
	5% level	-3.212696	
	10% level	-2.747676	

第三，格兰杰因果检验。如果变量序列满足平稳性要求，接着对陆海产业关联度序列和陆海产业结构绩效的一阶差分序列展开格兰杰因果检验，详见表 12-9。

表 12-9　陆海产业关联度序列和陆海产业结构绩效格兰杰因果检验

Null Hypothesis:	Obs	F-Statistic	Prob.
REL does not Granger Cause PER	8	0. 30577	0. 7571
PER does not Granger Cause REL		2. 55875	0. 0247

对表 12-9 中的内容进行分析能够确定，原假设“关联度并非产业结构绩效的格兰杰原因”是成立的（P 值为 0. 7571），“产业结构绩效不是关联度的格兰杰原因”是不成立的（P 值为 0. 0247）。这意味着，“陆海产业结构绩效是沿海地区陆海产业关联度的格兰杰原因”。也就是说，如果能够改善陆海产业结构绩效，沿海地区陆海产业关联度也将有所提升。该检验结果和我国的现状是相符的。

第四，完成脉冲响应模型分析。要更进一步揭示二者是如何产生联系并发挥影响作用的，笔者引入脉冲响应模型展开定量分析。基于陆海产业关联度数据和一阶差分后的陆海产业结构绩效数据创建模型，通过 Eviews 软件完成模型的分析，得到的结果详见图 12-1。

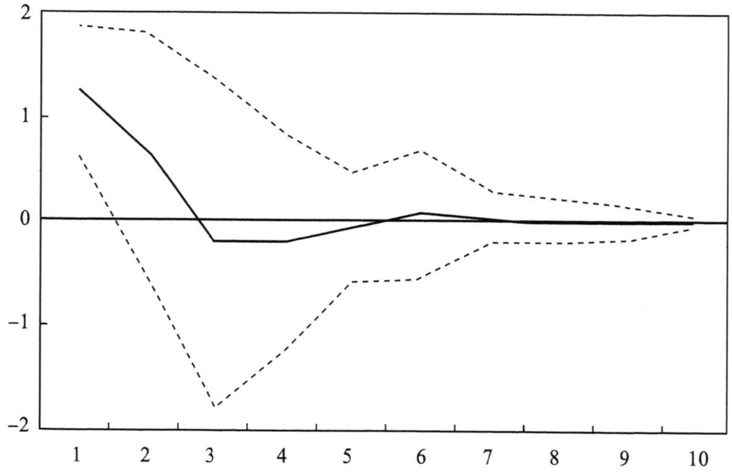

图 12-1　陆海产业绩效变动对陆海产业关联度的脉冲响应（10 期）

对上图进行分析可知，从短期（1~2 期）、中长期（3~10 期）角度来看，陆海产业结构绩效发生波动后，陆海产业关联度也会随之而变化。

4. 结论

实证分析结果表明，陆海产业结构和陆海产业关联度之间存在直接的关系，然后通过模型对二者的关系程度予以量化分析。首先，对过去十年间的陆海产业结构变化予以主成分分析，结果表明：我国陆海产业结构绩效逐年递增（主要原因是实施改革开放政策后，沿海地区无论是陆域还是海域经济都飞速发展），且递增的趋势和陆海产业关联度的变化趋势比较一致。其次，陆海产业结构绩效是沿海地区陆海产业关联度的格兰杰原因。这意味着提升陆海产业结构绩效，沿海地区陆海产业关联度将随之提升。这和我国的现状是相符的。最后，通过模型进行定量分析，结果表明，从短期（1~2 期）、中长期（3~10 期）角度来看，陆海产业结构绩效发生波动后，陆海产业关联度也会随之变化，进一步证明陆海产业结构是决定陆海产业关联度的核心因素。

第二节　空间布局对中国陆海经济一体化的影响

一、空间布局对中国陆海经济一体化影响的理论分析

第一，部分沿海地区的陆域和海域功能区是不相符的，这是造成陆域海域产业关联度弱的主要原因之一。在配置沿海地区生产力总体布局时，忽视了海洋经济发展的需求。在海洋开发力度不断增大的过程中，海洋空间得到更有效的利用，但与此同时也出现了海洋资源无序开发和使用的问题，各种矛盾不断涌现，甚至是和陆域经济争夺空间、土地等资源，对陆域经济的发展产生了不利的影响。更重要的是，当地的海洋生态环境承受着巨大的压力。举例来说，在部分沿海省（市、自治区），海洋经济以渔业养殖、滨海旅游为支柱产业，陆域经济以化工产业为主，工业生产污染物排放严重，对渔业、旅游业的发展非常不利。出现这种现象的根源在于当地政府并未结合各产业的需求和联系进行统筹规划，限制了各种生产要素在陆海间的流通。处于同一片空间中的陆海产业争夺各种资源，无法协调，产业链条无法实现最优组合，尤其是要素的分配、污染物处理等，存在很多亟须解决的问题。

第二，海岸带开发程度有限，导致两大区域经济一体化难以实现。海岸带是陆域和海域的交界位置，从生态的角度来看是过渡地区，这里分布着大量的人力、物力和财力资源，人流、资金流、信息流十分频繁。纵览全球，沿海地区似乎更受工业企业的青睐，凭借海运成本方面的优势，以及当地丰富的水、燃料、原料资源，冶金、化工、钢铁等产业朝着沿海地区不断转移，由此出现了一系列的海岸经济带（滨海工业区或临港工业区），来料加工、出口加工业、高新技术产业不断聚集在这里，各种技术、金融、信息、人才资源蜂拥而至，为沿海经济注入了动力。但是，就我国的现状而言，沿海区域海洋产业的集中程度还有很大的提升空间，且沿海大城市对附近产业的驱动功能并未在最大程度上发挥出来。整体而言，国内依赖于特定资源的海洋产业较为集中，但其他产业（如滨海旅游业）却非常分散，主要是因为这些产业所需的资源本身不够集中。海盐业、海洋交通运输业、海洋造船工业的集中程度属于中等水平（见表 12-10）。除此之外，国内海洋第二产业中，80%集中在大连—锦州、天津、东营—烟台—青岛、长江三角洲、珠江三角洲等，更准确地说分布在大城市的城区，滨海区相对比较少。所以，实现陆海经济一体化目标，关键在于从港口、海域、海岸带方面着手，用港口驱动城市经济发展，按照一定的梯次推进。事实证明，只要港口的集聚和扩散功能能够得到充分的体现，就能极大地促进陆域经济的发展，从而促进陆域和海域经济的一体化建设。

表 12-10　2008—2018 年中国各主要海洋产业区位基尼系数

年份	2008	2009	2010	2011	2012	2013	2014	2015	2016	2017	2018
海洋渔业	0. 1267	0. 1300	0. 1246	0. 1208	0. 1211	0. 1224	0. 1135	0. 1091	0. 1073	0. 0969	0. 0906
海洋油气业	0. 0580	0. 0327	0. 0569	0. 0649	0. 0585	0. 0510	0. 0421	0. 0248	0. 0202	0. 0233	0. 0279
海洋矿业	0. 0020	0. 0022	0. 0020	0. 0020	0. 0015	0. 0017	0. 0016	0. 0016	0. 0016	0. 0014	0. 0013
海洋盐业	0. 0025	0. 0023	0. 0029	0. 0029	0. 0020	0. 0019	0. 0019	0. 0010	0. 0009	0. 0008	0. 0007
海洋船舶工业	0. 0422	0. 0526	0. 0531	0. 0510	0. 0439	0. 0371	0. 0384	0. 0365	0. 0347	0. 0302	0. 0188
海洋化工业	0. 0237	0. 0248	0. 0268	0. 0262	0. 0287	0. 0249	0. 0253	0. 0244	0. 0224	0. 0216	0. 0211
海洋生物医药业	0. 0032	0. 0028	0. 0037	0. 0057	0. 0063	0. 0073	0. 0071	0. 0075	0. 0079	0. 0080	0. 0078

续表

年份	2008	2009	2010	2011	2012	2013	2014	2015	2016	2017	2018
海洋工程建筑业	0.0198	0.0358	0.0382	0.0410	0.0460	0.0489	0.0477	0.0524	0.0403	0.0382	0.0360
海洋电力业	0.0006	0.0011	0.0017	0.0022	0.0026	0.0028	0.0030	0.0030	0.0030	0.0029	0.0032
海水利用业	0.0004	0.0004	0.0004	0.0004	0.0004	0.0004	0.0003	0.0003	0.0003	0.0003	0.0003
海洋交通运输业	0.1989	0.1676	0.1654	0.1590	0.1616	0.1493	0.1468	0.1426	0.1325	0.1309	0.1231
滨海旅游业	0.2141	0.2279	0.2317	0.2353	0.2357	0.2400	0.2682	0.2751	0.2890	0.3034	0.3036

第三，进一步完善相关基础设施，将陆海系统的物理基础关联起来，为陆海经济一体化奠定物质基础。基础设施的完善程度，是决定陆海经济一体化程度的关键因素，尤其是港口、海岸线地区道路交通系统，跨海大桥等。举例来说，在整个陆海经济体系中，港口扮演着关键角色，有了港口产业链作为基础，就能够大力发展港口服务业以及工业。国外的实践经验告诉我们，沿着“大型港口—临港工业密集带—沿海城市化”这一路径发展，能够为陆海经济一体化目标的实现提供更有力的保障。只有不断完善陆海基础设施，才能更有力地开发海岛资源。从地理的角度来看，岛屿是被海洋孤立的，其经济的发展被能源、水源等方面资源严重限制。兴建交通设施，将岛屿和大陆通过桥梁相连，突破各种资源的限制，将海陆优势结合在一起，促进桥梁两端区域经济的发展。所以，港口、道路、桥梁等基础设施是否完善，在很大程度上影响着陆海经济一体化程度。

第四，行政界限导致陆海产业被人为地分隔开。陆海经济一体化，需要在市场的主导作用下，使资金、资源、技术等要素，流向生产力水平更高的区域，使海洋科技成果和区域优势在经济领域中体现出来，改变当前以资源依赖型产业为主的海洋经济格局，促进海洋高新技术产业的发展，使区域比较优势得到更充分的体现，在海洋资源有限的情况下实现更高的产出效益。而在现实中，各省（市、自治区）的分界线，不可避免地将海洋资源分隔开来，导致资源的整合十分困难。与此同时，道路交通设施无法进行统一规划，各省（市、自治区）各自为政，市场被人为分割，影响资源要素的流通，很多社会资源并未得到有效利用，生产力并未最大限度地释放出来，陆海经济一体化程度严重受限。以环渤海经济区为例，大多数省（市、自治区）都存在钢铁、化工、建材、电力等行业，与此同时以生物制药、新材料为代表的高新产业在过去几年间迅速发展，甚至都要求有自己的出海口。

二、空间布局对中国陆海经济一体化影响的实证分析

（一）模型设定和分析方法

为揭示空间布局和陆海经济一体化之间的关系，首先基于区位熵和区位基尼系数来评价我国海洋产业空间集聚度，接着进行χ^2检验，揭示海洋产业基尼系数和陆海经济一体化变量（陆海产业关联度）的关系，最终通过脉冲响应模型表征不同变量彼此间的关联。

1. 区位熵与区位基尼系数

第一，空间基尼系数（space Gini coefficient）。1986 年，Keeble 课题组创造性地将洛伦兹曲线和基尼系数引入进来，以反映某产业地区间分布的集中程度，空间基尼系数（别名区位基尼系数）就是在这样的背景下诞生的。我们用 S_A 代表洛伦兹曲线与正方形对角线形成的区域的面积，下三角形的剩下区域面积为 S_B，则空间基尼系数 G 可以通过下式计算出来：

$$G=\frac{S_A}{S_A+S_B} \quad (0 \leqslant G \leqslant 1)$$

考虑到洛伦兹曲线基本无法拟合，S_A 的计算量很大，基于洛伦兹曲线计算基尼系数的方法多种多样，相比而言，Krugman（1991b）创建的区位基尼系数应用是最普及的，它的含义如下：

$$G=\sum(s_i-x_i)^2$$

上式中，G 代表产业区位基尼系数，s_i 代表 i 地区某行业从业者人数在全国从业者总人数中的占比，x_i 代表这一地区就业人数在全国所占的比例，将各地区的数值汇总起来，由此就能确定具体行业的空间基尼系数。计算公式为：

$$G=\frac{1}{2m^2\overline{s_k}}\sum_{i=1}^{m}\sum_{j=1}^{m}\left|s_i^k-s_j^k\right|$$

其中，G 代表区位基尼系数，s_i^k 和 s_j^k 表示 i 地区 k 产业和 j 地区 k 产业在全国 k 产业中的占比，$\overline{s_k}$为 k 产业在全国的平均份额，m 为地区数量。

只要有了就业或者是总产值方面的数据，就可以利用公式计算并确定空间基尼系数。该值位于（0，1）区间，其值越大，表示该产业在地理上的集中程度越高。该指标也有一定的缺陷，主要表现为忽视了各个产业中厂商规模或区域，所以无法精准地揭示不同产业的差异。

第二，产业相对地理集中指数。也有学者将其称之为修正的胡佛—巴拉萨系数（Hoover-Balassa index）。Amiti（1998）、Haaland 等（1999）在研究欧盟产业地理集中程度时运用了该指数，它的公式如下：

$$S_k^R = \sqrt{\frac{1}{m}\sum_i (s_i^k - s_i)^2}$$

其中，S_k^R 代表 k 产业相对地理集中指数，m 代表区域数量，s_i^k 为 i 地区 k 产业的总产值（或者就业人数）在全国 k 产业中的占比；s_i 为 i 地区整个制造业在全国的份额。

这一指标能够揭示某产业的地区分布和平均分布的差异程度。如果产业的空间分布和制造业的空间分布是相符的，此时该指标的值是 0。

2. χ^2 检验

χ^2 检验（chi-square test），别名卡方检验方法，它能够基于样本数据进行推导，从而确定实际的分布是否和期望分布是一致的。它属于吻合性检验范畴，一般在涉及多项分类值总体分布情况下使用。它的零假设是样本来自的总体分布与期望分布或某一理论分布无显著差异。基于该方法的理论依据，对变量总体分布进行检验，然后以各个观察频数为切入点进行分析。为揭示实际分布与理论分布之间的差异性，卡方检验统计量是可行的。最具有代表性的卡方统计量是 pearson 卡方，它的公式如下：

$$X^2 = \sum_{i=1}^{k} \frac{(f_i^o - f_i^e)}{f_i^o}$$

其中，k 代表子集个数，f_i^o 为观察频数，f_i^e 为期望频数，χ^2 服从（$k-1$）个自由度的卡方分布。如果 χ^2 值越大，则说明观测频数分布与期望频数分布差距变大，反之亦然。将相关的数据代入公式进行计算，确定 χ^2 统计量的观测值，基于卡方分布表计算和观测值对应的概率 p 值。

（二）实证分析

1. 全国海洋产业空间结构变动的测度

我国海洋经济产值首次公布是在1991年的全国海洋工作会议上，1993年，《海洋经济统计年鉴》首次面世。因此，在数据样本选取方面，将2008—2016年作为重点研究时段，以沿海11省（市、自治区）为研究对象。相关数据见表12-11和表12-12。

表12-11　2008—2018年沿海11省（市、自治区）海洋生产总值

（单位：亿元）

年份	天津	河北	辽宁	上海	江苏	浙江	福建	山东	广东	广西	海南
2008	1369.0	1092.4	1478.9	3988.2	1287.0	1856.5	1743.4	3679.3	4113.9	300.8	311.6
2009	1601.0	1233.0	1759.8	4321.4	1873.5	2244.4	2290.5	4477.8	4532.7	343.7	371.1
2010	1888.7	1396.6	2074.4	4792.5	2114.5	2677.0	2688.2	5346.3	5825.5	398.4	429.6
2011	2158.1	922.9	2281.2	4204.5	2717.4	3392.6	3202.9	5820.0	6661.0	443.8	473.3
2012	3021.5	1152.9	2619.6	5224.5	3550.9	3883.5	3682.9	7074.5	8253.7	548.7	560.0
2013	3519.3	1451.4	3345.5	5618.5	4253.1	4536.8	4284.0	8029.0	9191.1	613.8	653.5
2014	3939.2	1622	3391.7	5946.3	4722.9	4947.5	4482.8	8972.1	10506.6	761.0	752.9
2015	4554.1	1741.8	3741.9	6305.7	4921.2	5257.9	5028.0	9696.2	11283.6	899.4	883.5
2016	5032.2	2051.7	3917.0	6249.0	5590.2	5437.7	5980.2	11288	13229.8	1021.1	902.1
2017	4923.5	2127.7	3529.2	6759.7	6101.7	6016.6	7075.6	12422.3	14443.1	1130.2	1004.7
2018	4045.8	1992.5	3338.3	7463.4	6606.6	6597.8	7999.7	13280.4	15968.4	1251.0	1149.7

数据来源：《中国海洋统计年鉴（2009—2019）》。

表12-12　2008—2018年沿海11省（市、自治区）国内生产总值

（单位：亿元）

年份	天津	河北	辽宁	上海	江苏	浙江	福建	山东	广东	广西	海南
2008	6719.0	16012.0	13668.6	14069.9	30982.0	21462.7	10823.0	30933.3	36796.7	6719.0	16012.0
2009	7521.9	17235.5	15212.5	15046.5	34457.3	22990.4	12236.5	33896.7	39482.6	7521.9	17235.5
2010	9224.5	20394.3	18457.3	17166.0	41425.5	27722.3	14737.1	39169.9	46013.1	9224.5	20394.3
2011	11307.3	24515.8	22226.7	19195.7	49110.3	32318.9	17560.2	45361.9	53210.3	11307.3	24515.8

续表

年份	天津	河北	辽宁	上海	江苏	浙江	福建	山东	广东	广西	海南
2012	12893.9	26575.0	24846.4	20181.7	54058.2	34665.3	19701.8	50013.2	57067.9	12893.9	26575.0
2013	14442.0	28443.0	27213.2	21818.2	59753.4	37756.6	21868.5	55230.3	62474.8	14442.0	28443.0
2014	15726.9	29421.2	28626.6	23567.7	65088.3	40173.0	24055.8	59426.6	67809.9	15726.9	29421.2
2015	16538.2	29806.1	28669.0	25123.5	70116.4	42886.5	25979.8	63002.3	72812.6	16538.2	29806.1
2016	17885.4	32070.5	22246.9	28178.7	77388.3	47251.4	28810.6	68024.5	80854.9	17885.4	32070.5
2017	18549.2	34016.3	23409.2	30633.0	85869.8	51768.3	32182.1	72634.1	89705.2	18549.2	34016.3
2018	18809.6	36010.3	23510.5	32679.9	93207.6	58003.0	38687.8	66648.9	97277.8	18809.6	36010.3

数据来源：《中国统计年鉴（2009—2019）》。

首先，采用以下公式计算沿海各省（市、自治区）的区位熵：

$$y_i=\frac{i\text{ 地区海洋生产总值}/i\text{ 地区国内生产总值}}{\text{全国海洋生产总值}/\text{沿海地区国内生产总值}}$$

结果如表 12-13 所示。

表 12-13　2008—2018 年中国沿海 11 省（市、自治区）海洋经济区位熵

年份	天津	河北	辽宁	上海	江苏	浙江	福建	山东	广东	广西	海南
2008	1.4000	0.4727	0.7208	1.9318	0.2811	0.5879	1.0590	0.7646	0.7262	0.2834	0.1212
2009	1.4625	0.4957	0.7706	1.9573	0.3679	0.6635	1.2306	0.8492	0.7457	0.2893	0.1341
2010	1.4069	0.4745	0.7487	1.9026	0.3454	0.6563	1.1992	0.8774	0.8223	0.2734	0.1312
2011	1.3114	0.2608	0.6837	1.4927	0.3744	0.7134	1.1991	0.8248	0.8131	0.2485	0.1203
2012	1.6102	0.3006	0.7023	1.7642	0.4444	0.7614	1.2289	0.9093	0.9394	0.2694	0.1313
2013	1.6744	0.3536	0.8190	1.7550	0.4816	0.8166	1.2879	0.9345	0.9555	0.2691	0.1431
2014	1.7211	0.3820	0.7893	1.7195	0.4910	0.8370	1.2251	0.9705	1.0064	0.3063	0.1594
2015	1.8921	0.4049	0.8695	1.7105	0.4749	0.8332	1.2723	0.9893	1.0065	0.3443	0.1847
2016	1.9333	0.4433	1.1729	1.5113	0.4888	0.7821	1.3646	1.0667	1.0628	0.3614	0.1752
2017	1.8238	0.4334	1.0043	1.5038	0.4808	0.7899	1.4454	1.0994	1.0458	0.3857	0.1840
2018	1.4779	0.3834	0.9459	1.5564	0.4796	0.7731	1.3594	1.2809	1.0662	0.4210	0.1989

基尼系数以各地区的平均值为标准，首先计算各地区相对于该标准的加权偏差值，接着予以加权求和，计算其和 2 倍全国平均值（μ）的商。也就是：

$$Gini = \frac{\frac{1}{n-1}\sum_{i=1}^{n}\sum_{j=1}^{n}|y_i - y_j|}{2\mu}$$

其中，n 代表所统计的地区个数。这里采集的是 11 个省级区域的数据，因此 $n=11$。$y_i(i=1,2,\cdots,n)$ 代表第 i 个地区的海洋总产值，$\mu=\frac{1}{n}\sum_{j=1}^{n}y_j$ 是全国人均海洋生产总值。若某个产业在各地区的专门化水平均为 1，基尼系数为 0，证明这一产业在空间分布上是完全均匀的，产业分布非常分散；若各地区产业专门化水平不一致，且其差异程度为上限，则基尼系数是 1。区位基尼系数的值不超过 0~1，其值越接近 0，证明产业越分散，集聚程度越低，具体结果详见表 12-14。

表 12-14　2008—2018 全国海洋区位熵基尼系数

年份	区位基尼系数
2008	0. 3246
2009	0. 3343
2010	0. 3444
2011	0. 3547
2012	0. 3653
2013	0. 3763
2014	0. 3876
2015	0. 3992
2016	0. 3924
2017	0. 3858
2018	0. 3792

对上表进行分析能够确定，在数据统计期间，11 个省级区域的海洋产业集聚程度首先是有所升高，达到一定的峰值后开始降低。这是因为过去几年间国内海洋经济发展迅速，产业集聚的倾向十分明显。但发展到一定阶段后部分海洋产业出现了扩散转移的趋势，不再单独地集聚在某些特定地区。

2.χ^2 检验

首先提出 H_0 无效假设：两个变数彼此独立，不存在关联（$P<0.05$）；

备择假设 H_1，两个变数存在关联（P>0.05）。基于陆海产业关联度数据及海洋产业区位基尼系数展开卡方独立性检验，得到的结果详见表 12-15、表 12-16。

表 12-15　2008—2018 年中国陆海产业关联度和海洋产业区位基尼系数

年份	GINI	REL
2008	0.3246	0.5183
2009	0.3343	0.5095
2010	0.3444	0.5008
2011	0.3547	0.4923
2012	0.3653	0.4839
2013	0.3763	0.4757
2014	0.3876	0.4676
2015	0.3992	0.4597
2016	0.3924	0.4519
2017	0.3858	0.4442
2018	0.3792	0.4366

表 12-16　卡方检验结果

	Value	df	Asymp Sig (2-sided)
Pearson Chi-Square	110.000a	100	.232
Likelihood Ratio	52.754	100	1.000
Linear-by-Linear Association	8.060	1	.005
N of Valid Cases	11		

a. 121 cells (100.0%) have expected count less than 5. The minimum expected count is. 09.

卡方检验结果表明，P 值为 0.232，远超 0.05。由此证明，陆海产业关联度与海洋产业区位基尼系数二者是关联的，也就是说，海洋产业区位基尼系数在一定程度上决定了陆海经济一体化程度。

3. 脉冲响应模型分析

第一，对陆海产业关联度（REL）和海洋产业区位基尼系数（GINI）予以平稳性检验。通过 Eviews 软件完成单位根检验，由此确定陆海产业关联度变量

（REL）为平稳序列，海洋产业区位基尼系数（GINI）为二阶差分平稳序列。

表 12-17　海洋产业区位基尼系数（D1. GINI）平稳性检验

Null Hypothesis：D2GINI has a unit root			
Exogenous：Constant			
Lag Length：0（Automatic-based on SIC，maxlag=1）			
		t-Statistic	Prob. *
Augmented Dickey-Fuller test statistic		-2.827924	0.0964
Test critical values：	1% level	-4.582648	
	5% level	-3.320969	
	10% level	-2.801384	

表 12-18　陆海产业关联度（REL）平稳性检验

Null Hypothesis：REL has a unit			
rootExogenous：Constant			
Lag Length：1（Automatic-based on SIC，maxlag=1）			
		t-Statistic	Prob. *
Augmented Dickey-Fuller test statistic		-38.20298	0.0001
Test critical values：	1% level	-4.297073	
	5% level	-3.212696	
	10% level	-2.747676	

第二，格兰杰因果检验。通过上一步骤证明满足平稳性要求后，接下来对沿海地区陆海产业关联度序列和海洋产业区位基尼系数的二阶差分序列予以格兰杰因果检验，结果详见表 12-19。

表 12-19　陆海产业关联度序列和陆海产业结构绩效格兰杰因果检验

Null Hypothesis：	Obs	F-Statistic	Prob.
REL does not 格兰杰 Cause D2GINI	7	0.67495	0.7591
D2GINI does not 格兰杰 Cause REL		106.482	0.0003

由表 12-19 可知，原假设“陆海产业关联度不是海洋产业区位基尼系数的格兰杰原因”被接受（P 值为 0.7591），同时“海洋产业区位基尼系数不是陆海产业关联度的格兰杰原因”是不成立的（P 值为 0.0003）。由此能够得到结论：海洋产业区位基尼系数是沿海地区陆海产业关联度的格兰杰原因。这充分证实了空间布局的优化会促进陆海经济一体化程度的提高。这一检验

结果是符合我国现实情况的。

第三，进行脉冲响应模型分析。为了具体分析空间布局变化对陆海经济一体化的影响程度，在这里利用脉冲响应模型展开量化分析。基于陆海产业关联度数据和二阶差分后的海洋产业区位基尼系数数据创建模型，通过 Eviews 软件完成模型的分析，得到的结果详见图 12-2。

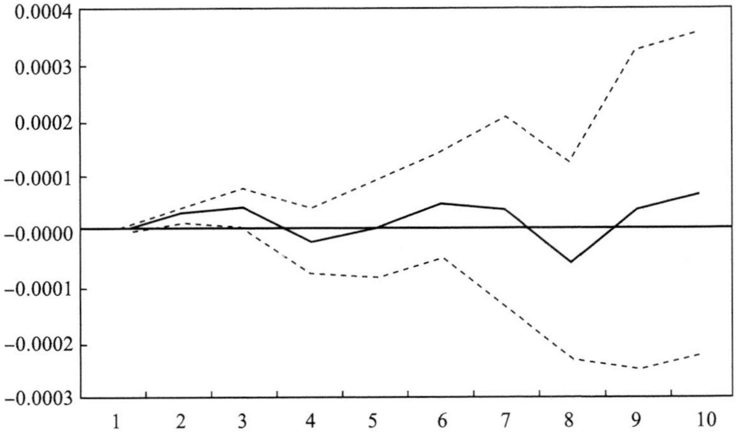

图 12-2　陆海产业关联度与海洋产业区位基尼系数脉冲响应函数

对上图进行分析可知，从短期（1~2 期）角度来看，海洋产业区位基尼系数是导致陆海产业关联度发生正向变化的原因。从中长期角度来看，二者之间的正向影响关系依旧是成立的。也就是说，陆海经济一体化程度和海洋产业集聚程度为正相关关系。

4. 结论

为了明确空间布局和陆海经济一体化之间的关系，本节进行了实证分析，结果证明二者是彼此关联的；然后对具体的影响程度予以定量分析。首先，对数据统计期间海洋产业区位基尼系数的波动进行分析，结果表明，海洋产业集聚程度先是不断提升，在 2015 年迎来峰值，然后不断降低，这一波动规律和陆海经济一体化的变化总体趋势相符。其次，卡方检验结果表明，陆海经济一体化和海洋产业区位基尼系数是彼此关联的，后者是影响前者的因素之一。充分证明，随着海洋产业的不断集聚，沿海地区陆海经济一体化程度有所提高。这和我国的现状是相符的。最后，脉冲响应函数分析结果显示，从短期（1~2期）角度来看，海洋产业区位基尼系数是导致陆海产业关联度发生正向变化的原因。从中长期角度来看，二者之间的正向影响关系依旧是成立的。也就是说，陆海经济一体化程度和海洋产业集聚程度为正相关关系。

第三节　海洋资源环境承载率对中国陆海经济一体化的影响

一、理论分析

其一，随着海洋环境问题的日益突出，陆海经济一体化受到更大的限制。海洋资源并非无穷无尽，如果盲目开发利用，超过其承载范围，就会造成资源的急剧减少，生态系统受损，导致严重的后果。海洋经济需要良好的海洋生态环境，才能快速、稳定地发展。如果海洋环境受到严重的破坏，相关产业将难以有序发展，陆海一体化的进程会被拖慢。就我国来看，海洋生态环境问题持续恶化，沿海地区社会和经济的前行因此而受阻，海洋产业难以实现可持续发展，陆海一体化发展目标难以实现。具体表现在，大量污染物排放到海洋中，使局部区域海水质量降低，环境受到污染，海洋养殖业受到重创。统计数据表明，2016年我国有146980平方千米的海域达不到清洁标准，其中29720平方千米属于严重污染，大多来自辽东湾、渤海湾、莱州湾、长江口、杭州湾、珠江口等区域。与此同时，由于海平面不断攀升，导致各种自然灾害事件频发，海水漫灌对沿海地区的湿地、红树林等造成极大的危害，海岸生物多样性受损，海岸带生态系统的功能受损。随着海平面的不断上升，沿海城市市政排水系统的功能受到影响，导致港口功能因此而缩减。所以，要进一步提高陆海经济一体化的程度，关键在于在结合海洋资源环境的基础上明确发展方向，如发展低碳经济等，提高海洋产业结构的合理化水平，淘汰高污染、高能耗、低产出的产业。在进行产业布局的过程中，以资源的储备量和承载范围为依据，对企业数量、规模和空间位置进行合理安排和设计，保障资源的可持续利用，保障海洋经济的可持续发展。

其二，资源的不合理开发，导致陆海经济一体化建设受阻。从正面来看，各种海洋资源的开发和利用，能够为产业发展注入动力，促进陆海经济一体化的发展；从反面来看，资源的盲目开发，导致海洋经济难以实现长期稳定健康发展，这必然会抑制陆海一体化程度的加深。由此可见，资源开发对陆海经济一体化可能产生完全相反的影响。究竟是促进还是制约作用，和资源开发的程度有关。就国内的现状来看，一部分海洋资源的开发严重过度，一部分却严重不足，形成了鲜明的对比。首先，和发达国家对比来看，国内的海洋资源整体利用较为不足，海洋经济发展缓慢。调查数据显示，近海油气探明储量仅为总量的1%，而目前仅仅开采了已探明储量的5%；滨海旅游资源利用率低于1/3，且主要进行的是浅层的开发；满足养殖要求的滩涂资源，有效利用率不足60%，宜盐土地和滩涂利用率仅为45%。如果科学、合理地开发上述资源，我国海洋经济必然会迅猛发展，从而带动陆海经济一体化不断提升。除此之外，当前我国宏观经济发展依旧具有显著的粗放性特征。国家发改委（2017）研究发现，从单位GDP能耗这一指标来看，我国超过全球平均水平2.2倍，依次是美国、欧盟和日本的3.3倍、5.5倍、9倍。如果按照这样的水平发展下去，海洋资源将会被严重消耗，海洋经济始终无法摆脱掠夺式增长，和可持续发展的要求相去甚远。

其三，陆海经济一体化的极限水平，和资源环境的承载率有关。在整个陆海产业体系中，海岸带的作用非常重要。一方面，它可以为陆海产业的发展提供各种原料、能源；另一方面，海岸带为经济活动的开展提供了空间，如海洋养殖业、滨海旅游业，都是在特定的环境下进行的。海岸带遍布着人类活动的足迹，再加上海洋资源的过度开发，导致海岸带生态系统变得十分脆弱。日益频发的不科学开发行为，导致海岸带生态系统受到损害，环境不断恶化。进入新世纪后，我国海水富营养化的问题愈发严重，大量垃圾被直接排放到海洋中。统计数据显示，2000年至今，国内发生的赤潮灾害至少有300起之多，由此导致的直接经济损失超过10亿元。在东部沿海地区经济加速前行的过程中，对海洋的索取逼近了我国海岸带地区资源和环境的承载范围。海岸带是陆海产业交界的位置，如果它的生态环境得不到有效保护，就无法充分发挥其桥梁的作用，使陆海经济一体化程度下降。

二、实证分析

（一）研究方法

本章采取层次分析法对海洋资源环境承载率进行分析，因为该方法在第五章已详细论述，本章不再赘述。本章使用三层结构对海洋资源环境承载率做分析，首层为目标层；第二层是评价因素层，它包含了多种因素相对比值，本章分为海洋资源供给系统、海洋经济发展能力、海洋生态环境支撑三个准则层；第三层为指标层，即评价因素需考虑的具体指标。本章选取了 20 个指标进行衡量。

（二）基于层次分析法的海洋资源环境承载率实证分析

为揭示海洋资源环境承载率变动是如何影响陆海经济一体化的，通过层次分析法评估海洋资源环境承载力和承载率；接着进行 χ^2 检验，验证海洋资源环境承载率和陆海经济一体化（用陆海产业关联度度量）二者的关系；最后，利用脉冲响应模型分析不同变量是如何相互影响的。

1. 海洋资源环境承载力评价指标体系构建

为了能够准确、全面地反映海洋资源承载率，应该从经济系统、资源环境系统以及社会系统三个方面选择指标。

在确定了指标选择范围后，综合应用理论分析法和专家咨询法，找到 20 个评价因子，通过层次分析法赋予各项指标合理的权重。X1 代表人均海岸线（千米/万人）；X2 代表人均海域面积（千公顷/万人）；X3 代表海水已养殖面积占可养殖面积的比重；X4 代表海洋石油资源剩余技术可采储量（万吨）；X5 代表海洋天然气资源储量（亿立方米）；X6 代表人口密度（平方千米/人）；X7 代表恩格尔系数；X8 代表海洋生产总值增长速度；X9 代表海洋生产总值占沿海地区生产总值比重；X10 代表海洋产业从业人口占地区人口的比重；X11 代表海洋渔业及相关产业增加值；X12 代表海洋石油及天然气增加值；X13 代表海洋交通运输增加值；X14 代表滨海旅游收入增加值；X15 代表工业废水排放总量；X16 代表受污染海洋面积（万平方千米）；X17 代表工业废水排放达标率；X18 代表工业固体废物综合利用率；X19 代表废弃物海洋倾倒量（万立方米）；X20 代表环境污染治理投资占 GDP 比重。

将上述指标进行无量纲化处理，结果如表 12-20。

表 12-20 2008—2018 年海洋资源环境承载率无量纲化数据

年份	2008	2009	2010	2011	2012	2013	2014	2015	2016	2017	2018
X1	0.98	0.87	0.77	0.66	0.56	0.46	0.36	0.26	0.16	0.07	0.03
X2	1.01	0.9	0.8	0.7	0.6	0.5	0.4	0.3	0.2	0.1	0.97
X3	1.17	1.02	0.87	0.73	0.59	0.44	0.31	0.16	0.03	0.12	0.25
X4	1	0.8	0.63	0.49	0.38	0.28	0.2	0.14	0.08	0.04	0
X5	0.97	0.97	0.97	0.98	0.98	0.98	0.99	0.99	0.99	1	1
X6	0	0.1	0.2	0.3	0.4	0.5	0.6	0.7	0.8	0.9	1
X7	0.08	0.17	0.26	0.35	0.45	0.54	0.63	0.73	0.83	0.92	1
X8	0.57	0.65	0.73	0.82	0.91	1	0.76	0.55	0.35	0.17	0
X9	0.57	0.65	0.73	0.82	0.91	1	0.76	0.55	0.35	0.17	0.77
X10	0.57	0.65	0.73	0.82	0.91	1	0.76	0.55	0.35	0.16	0.66
X11	0.57	0.65	0.73	0.82	0.91	1	0.76	0.55	0.35	0.17	0.78
X12	0.57	0.65	0.73	0.82	0.91	1	0.76	0.55	0.35	0.17	0.98
X13	0.57	0.65	0.73	0.82	0.91	1	0.76	0.55	0.35	0.17	1
X14	0.57	0.65	0.73	0.82	0.91	1	0.76	0.55	0.35	0.17	1
X15	0.57	0.65	0.73	0.82	0.91	1	0.76	0.55	0.35	0.17	1
X16	0.57	0.65	0.73	0.82	0.91	1	0.76	0.55	0.35	0.17	1
X17	0.57	0.65	0.73	0.82	0.91	1	0.76	0.55	0.35	0.17	0.13
X18	0.57	0.65	0.73	0.82	0.91	1	0.76	0.55	0.35	0.17	0.44
X19	0.57	0.65	0.73	0.82	0.91	1	0.76	0.55	0.35	0.17	0.35
X20	0.57	0.66	0.74	0.82	0.92	1	0.77	0.56	0.36	0.18	0

数据来源：根据国家海洋局历年出版的《中国海洋统计年鉴》（海洋出版社）、国家海洋局发布的历年《中国海洋环境质量公报》编制。

基于表 12-20 中的相关内容，确定 2008—2018 年代表海洋资源供给系统、海洋经济发展能力、海洋生态环境的 20 个指标，利用层次分析法确定各项指标的权重，详见表 12-21。

表 12-21　海洋资源环境承载率评价指标体系

目标层	准则层及权重 W_i	指标层	指标层权重 W_{ij}	总权重 $W_i \times Wij$
海洋资源环境承载率	海洋资源供给系统，33.21%	人均海岸线（千米/万人）	17.88%	5.94%
		人均海域面积（千公顷/万人）	19.14%	6.36%
		海水已养殖面积占可养殖面积的比重	12.34%	4.10%
		海洋石油资源剩余技术可采储量（万吨）	13.12%	4.36%
		海洋天然气资源储量（亿立方米）	15.38%	5.11%
		人口密度（平方千米/人）	10.97%	3.64%
		恩格尔系数	11.17%	3.71%
	海洋经济发展能力，41.33%	海洋生产总值增长速度	22.34%	9.23%
		海洋生产总值占沿海地区生产总值比重	23.45%	9.69%
		海洋产业从业人口占地区人口的比重	11.13%	4.60%
		海洋渔业及相关产业增加值	12.34%	5.10%
		海洋石油及天然气增加值	11.34%	4.69%
		海洋交通运输增加值	9.8%	4.05%
		滨海旅游收入增加值	9.6%	3.97%
	海洋生态环境支撑，25.46%	工业废水排放总量	28.33%	7.21%
		受污染海洋面积（万平方千米）	21.12%	5.38%
		工业废水排放达标率	17.32%	4.41%
		工业固体废物综合利用率	8.35%	2.13%
		废弃物海洋倾倒量（万立方米）	11.36%	2.89%
		环境污染治理投资占 GDP 比重	13.52%	3.44%

承载力指标的计算模型为：

$$RBC(A)=\sum_{i=1}^{m} W_i \sum_{j=1}^{n} W_{ij} Y_{ij}$$

式中 W_i 为各层指标海洋资源承载力的综合评价值；Y_{ij} 和 W_{ij} 分别为第 j 个指标无量纲评价值和指标因子权重，W_i 为准则层权重。

计算海洋资源承载率（RBR），公式为：

海洋资源承载率（RBR）= 海洋资源承载力（RBC）/资源承载量（RBQ）

资源承载量指的是特定时间范围内资源系统最高能够承受的人类作用量值。资源承载量数值包括两种：其一是易于确定的理论最佳值，一般直接采用此数值；其二是难以直接确定的理论最佳值，一般采用预定要达到的目标值来间接代替。本书参照《2018 中国海洋经济发展指数》的内容，将承载量取值为 60. 12。根据相关文献可知，若某地区 0<RBR<0. 80，证明开发强度不足，应该进一步提高开发力度；若 0. 81<RBR<1，证明该地区的开发达到了平衡状态，需进行合理控制；若 RBR> 1，证明存在过度开发问题，应该禁止进一步开发。

据此，通过计算确定承载力和承载率这两项数据，详见表 12-22。

表 12-22　2008—2018 中国海洋资源环境承载力和承载率

年份	海洋承载力	海洋承载量	承载率
2008	64. 73	60. 12	1. 0811
2009	67. 96	60. 12	1. 1312
2010	71. 42	60. 12	1. 1911
2011	75. 67	60. 12	1. 2612
2012	77. 67	60. 12	1. 2931
2013	80. 11	60. 12	1. 3311
2014	83. 14	60. 12	1. 3801
2015	84. 16	60. 12	1. 4011
2016	85. 56	60. 12	1. 4222
2017	88. 37	60. 12	1. 4713
2018	90. 12	60. 12	1. 5011

对上表进行分析可知，在数据统计期间，沿海地区海洋资源环境承载率逐年递增，证明海洋资源开发力度持续增强，对海洋资源环境造成的压力持续增强。

2. χ^2 检验

首先提出 H0 无效假设：两个变数彼此独立，不存在关联（P<0. 05）；备择假设 H1，两个变数存在关联（P>0. 05）。对陆海产业关联度（REL）数据及海洋资源环境承载率（RBR）予以卡方独立性检验，由此得到的结果详见表 12-23。

表 12-23　2008—2018 年中国陆海产业关联度和海洋资源环境承载率

年份	RBR	REL
2008	1.0811	0.5183
2009	1.1312	0.5095
2010	1.1911	0.5008
2011	1.2612	0.4923
2012	1.2931	0.4839
2013	1.3311	0.4757
2014	1.3801	0.4676
2015	1.4011	0.4597
2016	1.4222	0.4519
2017	1.4713	0.4442
2018	1.5011	0.4366

表 12-24　卡方检验结果

	Value	df	Asymp Sig (2-sided)
Pearson Chi-Square	110.000a	100	.232
Likelihood Ratio	52.754	100	1.000
Linear-by-Linear Association	8.060	1	.005
N of Valid Cases	11		

a. 121 cells (100.0%) have expected count less than 5. The minimum expected count is. 09.

根据卡方检验结果能够确定，P 值=0.341>0.05，证明陆海产业关联度与海洋资源环境承载率二者是相互关联的。也就是说，海洋资源环境承载率会对陆海经济一体化造成影响。

3. 脉冲响应模型分析

第一，对陆海产业关联度（REL）和海洋资源环境承载率（RBR）予以平稳性检验，通过 Eviews 软件完成单位根检验，由此确定，陆海产业关联度变量（REL）为平稳序列，海洋资源环境承载率（RBR）为二阶差分平稳序列。

表 12-25　海洋资源环境承载率（D2. RBR）平稳性检验

Null Hypothesis：D2RBR has a unit root
Exogenous：Constant
Lag Length：1（Automatic-based on SIC，maxlag = 1）

		t-Statistic	Prob. *
Augmented Dickey-Fuller test statistic		-7.4608	0.0008
Testcritical values：	1% level	-4.803492	
	5% level	-3.403313	
	10% level	-2.841819	

表 12-26　陆海产业关联度（REL）平稳性检验

Null Hypothesis：REL has a unit
rootExogenous：Constant
Lag Length：1（Automatic-based on SIC，maxlag = 1）

		t-Statistic	Prob. *
Augmented Dickey-Fuller test statistic		-38.20298	0.0001
Test critical values：	1% level	-4.297073	
	5% level	-3.212696	
	10% level	-2.747676	

第二，格兰杰因果检验。通过上一步骤证明满足平稳性要求后，接下来对沿海地区陆海产业关联度序列和海洋资源环境承载率的二阶差分序列予以格兰杰因果检验，结果详见表 12-27。

表 12-27　陆海产业关联度序列和海洋资源环境承载率格兰杰因果检验

Null Hypothesis：	Obs	F-Statistic	Prob.
REL does not 格兰杰 Cause D2RBR	7	6.27782	0.0974
D2RBR does not 格兰杰 Cause REL		0.45211	0.6887

由表 12-27 可知，原假设“陆海产业关联度不是海洋资源环境承载率的格兰杰原因”是不成立的（P 值为 0.0974），而“海洋资源环境承载率不是陆海产业关联度的格兰杰原因”被接受（P 值为 0.6887）。即“沿海地区陆海产业关联度是海洋资源环境承载率的格兰杰原因”。这说明，海洋资源环境承载率的提升对陆海经济一体化建设是有利的。该结论和我国的现状相符。

第三，进行脉冲响应模型分析。为了具体分析海洋资源环境承载率对海洋经济一体化的影响程度，在这里利用脉冲响应模型展开量化分析。基于陆海产业关联度数据和二阶差分后的海洋资源环境承载率数据创建模型，通过 Eviews 软件完成模型的分析，得到的结果详见下图 12-3。

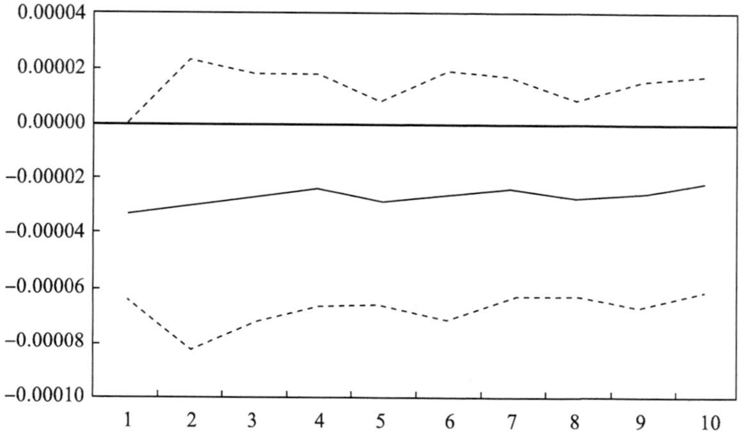

图 12-3　陆海产业关联度与海洋资源环境承载率脉冲响应函数

对上图进行分析可知，从短期（1~2 期）角度来看，海洋资源环境承载率是导致海陆产业关联度发生正向变化的原因。从中长期角度来看，二者之间的正向影响关系依旧是成立的。也就是说，海洋产业集聚度的提高会带动陆海经济一体化程度的持续提高。

4. 结论

为了明确海洋资源环境承载率和陆海经济一体化之间的关系，本节进行了实证分析，结果证明二者是彼此关联的；然后对具体的影响程度予以定量分析。首先，对数据统计期间海洋资源环境承载率的波动进行分析，结果表明，此项指标不断提升（与此同时海洋资源环境承受的压力不断增大），这一波动规律和陆海经济一体化的变化总体趋势相符。其次，卡方检验结果表明，陆海经济一体化和海洋资源环境承载率系数是彼此关联的，后者是影响前者的因素之一。充分证明，随着海洋资源环境承载率的提高，沿海地区陆海经济一体化程度有所提高。这和我国的现状是相符的。最后，脉冲响应函数分析结果显示，从短期（1~2 期）角度来看，海洋资源环境承载率是导致陆海产业关联度发生正向变化的原因。从中长期角度来看，二者之间的正向影响关系依旧成立。随着资源环境承载压力的加大（资源环境承载率的升高），其对陆海经济一体化的提高程度在下降。

本章小结

本章从陆海产业关联的角度，重点探讨了陆海产业结构、空间布局、海洋资源环境承载率和陆海经济一体化的关系，运用科学的方法进行实证研究，揭示出三项因素对陆海经济一体化的影响程度。

在实证研究的过程中，本章通过主成分分析法评价陆海产业结构，研究结果表明，在数据统计期间，我国陆海产业结构绩效逐年递增，且递增的趋势和陆海产业关联度的变化趋势比较一致。接着进行单位根检验，充分验证陆海产业结构绩效和陆海经济一体化变量具有足够的平稳性。然后展开格兰杰因果关系检验，对二者的双向因果关系予以验证，证明陆海产业结构绩效是沿海地区陆海产业关联度的格兰杰原因。这意味着提升陆海产业结构绩效，沿海地区陆海产业关联度将随之提升。这和我国的现状是相符的。最后，通过模型进行定量分析，结果表明，从短期（1~2 期）、中长期（3~10 期）角度来看，陆海产业结构绩效发生波动后，陆海产业关联度也会随之变化，进一步证明陆海产业结构是决定陆海产业关联度的核心因素。

其次，本章用区位熵和区位基尼系数反映海洋产业空间集聚程度，结果表明，在数据统计期间，11 个省级区域的集聚程度整体经历了先上升后降低的过程。由此可见，海洋经济的整体发展速度是比较快的，使产业不断集聚。但集聚到一定程度后，部分海洋产业逐渐分散出去。卡方检验结果也表明，陆海经济一体化和海洋产业区位基尼系数是彼此关联的，后者是影响前者的因素之一。这充分证明，随着海洋产业的不断集聚，沿海地区陆海经济一体化程度有所提高。这和我国的现状是相符的。同时脉冲响应函数分析结果显示，从短期（1~2 期）角度来看，海洋产业区位基尼系数是导致陆海产业关联度发生正向变化的原因。从中长期（3~10 期）角度来看，二者之间的正向影响关系依旧成立。

此外，本章通过层次分析法，评价中国海洋资源环境承载率。相关的数据表明，在过去十多年间，沿海地区的海洋资源环境承载率逐年提升，证明沿海地区的开发力度持续增强，对海洋资源环境施加了更大的压力。卡方检验结果表明，陆海经济一体化和海洋资源环境承载率系数是彼此关联的，后者是影响前者的因素之一。充分证明，随着海洋资源环境承载率的提高，沿海地区陆海经济一体化程度有所提高。这和我国的现状是相符的。脉冲响应函数分析结果显示，从短期（1~2 期）角度来看，海洋资源环境承载率是导致海陆产业关联度发生正向变化的原因。从中长期（3~10 期）角度来看，二者之间的正向影响关系依旧成立。

第三篇

区域实践篇

我国沿海地区有广西、广东、江苏、山东、浙江、福建、辽宁、上海、天津、海南和河北等11个省（市、自治区）（出于数据考虑，分析过程中，不考虑港澳台地区）。党和政府一直重视海洋经济和陆海经济一体化发展，制定了很多相应的发展战略、规划和政策措施。党的十八大提出了海洋强国，为我国海洋事业发展确立了战略目标。之后，全国各沿海地区积极落实国家战略，大力发展海洋经济，成效显著。在海洋经济发展的探索和实践中，根据党的十八届五中全会提出的创新、协调、绿色、开放、共享五大发展理念，明确了发展海洋经济不能局限于海洋，而要统筹陆海，从陆海空间布局一体化、陆海产业发展一体化、陆海资源开发一体化、陆海生产要素配置一体化、陆海交通基础设施建设一体化、陆海生态环境保护一体化等六大方面实现陆海经济一体化发展道路。当前，陆海经济一体化已经成为各沿海地区促进海洋经济和整个社会经济发展的重要举措。党的十九大明确提出，实施区域协调发展战略，坚持陆海统筹，加快建设海洋强国。这些战略规划进一步为我国沿海地区乃至整个国家推进陆海经济一体化发展，实现海洋强国指明了方向。

近年来，各个沿海地区积极落实陆海经济一体化发展的成效显著，海洋经济逐步成为地方社会经济发展的新增长点，曾有力地推进当地社会经济发展。2018年，我国海洋经济总量首次超过8万亿元，达到83415亿元，按照年平均汇率折算，海洋生产总值已达到1.3万亿美元，比2012年增加了66.3%，海洋经济总量再上新台阶。分区域来看，2018年我国区域海洋经济继续保持均衡平稳的发展态势。沿海地区的北部、东部、南部三大海洋经济圈，海洋生产总值分别为26219亿元、24261亿元、32934亿元，与2017年相比分别增长了7.0%、8.0%、10.6%（现价），增速有小幅回落。海洋生产总值占全国海洋生产总值的比重基本稳定，分别为31.4%、29.1%、39.5%。2012—2018年，全国海洋生产总值年增速均在6.5%以上，其中2018年海洋生产总值与2017年相比增长了6.7%，高于国内生产总值增速0.1个百分点。2012—2018年，我国海洋生产总值占国内生产总值的比重均在9%以上，其中2018年海洋生产总值占国内生产总值的9.3%，海洋经济在国民经济中的比重基本稳定。同时，海洋经济带动国民经济增长和改善民生的作用持续发挥。以2018年为例，在带动国民经济增长方面，海洋经济的快速发展带动国民经济增长 0.6%，对国民经济增长的贡献率为 9.4%；在改善民生方面，海洋经济的发展促进了国民就业，全国从事海洋方面工作的人员达到 3684 万人，在全国就业总人数中的占比为 4.7%。海洋产业结构不断优化，为进一步推进陆海经济一体化奠定基础。2012—2018 年，我国海洋三次产业结构连续 7 年保持三、二、一的态势。海洋经济发展结构进一步优化，到 2018 年我国海洋三次产业增加值占海洋生产总值的比重为：海洋第一产业占 4.4%、海洋第二产业占 37%、海洋第三产业占 58.6%。值得注意的是，由于近年来海洋第三产业快速发展，2018 年海洋第三产业在海洋生产总值中的占比较上年提高了 1 个百分点。海洋第三产业对海洋经济的稳定快速发展起着越来越重要的作用。因此，良好的海洋经济基础在为陆海经济一体化发展提供坚实保障的同时，不断优化的海洋产业结构与整个国民经济的产业结构相吻合，也为进一步推进陆海经济一体化奠定了坚实基础。

总体上看，我国各个沿海地区以自身海洋资源、经济和社会优势为基础，积极推进陆海空间布局一体化、陆海产业发展一体化、陆海资源开发一体化、陆海生产要素配置一体化、陆海交通基础设施建设一体化和陆海生态环境保护一体化，从多方面实现陆海经济一体化。在此过程中，通过梳理各地陆海经济一体化的具体做法，总结其发展成效的同时凝练出发展经验，为进一步深入推进我国陆海经济一体化提供参考，对实现海洋强国战略具有重要意义。

第十三章　广西陆海经济一体化的具体实践

第一节　广西陆海经济一体化的比较优势

作为我国西部唯一的沿海地区，广西是我国实现以东带西、东中西共同发展、陆海经济一体化发展新格局的重要节点。广西北部湾背靠大西南，面向东南亚，既是西南地区通向我国沿海、东南亚乃至世界各地的重要交通要道之一，也是西南地区最便捷的出海口。因此，广西陆海经济一体化发展具有不可替代的战略地位和得天独厚的区位优势。正是得益于这样的战略地位和区位优势，广西拥有的资源优势，如海洋空间资源、海运港航资源、海洋生物资源、海洋油气及矿产资源、海洋能源、海洋旅游资源、海洋生态资源等及叠加的政策优势，成为广西陆海经济一体化的比较优势。

一、资源禀赋丰裕

（一）空间资源和海运港航资源

广西陆海经济一体化发展的资源禀赋，首先体现在空间资源和海运港航资源。在空间资源方面，广西濒临的北部湾地区有北海、防城港和钦州 3 个沿海城市，涉及 1 个县、1 个县级市和 6 个区等 8 个沿海地带；海域面积约为 12.93 万平方千米，初步估算广西管辖海域面积为 3 万平方千米左右；另外，广西沿海目前有大大小小岛屿共计 679 个。在海运、港航资源方面，广西海岸线长 1628.59 千米，在全国 11 个沿海省（市、自治区）排名第六。海岸线曲折，港湾水道丰富，天然屏障良好。北海港、钦州港、铁山港、防城港等港口可开发万吨以上泊位。港口规划实施完成后，年综合通过能力约为17亿吨。广西丰富的海洋空间资源和海运港航资源，为推进陆海空间布局一体化和陆海交通基础设施建设一体化，实现广西陆海经济一体化发展提供了保障。

（二）生物资源、能源及矿产资源

广西拥有陆海经济一体化发展的海洋生物资源、能源及矿产资源。就生物资源而言，北部湾是中国几个著名渔场之一，适于海洋捕捞的面积为1.07万平方千米。南海深外海和南沙渔场的深海渔业已确定了562万吨的潜在渔业资源，可捕获280万吨。北部湾有多种贝类、藻类和其他物种，其中儒艮、海蛇、海马和文昌鱼等是重要的药用生物。北海的“南珠”和钦州的牡蛎、白海豚是广西海域的独特资源。在能源方面，广西沿海地区可利用的风能和潮汐能总储量为92万千瓦，可建10多个风电场和30个潮汐发电点。在石油、天然气和矿产资源方面，北部湾的油气资源为22.59亿吨。北部湾的海底沉积物矿产资源丰富，其中石英砂矿的潜在储量超过10亿吨，石膏矿的储量超过3亿吨。广西丰富的海洋生物资源、能源及矿产资源为推进陆海资源开发一体化，实现广西陆海经济一体化发展提供了物质基础。

（三）海洋旅游资源和生态资源

广西拥有陆海经济一体化发展的旅游资源和生态资源。在旅游资源方面，广西沿海地区气候温和、四季宜人、风景秀丽，有许多适合旅游业发展的岛屿；同时，海岸线长、海滩优良、海水清澈且无污染，是中国为数不多的天然浴场。广西与越南相连，跨国旅游业的发展前景广阔。在海洋生态资源方面，广西沿海地区有红树林、珊瑚礁、海草床等3个最典型的海洋自然生态系统，是全球生物多样性保护的主要目标。目前，与我国其他海域相比，广西沿海水质一流。广西海洋资源和生态环境保存得较为完好，是我国大陆沿海最洁净的海域之一。因此，充分利用生态环境优势，大力发展海洋高新技术产业，将广西海洋生态环境优势转变为产业发展优势，对促进陆海经济一体化进程具有重要意义。广西丰富的海洋旅游资源和生态资源为推进陆海产业发展一体化和陆海生态环境保护一体化，为实现广西陆海经济一体化发展提供了支撑。

二、优势政策叠加

广西拥有陆海经济一体化发展的多重政策支持。首先，习近平总书记在2015年亲自为广西规划了“三大定位”的新使命，为广西陆海经济一体化发展指明了方向。“三大定位”要求广西在新时代要发挥自身与东盟国家陆海相邻的独特优势，加快北部湾经济区和珠江—西江经济带的开放发展，在此基础上积极构建面向东盟的国际大通道，打造西南、中南地区开放发展新战略的支点，形成“21世纪海上丝绸之路”和“丝绸之路经济带”有机衔接的重要门户。广西要认真学习和理解“三大定位”新使命，明确其核心是开放，重点是通过发挥广西近1600千米海岸线和面向东盟的优势，构建“南向、北联、东融、西合”的全方位开放发展格局，这也为广西陆海经济一体化发展提出了更高要求和提供了政策保障。其次，习近平总书记在2017年4月到广西视察时，根据广西发展特征首次提出广西要充分利用海洋资源优势，打造好向海经济，释放海洋潜力。这为广西陆海经济一体化发展，打造海洋经济增长点提供了科学指导。最后，国家在2019年发布了《西部陆海新通道总体规划》。西部陆海新通道战略实施，是构建面向东盟国际大通道的重要内容和重大举措，将进一步拓展构建面向东盟国际大通道开放的广度和深度，促进西南、中南内陆地区与北部湾经济区协同开放，加快形成通道有效支撑、战略有机衔接、南北相互促进的发展新格局。沿海开放、西部大开发、自由贸易区、北部湾经济区、珠江—西江经济带、海洋经济发展示范区、西部陆海新通道等政策聚焦广西，为广西建立现代陆海产业体系、推动陆海经济一体化提供了新的活力和广阔空间。

第二节　广西陆海经济一体化的具体做法

广西的优势在海、希望在海、潜力在海。在发挥沿海优势、推动“一片碧海”潜力释放，促进陆海经济一体化发展的过程中，广西加快发展向海经济，实现港口、城市、产业联动发展，提升沿海经济区的集聚力和辐射力，实现沿海与腹地良性互动，形成沿海与腹地发展“组合套拳”。向海经济已成为广西陆海经济一体化的主要模式，引领广西经济跑出“加速度”。

一、坚持海洋主体功能区划，优化陆海空间布局

海洋主体功能区划对于优化陆海空间布局具有重要指导意义，广西坚持“海陆联动、优势集聚、功能明晰”，优化陆海经济一体化的空间布局。广西背靠大西南，面向东南亚，沿海紧邻广东、海南两省。北部湾我国海域面积为6.34万平方千米，具有丰富的海洋资源和优良的海洋生态环境，是广西经济社会发展的重要战略空间。为全面贯彻落实《全国海洋主体功能区规划》和《广西壮族自治区国民经济和社会发展第十三个五年规划纲要》精神，推进广西形成海洋主体功能区布局，构建广西陆海统筹、人海和谐的海洋空间开发格局，编制了《广西壮族自治区海洋主体功能区规划》。在优化开发区域，实行转变经济发展方式优先的绩效评价，强化对经济结构、资源消耗、环境保护、自主创新、公共服务等指标的评价，弱化对经济增长速度等指标的评价；在重点开发区域，强化对海洋经济增长、产业结构、质量效益、资源消耗、涉海就业、环境保护等指标的评价；在限制开发区域，强化对海洋生态产品供给和海水产品保障的评价，弱化对经济指标的评价；在禁止开发区域，按照保护对象的保护情况确定评价内容，强化对其原真性和完整性保护情况的评价。《广西壮族自治区海洋主体功能区规划》为广西海洋空间开发、陆海经济一体化提供了基础性和约束性规划。在陆海经济一体化进程中，广西以《广西壮族自治区海洋主体功能区规划》为依据，按照“海陆联动、优势集聚、功能明晰”的要求，坚持资源共享、优势互补、错位发展、合理分工的原则，优化海洋经济区域布局，拓展蓝色经济空间，形成“一带三域五区多片”海洋经济新格局。以沿海陆地和近岸海域为主，打造“S”型海洋综合产业带。依托沿海港口、铁路、高速公路网，推进海洋产业集聚。实施产业城融合发展战略，拓展蓝色经济空间和辐射经济腹地，发挥海洋产业规模效应和增强产业的带动力。科学开发岸线资源，构筑蓝色生态屏障，推动海洋产业生态化、低碳化发展。深化与东盟海洋产业间协作，构建广西对接东盟的丝路新通道。强化对陆域多片的辐射力，拉长海洋经济中各产业的前端和末端产业链。在北海、钦州和防城港海洋产业发展基础上，积极拓展海洋经济在南宁、柳州、玉林和梧州等市的腹地辐射范围，促进陆域经济和海

洋经济的融合，实现陆海经济一体化发展。

二、依据海洋经济发展规划，推动陆海产业融合

在海洋经济发展规划和实践的基础上，广西依据海洋产业发展思路和布局，推动陆海产业融合发展。为了体现广西海洋经济发展特色，符合国家海洋经济发展的方向，促进广西海洋经济持续健康发展，为陆海经济一体化提供有力保障，广西制定了《广西海洋经济可持续发展“十三五”规划》。该规划充分以保护海洋生态环境为前提，以提高海洋经济质量效益为核心，以优化海洋产业布局为重点，以强化海洋科技创新为动力，以完善沿海基础设施体系为支撑，结合广西实施“双核驱动”和“三区统筹”战略，构建具有广西特色的海洋产业体系和空间发展格局，促进海洋领域军民融合深度发展，提升全民海洋意识，扩大海洋民生福祉，开创海洋经济强区新局面。依据《广西海洋经济可持续发展“十三五”规划》，广西积极发展沿海现代服务业，完成《广西海洋服务业2018年工作方案》《涠洲岛旅游区综合改革方案》（涉海部分）《广西海洋服务业三年行动计划（2018—2020）》的编制，完成广西涉海服务业企业调查，建立了涉海服务业企业库。同时，广西完成第一次全国海洋经济调查工作，完成非沿海11市涉海企业、沿海3市涉海企业清查，调查、清查底册企业46540家，认定全区海洋产业单位3252家、海洋相关产业316家。在此基础上，广西依据陆海资源禀赋和产业发展基础，积极推动陆海产业融合发展。以北海为例，北海市以陆海统筹、扩大开放、功能区分、优化提升为原则，积极推进陆海产业融合，开展陆海经济一体化。为了服务泛北部湾合作、“泛珠江三角洲”经济圈、东盟自贸区建设和“海上丝绸之路”建设，北海在现有产业集群基础上，打造以海洋产业为主导、上下游产业联动的现代港口经济区、现代渔业集聚区、旅游经济区和海洋新兴产业集聚区四大核心功能区，实现产业融合、企业合作、资源共享、功能互补、市场共建的共生发展模式，形成核心功能区、相关产业辐射区与主城区之间的互动互补，以满足北海市对接国家及自治区内发展战略、增强区域间差别化竞争优势和提升经济区内核功能的发展要求。北海陆海产业融合发展的实践经验也逐渐被推广到钦州和防城港，为整个广西陆海经济一体化发展过程中的产业融合发展提供了借鉴。

三、注重海洋经济核算，做好向海经济大文章

广西各级海洋部门全面贯彻落实习近平总书记重要精神，服务大局、履职尽责，坚持稳中求进的工作总基调，坚定不移地贯彻新发展理念，对标对表落实高质量发展要求，科学谋划海洋经济发展，不断释放海洋潜力，做好向海经济大文章。自2010年以来，广西壮族自治区根据《海洋生产总值核算制度》，持续对广西海洋经济数据进行核算，编制并发布《广西海洋经济统计公报》。该公报内容全面、数据翔实、方法合理、组织工作规范、工作流程合理，客观反映了广西海洋经济发展态势、海洋产业布局等情况，为广西海洋经济发展提供了决策依据，为推进陆海经济一体化、建设壮美广西提供了数据支撑。广西把向海经济作为陆海经济一体化发展的主要模式，从多个方面逐步开展工作。一是认真谋划向海经济顶层设计。成立“打造广西向海经济”工作领导小组，编制完成《打造广西向海经济行动方案》。二是支持沿海三市走特色发展道路。支持北海市推进海洋经济创新发展示范城市、国家科技兴海产业示范基地、国家级海洋生态文明示范区建设工作，支持以北海为核心在北部湾经济区设立“向海经济综合试验区”，与防城港市人民政府签订《产业合作框架协议》，与钦州市人民政府签订《建设现代渔港经济区、创建国家级大蚝现代特色农业产业园战略合作框架协议》。三是举办向海经济交流会。2019年，“向海经济暨21世纪海上丝绸之路成果展示交流会”在北海举行，大会主题为“聚焦创新驱动，携手东盟合作，发展向海经济”。此次交流会的举办，加强了全国各地与广西向海经济的合作，更好地引导广西海洋战略新兴产业项目以及新成果的转化推广，促进海洋经济高质量发展和开放发展，助推“21世纪海上丝绸之路”建设。交流会期间，共有签约项目18个，29家公司、科研机构、研究所参与项目签约，签约总额约7.675亿元。会议为充分发挥各方在海洋经济发展、海洋综合管理和科技创新等方面的优势，以及进一步加强广西海洋研发技术，促进双方资源利用，加强向海经济合作，促进广西陆海经济一体化提供理论指导和实践支持。

四、推进北钦防一体化建设，对接粤港澳大湾区

粤港澳大湾区建设为广西的发展带来新机遇，广西通过积极推进北钦防

一体化建设来对接粤港澳大湾区，从而推动陆海经济一体化发展。习近平总书记对广西开放发展赋予“三大定位”新使命，提出“五个扎实”新要求。广西陆海经济一体化过程中要积极推进北钦防一体化建设，制定出台《关于推进北钦防一体化和高水平开放高质量发展的意见》和《广西北部湾经济区北钦防一体化发展规划（2019—2025 年）》，从经济发展空间布局、现代临港产业体系、综合交通枢纽、生态环境保护、开放合作格局和创新发展体制机制等六大方面的完善和优化着手，加快破除制约北钦防协同发展的瓶颈。加快推进广西北部湾城市群建设，协同广东、海南推进北部湾城市群发展，并与周边城市群互动发展。同时，广西作为粤港澳大湾区的近邻，也是《粤港澳大湾区发展规划纲要》当中除广东外提到最多的内地省份。粤港澳大湾区发展对于广西来说是一个难得的新机遇。在陆海经济一体化过程中，广西始终把全面“东融”、对接粤港澳先进生产力作为加快发展的重点方向，共同推进陆海经济一体化建设，建设陆海新通道，构建互联互通网络，实现精准对接、优势互补、共同发展。为加快推进全面对接粤港澳大湾区建设各项工作，广西发布了《广西全面对接粤港澳大湾区实施方案（2019—2021 年）》，除交通互联、产业转移、生态合作外，广西还将聚焦扶贫协作、平台引领、政策衔接、人才交流、机制协调等关键领域，务实推进重大项目、重大政策落地实施，全面对接大湾区建设，构建“南向、北联、东融、西合”全方位开放发展新格局。

五、建设西部陆海新通道， 打造自贸试验区

广西积极建设西路陆海新通道，打造高品质自贸试验区，促进陆海经济一体化。国家发展改革委印发实施《西部陆海新通道总体规划》，为包括广西在内的西部地区腹地的开放发展注入了新动能。围绕共建西部陆海新通道，广西制定了《广西全面对接粤港澳大湾区建设总体规划（2018—2035 年）》，在“畅通、高效、经济”上下功夫，着力推进口岸开放和通关便利化，着力提升西部陆海新通道的运营水平和竞争力。目前，加快建设铁路、公路、港口、物流等 12 个“破瓶颈”项目和一批重大基础设施项目，钦州港东航道扩建一期工程、钦州铁路集装箱中心站等关键项目建成投入使用，打通了海铁联运“最后一公里”。陆海主干线物流规模快速扩大，新开通北部湾港分

别至重庆、四川、云南、贵州、甘肃等 5 条常态化班列线路，以及北部湾港至南美的外贸集装箱航线，使海铁联运班列实现规模化、常态化运营。通关效率大幅提升，广西进出口整体通关时间大幅压缩，通关效率高于全国平均水平。广西还将夯实国际国内合作机制，推动中西部省份及中亚、东盟地区国家参与陆海新通道建设，与沿线省份主管部门分别建立“硬联通”“软联通”合作机制。同时，国家批准设立广西自贸试验区，是新时代推进西部大开发形成新格局，深化面向东盟开放合作，统筹陆海联动发展的一项重大举措。根据中国（广西）自由贸易试验区总体方案，广西重点抓 4 个方面的工作：一是抓制度创新，创造“广西经验”；二是抓陆海新通道建设，更好地服务“一带一路”；三是抓沿边开放，服务国家周边外交战略；四是抓一流营商环境，更好地服务企业。

第三节 广西陆海经济一体化的成效

一、经济平稳较快增长

广西陆海经济一体化虽然起步较晚，但近年来发展速度却越来越快，促进了广西经济平稳增长。总体上看，2012—2018 年，广西海洋生产总值从 2012 年的 761 亿元增长到 2018 年的 1502 亿元。2018 年，广西海洋生产总值年增长率为 9.1%，高于全国海洋生产总值的增速。北部湾经济区百亿元级以上重点产业园区总数 11 个，其中产值超千亿元园区 2 个。同期，广西生产总值由 2012 年的 13035 亿元增长到 2018 年的 20353 亿元（见表 13-1）。广西人均生产总值从 2012 年的 27952 元上升到 2018 年的 41489 元。2018 年，广西全自治区生产总值年增长率为 6.8%，海洋生产总值年增长率高于全自治区生产总值增长率 2.3 个百分点。广西海洋生产总值占全自治区生产总值的比重由 2012 年占比 5.84%提高到 2018 年的 7.4%，对地区经济的贡献作用进一步增强。

表 13-1　2012—2018 年广西国内生产总值

年份	2012	2013	2014	2015	2016	2017	2018
国内生产总值（亿元）	13035	14450	15673	16803	18318	18523	20353
人均国内总产值（元）	27952	30741	33090	35190	38027	38102	41489

资料来源：《广西统计年鉴（2013—2019）》。

2018 年，广西海洋产业总体保持稳步增长。按海洋经济核算三大层次划分，主要海洋产业增加值 800 亿元，比上年增长 9%；海洋科研教育管理服务业增加值 168 亿元，比上年增长 17.5%；海洋相关产业增加值 534 亿元，比上年增长 6.8%。2018 年，广西海洋生产总值约占沿海三市（北海、钦州、防城港）生产总值的 46.9%。其中，主要海洋产业增加值 800 亿元，占沿海三市生产总值的比重为 25.0%。

二、产业结构趋于合理

通过陆海经济一体化发展实践，广西产业结构逐渐趋于合理。2012—2018 年，北海、钦州、防城港 3 个沿海城市依托本地资源禀赋，按照发挥优势、突出重点、协调发展的要求，积极发展壮大优势产业，不断优化海洋产业区域布局。

北海主要发展临海先进制造业、生物医药产业和南珠产业，其中先进制造业主要指电子信息技术、化石能源、新材料等。钦州以区域特色海洋产业体系为重点，发展石化、海洋工程、装备制造等现代临港产业。防城港打造边海经济带，发展钢铁、有色金属、核电等龙头临港工业。2018 年，北海市海洋生产总值 576 亿元，占广西海洋生产总值的比重为 38.3%；钦州市 564 亿元，占比 37.5%；防城港市 362 亿元，占比 24.1%。

在海洋产业带动下，通过陆海产业融合，广西三次产业结构也更加合理。2012—2018 年，广西三次产业增加值均逐渐增加，但增速差异较大，促使产业结构不断优化，由 2012 年的“二三一”模式转变为“三二一”模式。2018 年，广西第一、二、三产业增加值占地区生产总值的比重分别为 14.8%、39.7%、45.5%（见表 13-2），对经济增长的贡献率分别为 13.1%、25.4%、61.5%。按常住人口计算，全年人均地区生产总值 41489 元，比上年增长 5.8%；全员劳动生产率为 71455

元/人，比上年提高 6.5%。

表 13-2　2012—2018 年广西三次产业增加值及构成

年份	2012	2013	2014	2015	2016	2017	2018
第一产业增加值（亿元）	2172	2344	2413	2565	2797	2878	3019
第二产业增加值（亿元）	6247	6863	7325	7718	8274	7451	8073
第三产业增加值（亿元）	4615	5171	5934	6520	7247	8194	9260
第一产业所占比重（%）	16.7	16.3	15.4	15.3	15.3	15.5	14.8
第二产业所占比重（%）	47.9	47.7	46.7	45.9	45.2	40.2	39.7
第三产业所占比重（%）	35.4	36.0	37.9	38.8	39.6	44.2	45.5

资料来源：《广西统计年鉴（2013—2019）》。

从海洋产业的结构来看，广西海洋产业结构逐步优化，处于“三二一”模式。按三次产业划分：第一产业逐年下降，第二产业波动下降，第三产业发展相对较快且呈现逐年增长。第三产业所占比重逐年加快上升，由 2012 年的 41.8%提高到 2018 年的 52.3%，海洋产业结构不断优化。2018 年，广西海洋第一产业、第二产业和第三产业增加值分别为 230 亿元、487 亿元和 786 亿元，三次产业增加值占海洋生产总值的比重分别为，第一产业 15.3%、第二产业 32.4%和第三产业 52.3%。2018 年，广西主要海洋产业占比 52.8%，海洋相关产业占比 11.1%，海洋科研教育管理服务业占比 36.1%。

2018 年，广西主要海洋产业实现平稳增长。其中，优势产业海洋渔业、海洋交通运输业、海洋工程建筑业、滨海旅游业占主要海洋产业增加值的比重分别是 31.3%、29.4%、14.5%、22.5%，同比增长分别为 5.0%、11.4%、5.5%和 15.4%。首先，广西海洋渔业保持稳定增长，是广西各海洋产业中产值最大的产业，约占广西海洋生产总值的 1/5。2012—2018 年，广西海洋渔业增加值从 2012 年的 159 亿元增长到 2018 年的 250 亿元。近年来，随着广西海洋渔业不断发展，成为广西第一大主要海洋经济产业。虽然海洋捕捞量基本保持不变，但海水养殖的产量在持续增长。其次，广西海洋交通运输业的规模也增长较快，逐渐发展为广西第二大主要海洋经济产业。2012—2018 年，广西沿海港口生产总体保持平稳增长，海洋交通运输业增加值从 2012 年的 102 亿元增长到 2018 年的 235 亿元；沿海港口的国际标准集装箱吞吐量从 2012 年的 82 万标准箱增长到 2018 年的 290 万标准箱，增加值和集装箱吞吐量两项指标均实现翻番。沿海港口货物吞吐量从2012年的1.74亿吨增长到2017年的2.40亿吨。再次，广西的滨海旅游业也发展迅速。滨海旅游业是广西海洋产业发展的一大亮点，2012—2018年，滨海旅游业实现增加值从2012年的43亿元（总收入为217亿元）增长到2017年的180亿元（总收入为1117亿元）。接待游客人数从2012年的2837.38万人次增长到2017年的7689.55万人次，年均增速21.4%。最后，广西海洋工程建筑业保持稳定增长。2012—2018年，广西海洋工程建筑业增加值从2012年的72亿元增长到2017年的116亿元，在广西海洋经济发展中有着举足轻重的地位。尽管目前总量不大，但是具有较大的发展潜力和发展前景。

三、开放程度不断扩大

陆海经济一体化推动了陆海新通道建设，让我国西南地区经广西与“一带一路”沿线国家的贸易往来更加频繁，广西的“门户”地位进一步凸显。2018年，广西推进陆海新通道建设，取得重大突破。开通了连接西部5个省市的5条铁路线，全年运营1154列火车，实现了与中欧铁路线的无缝连接。北部湾港集装箱吞吐量完成290万标准箱，较2017年同期增长27.4%，增长率处于中国沿海港口的前列。2018年，经广西口岸进出云南、贵州、重庆、四川的货物实际价值为416.9亿元，同比增长33.8%。广西开放的怀抱，让更多企业把投资目光投向北部湾港。

四、科教建设取得突破

广西陆海经济一体化发展促进了海洋教育和科技建设的发展。一是高等院校。北部湾大学获教育部批准，成为广西第一所海洋类的综合大学；很多高等院校陆续增设了海洋类专业，积极开展海洋类人才的培养，如广西大学、广西民族大学、桂林电子科技大学和广西中医药大学、南宁师范大学等。二是科研机构。自然资源部第四海洋研究所落户广西北海，成为广西第一个从事海洋研究的国家队，并在此基础上成立中国—东盟国家海洋科技联合研发中心；广西海洋研究院、广西红树林研究中心、广西科学院等涉海机构加快发展，同时一些高校和民间组织纷纷设立涉海的智库研究机构。据统计，2018 年广西的海洋科研教育管理服务业增加值超过 150 亿元，达到 168 亿元，较去年增长 17.5%。海洋科教的发展有力地带动了海洋经济。2018 年，广西海洋科技进步对海洋经济的贡献率高达 56%。在此基础之上，海洋科教发展又进一步推动陆海经济一体化快速发展。

五、生态环境有效改善

通过统筹陆海生态环境保护和治理，广西海洋生态环境大幅改善，主要体现在：陆海生态环境保护一体化带动广西海洋环境监测体系不断完善，海洋污染防治能力不断提高，生态环保工作成效显著。随着广西各级别的海洋自然保护区建设持续推进，大量珍稀物种得到有效保护。从 2013 年开始，广西大力开展近岸海域污染治理工作，有效改善了近岸海域环境质量，使近岸海域水质优良率排在全国前列。2017 年，广西近岸海域水质优良率为 90.9%，比全国考核点位近岸海域水质优良率高出 23.1 个百分点，比邻省广东也高出 17.8 个百分点。

第四节　广西陆海经济一体化的经验

一、立足沿海，辐射发展

广西在陆海经济一体化发展中，充分利用沿海城市的区位优势，构建面向东盟的海上国际大通道，加速陆海联运物流体系发展，对接中国粤港澳台和东盟大市场，辐射内陆城市，构建更有活力的开放型陆海一体化经济体系。

二、海陆统筹，综合管理

广西在陆海经济一体化发展中，坚持陆海空间布局一体化、陆海资源开发一体化、陆海生产要素配置一体化和陆海生态环境保护一体化的思路，依托首府南宁和北海、钦州、防城港 3 个沿海城市，以海洋为扩张空间，以海洋资源的可持续利用为重点，形成了陆海综合管理新格局。

三、科教兴海，创新发展

广西在陆海经济一体化发展中，加强海洋人才培养和引进，推进海洋人才队伍建设，打造海洋科技创新平台，支持海洋科技产学研用协同创新，促进了陆海生产要素配置一体化。

四、开放合作，共赢发展

广西在陆海经济一体化发展中，实施积极主动的开放带动战略，对接粤港澳大湾区，推进泛北部湾区域海洋经济合作，积极参与“一带一路”建设，尤其是中国—东盟自由贸易区建设，在共赢中谋发展。

本章小结

广西资源禀赋丰裕、优势政策叠加，以向海经济模式加快发展海洋经济，推动陆海经济一体化发展，既是广西贯彻落实“海洋强国”战略的需要，也是努力实现习近平总书记“三大定位”的需要，更是逐步实现“双核驱动”，建设海洋强区的需要。在陆海经济一体化发展中，广西坚持海洋主体功能区划，优化陆海空间布局；依据海洋经济发展规划，推动陆海产业融合；注重海洋经济核算，做好向海经济大文章；推进北钦防一体化建设，对接粤港澳大湾区；建设西部陆海新通道，打造自贸试验区，实现了经济平稳较快增长、产业结构趋于合理、开放程度不断扩大、科教建设取得突破、生态环境有效改善。

在广西陆海经济一体化发展实践中，逐渐总结出立足沿海、辐射发展，海陆统筹、综合管理，科教兴海、创新发展，开放合作、共赢发展等经验，但也需要认识到其中还存在一些需要逐步改善的地方。一方面，广西向海而兴的思想认识不足。广西具有“老少边山海”的特征，但在经济发展过程中对老、少、边、山的重视和开发程度较高，对这片海的优势却认识不足，导致海洋经济发展受限，陆海经济一体化程度不高。同时，广西对海洋文化的培养和弘扬重视程度不足，导致对海洋开发、管理和保护方面的人力、物力投入受限，制约了广西海洋文化的传承和海洋文化经济的发展。据调查，广西海洋意识薄弱，海洋意识发展指数排名靠后，其中在全国 11 个沿海省（市、自治区）排名仅为第 10 位，在全国 31 个省（市、自治区）排名第 18 位，落后于一些非沿海地区。另一方面，广西产业转型升级发展缓慢。近年来，广西出台了一些政策扶持海洋新兴产业发展，但效果不理想，海洋新兴产业规模不大、占比偏低。同时，对传统海洋产业的改造升级不足，大量海洋产业仍处于粗放型发展阶段，产业效益偏低。2018 年，广西海洋渔业、海洋工程建筑业、海洋交通运输业和滨海旅游业等四大产业增加值占主要海洋产业增加值的比例超过 95%。可见，海洋生物医药等高新技术产业和战略性新兴产业仍处于稀缺状态。2018 年，全国海洋经济三次产业结构比重分别为 4.4%、37%和 58.6%，而广西的相关数据分别为 14.8%、39.7%和 45.5%。可以看出，广西第三产业占比低于全国平均水平 13.1 个百分点，以海洋新兴产业为主的海洋第三产业发展不足。由于大规模发展传统海洋产业制约了陆海产业一体化发展，因此，广西要增强向海而生的意识，充分考虑自身的资源禀赋、产业特点，积极开展产业转型升级，突出陆海经济一体化发展在广西社会经济发展中的重要地位，以促进广西经济高质量发展。

第十四章 广东陆海经济一体化的具体实践

第一节 广东陆海经济一体化的比较优势

一、自然条件优越

优越的自然条件为广东陆海经济一体化发展提供了资源优势和要素支持。广东地处亚热带，气候特征鲜明，降水充沛，水系发达，植被茂盛。广东沿海地区的地貌以平原为主，拥有广阔的腹地和众多的沿海景观。海岸线较长，大陆海岸线长 4114.3 千米，居全国首位。海滩宽阔，海湾优美，有 170 多个优质海滩，200 多个优良的深水港湾。岛屿和礁石众多，拥有 1963 个岛屿，在全国排名第三。广东海洋生物和矿产资源丰富，南海拥有鱼类 1200 多种；可开采石油储量达 5.8 亿吨、天然气 6000 亿立方米，南海北部天然气水合物（可燃冰）资源储量约 15 万亿立方米，海洋能、风能、太阳能等可再生能源资源非常丰富。

二、经济实力雄厚

雄厚的经济实力为广东陆海经济一体化发展提供产业支撑。广东省地区生产总值已连续 30 年位居全国第一；海洋生产总值占全国海洋生产总值的比重超过 20%，占广东地区生产总值的 1/5，连续 24 年位居全国第一。广东拥有深圳前海、广州南沙和珠海横琴等国家级重点平台，是广东经济社会发展的重要引擎。广东先后建成了多个特色沿海开发区和工业园区，包括 20 多个国家级开发区和 50 多个省级开发区，其数量分别占广东同级开发区的

70%和40%，产业集聚效应突出。海洋三次产业比例不断优化，先进制造业、新能源等新兴产业规模逐渐壮大，开发性金融支持海洋经济发展的力度不断增大。

三、基础设施完善

完善的基础设施为广东陆海经济一体化发展打通了关键血脉。广东省高速公路、高快速铁路、机场、港口等交通基础设施不断完善。以珠江三角洲为核心的广东沿海港口群已初步建成亚太地区最开放、高效、便捷和安全的物流中心之一。港珠澳大桥、虎门二桥和深中通道等涉海交通运输基础设施建设项目进展顺利。新型城镇化水平不断提高，基础设施和公共安全体系得到改善，公共服务水平得到明显提高。

第二节　广东陆海经济一体化的具体做法

广东省是海洋大省，因海而兴、因海而富，广东经济具有明显的海洋经济特征。广东是全国新一轮改革开放先行地、我国海洋经济国际竞争力核心区、“21世纪海上丝绸之路”重要枢纽、促进海洋科技创新和成果高效转化集聚区、海洋生态文明建设示范区、南海资源保护开发的重要基地、海洋综合管理先行区。在陆海经济一体化过程中，广东采用创新驱动—以海定陆模式，基于海洋自然资源禀赋和承载能力、产业基础和发展潜力，以海岸线为轴，构建“一线管控、两域对接，三生协调、生态优先，多规融合、湾区发展”的总体格局，加大海洋科技创新力度，引领海洋高技术产业和服务业发展，创新临港钢铁和临港石化循环经济发展模式，逐步实现陆海经济一体化。

一、提出陆海统筹空间“一张图”，制定陆海统筹发展战略

在陆海经济一体化发展过程中，广东坚持陆海统筹空间规划布局，并积极开展陆海统筹战略研究。2013年，中央城镇化工作会议提出“建立统一的

空间规划体系”，但历次试点探索均未纳入海域规划。广东珠江首次将“多规合一”的理念拓展至海域，在统筹考虑城市总体规划和土地利用总体规划基础上，把海洋功能区划、区域建设用海规划等纳入“多规合一”范畴，解决陆域、海域规划在功能布局方面的冲突，填补海岸带上的一些空白地带，构建“一带两轴四板块”的陆海统筹发展总体格局。在空间格局的引领下，研究采用“整合城乡用地分类，衔接海洋功能区划”的调整策略，划定陆海统筹的功能分区，将陆域划分为居住区、综合服务集聚区、临港产业区等七类功能区；海域划分为工业与城镇用海区、旅游休闲娱乐区、港口航运区等六类功能区。重点推动海岸线两侧陆域功能与海域功能的协调对接，优化向海布局的城市形态。在陆海统筹发展战略上，深圳将滨海地区规划成为社会经济发展的“黄金岸带”，通过多重政策支持来促进人口、资金、科技和信息等要素聚集，带动滨海地区高速发展，从而成为陆海经济一体化的典型示范区。在陆海经济一体化过程中，深圳市在2017年率先编制《深圳市陆海统筹战略研究》，以建设“全球海洋中心城市、海洋经济创新发展示范城市、海洋综合管理示范区、生态宜居型滨海城市”为目标，通过陆海统筹，以海岸带为核心，向海发展，构建“一带三湾三圈”的总体格局，形成全面开放、内优外拓、陆海空间整体筹划的全域开发格局。进而从四大方面（陆海联动发展、陆海共同保护、陆海统筹规划和陆海合作管治）、两对关系（发展与保护，规划与管治）出发，通过规划与管治实现陆海共同发展与保护。以“黄金海岸带”实现陆海衔接，彰显滨海城市特色；以“三湾”实现特色化发展，优化陆海资源配置；以“三圈”拓展城市发展空间，实现合作共赢。最终形成全面开放、内优外拓、陆海空间整体筹划的全域开发格局。《深圳市陆海统筹战略研究》以“粤港澳湾区规划—深圳陆海一张图—海域详细规划—海岸带空间区划”的思路，引导陆海规划从“各自为政”走向“全面融合”，在此基础上进一步建立陆海规划信息平台，实现陆海全域管控；以“推动粤港澳湾区紧密合作—加强泛珠—南海合作—参与‘一带一路’合作”的思路，引导陆海合作从“多头并举”走向“衔接共享”，促进金融、人才等方面的交流合作，实现资源流动与共享。

二、规划沿海经济带，形成陆海统筹的总体空间架构

广东在陆海经济一体化发展过程中，积极统筹规划沿海经济带，打造陆海统筹的总体空间构架。改革开放以来，广东充分发挥沿海优势，大力发展外向型经济，取得巨大成就。沿海经济带已发展成为全国经济最具活力、开放程度最高、创新能力最强、集聚人口最多的区域之一，是国家参与经济全球化的核心区域、改革开放的先行区和世界制造业基地。2016 年，广东沿海经济带地区生产总值（GDP）达 6.9 万亿元，常住人口为 7563 万人。为顺应全球经济向海发展趋势，广东统筹规划建设沿海经济带，实施《广东省沿海经济带综合发展规划（2017—2030 年）》，提出了“一心两极双支点”沿海经济带发展总体格局和“六湾区一半岛五岛群”滨海布局，包括广东省沿海陆域涉及的 15 个县（市）和相关 15 个地级以上市的中心城区，以及广东省管辖海域，总面积约 12.09 万平方千米。把海洋资源优势与产业转型升级和开放型经济发展需要紧密结合起来，以沿海经济的先行发展带动近海内陆和整体经济发展。在陆海经济一体化空间布局中，广东统筹陆域、海域、岸线的基本功能，协调珠三角、粤东、粤西区域发展，积极引导城市规划建设落地、生产项目落地和生态环境保护落地，逐渐形成生活、生产和生态相融合的“三生空间”。其中，陆域生态空间面积 2.52 万平方千米，主要分布在大亚湾沿岸、崖门西岸、广海湾、镇海湾、海陵湾沿岸及雷州半岛等；海域生态空间面积 3.29 万平方千米，主要分布在大亚湾、珠江口、雷州半岛等国家级及省级海洋自然保护区，韩江口、珠江口等河口，柘林湾、镇海湾、水东湾、湛江湾等重要滨海湿地。生活空间则主要保障城镇建设、滨海旅游、海洋公共服务的发展。其中，服务于城镇建设的生活空间面积 7163.3 平方千米，珠三角地区生活空间分布最为集中，呈条带状分布在珠江口海岸周边；粤东、粤西生活空间主要以重要城镇为中心向四周延展，粤东主要分布在品清湖、榕江口等，粤西主要分布在湛江湾、水东湾、海陵岛等。规划预留潮州新城、揭阳惠来副中心、徐闻新城等发展空间。生产空间总面积 4.64 万平方千米，占海岸带总面积的 52%，主要保障港口物流、新能源、先进制造业等产业的发展需求。其中，港口物流类生产空间面积约 1714.4 平方千米，主要分布在龙穴岛、湛江港、高栏港等；新能源类生产空间面积约 5391.1 平方

千米，除核电建设外，主要分布在粤东、粤西远海区域；先进制造业生产空间面积约 2145.1 平方千米，主要分布在珠江口西岸、东海岛等。

三、完善陆海现代交通体系，建设粤港澳大湾区

广东在陆海经济一体化发展过程中，以现代陆海交通体系为基础，积极建设粤港澳大湾区。广东加快建设陆海交通运输主通道，打造快速综合交通运输网络，推进建设陆海一体高效的综合交通枢纽，构建绿色便捷的沿海综合交通运输体系。打造“一横四纵”沿海综合运输通道，建设珠三角与粤东、粤西沿海片区便捷通达、辐射泛珠、服务全国、连通世界的现代化综合交通运输体系。明确港口的功能和布局，以沿海主要港口为中心，打造衔接有序、协同联动的航运集疏网络，促进海陆空互联互通。对接全省“5+4”骨干机场总体布局，加快沿海地区民用运输机场建设，积极发展通用航空，构建以珠三角机场群为核心，覆盖东西两翼的沿海民用机场发展格局，打造全球航空运输网络重要枢纽。提升机场、港口、铁路、公路等综合交通枢纽服务水平，推进沿海经济带形成层次清晰、功能完善的枢纽城市布局。建设广州国际性综合交通枢纽，强化深圳、汕头、湛江全国性综合交通枢纽功能。在此基础上，广东把陆海经济一体化作为粤港澳大湾区建设的重要路径，深化粤港澳合作，推进基础设施互联互通，强化珠三角与港澳交通联系，构建高效便捷的现代综合交通运输体系。打造国际科技创新中心，统筹利用全球科技创新资源，完善创新合作体制机制，优化跨区域合作创新发展模式，构建国际化、开放型区域创新共同体。推进产业协同发展，将广东的制造业优势与港澳的国际化优势充分结合，一起迈向国际分工体系高端。共建宜居、宜业、宜游的优质生活圈，提高社会管理和公共服务能力及水平，打造国际化教育和人才高地，完善就业创业服务体系，推进区域旅游发展，建设健康、绿色、低碳湾区。推进深圳前海、广州南沙、珠海横琴等重大粤港澳合作平台的开发建设。

四、打造沿海高端产业带，构建现代陆海产业体系

广东在陆海经济一体化发展过程中，以沿海高端产业带为基础，构建现

代陆海产业体系。广东依托沿海经济带制造业基础优势，立足海洋特色资源和海洋开发需求，积极培育发展海洋新兴产业和先进制造业，大力提高临海、临港制造业整体竞争力，着力打造具有国际竞争力的临海高端制造产业集群。立足沿海经济带制造业基础优势，着力培育发展战略性新兴产业；着力构建智能制造、信息消费和生命健康三大需求产业链；着力增强制造业核心竞争力，推动制造业向中高端发展，建设国际领先的沿海高端制造体系。在发展新经济、培育新业态过程中，坚持走专业化和高端化道路，以专业化和价值链高端延伸发展的思路发展生产性服务业，以精细化和高品质转变的思路发展生活性服务业，以港口物流、现代金融和信息服务为重点，促进海洋高新服务业发展，打造国际海洋经济服务中心。推进沿海核电、海上风电和天然气接收储运设施建设，加大油气等海洋能源资源勘探开发，延伸能源上下游产业链，发展壮大能源装备产业，建设沿海电力、可再生能源、储运中转、油气资源开发和能源装备产业等五大现代能源产业基地，形成珠三角优化发展、东西两翼规模化发展、阳江和汕尾骨干能源基地集聚发展的沿海清洁能源产业带。优化沿海经济带的农业和渔业产业结构，发展农业和渔业新业态，提高综合效益和竞争力，推动农业和渔业现代化发展。在陆海产业现代化建设方面，广东从多个方面发力，促进陆海经济一体化发展。一是大力发展海洋六大产业，促进陆海产业融合，优化陆海产业体系。省级财政新增 3 亿元专项资金，重点支持海洋电子信息、海洋生物、海洋工程装备、海上风电、天然气水合物、海洋公共服务业六大产业的科技创新与成果转化，按照无人化、智能化、深海化要求，推动海洋产业向深海拓展。编制《广东省海洋六大产业发展三年行动方案》，明确产业发展目标、路径和政策，重点培育一批涉海龙头企业和具有成长力的新型企业。二是加快推进陆海经济示范区建设，打造一批海洋产业集聚区和海洋产业园区。有序推进湛江、深圳海洋经济创新发展示范城市建设，加快深圳前海、珠海横琴等重大平台建设，以及汕头海湾新区、中山翠亨新区、茂名滨海新区等重点区域建设，打造广州南沙科技兴海产业示范基地、珠海高栏港经济区、深汕特别合作区等省级现代海洋产业集聚区。三是积极探索金融支持海洋经济发展路径。认真贯彻落实八部委联合印发的关于改进和加强海洋经济发展金融服务的指导意见，印发广东省贯彻落实意见。加强与政策性金融机构合作，落实《开发性金融支持广东海洋强省建设合作备忘录》，强化与农业发展银行对接，推动金融支持广东海洋经济发展。四是扎实推进全省海洋经济调查工作。完成广东省第一次全国海洋经济调查自验收工作，利用调查成果启动编制《广东省海洋经济地图》。开展省市两级海洋生产总值核算，组织开展海洋产业现状分析，为海洋产业管理提供支撑。

五、成立海洋创新联盟，增强陆海科技创新动力

在陆海经济一体化过程中，广东注重强调科技创新驱动陆海经济一体化。为了增强陆海科技创新动力，广东省海洋与渔业局先后与自然资源部南海分局、广州海洋地质调查局、中国科学院南海海洋研究所和中山大学等单位，广泛开展海洋事业的交流与合作，还联合 8 个单位共同发起组建“广东海洋创新联盟”，通过定期举办陆海联盟年会、专题报告会来发布年度陆海科技报告、陆海产业发展报告等，优化产业生态。为打造具有国际竞争力的现代陆海产业体系，广东结合实际情况，以五大海洋产业为抓手，大力发展陆海经济。在科技创新的驱动下，广东陆海产业结构不断优化，先进制造业、新能源等新兴产业规模逐渐壮大，陆海经济一体化加快。

六、坚持陆海统筹联动，首创“陆海统筹宣传月”新模式

广东在陆海经济一体化过程中，注重沿海地区与内陆地区的联动发展，不断创新发展思路。构建“三区辐射、六轴联动”的陆海统筹新格局，以增强沿海地区对内陆地区的辐射带动作用，强化双向交流与合作，推动形成内联外拓、联动融合的区域发展新局面。充分发挥珠三角、粤东、粤西 3 个沿海片区对全省社会经济发展的带动作用，促进区域协调联动发展。进一步强化珠三角沿海片区辐射带动作用，促进阳江、云浮、清远、韶关、河源、汕尾等环珠三角城市对接融入珠三角发展，强化梅州与汕潮揭城市群的对接发展，增强沿海城市对内陆地区的辐射带动。着力构建沿海轴、京珠（深）轴两条主轴和梅汕轴、深惠河轴、湛江—玉林和广梧—广梅横轴等四条副轴，促进沿海经济带和联动区的联合互动，形成陆海统筹、整体发展的新格局。在此基础上，广东不断创新陆海经济一体化发展的方式方法。2019 年，广东

省自然资源厅统筹两大主题日的宣传工作，首创“陆海统筹宣传月”新模式，组织开展“陆海统筹宣传月——媒体行”、政策宣讲、“学习自然”网上挑战答题及送自然资源知识进校园等一系列丰富多彩的宣传活动。

第三节　广东陆海经济一体化的成效

一、陆海经济双向促进

陆海经济一体化推动广东海洋经济成为新增长极，全面促进广东国民经济快速增长。2018 年，广东海洋生产总值 1.93 万亿元，比上年增长 9%，比同期全省生产总值增速高 2.2 个百分点，连续 24 年位居全国第一。广东海洋生产总值占全国海洋生产总值的 23.2%，占全省生产总值的 19.9%。由此可见，海洋经济已成为广东经济发展的新增长点，广东已成为我国海洋经济发展的核心地区之一。通过陆海经济一体化，实现了陆域经济和海洋经济双向促进。如表 14-1 所示，2012—2018 年，广东国内生产总值从 57068 亿元增加到 97278 亿元，增长 70.46%，一直保持了经济第一大省的位置；人均国内生产总值从 2012 年的 54095 元增加到 2018 年的 86412 元，增长 59.74%。

表 14-1　2012—2018 年广东国内生产总值

项目	2012	2013	2014	2015	2016	2017	2018
国内生产总值（亿元）	57068	62475	67810	72813	80855	89705	97278
人均国内总产值（元）	54095	58833	63469	67503	74016	80932	86412

二、陆海产业结构优化

广东通过陆海经济一体化发展不仅优化了海洋产业，在陆海产业融合下，整个陆海经济结构也不断优化。从三次产业来看，2018 年，广东三次海洋产业比重为 1.7 ∶ 37.1 ∶ 61.2，第一、二、三产业增加值分别为 328.5 亿元、7169.9 亿元和 1182.5 亿元，同比分别增长 3.0%、5.9%和 11.2%。从主要海洋产业结构来看，广东海洋经济发展的支柱产业有海洋渔业、滨海旅游业、海洋化工业、海洋工程建筑业和海洋交通运输业等。其中，海洋化工业和海洋电力业增长迅速，分别达到 13.0%和 12.5%。在此基础上，广东陆海产业体系逐渐建立和优化。

三、创新能力不断增强

在陆海经济一体化发展推动下，广东加大陆海科技研发投入，创新能力不断增强。2018 年，全省财政支持 48 个海洋创新专项，共建立 24 个海洋和渔业科研机构。建设南方海洋科学与工程省级实验室，构建以企业为主体，产学研紧密结合的陆海一体化体系。这个体系带动超过 40 亿元的社会资本进入陆海综合科技创新领域。目前，已有 52 项创新成果得到转化和应用。

四、区域发展势能提升

广东在陆海经济一体化过程中，强化陆海空间布局一体化，大力提升了区域发展势能。广东省的 14 个沿海地市，分为珠江三角洲海洋经济优化开发区、粤东海洋经济开发区和粤西海洋经济开发区。陆海经济一体化的区域发展布局与已成为国家战略的粤港澳大湾区建设格局高度吻合。前海、南沙和横琴等 3 个自由贸易区都位于珠江三角洲的沿海城市，粤东和粤西具有重要的海洋资源和生态优势，使广东陆海区域发展势能逐渐提升。

五、绿色发展持续深化

在广东陆海经济一体化发展过程中，坚持生态环境保护一体化，走绿色发展道路。为统筹陆地和海洋的生态环境保护，广东省发布了严格保护海岸段清单，启动了严格管理和控制围填海的实施计划，开展了大亚湾等重点海域的控制总量工作，编制了《广东省美丽湾建设总体规划（2019—2035 年）》，开展了“蓝色海湾”综合整治行动，大力实施了海岸带综合示范区试点建设，使陆海生态环境得到有效改善，促进了陆海经济绿色发展。

第四节　广东陆海经济一体化的经验

一、改革先行，创新驱动

在陆海经济一体化过程中，广东首先推动陆海经济体制机制改革，推进重点领域和关键环节制度创新，激发市场活力，率先推动发展由要素驱动向创新驱动转换，由跟随式向引领型跃升，提升陆海科技创新能力和技术成果转化能力，引导新产业、新业态形成，培育经济增长新动力，提升发展质量和水平，全面构筑形成创新型陆海经济体系和创新发展新模式。

二、以海定陆，陆海统筹

广东强调陆海经济一体化的本质，坚持主体功能区制度，正确处理陆地与海洋、人与自然、开发与保护等关系。依照海洋资源环境承载能力和主体功能，统筹谋划陆域开发布局和强度，协调匹配海陆主体功能定位、空间格局划定、开发强度管控、发展方向和管制原则设计、政策制定和制度安排，促进海陆一体化发展和保护。强调陆海一体、城乡协调、全域统筹、综合管控，统筹谋划陆海空间，推进陆海开发对接，拓展经济发展空间，统筹陆海资源配置、产业布局、生态保护、灾害防治协调发展。

三、区域协调，合作发展

广东坚持“一盘棋”思路，深入实施珠三角优化发展和粤东西北振兴发展战略，统筹区域间生产力和人口布局，提升珠三角带动粤东、粤西两翼，支持粤东、粤西地区加速崛起，形成新的增长极和全省一体化发展新格局。深入参与海峡西岸和北部湾城市群建设，合作共建高端区域发展平台，实现与周边省区沿海经济联动发展。

四、高端引领，开放拓展

广东立足国际视野和一流标准，坚持引资和引技、引智并举，发展更高层次的开放型经济。深化粤港澳融合发展，加强与“一带一路”沿线地区合作，构建与国际投资和贸易通行规则相衔接的制度体系，强化高端交流合作，吸引全球高端要素集聚，增强参与全球资源配置的能力，提升在全球价值链中的地位和作用。

本章小结

广东自然条件优越、经济实力雄厚、基础设施完善，在陆海经济一体化过程中，广东坚持创新驱动—以海定陆的发展模式，充分发挥沿海优势，发展成为全国陆海经济统筹的领头羊，也成为全国陆海经济一体化典型区域，其中的很多经验和具体做法都值得借鉴。广东提出陆海统筹空间“一张图”，制定陆海统筹发展战略；规划沿海经济带，形成陆海统筹的总体空间架构；完善陆海现代交通体系，建设粤港澳大湾区；打造沿海高端产业带，构建现代陆海产业体系；成立海洋创新联盟，增强陆海科技创新动力；坚持陆海统筹联动，首创“陆海统筹宣传月”新模式等做法，实现了陆海经济双向促进、陆海产业结构优化、创新能力不断增强、区域发展势能提升和绿色发展持续深化。

在广东陆海经济一体化发展实践中，逐渐总结出改革先行、创新驱动，以海定陆、陆海统筹，区域协调、合作发展，高端引领、开放拓展等经验，但也存在一些需要改进和完善的方面。例如，开发与保护矛盾日益凸显。广东部分城市土地开发强度已超30%的国际警戒线，水资源分布与区域经济发展不匹配。生态环境压力严峻，陆域生态环境恶化及其对海域的冲击加重，近岸海域污染严重，海洋生态系统功能退化。河口、港湾、滨海湿地等生态系统结构失衡加剧，局部地区大气复合污染、土壤重金属污染、水环境污染问题突出。陆域污染物向海洋持续排放加剧了海洋环境压力。另外，海洋文化普及不足。广东在陆海经济高速发展过程中，对海洋文化的重视程度仍不够。从长期来看，将会制约经济高质量发展。同时，海洋强国建设离不开海洋文化建设，海洋文化自信不足将影响广东陆海经济一体化的全面、可持续发展。在后续的发展中，要继续将海洋作为高质量发展的战略要地，深化海洋自然资源供给侧结构性改革，在提升海洋科技创新能力，持续推进粤港澳大湾区海洋经济高质量发展的同时，必须加强海洋生态文明建设和海洋文化的传承与发展。

第十五章　江苏陆海经济一体化的具体实践

第一节　江苏陆海经济一体化的比较优势

一、区位优势突出

江苏具有陆海经济一体化发展的区位优势。作为沿海省份，江苏既有海的优势也有江的优势，江海联动促进陆海经济一体化发展是江苏的优势和特色。江苏连接中西部，东有连云港，与日本、韩国隔海相望，南接长江三角，北接环渤海经济圈，还有新亚欧大陆，既是支持中西部协同发展的重要交通、经济枢纽，也是陇海兰新线最为经济和便捷的出海口岸。近年来，随着陆海交通基础设施建设一体化推进，打通了很多交通要道，开通了连云港—盐城—上海铁路、宁启铁路和新长铁路等，建成了苏通大桥，提升了江苏与上海、福建和浙江等地的联系效率，为江苏的陆海经济一体化发展和东部沿海地区的区域协同发展构筑了坚实的基础。

二、海洋资源丰富

丰富的海洋资源为江苏陆海经济一体化发展提供了资源保障。江苏沿海地区包括南通、连云港、盐城 3 个设区市，全省海岸线长 954 千米。海域面积 3.75 万平方千米，其中海涂面积 0.5 万平方千米，占全国海涂总面积的 25%。由于天然的淤泥质海岸和先进的建港技术，江苏拥有 14 个条件优越的海港。海洋资源综合指数居全国第 4 位，国土面积占全省总面积近 1/2。海浮游植物丰富，促进了海洋渔业发展，拥有大沙、海州湾和吕四、长江口等 4

个大型渔场。海上能源优势明显，波浪能和潮汐能丰富。同时，沿海海风强劲，但强台风较少，有利于海上风电场的建设和发展。滨海旅游资源丰富，沿海可见范公堤、花果山和狼山等景观，还拥有亚洲大陆边缘最大的海岸湿地，以及非常具有特色的辐射状沙洲，这些资源促进了江苏滨海旅游业的发展。

三、经济实力雄厚

江苏具有带动陆海经济一体化发展的雄厚经济实力。江苏经济平稳较快发展，年均 GDP 增长速度均为两位数，经济增速远高于全国平均水平，经济总量一直保持在全国前列，且经济质量较高，人民生活水平全国领先，属于中国经济发展典范。尤其是改革开放后创造的苏南模式，更是带动了江苏社会、经济、生态和文化协调可持续发展，全国各地争先借鉴。多年来，江苏的各项经济数据都名列全国前列，显示了江苏陆地经济实力的雄厚，也为其陆海经济一体化提供了经济保障。作为国家“一带一路”建设、长三角“一体化”战略和江苏“1+3”功能区布局的交汇点，随着长江大保护等重大战略的深入实施，江苏沿海地区已成为新一轮基础性、战略性产业布局的重要承载区域，是江苏最具综合优势和发展潜力的经济发展增长极之一。

第二节　江苏陆海经济一体化的具体做法

江苏沿岸及海域是“丝绸之路经济带”与“21 世纪海上丝绸之路”的重要交汇点，新亚欧大陆桥经济走廊重要战略节点，陆海统筹和江海联动发展先行区。江苏在陆海经济一体化发展中不断探索，坚持陆海统筹、跨江融合发展，形成以“陆（江）”带“海”的江海联动模式，通过发挥沿江地区的先发优势，促进沿江地区的资金、产业、人才、经验等各种要素向沿海地区和内陆地区流动及转移，促进经济增长空间从沿江向沿海和内陆拓展。江苏的江海联动是一种“自然要素联系、交通要素联系和政策要素联系”相结合的模式。长江是江苏沿海地区与内陆地区之间的主要联系通道，把沿江地区作为实现沿海和内陆两大片区统筹协调的重要突破口和先导区，通过沿江地区的统筹联动发展带动沿海和内陆地区的统筹联动发展。

一、坚持发展规划引领，优化陆海经济空间布局

江苏在陆海经济一体化发展中，坚持陆海经济发展的规划引领作用，不断优化陆海经济空间布局。为加快江苏海洋事业发展，提升海洋综合实力，推进江苏从海洋大省向海洋强省转变，根据《江苏省国民经济和社会发展第十三个五年规划纲要》，编制《江苏省“十三五”海洋事业发展规划》。坚持“陆海统筹、江海联动、集约开发、生态优先”的原则，综合各地发展基础、区位特征与资源禀赋，提升“一带”、培育“两轴”、做强“三核”，加快构建特色鲜明、优势互补、集聚度高的海洋经济空间布局，引导全省海洋经济的转型升级和集聚发展。聚力发展海洋战略性新兴产业，重点发展海洋工程装备制造业，依托南通经济开发区海洋工程船舶及重装备制造产业基地、镇江特种船舶及海洋工程装备特色产业基地、东台海洋工程特种装备产业园等载体，积极发展海洋工程总承包和专业化服务，提高海工装备总装集成能力。坚持陆海联动防治污染，积极开展海洋生态综合治理，全面提升海洋生态环境保护与修复、海洋资源保护与利用能力，有效保持全省海洋生态环境质量稳定。2017 年 3 月江苏省正式印发《江苏省“十三五”海洋经济发展规划》。根据规划，江苏初步建成海洋经济强省，海洋经济综合实力和竞争力位居全国前列，海洋生产总值年均增长 9%左右。根据该规划，在“十三五”期间，江苏坚持“陆海统筹、江海联动、集约开发、生态优先”的原则，主动融入国家重大战略，优化海洋经济空间布局，着力提升以沿海地带为纵轴、沿长江两岸为横轴的“L”型海洋经济带发展能级，优化海洋产业空间，推进港产城一体化发展，在形成海洋重大生产力布局上实现新突破。

二、出台主体功能区划，促进陆海产业发展

江苏通过出台海洋主体功能区划，不断优化陆海产业发展，推动陆海经济一体化。2018 年 7 月 26 日，江苏省发布《江苏省海洋主体功能区规划》。该规划坚持陆海统筹、尊重自然、优化结构、集约开发的原则，明确了推进形成海洋主体功能区的主要目标：到 2020 年，全省形成主体功能定位清晰的

海洋空间格局，经济布局更加集中，资源利用更加高效，生态系统更加稳定，开发秩序更加规范，基本实现沿海人口分布与经济布局、资源环境相互协调，海洋与陆地协调一致，可持续发展能力得到全面提升。海洋主体功能区规划既是海洋空间开发的战略性、基础性和约束性规划，也是《江苏省主体功能区规划》的重要组成部分，开发海洋空间的行动纲领，对于优化海洋产业结构和空间布局，推动江苏陆海经济一体化发展具有重要意义。在陆海产业发展方面，自2009年江苏沿海开发上升为国家战略以来，江苏省一方面巩固提高传统海洋产业，另一方面积极培育新兴海洋产业，以此不断探索和实践海洋经济可持续发展。江苏沿海三市海洋二、三产业不断崛起，海洋经济趋于多元化发展。同时，作为海洋大省，江苏在发展陆海经济一体化过程中注重自身特色培育，充分利用沿海空间大、岸线长、滩涂多、风能光能资源丰富的特点，发展“新能源”产业，已逐渐成为江苏沿海城市的“默契”。“十三五”期间，江苏重点打造“一带两轴三核”，在形成海洋重大生产力布局上实现新突破：“一带”，即以沿海地带为纵轴、沿长江两岸为横轴的“L”型海洋经济发展带；“两轴”，即沿东陇海线海洋经济成长轴和淮河生态经济带海洋经济成长轴；“三核”，即连云港、盐城、南通3个节点城市。产业升级转型，为江苏陆海经济一体化注入持续动力。

三、组合沿江沿海港口，打造江海联动开发示范区

江苏在陆海经济一体化进程中，根据国家政策组合沿江沿海港口，积极打造江海联动开发示范区。“十二五”以来，江苏沿江港口的“海港化”建设取得了极大的成绩。大型轮船从海进江在几年前还是无法做到的事情，如今在江苏已成为现实。近年来，长江南京段以下船舶“大进大出、快进快出”已成为常态，江苏沿江和沿海港口组成的国际海港区，已实现“江海一体化”发展，并作为上海组合港的北翼在区域经济中发挥越发重要的作用。依托长江南京段以下12.5米深水航道建设，从长江口到南京长江大桥总长430余千米的深水航道，满足了目前国际上主力运输船舶的通航条件，使江苏的江海联运发展有了实质性进展。目前，5万吨级海轮可全天候直达南通，10万~17万吨级海轮可乘潮减载直达南通、张家港，7万吨级海轮减载可直达南京。江苏国际海港区内集中省内90%以上的冶金、石化、造船企业，一半以上的水

泥、造纸、电力企业，一大半的国家级开发园区；承担区域内 90%以上的能源和外贸物资运输，以及江苏省八成以上物流运输量，形成了以煤炭、原油、矿石、集装箱为重点的主要货类运输系统布局，成为长江三角洲地区大宗物资、集装箱运输及外贸物资一程直达和江海联运的重要载体。在江苏沿江海港吞吐量中，还有约 20%是服务长江中上游转运业务，承担着中上游地区大型企业所需的 70%以上海进江煤炭、80%以上外贸铁矿石中转任务，是长三角辐射带动中西部地区发展的国家重要门户。

在江海联动示范区打造方面，江苏南通通过发布《“十三五”沿海前沿区域发展规划》，建设通州湾江海联动开发示范区。建设“一堡三区”，即长江经济带北翼桥头堡、江海联动现代物流集聚区、江海产业联动发展先导区、陆海统筹综合配套改革先行区。围绕产业发展、城镇建设、生态旅游，突出打造沿海 3 条带：一是沿海产业带要重点发展先进制造业、现代服务业和现代农业。先进制造业，重点打造船舶海工、装备制造、能源产业、石油和精细化工、新材料、轻工食品、冶金建材等“七大基地”。现代服务业，重点建设长三角北翼现代物流中心、长三角重要的旅游休闲目的地、长三角特色商贸中心。现代农业，围绕海洋渔业和生态观光农业，注重生态与休闲功能结合。二是沿海城镇带主要分两个层面，一个是建设南通中心城市滨海港城；另一个是建设沿海重点镇。南通中心城市滨海港城的重点是加快通州湾示范区的开发建设，将通州湾建设成为具有支撑沿海前沿区域发展能力的重要节点。围绕沿海 8 个已实施区镇合一管理体制的重点镇，进一步明确发展定位和特色，增强配套功能，提升服务生产生活的能力和水平。三是沿海风光带着力提升沿海前沿区域发展品质，做优、做美发展环境，加快推进沿海旅游度假区、国家中心渔港、生态农业、观光农业、湿地保护区、生态廊道、海洋公园、森林公园、盐土绿化等工程建设，打造沿海休闲旅游风光带。

四、注重陆海经济核算，首次发布发展指数

经济核算既是量化陆海经济发展成效的重要指标，也是总结陆海经济一体化的重要途径。为了及时、准确掌握陆海经济发展态势，2016 年 4 月 26 日，江苏省首次公布《2015 年江苏省海洋经济统计公报》，江苏海洋经济“十二五”多项指标居全国之首。该公报显示，2015 年面对复杂多变的宏观

经济环境，江苏坚持陆海统筹、江海联动，全力推动海洋产业转型升级，海洋经济在新常态下保持了平稳的增长态势。多年来，江苏省持续发布海洋经济统计公报。在此基础上，为综合客观地反映江苏省陆海经济的发展水平、发展成效和发展潜力，为陆海经济一体化的宏观调控提供依据，推动江苏省陆海经济发展，2019 年江苏省首次编制了 2018 江苏省海洋经济发展指数（JSOEDI）报告并正式发布。江苏省海洋经济发展指数是反映陆海经济发展状况的综合性指数，是对一定时期内该省陆海经济发展水平的量化评价。指标体系主要包括发展水平、发展成效、发展潜力 3 个一级指标，经济规模、经济稳定、创新驱动等 7 个二级指标，以及海洋生产总值、海洋经济波动率、海洋研究与试验发展经费比例等 23 个三级指标。相关海洋经济发展报告为江苏陆海经济一体化发展提供了数据资料支持。

五、依托前港后站，实现陆海互联互通

江苏在陆海经济一体化发展中，依托自身港口优势，打造互联互通的“一带一路”建设体系。2013 年 9 月，中哈（连云港）物流合作基地拔地而起。作为“一带一路”建设的首个实体平台，中哈基地自诞生之日起就时刻展示着蓬勃之姿。连云港海关在基地至码头间开辟的“绿色通道”，帮助基地形成了“前港后站、海陆互通”的运营模式，集装箱货物卸船后可直接运至基地进行拆拼箱、简单加工等作业，减少了通关环节，减低了物流成本。经过近五年的建设发展，园区设施日渐完善，功能逐步拓展。2019 年，园内新云台码头海河联运项目顺利开展，1—7 月连云港海关累计监管铁矿砂、红土镍矿等联运货物 381. 3 万吨。连云港拥有江苏最大的海港口岸，建成万吨级以上泊位 71 个，开辟集装箱航线 54 条，杂货班轮航线 13 条，中韩客货班轮航线 2 条，货物年吞吐量超过 2 亿吨。1—7 月，连云港口岸进出口货运量 4830. 8 万吨，货值 174. 9 亿美元，继续实现量价双升，书写着建设“一带一路”的新篇章。目前，连云港港既是江苏班轮航线开行最多、唯一具有远洋干线的港口，也是“海洋联盟”跨太平洋航线起始港和远东波斯湾航线往返港。“一带一路”倡议的提出，给港口的发展又增添了新的动力。

六、划定生态红线，坚持陆海生态环保一体化

2013 年，江苏省出台《江苏省生态红线区域保护规划》，将 15 类 779 块区域纳入严格保护，其中囊括了全省 22.23%的国土面积。2016 年，江苏画“升级版”的“生态红线”，在全国率先提出划定严守城市开发边界红线、耕地保护红线、生态保护红线等“三条红线”。2018 年 6 月，江苏出台《江苏省国家级生态保护红线规划》。该规划涵盖全省陆地和海域空间，生态保护红线区域总面积为 18150.34 平方千米，占全省陆海统筹国土总面积的 13.14%。其中，海洋生态保护红线区域面积 9676.07 平方千米，占全省管辖海域面积的 27.83%。在海洋生态保护红线区域中，共划定大陆自然岸线 335.63 千米，划定海岛自然岸线 49.69 千米。

陆海经济一体化过程中，江苏省高度重视陆海生态环境保护，积极采取措施优化生态环境。连云港市积极响应国家号召，于 2017 年代表江苏成为全国首批 5 个湾长制试点地区之一。试点以来，连云港形成“以海定陆、以陆护海、网格协同、信息保障”的湾长制工作模式，使近岸海域水质得到明显改善。目前，江苏正在深入总结连云港湾长制试点工作经验，推进湾长制规范化、标准化建设，并召开海洋生态环境保护工作暨湾长制建设推进会议。南通市是江苏陆海统筹发展综合配套改革示范区，该市率先将海洋生态保护纳入沿海地区党委政府考核体系，全市 17 条入海河流全部建立了河长制和断面交接制，并实行入海河口生态双向补偿。同时，该市实行用海限批制度，将是否符合海洋环境评价制度作为海域确权发证的前置条件。

第三节　江苏陆海经济一体化的成效

江苏位于我国沿海地区和“一带一路”的交汇处，既是我国的经济大省，也是发展迅速的海洋大省。自 2009 年江苏沿海发展成为国家战略以来，陆海经济一体化发展已逐步走上快车道。面对海洋经济强劲有力的发展势头，江苏省一贯坚持“海陆统筹、江海联动、集约发展、生态优先”的原则，从促进传统产业转型升级入手，积极发展海洋战略性新兴产业，陆海经济转型和

创新不断深化。

一、经济总体趋于稳健

江苏陆海经济一体化促进了海洋经济的“蓝色引擎”作用持续发挥，不断助推地区经济高质量发展。2018 年，江苏海洋生产总值 7618. 8 亿元，比上年增长 9. 8%，占地区生产总值的比重为 8. 2%。2009 年江苏海洋生产总值占全省生产总值的比重为 7. 9%，到 2018 年提高到 8. 2%，海洋经济已成为江苏经济发展的重要增长点。在江苏海洋经济生产总值构成中，海洋主要产业增加值 2893. 8 亿元，增长 8. 2%；海洋科研教育管理服务业增加值 1660. 5 亿元，增长 13. 7%；海洋相关产业增加值 3060 亿元，增长 9. 4%。海洋主要产业、海洋科研教育管理服务和海洋相关产业的生产总值分别占全省海洋生产总值的 37. 9%、21. 3%和 40. 8%。从海洋三次产业结构来看，海洋第一产业增加值 304. 8 亿元，增长 7. 2%；海洋第二产业增加值 3573. 2 亿元，增长 9. 4%；海洋第三产业增加值 3740. 8 亿元，增长 10. 5%。海洋第一产业、第二产业和第三产业增加值占海洋总产值的比重分别为 4. 0%、46. 9%和 49. 1%。

二、产业结构得到优化

江苏在陆海经济一体化发展过程中，注重陆海产业融合，推动产业结构不断优化。从主要海洋产业发展来看，作为江苏省主要海洋产业的海洋渔业、海洋交通运输业和海洋旅游业总体上保持稳定增长。同时，江苏海洋可再生能源利用、海洋医药、海洋生物制品等新兴产业发展势头良好。

三、区域发展更加协调

陆海一体化发展使江苏各区域之间的发展更加协调，各区域发展态势较好。从区域经济发展角度来看，2018 年，3 个沿海城市的海洋生产总值为 3906. 8 亿元，比上年增长 9. 5%，占全省海洋生产总值的比重为 51. 3%。10 个非沿海城市的海洋生产总值为 3712 亿元，比上年增长 10. 2%，占全省海洋生产总值的比重为 48. 7%。在 3 个沿海城市中，南通市海洋生产总值 2080 亿元，比上年增长 10. 5%，占地区生产总值的比重为 24. 7%；盐城市海洋生产总值 1082 亿元，比上年增长 8. 6%，占地区生产总值的 19. 7%；连云港市海洋生产总值 744. 8 亿元，比上年增长 7. 9%，占地区生产总值的 26. 9%。

四、发展潜力逐步增加

陆海经济一体化通过资源共享、要素互通、产业融合，加大了江苏的发展潜力。《江苏省海洋经济发展指数》显示，2010—2017 年，江苏海洋经济总体发展良好，海洋经济发展指数年均增长 4. 2%，2017 年达到 133. 5，比上年增长 3. 7%。其中，①发展水平指数为 138. 3，比上年提高 6. 2%，发展水平明显提高。2010—2017 年，发展水平指数年均增长率为 4. 7%，保持稳定增长。经济效益的增加和经济规模的扩大，对发展水平的提高有较大的贡献。②发展效益指数为 128. 1，比上年增长 2. 7%，发展效益略有提高。2010—2017 年，发展效益指数年均增长 3. 6%，呈现稳定增长态势。改善民生在促进海洋经济发展效益方面发挥了重要作用。③发展潜力指数为 133. 1，比上年增长 1. 7%，发展潜力进一步增强。2010—2017 年，发展潜力指数的年均增长率为 4. 2%，呈现稳步上升的趋势。创新驱动对发展潜力增长的贡献相对突出。江苏逐渐增加的发展潜力也将进一步促进陆海经济一体化的落实。

五、生态环境稳中向好

在陆海经济一体化过程中，江苏对海洋生态环境保护工作十分重视，采取了诸多有效措施，使陆海生态环境状况整体稳中向好。海水环境质量总体有所改善，典型海洋生态系统和受海洋保护区保护的生态系统的健康状况基本保持稳定。海洋倾倒区和海洋油气区的环境质量基本满足海洋功能区的环境保护要求，海洋渔业水域的环境质量总体良好。与往年相比，赤潮出现的次数和累积面积已大大减少。通过海洋生态环境保护治理，进一步改善了沿海地区总体生态环境状况。

第四节　江苏陆海经济一体化的经验

一、陆海统筹，江海联动

江苏在陆海经济一体化发展过程中，主动融入国家重大战略，深化陆海统筹，促进江海联动，合理开发和利用海岸线、海域和岛屿等资源，实现陆海资源互补、布局互联、产业互动，提高陆海资源要素总体配置效率和资源利用水平。努力提高以沿海地区为纵轴，沿长江两岸为横轴的“L”型海洋经济带的发展水平，优化海洋产业空间布局，促进陆海经济一体化发展。完善海洋综合管理体制机制，发挥政府、企业和社会组织等多方力量，协同推进海洋事业可持续发展。

二、创新驱动，科技兴海

江苏在陆海经济一体化发展过程中，积极实施科技兴海战略，坚持把创新作为陆地和海洋经济可持续发展的核心，继续推进陆地和海洋的全面创新和总体规划。建立有利于创新和发展的机制，有效聚集创新资源，进一步加强创新作为陆海经济发展的主要引擎作用，加快创新型现代海洋产业体系的形成，走出充分释放自身优势的创新和发展新道路。努力提高陆海科学技术创新的能力，促进“大众创业、万众创新”，实现陆海经济一体化高质量发展。

三、集约开发，生态优先

江苏将生态文明建设贯穿陆海经济一体化发展全过程和各领域，制定实施重大海洋功能区规划，推进重大海洋功能区建设，调整和优化陆海经济布局，协调陆海经济发展与资源、生态环境的关系，科学利用海洋资源，保护海洋生态环境。大力推动陆海经济低碳、绿色、循环发展，促进人海和谐，实现陆海经济一体化发展与生态文明建设互促互进。

四、共建共享，合作共赢

江苏在陆海经济一体化发展过程中，坚持以人为本、以民生为先、以民生需要为发展陆海经济的根本指南，努力提高陆海资源管理、生态环境保护方面的公共服务能力。增强防灾减灾能力和应急能力，扩大惠及人民的陆海事业，实施海洋生态补偿、国有渔业占用补偿，提高造福人民的陆海事业发展质量。积极参与国际和区域海洋合作，融入全球海洋产业链，更好地利用两个市场和两种资源，扩大海陆经济一体化的发展空间。

本章小结

江苏省区位优势突出、海洋资源丰富、陆地经济实力雄厚，积极采用陆海统筹、江海联动的模式发展陆海经济一体化。在陆海经济一体化发展过程中，坚持发展规划引领，优化陆海经济空间布局；出台海洋主体功能区划，促进陆海产业发展；组合沿江沿海港口，打造江海联动开发示范区；注重陆海经济核算，首次发布发展指数；依托前港后站，实现陆海互联互通；划定生态红线，坚持陆海生态环保一体化效果明显，经济总体趋于稳健、产业结构得到优化、区域发展更加协调、发展潜力逐步增加、生态环境稳中向好。

江苏在陆海经济一体化实践中，不断总结出“陆海统筹、江海联动，创新驱动、科技兴海，集约开发、生态优先，共建共享、合作共赢”等宝贵经验，但同时也存在一些需要注意的方面。例如，首先，传统发展动力不足。江苏省海洋经济规模总量偏小，产业质态相对落后，基于低技术含量的工业发展空间非常有限。加上近年来一些行业的产能严重过剩，各种因素的总体成本增加以及对资源和环境日益严格的约束，使传统的发展模式难以维持，迫切需要产业结构的调整和产业转型升级。其次，海洋经济增长的传统动力已经减弱。新兴海洋产业的大规模发展需要时间，海洋经济持续发展面临挑战。最后，海洋管理体系有待完善。江苏海港布局相对分散，涉海矛盾较多，难以维护海洋安全秩序。海上搜救等应急能力较弱，涉海部门众多，海洋综合管理和海陆统筹发展的体制机制亟待完善。

第十六章　山东陆海经济一体化的具体实践

第一节　山东陆海经济一体化的比较优势

山东省在实施陆海经济一体化发展过程中，具有突出的优势条件。

一、 区位优势

山东具有陆海经济一体化发展的区位优势。从国际层面来看，山东半岛位于中国北部海岸线的中南部，是中国最接近韩国和日本的地区，并且具有向外界开放的独特条件。通过加强与日本和韩国的合作，可以进行产业和资本的转移、交流、合作，并加速从沿海到内陆的对外开放进程。从国内区位的角度来看，实施陆海一体化战略可以增强区域之间经济发展的互补性和兼容性，能有效统一市场和管理。具体来看，北部与天津滨海新区对接，参与环渤海地区的开发，并加强与东北亚经济区的合作；南部通过港口、铁路和节点城市，积极参与长三角和淮海经济区的经济合作；西部通过与河北、山西、河南、陕西等省开展省际合作，不仅拓展了腹地发展，更为山东长期可持续发展储备了战略资源，使山东区域经济不断取得新的增长。

二、资源优势

山东具有陆海经济一体化发展的资源环境优势。山东半岛拥有宝贵的黄金海岸线，海岸线超过 3000 千米，是我国海岸线最长的省份之一。全省沿海有 200 多个海湾，离岸水域面积 16 万平方千米，海滩面积 3200 平方千米。海洋资源十分丰富，有 400 多种具有经济价值的水生生物资源。山东沿海地区

2/3 以上海岸是山地基岩海岸，是深水港口中预选港址数量最多的海岸。山东是我国石油能源的重要基地之一，其石油总产量约占全国总产量的 16%。山东还有非常丰富的矿产资源，已发现矿产资源 150 种，占全国矿产品的 70% 以上。其中，有 30 多种的储量位居全国前十名。山东省海洋能和潮汐能的储量为 4 亿千瓦，波浪能达 411 万千瓦。在滨海旅游资源方面，山东省拥有 34 个主要滨海旅游景点，居全国第三位。

三、交通优势

山东具有陆海经济一体化发展的交通运输优势。山东以加密、提速、扩通道为重点，构建“四横五纵”综合运输大通道。截至 2018 年底，全省铁路运营里程达到 6222 千米，高速铁路运营里程达到 1747 千米，高速公路运营里程达到 6058 千米；拥有 3 个吞吐量过 4 亿吨大港，年港口货物吞吐量达到 16.1 亿吨，居全国第 2 位；拥有 9 个运输机场，6 个一般机场，676 条航线，并有直飞日本、韩国、新加坡、俄罗斯、泰国等国家和中国香港、澳门等地区的航班。目前，山东半岛已初步形成了集铁路、公路、水运和航空于一体的陆海运输综合体系，将有效促进陆海经济一体化发展。

四、科教优势

山东具有陆海经济一体化发展的科教优势。山东是我国海洋科学技术力量高度聚集的地区，其海洋科学技术综合实力在全国各省（市、自治区）中排名前列。山东省拥有市（地）级以上的独立海洋科学研究机构 30 余家，海洋科学技术人员 7000 余人，占全国同类人员的比重接近 60%。拥有海洋科研考察船 20 余艘，大型实验设备 1000 余台，重点实验室 100 多个。近年来，我国围绕海洋生物、环境和资源的可持续利用等重大科学技术问题，在山东海域安排了许多重大基础研究项目，取得很多对海洋经济发展起到重要作用的科研成果，并在较短的时间内产生了很好的社会效益和经济效益。

第二节 山东陆海经济一体化的具体做法

山东在陆海经济一体化过程中，充分利用发展优势，通过推进海洋强省建设，打造海洋牧场，坚持陆海联动，整合港口资源等，着力打造蓝色经济区。

一、提出海洋强省建设，打造沿海城镇带

山东坚持海洋强省建设，通过打造沿海城镇带来推进陆海经济一体化发展。开创新时代现代化强省建设新局面，实现高质量发展。山东最大的潜力在海洋，最大的空间在海洋，最大的动能也在海洋。2018 年，山东省出台《山东海洋强省建设行动方案》，海洋强省建设从战略规划阶段转入全面实施阶段；省级机构改革结合自身实际推出“自选动作”，新组建省委海洋发展委员会；现代海洋产业“6 个 1”协调推进体系基本建立，总投资 8000 多亿元的 360 个重点项目陆续实施。

现代化港口是陆海统筹、参与全球供应链的重要支点。从“群港乱战”到“一体化”发展，渤海湾港的整合协同提升既是山东加快建设世界一流海洋港口的第一步，也是山东全力推进海洋强省建设的一个缩影。2018 年，《山东省沿海城镇带规划（2018—2035 年）》由山东省住建厅组织编制，规划范围包括沿海 7 个设区市（24 个市辖区）、4 个县、11 个县级市，陆域面积 4.56 万平方千米，管辖海域 4.73 万平方千米。该规划对现状的评估认为，山东省沿海城镇带是我国北方沿海城镇发育最好、开放程度最高、创新要素最富集、资源环境最具特色的区域，在新时代海洋强国战略中的地位突出。规划要求建立沿海现代空间治理体系、构筑沿海生态文明高地、彰显沿海城镇魅力特色、推进沿海设施互联互通。把山东沿海城镇带建设成为卓越的国际旅游休闲度假目的地，世界一流的海洋科技创新走廊，最具活力、魅力和竞争力的滨海生态宜居城镇带。为优化沿海城镇带空间格局，山东沿海城镇带将构筑“一主两副三湾三区、陆海统筹网络发展”的城镇空间格局。此次沿海城镇带规划范围包括烟台、日照、青岛、威海、潍坊、东营、滨州等沿海 7

市市辖区，以及胶州、莱阳、海阳、乳山、荣成、蓬莱、长岛、龙口、招远、莱州、昌邑、寿光、广饶、利津、无棣等有海岸线的15个县市的沿海陆域及近岸海域，陆域面积4.56万平方千米，海域面积15.95万平方千米。规划期限至2035年，近期至2022年，远景至2050年。打造沿海城镇带，成为山东陆海经济一体化发展的主要途径。

二、培植海洋优势产业，打造海洋牧场

山东以培育海洋优势产业为基础，大力推进陆海经济一体化发展。一是加快海工装备制造业发展。“山东省船舶与海洋工程装备创新中心”是山东省已认定的3家省级制造业创新中心之一。2019年5月，首座自主研发的全潜式大型智能网箱“深蓝1号”下水交付使用，标志着山东省大型海工装备建造实现快速发展。烟台市船舶及海工装备制造业规模以上企业达到27家，成为全球四大深水半潜式平台建造基地之一、全国五大海洋工程装备建造基地之一。二是推动海洋生物医药实现集群发展。青岛、烟台、威海三市共投入财政资金4.3亿元，实施海洋生物医药示范项目81项，新培育东海药业、银色世纪等龙头骨干企业和近百家中小企业，青岛农大海润检测、海利尔药业已成功上市。三是积极探索海洋能源发展新路径。推动中科院海洋所、三峡集团和蓝色海洋国家级海洋牧场在莱州湾开展海上风电与海洋牧场融合发展试验，探索清洁能源与牧场绿色生态系统融合发展的新途径。五是加快发展滨海特色旅游。着力打造“仙境海岸”旅游品牌，建设泛青烟海洋精品旅游发展示范区及青烟威精品海洋旅游发展高地。积极发展邮轮游艇等高端旅游业态，依托青岛市邮轮母港、烟台邮轮停靠港，开通了赴日韩、越南的旅游航线。

此外，山东省谋划推进现代化海洋牧场试点，出台《山东省现代化海洋牧场建设综合试点方案》，成为我国唯一的海洋牧场建设综合试点省份。海洋牧场既是山东优势海洋产业之一，也是山东陆海经济一体化发展中陆海产业融合的主要模式之一。山东省烟台市横跨黄、渤海，对应海域面积2.6万平方千米，海岸线长1038千米，沿海有7个主要海湾，分布有大小海岛230个。作为全国重点渔区和优势水产品主产区，烟台市拥有海洋面积大、海岸线长、海洋资源丰富、海洋牧场示范区多、海工装备实力强等建设海洋牧场的独特

优势。近年来，烟台市累计投入海洋牧场建设资金 10 亿元，带动社会投资 100 亿元，海洋牧场总面积从最初的几万亩迅速发展到 100 万亩，增长了近 20 倍，规模跃居全国之首。海洋牧场水产品年产量达到 60 万吨，综合收入达到 300 亿元，渔民人均纯收入达到 2.18 万元。烟台创新发展模式，打造现代海洋牧场烟台样板。一是创新了“海工+牧场”联动模式。以中集来福士为代表，在全国率先建造首座半潜式、自升式海洋牧场多功能管理平台、深远海离岸智能化坐底式网箱和管桩大围网装备，突破关键技术瓶颈，为走向深远海拓展提供强大支撑。目前，烟台市已建成海洋牧场平台 11 座，在建深远海坐底式智能化大网箱 1 个。二是创新了“陆海接力”兼容模式。以明波水产为代表，大力发展陆基工厂化循环水与深水网箱融合养殖，有效解决北方海域无法越冬的问题，成功实现斑石鲷等名贵品种“南鱼北育、南鱼北养”，成为全国最大的名贵鱼陆海接力养殖基地，循环水养殖水体达到 300 万平方米，年产值约 12 亿元。三是创新了“大渔带小渔”共享模式。以蓝色海洋为代表，依托渔民专业合作社和龙头企业带动，实现海域使用权流转，有效整合连片海域 16 万亩，建造了山东省最大规模的“贝、藻、参”立体生态方。

三、整合港口资源，助推陆海经济一体化

港口是陆海经济一体化发展的重要节点，山东省通过整合港口资源促进陆海经济快速发展。山东港口吞吐量位居全国第二，除了青岛、烟台和日照港 3 个亿吨大港，其余的港口规模小且“身份”不一。为贯彻习近平总书记建设世界一流海洋港口的重要指示精神，山东积极采取措施，科学布局这些沿海港口。2018 年，由山东高速集团控股整合滨州港、东营港、潍坊港，组建了山东渤海湾港口集团，掀起了山东省港口资源整合的大潮。之后，渤海湾港口集团与万通海欣控股集团签署合作协议，万通海欣控股的东营港区码头、仓储、管线等涉港资产转由渤海湾港口集团控股，标志着山东沿海港口整合战略迈出重要一步，为加快整合山东省渤海湾沿线的国企、民营、外企、央企港口企业提供了良好的运作模式。

整合港口资源之后，为了高效管理，山东成立山东省港口集团，有效推进陆海经济一体化发展。山东省港口集团目前共拥有港口（港区）18 个、生产性泊位 285 个，设计年通过能力约 8 亿吨。拥有全球最大的 40 万吨级矿石

码头和 45 万吨级原油码头；拥有可停靠 2. 2 万标准箱船舶的集装箱码头和可停靠 22. 7 万吨级邮轮的专用码头；拥有全球领先、亚洲首个全自动化集装箱码头——青岛新前湾集装箱码头；拥有集装箱航线 200 余条，遍及全球 180 多个国家和地区。现有员工 3. 8 万人，资产总额 2000 亿元。2018 年，完成货物吞吐量近 13 亿吨，完成集装箱吞吐量 2700 万标准箱。

四、统筹陆海科技创新，打造自贸试验区

坚持统筹陆海科技创新，通过落实自贸试验区战略发展海洋经济是山东陆海经济一体化发展的重要手段。山东自贸试验区对照国家关于建设海洋强国的要求，加快推进新旧发展动能接续转换、发展海洋经济，着力将山东自贸试验区打造成为海洋经济引领区。着眼于发挥自身海洋资源优势，以推动自贸试验区海洋经济高质量发展。通过借力山东港口集团落地青岛的机遇，实施青岛港“蝶变”升级新行动，在青岛市北区打造国际航运贸易金融创新核心区，在西海岸新区着力打造世界一流强港，把港口作为陆海统筹、走向世界的重要支点，优化港口功能布局，建设港航贸易、金融以及其他功能性平台，提高港口国际中转能力和辐射带动力，推动陆海联动、港产城融合，努力打造智慧高效、绿色高端的国际化强港。

山东在陆海经济一体化发展过程中，从多方面开展陆海科技创新，深度对接海洋强国战略，积极开展国家层面海洋创新示范。2018 年 11 月 26 日，威海、日照两市获批成为海洋经济发展示范区。2018 年，在海洋领域设立了海洋环境安全保障、深海关键技术与装备和蓝色粮仓科技创新 3 个国家重点研发计划专项，项目总经费共计 14. 17 亿元。积极参与国家战略层面的重大科研创新活动，山东省共承担项目经费 4. 43 亿元，占总经费的 31. 3%。布局海洋领域重大科技创新工程和平台建设，实现海洋领域重点关键技术突破。为积极推进青岛海洋科学与技术试点国家实验室的正式入列，省市两级投入 10 亿元专项资金支持实验室建设发展。省级投入 2 亿元专项资金支持海洋大科学研究中心建设。实施“透明海洋”、海洋智能超算与大数据中心等重大海洋科技工程，积极推动“透明海洋”“蓝色药库”开发计划列入国家重点科技计划专项。在全国沿海省份率先成立省海洋标准化委员会，为推动山东省海洋高质量发展提供了重要标准支持。为加快海洋观测网建设，山东基于海

洋牧场的海洋资源环境观测网已连续运行 37 个月，并成功预警了两次海洋低氧及浒苔灾害。加强海洋人才的引进和培养，对接海洋强省建设升级人才工程，遴选产生海洋领域泰山学者 12 人、泰山产业领军人才 13 人。深化提升“齐鲁之约”引才活动，赴美国、澳大利亚等 8 个国家开展引才活动，签约引进一大批海洋人才。

五、注重生态保护修护，打造陆海风电基地

海洋不仅是生产空间，更是重要的生态空间。在陆海经济一体化发展过程中，山东非常注重生态保护。为做好山东长岛的保护开发，2017 年山东省专门出台《关于推进长岛海洋生态保护和持续发展的若干意见》，禁止各类工业项目上岛、严控围填海活动、修复受损岸线山体，提出把长岛打造成蓝色生态之岛。2017 年，山东省还出台了海洋生态文明建设规划和实施意见，在全国率先建立实施全海域生态红线制度、海洋生态补偿制度，海洋保护区数量和面积居全国前列。

同时，山东在陆海经济一体化发展进程中，重视资源开发一体化，积极打造陆海统筹的风电基地。为推动能源转型升级，加快构建清洁低碳、安全高效的现代能源体系，山东以发展清洁低碳能源为主攻方向，同步推进非化石能源的加快发展与化石能源的高效清洁利用，大幅降低煤炭消费比重，大幅提高清洁能源消费比重，推动能源结构优化升级。按照“统筹规划、陆海并举”的原则，推进风电规模化发展，打造陆上、海上“双千万千瓦级风电基地”，建设东部风电大省。山东风能资源总量约 6700 万千瓦，风能资源较大的地区主要分布在山东沿海地区、潍坊中部地区、鲁中山区以及半岛、内陆、丘陵等区域。近几年，山东一直大力发展新能源发电，鼓励风能等新型可再生能源发电，风电已经成为山东省发展最快的新能源发电项目。因此，山东各地市发展风电热情正日益高涨，以烟台为例，该市海岸线蜿蜒漫长、岛屿众多，凭借独特的沿海地理位置，风能资源尤为丰富，是山东省风电发展最早、装机规模最大的地区之一。

第三节　山东陆海经济一体化的成效

在陆海经济一体化进程中，山东科学谋划海洋强省发展布局，多措施并举发展陆海经济。山东海洋综合实力迈上新台阶，海洋经济在全省经济发展中举足轻重，成为现代化强省建设的重要力量。烟台市成为全球四大深水半潜式平台建造基地之一，海工装备产业产值突破 500 亿元。

一、经济综合实力提升

山东陆海经济一体化既促进了海洋经济综合实力提升，也进一步促进了整个国民经济发展。2018 年，山东海洋生产总值达到 15502 亿元，同比增长 9. 2%（现价），占全省地区生产总值 20. 3%；海洋产业结构不断优化，海洋第一产业、第二产业、第三产业增加值占海洋生产总值的比重分别为 4. 7%、42. 6%、52. 7%。第一产业继续保持全国领先优势，海洋战略性新兴产业成为新的增长点，海洋服务业成为引领海洋经济发展的新引擎，并建成全球有影响力的海洋产业基地。

二、港口竞争优势不断增加

山东在陆海经济一体化过程中，积极整合港口资源，实施高效的港口资源管理措施，使港口竞争优势不断增加，进一步助推陆海经济一体化发展。2018 年，山东省沿海港口货物吞吐量达到 16. 1 亿吨，比上年增长 6. 5%。青岛、日照、烟台港跻身全国十大沿海港口之列。全省沿海港口生产性泊位已达 597 个，其中万吨级以上 307 个。与全球 130 多个国家和地区的 450 多个港口实现了通航，承担了全省 90%以上的外贸进出口量。以成立山东港口集团为标志，山东省 7 个沿海港口“聚指成拳”，进入一体化发展的新阶段。青岛港与威海港整合后，威海港年集装箱吞吐量有望突破 100 万标箱，创造威海港新的历史最高纪录。威海港与中创物流合作开通的“中创威海—青岛”集装箱航线，将充分发挥中创物流的航运优势和威海港的区位优势，将更多公路集装箱货源转移到水路运输。“威海—青岛”双向对开集装箱海铁联运班列也成功开通，进一步丰富了青岛、威海间的物流大通道，有效实现两港物流资源融合共享联动和市场资源优势互补。这不仅有助于青岛港进一步做大集装箱业务，而且将壮大威海港对韩集装箱航线，为两地经济发展提供更加安全高效的物流保障。

三、科技创新能力提升

山东在陆海经济一体化发展过程中，大力支持科技创新，助推陆海经济发展。2018 年，山东省海洋事业硕果累累，青岛蓝色硅谷、潍坊高新区建设国家科技兴海产业示范基地，烟台经济技术开发区、威海南海新区六处等建设省级科技兴海产业示范基地如期开展。青岛、烟台、威海 3 个示范城市建设进展顺利，实施了 80 个产业链条协同创新和产业集聚孵化项目。青岛市打造了全球规模最大的海藻生物制品产业基地，海藻酸盐产能全球第一；烟台东诚药业成为全球最大的硫酸软骨素原料生产企业，国内唯一的注射剂硫酸软骨素供应商，海洋战略新兴产业呈现集聚集群发展。参与推进海洋国家试点实验室入列。积极对接海洋大科学研究中心建设，打造高效开放共享的创新平台。完善科技创新平台体制机制，44 家省级海洋工程技术协同创新中心建设取得新进展。加强关键技术科技研发，全国首台超大型智能网箱“深蓝 1 号”在日照下水，年养殖三文鱼可达 1500 吨，开创了世界温暖海洋养殖三文鱼的先河。中集集团完成了 24 座自升式和半潜式多功能海洋牧场平台的研发设计，13 座已经交付使用。加快海洋标准化技术委员会的体制机制建设，成立了海洋标准化工作领导小组，使海洋标准化管理迈出坚实步伐。

四、可持续发展能力增强

山东在陆海经济一体化发展过程中，注重陆海生态环境保护一体化和资源开发一体化，使可持续发展能力增强。山东海洋生态文明建设水平不断提高，海洋保护区面积占全省近岸海域总面积的比重稳步提升，自然岸线保有率接近 40%，海域、海岛和海岸线集约利用程度不断提高，陆源污染物排海达标率和排海总量得到有效控制，海洋功能区环境质量达标率显著提升，近岸海域水质优良面积比例稳步提高。海洋法律法规体系日益完善，海洋综合管理体制机制不断健全，海洋事业繁荣发展，海洋执法机构能力显著增强，海洋事务统筹协调、快速应对和公共服务能力显著增强，参与海洋维权的能力加快提高。东亚海洋合作平台的载体作用得以充分发挥，建成一批辐射带动能力强的海洋经济特色园区和中外合作园区，成为参与“海上丝绸之路”建设的领头雁。

第四节　山东陆海经济一体化的经验

一、科技创新引领

山东在陆海经济一体化发展过程中，充分发挥创新在提高海洋经济生产力和综合实力中的驱动作用，加快体制和机制创新，实施创新驱动发展战略，突出海洋科学技术创新和高端海洋产业培育方面的重要支持作用，继续推动海洋产业向中高端发展，让创新贯穿海洋开发、利用、保护和管理的全过程，抢占海洋经济竞争的制高点。

二、陆海统筹协调

山东在陆海经济一体化发展过程中，按照海洋—陆地梯度发展的要求，规划海洋和陆地为整体的发展布局，将海洋产业和海洋事业作为一个体系来推进，提高海洋和陆地资源要素的整体配置效率，加快海陆经济联动发展水平。坚持陆海统筹协调，更加重视加快海洋事业的发展，为海洋产业的发展提供有力的支持，形成海洋经济与陆域经济相互促进、共同繁荣的新局面。

三、人海和谐发展

山东在陆海经济一体化发展过程中，以生态文明建设贯穿经济社会发展全过程和各领域为根本指导方针，推进海洋主体功能区建设，优化近岸海域空间布局，科学开发海洋资源，保护海洋生态环境，完善海洋生态文明制度，着力推动海洋经济低碳绿色循环发展，促进人海和谐。

四、共建共享共荣

山东在陆海经济一体化发展过程中，坚持以人为本，指导海洋资源供求关系向消费者服务的转化，确保海洋食品的充足供应和安全。同时，增强海洋防灾减灾能力，预防环境灾害和安全生产风险，确保沿海人民群众的生命财产安全。

本章小结

山东具有明显的区位优势、资源优势、交通优势和科教优势。实施科教兴海战略模式，推进山东陆海经济一体化发展，不仅是对山东经济增长模式的完善和推广，也是不断探索经济增长、总体协调和环境友好的区域发展新模式的过程。在陆海经济一体化过程中，通过提出海洋强者建设，打造海城镇带；培植海洋优势产业，打造海洋牧场；整合港口资源，助推陆海经济一体化；统筹陆海科技创新，落实自贸试验区职能；注重生态保护修护，打造陆海风电基地等做法，实现了经济综合实力提升、港口竞争优势不断增加、科技创新能力提升和可持续发展能力增强。山东陆海经济一体化建设成功的关键在于坚持创新引领、统筹协调、人海和谐和共建共享，进一步加强港口一体化建设、推进产业集群和转型升级。

山东陆海一体化经济发展虽然取得很多成绩，但是还有一些问题可能制约山东整体协调发展和区域经济潜力的充分发挥。例如，产业管理体系还不够健全，主要体现在两个方面：首先，海洋管理部门的协调配合不足。山东省规范和优化海洋产业布局及优化区域产业结构的力度不足，缺乏有效的融合，导致各种海洋相关产业重叠发展。其次，区域经济发展仍然不平衡。针对产业管理体制不完善、区域经济发展不平衡的问题，应建立高层次的多元协调机制，统一协调解决区域资源开发、环境改善、基础设施建设等重大问题，特别是整合组织协调机构，确保政策统一和政府指令的顺畅流动，促进区域之间的经济协调和可持续发展。山东半岛具有良好的资源基础和客观条件，应该充分利用自身的优势抓住外部机遇，采取各种措施弥补目前存在的不足，充分利用其陆地、海洋和科学技术等资源优势，规划整合各种要素资源，最大化产业集群，提升产业核心竞争力，促进陆海经济一体化发展。

第十七章　浙江陆海经济一体化的具体实践

第一节　浙江陆海经济一体化的比较优势

浙江是海洋大省，海域辽阔、资源丰富，是我国海岸线最长、海岛最多的省份。海洋是浙江经济社会发展的优势、潜力和希望。沿海港口既是海洋经济发展的引领，也是浙江参与“一带一路”建设，建设长江经济带的核心载体。

一、基础设施建设完善

浙江完善的基础设施建设为陆海经济一体化提供了基础。建成了全国最大的原油码头大榭港区实华二期 45 万吨原油码头，可靠泊全球最大集装箱船的北仑四期集装箱码头，以及梅山集装箱码头 1~5 号泊位、六横凉潭矿石中转码头、鼠浪湖矿石中转码头等一批码头项目。建成了宁波舟山港条帚门 15 万吨级航道、东霍山锚地等一批公共航道锚地工程。建成了象山港大桥、温州大门大桥、北仑穿山疏港公路等一批重大沿海港口集疏运道路工程。

二、港口吞吐能力强

逐步完善的港口建设为浙江陆海经济一体化提供了保障。据 2016 年渔港普查数据显示，浙江共有渔港 208 个。其中，中心渔港 10 个，一级渔港 18 个，二级渔港 35 个，三级渔港 43 个，等级以下渔港 102 个。2017 年，浙江海洋生产总值 7540 亿元，占全省 GDP 的 14.56%。沿海港口实现货物吞吐量 12.6 亿吨，集装箱吞吐量 2687 万标箱。其中，宁波舟山港货物吞吐量 10.1

亿吨，成为全球首个货物吞吐量超 10 亿吨的大港，连续 9 年位居全球第一。海洋成为浙江发展的重要空间、优势和潜力所在。

三、海洋产业发展快速

快速发展的海洋经济和产业为浙江统筹陆海产业融合，促进陆海经济一体化发展，实现双向互动提供了可能。2015 年，全省海洋总产值近 6200 亿元，比 2010 年增长 632%，“十二五”期间年均增长 103%，这个增速高于同期的地区生产总值的增速。先进港口制造业、滨海旅游业、海洋装备和高端船舶制造业、海水淡化和综合利用以及海洋渔业等海洋产业发展迅速。2017 年，全省海洋总产值 7600 亿元，增长 12. 6%，比全省 GDP 增幅高出 4 个百分点，呈现出增长提速的良好态势。

第二节　浙江陆海经济一体化的具体做法

浙江在陆海经济一体化过程中，积极采用山海协作发展模式，促进浙江大地上“山”与“海”的牵手，使山海并利、山海共赢。自 2002 年起，浙江开始实施山海协作工程，自此开启对“山呼海应、携手共赢”的全新探索。2018 年 5 月 30 日，浙江省山海协作工程推进会在衢州召开，提出聚力打造山海协作工程升级版，实现更高质量的区域协调发展。

浙江海洋岸线 6600 余千米，居全国首位；规划可建万吨级以上深水岸线超过 500 千米，占全国的 1/3；面积大于 500 平方米海岛 2878 个，占全国的 40%以上。在陆海经济一体化进程中，浙江以宁波—舟山港实质性一体化为突破口，通过整合港口运营主体、整合投资开发主体、优化行政管理职能、优化口岸管理方式、统筹陆海联动发展等措施，推进全省海洋港口整合发展。值得一提的是，2017 年浙江海洋港口一体化改革经验被中央深改组作为“坚决啃掉最硬骨头”的典型改革案例在全国推广。

一、合理规划港口发展，实行港口一体化

陆海经济一体化和港口的建设发展紧密关联、互为依托，港口经济是陆

海经济一体化发展的核心支撑，陆海经济一体化发展也能更好地促进港口经济的发展。浙江高度重视港口经济发展，合理规划港口建设，推进港口一体化发展。习近平总书记在浙江工作期间提出要发挥海洋资源优势，大力发展海洋经济。第一，整合港口运营主体。撤销原宁波港集团和舟山港集团，通过股权等值划转整合组建新的宁波舟山港集团，整合形成全省海洋港口运营的核心主体，推动实现重点港区运营管理一体化。第二，整合投资开发主体。注入省级资产和宁波、舟山、嘉兴等市涉海、涉港资产，成立省海港投资运营集团，重点发展投融资、开发建设和航运服务等板块，以市场化运作方式统筹开发全省海洋资源，在海港资源增量开发特别是重大基础设施建设、重要滩涂围垦和岸线资源开发利用等方面发挥主导作用。第三，优化行政管理职能。成立省海洋港口发展委员会作为省政府直属机构，经省政府授权履行省级经济管理权限，基本职责包括综合协调全省海洋经济发展，负责海洋港口发展工作，统筹海洋港口岸线综合管理，组织协调全省口岸管理，负责全省海洋港口一体化发展等，将省级政府口岸管理及原来在发展改革、交通运输、海洋等部门的涉海、涉港职能统筹划归省海港委。第四，优化口岸管理方式。加快推进口岸监管一体化。第五，统筹陆海联动发展。推进形成以宁波舟山港为主体、以浙东南沿海港口和浙北环杭州湾港口为两翼、联动发展义乌国际陆港及其他内河港口的发展格局。

2016 年，浙江出台《浙江省海洋港口发展“十三五”规划》，第一次将海洋经济与港口建设发展统筹起来，兼顾海洋经济与港口经济两个方面的内容，把主要内容放在港口建设与发展上，统筹规划全省沿海港口的建设与发展，并以此来推动海洋经济的提升发展，全力打造全国海洋港口发展先行区。该规划根据浙江省海洋港口一体化发展的决策部署，按照全省港口规划、建设、管理“一盘棋”，港航交通、物流、信息“一张网”，港口岸线、航道、锚地资源开发保护“一张图”的总体要求，提出积极推进形成以宁波舟山港为主体、以浙东南沿海港口和浙北环杭州湾港口为两翼、联动发展义乌国际陆港及其他内河港口的“一体两翼多联”的全省港口发展格局，全面提升全省港口整体实力。对宁波舟山港现有 19 个港区，划分为重点发展港区、优化发展港区、特色发展港区等三类，合理推进建设与发展，同时推进大宗商品泊位区向北部集聚、集装箱泊位区向南部集聚。

二、创新多项体制机制，推进港口一体化

浙江创新多项体制机制，不断推进港口一体化发展。2015 年 8 月，根据习近平总书记在浙江考察调研时的重要讲话精神，结合海洋港口发展实际，整合统一全省沿海港口及有关资源的平台，在全国率先组建了省一级的海洋港口发展委员会及省海港投资运营集团有限公司，加快海洋港口经济一体化、协同化发展，拉开了浙江海洋经济与港口经济新一轮发展的序幕。“十三五”期间，体制机制创新给浙江海洋港口的建设发展增加新动力。创新资源整合机制，包括创新港口一体化发展机制，建立全省沿海港口、内河（陆）港口协同发展机制；创新省级港口岸线资源统筹管控机制，适时设立港口岸线等岸线资源收储机构；创新项目建设机制，包括创新项目推进机制，建立健全海洋港口重大项目联合审批机制；创新项目融资机制，拓展重大海洋港口项目的多种投融资方式；创新投资运营机制，包括创新投资建设机制，积极发挥省海港集团省级海洋资源开发投融资主平台作用；创新运营服务机制，发挥宁波舟山港集团港口产业一体化、规模化、集约化运营优势，打造全球一流港口运营商和物流服务商；创新开放合作机制，包括加强内联合作，加强省内沿海港口的整合与合作分工，优化与内河港、陆港的联动发展，加快与沿长江经济带内河港口的联盟建设，加强外扩合作，加强宁波舟山港与国际港口的交流合作，积极参与海上丝绸之路沿线国家港口城市的港口基础设施、物流园区和临港产业投资；创新口岸监管机制，包括推进口岸监管一体化，优化通关、通检手续办理流程，简化转关手续，扩大转检范围，推进口岸服务便利化，在工作机制上实现“关关”“检检”“关检”无缝对接。

为加速全省海洋港口资源一体化整合，成立了浙江海港集团以加快推进全球一流现代化枢纽港的建设。2018 年，全省沿海港口完成货物吞吐量 13.3 亿吨，集装箱 2900 万标准箱，分别增长 6.2%、7.9%。其中，宁波舟山港货物吞吐量 10.8 亿吨，连续 10 年居全球第一位，集装箱 2635 万标箱，居全球第三位，分别增长 7.3%、7%。港口经济的蓬勃发展同步推动了临港产业集聚提升，以汽车制造、绿色石化为代表的一批临港制造业加速布局。其中，仅舟山绿色石化一个项目，一期投产后的产值就将达到 1000 亿元左右。同时，港口发展推动内联外拓，进而带动省内内河港口布局，推动国内长江经

济带的港口合作，加快国外“一带一路”沿线港口合作布局。

三、成立“四港”联盟，破除陆海铁联运瓶颈

为了实现交通基础设施建设一体化，助推陆海经济一体化发展，浙江成立“四港”联盟，逐渐破除陆海铁联运瓶颈。2019 年 10 月 12 日，浙江省海港、陆港、空港、信息港“四港”联动发展工作推进会暨联盟成立大会召开。会上，包括传化集团、浙江省海港集团、浙江省交通集团、浙江省机场集团等在内的 10 家囊括海、陆、空、信领域的领军企业强强联合，共同组建的浙江“四港”运营商联盟宣告成立，“四港”联动全面开局。

同时，为了破除陆海铁联运瓶颈，2019 年 10 月，四港运商联盟中的宁波舟山港股份公司与传化智联签约合作，结合宁波舟山港股份“一体两翼多联”的海港功能资源优势和传化智联智能公路港全国网以及物流供应链和智能信息化服务能力的优势，破除陆海铁联运“前面一公里”和“最后一公里”的瓶颈。

四、提出港口引领，谋划实施“大湾区”建设

湾区作为陆海经济一体化发展的重要形式，是全球高端生产要素竞争的主要战场，是数字化转型的新阶段，也是新经济发展的广阔平台。在第四届世界互联网大会的数字经济论坛上，浙江提出要高水平创建浙江大湾区，力争到 2035 年把杭州湾经济区建成现代化世界级大湾区。发展大湾区，已成为浙江区域经济发展的战略重心。坚持港口引领，谋划大湾区建设，推进陆海经济一体化，是浙江重要的发展思路。浙江是中国重要的海湾之乡，拥有众多的知名海湾，如杭州湾、台州湾、三门湾、乐清湾、瓯江口和象山港，尤其杭州湾位于长江三角洲“金南翼”，在我国湾区中属于第二大。杭州湾是中国唯一的河口型海湾，拥有战略交汇、浙商聚集、最大的港口、顺畅的货运、电子商务、平台集成、体制先进和文化底蕴深厚等八大优势。

建设“大湾区”是浙江推动区域协调发展的重大战略，头门港是浙江海洋经济发展示范区的关键节点，是台州湾区经济发展试验区建设的主平台。2017 年 9 月 27 日，台州港头门港区二期工程暨一期码头滚装改造开工仪式在

头门港举行，这是继北洋涂围垦、跨海大桥、起步码头一期三大工程之后，头门港区建设的又一重大工程。

五、坚持陆海统筹，打造海洋经济发展示范区

浙江在陆海经济一体化发展过程中，坚持陆海统筹，积极打造海洋经济发展示范区。2018 年，国家发展改革委、自然资源部联合印发了《关于建设海洋经济发展示范区的通知》，支持包括浙江宁波、温州在内的全国沿海 14 个海洋经济发展示范区建设。2019 年，浙江省政府批复同意《浙江宁波海洋经济发展示范区建设总体方案》和《浙江温州海洋经济发展示范区建设总体方案》。方案提出，到 2020 年，宁波海洋经济发展示范区生态高效、科技创新的现代海洋产业体系基本成型；陆海统筹、联通共享的基础设施网络基本完善；水清岸绿的海洋生态环境保护取得成效；高效便捷的海洋公共服务体系建设取得突破。到 2025 年，成为全国乃至全球具有重要影响力的海洋绿色发展、创新发展战略平台和长三角南翼的重要增长极。《浙江温州海洋经济发展示范区建设总体方案》也提出：到 2020 年，温州海洋经济发展示范区和洞头“海上花园”格局基本呈现，成为温州联动长三角和海西区的重要节点，落实浙江大湾区、大花园、大通道、大都市区战略的重要平台，成为温州高质量对接长三角区域一体化战略的先行区。到 2025 年，示范区海洋产业增加值力争达到 160 亿元，五年年均增长约 12%，海洋新兴产业增加值占海洋生产总值的比重达 40%左右，基本实现良性循环的海洋海岛生态系统，全面建成国家级海洋经济发展示范区。

六、创新三大“海洋+”模式，参与长江经济带建设

近年来，浙江省台州市创新三大“海洋+”模式，海洋经济对地区经济增长贡献率不断提升。台州海洋经济增加值从 2011 年的 337. 8 亿元提高到 2015 年的 480. 67 亿元，增长 42. 3%。一是构建“海洋+新平台”，围绕台州最新城市定位“山海水城”，编制《浙江省海洋经济发展示范区规划台州市实施方案》《台州港总体规划》《台州市海洋功能区划》《台州市海洋特色产业基地建设实施方案》及各分区规划，形成了包括发展规划、总体规划、产业规划、

区域规划在内的比较齐备的海洋规划体系，促进海洋经济发展更加科学规范。二是拓宽“海洋+新空间”，台州沿海产业带陆域总面积达2190平方千米，湾区腹地的制造业体系和产业发展平台为“湾区经济”发展提供了平台支撑。三是打造“海洋+新业态”，一手抓传统大型临港产业，促进台州海洋经济层级提升；一手抓新业态下的智能临港产业，提高台州海洋经济信息化应用水平。通过拓展港口腹地，开展与金华、衢州及江西等地物流衔接，发展具有涵盖物流产业链所有环节特点的港口综合服务体系，将港航物流体系打造成为海洋经济发展的落脚点。

浙江在陆海经济一体化过程中，积极参与长江经济带建设。在《长江经济带发展规划纲要》发布之后，长江沿线的11个省市中浙江省率先发布省级参与长江经济带的实施方案《浙江省参与长江经济带建设实施方案（2016—2018年）》，突出建设义甬舟开放大通道和舟山江海联运服务中心，加快构建长江经济带陆海联动发展的开放大平台，为长江经济带发展起到画龙点睛的战略支撑作用。

七、“湾长制”+“滩长制”，“湾滩结合”提成效

在陆海生态环境保护一体化推进陆海经济一体化过程中，浙江率先推出护海“滩长制”和“湾长制”。浙江沿海海滩面积辽阔、资源丰富，是沿海居民生产作业的重要场所。2016年底，借鉴“河长制”治水的成功经验，浙江象山在全省率先推出护海新机制——“滩长制”。2017年7月，浙江又在全国率先出台了《关于在全省沿海实施滩长制的若干意见》，开始在沿海地区全面启动实施“滩长制”。作为“河长制”向海的延伸，“滩长制”成为海滩整治与保护工作的一项制度创新——全面取缔海滩违禁渔具、“三无”渔船，加强对入海排污口和农药清滩行为的监管，加强对非法占用海滩和非法修、造、拆船舶的监管，加强岸线管理和整治修复等一系列工作全面展开。2017年9月，自然资源部印发《关于开展“湾长制”试点工作的指导意见》，先期在浙江、秦皇岛、青岛、连云港、海口“一省四市”开展“湾长制”试点，浙江成为唯一省级试点地区。从“滩长制”到“湾长制”，经过几年探索与实践，目前浙江已初步建成湾滩结合、全域覆盖的“湾（滩）长制”组织架构，构筑起统筹推进、系统施策的管控格局，形成了因地制宜、典型引路的工作态势，

使海洋生态文明建设进入新的发展时期。

浙江在陆海生态环境保护一体化进程中实行“湾滩结合”模式，成效显著。“湾滩结合”是浙江试点工作最大的亮点，目标是形成省、市、县三级以“湾长”为主，乡（镇）、村两级以“滩长”为主的五级架构，实现管理海域和海滩全面覆盖。据统计，截至2017年底，全省已确定各级湾（滩）长近2000名，有效整合了分散的要素资源，顺应了生态护海的发展大势。在“湾（滩）长制”拓展和提升的过程中，浙江沿海各地纷纷结合自身实际，探索出多种各具特色的治理模式。在台州市温岭市整合天网工程、渔港可视化系统、海防监控等，实现对港口码头、重要岸滩的远程监控；椒江区将落实“湾（滩）长制”与“五无”渔业乡镇创建有机结合起来，滩涂“绝户网”和堤塘“脏、乱、差”问题得到有效改善；路桥区大力推动“湾（滩）长制”与综合治理网格化管理有机结合，实现分段包干、定人定责；临海市率先使用无人机巡滩，助力海监巡察、滩涂管理等工作；玉环市推广使用“滩长助手”App，构建“日常管理—监督举报—问题反馈”的响应机制；三门县建立了“五个一”巡察机制与“1+2+5”反馈机制，对滩涂保护管理的重要事项进行跟踪督办。

八、统筹陆海污染防治，推动生态文明建设

浙江在陆海经济一体化进程中，注重生态文明建设，积极统筹陆海污染防治。浙江省海洋与渔业局按照《海洋生态文明建设实施方案（2015—2020年）》要求，紧紧围绕习近平总书记提出的“绿水青山就是金山银山”重要思想，不断深化海洋综合管理改革，促进海洋资源集约利用。在陆海统筹治污、加强生态保育等方面，下狠劲、出实招、见成效，推动海洋生态文明建设进程。近年来，浙江省海洋与渔业局在海洋综合管理上做出了很多有益实践和探索，很多做法走在全国前列。始终坚持改革创新，用改革的理念推动海洋综合管理。开展了海域（海岛）评估、交易、转让、收储等政策研究，在全国率先发布省级海域使用基准价。为最大程度地发挥海域资源价值，体现海域资源稀缺性，近年来，浙江省不断推进海域资源市场化配置改革，制定了海域及无居民海岛使用权“招拍挂”出让、登记等配套制度。这些举措推动了海域资源的集约、节约利用。为倒逼产业转型升级，集约、节约、生

态用海，在产业用海指标体系、海洋生态红线政策和海洋生态损害赔（补）偿制度等方面，浙江省还做了很多探索。例如，为加强海岸线保护与科学利用，组建成立了浙江省海岸线管理办公室，基本形成了海岸线归口统一管理制度框架，在污染物防治方面，浙江省坚持陆海联动，把海洋污染治理纳入了省委、省政府大力推进的“五水共治”转型升级组合拳。

第三节　浙江陆海经济一体化的成效

一、经济新增长点形成

浙江在陆海经济一体化进程中，积极推进陆海产业融合，助推海洋经济成为国民经济的新增长点。浙江一直坚持向海发展、陆海统筹，成为陆海经济一体化发展的排头兵。近年来，作为海洋资源和海洋经济大省的浙江，在陆海经济一体化的道路上继续阔步前进，交出了一份满意的“成绩单”。2017年实现了海洋经济发展大丰收，全省海洋生产总值达到7540亿元，比上年增长11.8%，创近年来新高，比全省GDP增幅高出4个百分点，占全省GDP比重接近15%，成为名副其实的新增长点。

二、产业结构不断优化

浙江在陆海经济一体化进程中，因地制宜、因时制宜，不断调整陆海产业。经过十余年的发展和调整，全省海洋产业结构得到优化，海洋经济转型升级取得了重大进展。渔民转产、转业顺利进行，海水养殖业和远洋捕捞业得到拓展；海洋经济空间布局进一步完善，海洋经济总量、占比、结构等都有很大提升，越来越接近海洋经济强省的目标。2017年，全省实现海洋生产总值约7540亿元，比2003年的710亿元增长了10.6倍；占全省地区生产总值的比重超过15%，是2003年7.7%的2倍多。海洋三次产业结构占比由2003年的18：36：46调整到2016年的7.3：37.8：54.9，渔业比重大幅下降，工业比重略有提升且结构优化，海洋运输服务业大幅上升，整体结构更趋合理，更具发展的可持续性。2018 年，海洋三次产业结构占比由 2017 年的 7∶31∶62 调整为 7∶30∶63，产业结构进一步优化。

三、基础设施更加完善

浙江在陆海经济一体化发展进程中，积极推进交通基础设施一体化，使全省交通基础设施更加完善。按照习近平总书记的要求和部署，浙江加快建成杭州湾大通道、舟山大陆连岛、温州洞头半岛等“三大陆海对接工程”，还相继建成一大批港口、码头、桥梁、道路、机场及科技、教育、医疗等海陆基础设施和城市设施，构建了水陆、江海、海河、海铁等多式联运体系。这些重大设施的建成，极大地改变了浙江海洋海岛发展条件，为建设海洋经济强省和杭州湾大湾区创造了有利条件。日趋完善的基础设施也进一步推进了浙江陆海经济一体化发展。启动新型江海直达系列船型研制及江海直达综合性船队打造工作，开辟宁波舟山港至张家港航线。江海联运大数据中心五大商业平台上线运行。与长江航务管理局在武汉签署江海联运服务中心建设战略协议。中国海仲委浙江自贸区仲裁中心等 13 家机构及企业，注册落户舟山新城现代航运服务集聚区。2018 年，舟山江海联运货物吞吐量 2.9 亿吨，同比增长 11.59%；完成海铁联运集装箱吞吐量 60 万标准箱，同比增长 50%；国际水水中转 710 万标准箱，同比增长 7.1%。北仑港区多用途码头改造工程、梅山港区滚装及杂货码头、实华二期 45 万吨级原油码头、外钓岛 30 万吨级油品公用码头等一批重大项目加快推进。中国（浙江）大宗商品交易中心 2018 年实现电子交易额超 2500 亿元、现货贸易额 1045 亿元；浙江海港大宗商品交易中心共入驻 43 家会员单位，累计挂牌量 100.6 万吨。

四、港口集群实力持续增强

十余年来，以宁波舟山港一体化为龙头的港口一体化取得重大突破。如今，宁波舟山港已与全球 100 多个国家和地区的 600 多个港口建立了贸易联系，货物吞吐量连续多年位居全球第一，成为全国大型集装箱转运基地、大宗战略物资中转储备基地和能源、修造船、重化工、钢铁等临港产业基地。

第四节　浙江陆海经济一体化的经验

一、深化改革，创新发展

浙江在陆海经济一体化发展进程中，坚持以改革为先，以创新为动力，整合全省海洋港口资源，重点推进海洋港口综合开发，资源综合管理，通关服务便利，重点领域的改革创新。加大供给侧结构性改革的力度，港口的发展已由数量型向质量型转变，使沿海省份的整体竞争力得到提高。

二、陆海统筹，协调发展

浙江在陆海经济一体化发展进程中，促进陆海统筹发展，加快海河、海江互联互通建设，促进海港、陆港、空港和信息港的一体化发展。协调多式联运的集散和配送网络建设，进一步增强海港辐射全省内陆腹地的能力和对长江经济带的支撑及服务能力。

三、港城融合，共享发展

浙江在陆海经济一体化发展进程中，坚持港口、城市、产业的统筹规划和协调发展，协调港口经营区、通关通道、港口物流园区、港口工业区、海关特殊监管区和城市航运服务集群，积极打造现代港口经济圈，带动腹地区域发展和居民就业增收，实现共享共赢。

本章小结

浙江拥有基础设施建设完善、港口吞吐能力强、海洋产业发展快速等比较优势，坚持山海协作、港口一体化模式发展陆海经济一体化，通过合理规划港口发展，实行港口一体化；创新多项体制机制，推进港口一体化；成立

“四港”联盟，破除陆海铁联运瓶颈；提出港口引领，谋划实施“大湾区”建设；坚持陆海统筹，打造海洋经济发展示范区；创新三大“海洋+”模式，参与长江经济带建设；“湾长制”+“滩长制”，“湾滩结合”提成效；统筹陆海污染防治，推动生态文明建设等措施，逐渐形成经济新增长点；产业结构不断优化，形成了较为完善的基础设施，促进港口集群实力持续增强，带动了社会经济较好、较快发展。

通过不断总结浙江陆海经济一体化发展经验，如深化改革、创新发展，陆海统筹、协调发展，港城融合、共享发展等，可以进一步推动浙江以及我国其他沿海省区陆海经济一体化发展。但同时也应该注意到，浙江在陆海经济一体化发展过程中，还存在一些需要改进和完善的地方。例如，海洋港口建设有待进一步加强。浙江海洋港口发展取得较好的成绩，但也存在一些问题。首先，沿海港口的综合规划、建设和运行不足，存在建设重复、竞争同质的问题，资源配置效率有待提高。其次，港口和航运服务的现代化水平不高，海洋信息产业、港口航运技术开发、港口航运人才的教育和培训需要加强。再次，江海缺乏有效对接。最后，高端海洋产业的发展缓慢，新兴海洋产业发展的基础仍然薄弱，技术储备不足，成果转化能力不强，海上工程装备制造业发展不快，高端海洋旅游业发展不足，高端海洋水产养殖在海洋渔业中所占的比例较低。未来，在促进浙江陆海经济一体化过程中，需要进一步优化海洋空间发展格局，实行区域差异化政策，形成一体化发展。

第十八章　福建陆海经济一体化的具体实践

第一节　福建陆海经济一体化的比较优势

一、区位条件优越

福建优越的区位条件，有利于陆海经济一体化发展。福建位于长江三角洲和珠江三角洲、台湾和祖国大陆的交界处，毗邻香港和澳门，起着连接南北和东西的桥梁作用，是促进两岸关系和平发展的重要前沿和纽带。福建被确定为“21 世纪海上丝绸之路”的核心地区，与东南亚等国家和地区有着深厚的历史渊源，并往来密切。在融入“一带一路”建设中，福建具有独特的区位优势。

二、资源优势明显

福建的资源优势明显，有利于陆海经济一体化发展。福建有丰富的海岸线资源，大陆海岸线长 3752 千米，岛屿海岸线长 2804 千米。全省沿海有 125 个大小港口，可以建成万吨以上泊位的深水海岸线长 210. 9 千米。海岸线的曲折度和深水海岸线的长度在全国排名第一。全省有 2214 个岛屿，其中 1321 个岛屿超过 500 平方米，在全国排名第二。滩涂分布广泛，未开发的浅滩面积超过 6000 平方千米。有近 3000 种近海生物，可利用的渔场面积达到 12. 5 万平方千米。2015 年，水产品人均占有量和总产量分别位居全国第二和第三。海洋矿产资源种类繁多，已发现 60 多种，有工业利用价值的 20 多种。台湾海峡西部油气储集区面积为 16000 平方千米，理论风能储量超过 1. 2 亿千瓦。

优越的沿海自然条件孕育了丰富的沿海旅游资源。此外，福建是水、气、生态环境优良的省份，生态资源是福建省最有价值的资源，生态优势是福建省最具竞争力的优势。

三、经济社会发展基础较好

福建较好的经济社会发展基础，有利于陆海经济一体化发展。近年来，福建省综合经济实力不断增强，沿海地区的人口和产业持续聚集，城市化水平不断提高。沿海地区 40 个县（市、区）的土地面积为 29300 平方千米，占全省土地面积的 23.6%。2015 年，常住人口 2559 万人，占全省总人口的 66.7%；区域生产总值 18452 亿元，占全省生产总值的 71.0%；人均生产总值 72426 元，比全省人均生产总值高 6.6%；规模以上工业增加值 7758 亿元，占全省规模以上工业增加值的 73.0%。2017 年福建海洋生产总值 9200 亿元，同比增长 15%。2018 年福建海洋生产总值首次突破万亿大关，居全国第三位，同比增长 10%。培育形成了一批大型重点产业集群，稳步建设现代产业体系。海洋经济正在加速发展，沿海地区已成为福建经济和人口发展的最重要区域。

四、交通基础设施比较完善

福建比较完善的交通基础设施，有利于陆海经济一体化发展。近年来，初步形成了综合、多层次的现代综合运输网络体系。沿海港口得到整合，核心港口区建设步伐加快，万吨以上泊位 162 个。2016 年，港口货物吞吐量和集装箱吞吐量分别为 5.08 亿吨和 1440 万标准箱。铁路网、公路网等集疏运体系不断完善，赣龙厦、向莆、合福等铁路和沈海、福银、厦蓉、泉南等高速公路相继建成，有效地畅通了海岸带港口与省内山区以及中西部省份的运输通道连接，有力地拓展了海岸带的发展腹地。福州、厦门、晋江机场完成扩能，其中厦门机场、福州机场年旅客吞吐量分别突破 2000 万人次和 1000 万人次。

第二节　福建陆海经济一体化的具体做法

福建海洋经济起步较早，2002年就明确提出建设“海洋经济强省”的目标。2012年，福建海洋经济发展上升为国家战略，成为引领全省经济社会发展的“蓝色引擎”，为“机制活、产业优、百姓富、生态美”的新福建建设注入了强大动力。2018年，福建出台了《关于进一步加快建设海洋强省的意见》，提出打造海洋经济高质量发展实践区，到2025年建成海洋强省。在陆海经济一体化过程中，福建一直以打造海洋经济高质量发展实践区为主要模式，通过海洋经济带动陆域经济发展，从而实现陆海经济一体化发展。

一、统筹各级规划，加强海岸带保护与利用

加强海岸带保护与利用是福建陆海经济一体化发展的重要内容，是进一步加快福建科学跨越发展的一项重要任务，是建设机制活、产业优、生态美、百姓富的新福建的重大举措。为贯彻落实《国务院关于支持福建省深入实施生态省战略加快生态文明先行示范区建设的若干意见》和《福建海峡蓝色经济试验区发展规划》，推进福建海岸带科学、合理、可持续开发，进一步优化国土空间开发格局，福建制定了《福建省海岸带保护与利用规划》。海岸带规划总面积约4.03万平方千米，其中陆域规划范围原则上以福鼎至诏安沿海铁路通道所在乡镇为界，结合地形地貌特征，综合考虑河口岸线、自然保护区、生态敏感区、城镇建设区、港口工业区、旅游景区等规划区具体划定，面积约1.80万平方千米，涉及福州、厦门、漳州、泉州、莆田、宁德6个设区市及平潭综合实验区的沿海40个县（市、区）。

2017年，福建颁发《福建省海岸带保护与利用管理条例》(以下简称《条例》)，突出“陆海统筹、保护优先”原则，有利于统筹和加强海岸线两侧海域与陆域的协调管理，保护海岸带生态环境，合理利用海岸带资源，推进海岸带可持续发展。《条例》规定了福建省海岸带的具体范围，即海洋与陆地的交汇地带，包括海岸线向陆域侧延伸至临海乡镇、街道行政区划范围内的滨海陆地和向海域侧延伸至领海基线的近岸海域。《条例》突出保护优先原

则，将海岸带划分为严格保护区域、限制开发区域和优化利用区域 3 类。对严格保护区域实行最严格保护，禁止各类建设活动。建立建筑后退线制度，规定在限制开发区域和优化利用区域内，属于尚未建成区的按照沿平均大潮高潮线起向陆域延伸不少于 200 米的标准划定建筑后退线，后退线内不得新建、改建、扩建其他建筑物、构筑物，已有建筑物和构筑物将由各级政府逐步优化调整至建筑后退线外。严格控制围海填海，海岸带范围内纳入生态保护红线的区域禁止围海填海；生态脆弱敏感区、自净能力差的海域一般不实施围海填海。

二、优化空间结构，进一步加快建设海洋强省

福建在陆海经济一体化过程中，注重经济空间结构优化。构建开发格局，坚持陆海统筹、合理布局，有序推进海岸、海岛、近海、远海开发，突出海峡、海湾、海岛特色，着力构建和优化提升“一带、双核、六湾、多岛”的海岸带开发新格局。一是打造海峡蓝色产业带。以沿海城市群和港口群为主要依托，加强海岸带及邻近陆域、海域的重点开发、优化开发，突出产业转型升级和集聚发展，突出创新驱动与两岸合作，加快构建特色鲜明、核心竞争力强的现代海洋产业体系，形成以若干高端临海产业基地和海洋经济密集区为主体，布局合理、具有区域特色和竞争力的海峡蓝色产业带。二是建设两大核心湾区。依托福州都市区、厦漳泉都市区两大都市区产业基础好、科研力量强、港口及集疏运体系较为完备等方面的优势，充分发挥海岸带资源和政策优势，聚集高端产业、完善基础设施、突出开放合作、强化创新驱动、打造具有强大竞争力和辐射带动能力的闽江口金三角和闽南金三角两大核心湾区。三是推进六大重点湾区发展。依托环三都澳、闽江口、湄洲湾、泉州湾、厦门湾、东山湾六大重点湾区，坚持优势集聚、合理布局和差异化发展，建设形成具有较强竞争力的海洋经济密集区。四是加强特色海岛保护开发。重点推进平潭岛、东山岛、湄洲岛、琅岐岛、南日岛、浒茂岛、大嶝岛、三都岛、西洋岛、大嵛山岛、惠屿岛等建制乡（镇）级以上海岛的保护开发，探索生态、低碳的海岛开发模式，结合海岛各自特点，发展特色产业。

2018 年 11 月，福建出台《关于进一步加快建设海洋强省的意见》，提出以科学开发利用海峡、海湾、海岛、海岸资源为重点，着力创新体制机制，

提高海洋开发能力，加快完善海洋设施、壮大海洋产业、提升海洋科技、保护海洋生态、拓展海洋合作、加强海洋管理，打造海洋经济高质量发展实践区，到 2025 年建成海洋强省。

三、发展新兴海洋产业，推进陆海产业融合

福建在陆海经济一体化发展进程中，以发展新兴海洋产业为基础，推进陆海产业融合。海洋产业是福建经济发展的潜力、优势所在。福建将新兴海洋科技产业列为重点培育打造的未来产业发展方向，加快促进海洋医药与生物制品业、海洋高端装备制造业等新兴产业快速发展。大力推进海洋药物与制品产业发展，推进海洋生物资源多层面、高值化开发利用，加强活性物质筛选，新药和生物制品开发，拓展延伸海洋生物产业链。着力发展海洋高端装备制造业，重点突破海洋高端装备的关键核心技术瓶颈，推动海洋环境监测与探测设备、海洋环境保护与生态修复装备、海洋工程关键配套装备的研发与产业化。推进智慧海洋建设，以建设智慧海洋工程为核心，努力构建海洋信息化服务样板城市和典范城市，形成对海洋常态化、精细化连续观测能力。推进海洋科技创新，加强与涉海院校科研院所合作，充分发挥科技兴海示范市的作用。

在陆海产业融合方面，福建以生态、优质、安全、高效、可持续发展为目标，以全产业链模式打造现代海洋渔业为主攻方向，依靠科技进步统筹利用境内境外两种资源、两个市场，健全现代渔业产业体系和经营机制，加快渔业一二三产业融合发展，实现海洋渔业提质增效，提升海洋渔业综合竞争力。利用互联网、物联网等现代信息技术，培育海洋服务新业态，促进海洋服务业向产业链高端延伸，形成功能完善、业态高端、特色鲜明的现代海洋服务业体系。以智能制造为主攻方向，加快促进临港产业转型升级，努力打造东南沿海先进临港制造业基地。发挥海洋龙头企业的带动作用，将“互联网+”“生态+”等现代新理念引入海洋产业，通过一二三产业的相互融合与资源要素的相互渗透，打造陆海经济全产业链和价值链，提高陆海经济一体化发展的质量和效益。

四、各地市因地制宜，推进陆海经济一体化

在福建陆海经济一体化过程中，各地市根据自身优势和特色因地制宜，大力推进陆海统筹，其中厦门的陆海经济示范区建设和福州的蓝谷陆海工业综合体建设最为典型。厦门市在陆海经济发展方面具有独特优势。“城在海上，海在城中”，作为自古以来的通商口岸、开放合作的门户，厦门同时也是“一带一路”倡议支点城市、“21 世纪海上丝绸之路”核心区，是对台工作的桥头堡。厦门的海洋产业基础较好，海洋资源优势突出，港口资源、滨海旅游资源和海洋生物种类丰富。海洋产业一直是厦门经济社会发展的生命线，港口运输业、滨海旅游业、临海工业等产业发展及厦门取得的重要荣誉都与海洋息息相关。同时，厦门有雄厚的海洋科研实力和人才储备，不仅拥有厦门大学、自然资源部第三海洋研究所、集美大学等涉海单位，还拥有众多海洋国家级重点实验室、工程中心。近年来，厦门先后获批“十三五”国家海洋经济创新发展示范市（2016 年）、国家海洋经济发展示范区（2018 年）。新兴海洋科技产业被列为厦门市重点培育的十大未来产业之一。这些将为福建陆海经济一体化建设提供坚实的科技支撑。

福州市则是依托企业打造工业综合体，推进蓝色经济发展。在闽台（福州）蓝色经济产业园开发建设福建蓝谷（创之源）工业综合体。目前，园区所在地的福清市境内现有融侨、元洪 2 个国家级开发区，江阴、龙田 2 个省级开发区，依托闽台蓝色产业园大规划的承载、联动作用，吸引了中铝东南沿海铝精深加工基地等一批优质项目，形成了项目集中、配套集约、产业聚集的发展特色。

五、统筹自然生态空间，推进陆海统筹发展

陆海空间布局一体化是陆海经济一体化发展的重要内容，福建坚持陆海自然生态空间统筹，逐步推进陆海统筹发展。2018 年 10 月，福建省国土资源厅发出通知，决定在福清市开展陆海统筹自然生态空间用途管制试点，推进陆海统筹发展，探索解决用地、用海矛盾，建立健全陆海自然生态空间用途管制制度体系，实现陆海资源严格保护、有效修复、集约利用，为构建蓝色

生态屏障和蓝色经济试验区、建设生态文明提供试点经验。通过试点探索，明确陆海过渡区域自然生态空间的布局和用途，建立分级分类管理、区域准入和用途许可转用制度，将自然生态空间用途管制制度扩大到海洋空间，探索构建陆海统筹的国土空间开发与管制框架体系，搭建陆海统筹的审批平台，制定有机协调的陆海管制规则，形成可操作、可复制和可推广的陆海自然生态空间用途管制经验。

第三节　福建陆海经济一体化的成效

一、综合实力不断提升

福建在陆海经济一体化过程中，经济综合实力不断提升。2018 年，福建省认真贯彻落实习近平新时代中国特色社会主义思想和党的十九大关于建设海洋强国的战略部署，坚持高质量发展，坚持陆海统筹，努力把海洋资源优势转化为经济优势、高质量发展优势。全年全省海洋生产总值增长 13.6%，突破万亿达 10660 亿元，占全省地区生产总值 30%，海洋三次产业结构比为 6：33：61。海洋经济已经成为福建经济的重要组成部分，促进福建综合实力不断提升。

二、产业结构持续优化

随着陆海经济一体化发展的推进，福建海洋渔业、海洋交通运输业、滨海旅游业、海洋建筑业、海洋船舶修造业五大传统产业进一步壮大，占全省海洋经济主要产业总量的 70%以上。海洋生物医药、海洋工程装备、邮轮游艇等海洋新兴产业蓬勃发展，促进了海洋领域的产业融合，催生了分享经济、跨境电商、海洋金融等新业态，已经成为经济发展的新动能。从海洋经济布局来看，已初步形成环三都澳、闽江口、湄洲湾、泉州湾、厦门湾、东山湾六大海洋经济密集区，区域发展辐射联动作用不断增强。

在优化布局的基础上，重点发展现代渔业、船舶与海洋工程装备、港口物流、海洋电子信息、海洋药物与生物制品、海洋旅游、海洋新能源等产业，成效显著。在海洋渔业方面，着力创新利益联结机制与产业合作模式，实施海上养殖设施更新改造，推动养殖业向外海延伸，积极发展深远海养殖，带动养殖设施制造产业发展，上海振华重工在连江建成“振鲍 1 号”养殖平台；福建省已建成工厂化养殖车间 2500 万平方米、环保型塑胶养殖网箱 2.8 万口、深水抗风浪养殖网箱 600 口。积极打造水产千亿产业链，大黄鱼、石斑鱼等十大特色品种产值超 950 亿元。产业融合更加紧密，惠安崇武、东山大澳渔港经济区国家农村产业融合 PPP 试点顺利推进，新增“水乡渔村” 14 家。创新水产品流通业态，完善冷链物流体系，新增冷库库容 15 万吨，水产品网上销售额超 4.5 亿元。水产品总产量 782 万吨，同比增长 5.03%；渔民人均纯收入 21417 元，同比增长 9.4%。全年新增外派远洋渔船 45 艘，外派渔船总数达 605 艘，远洋渔业产量 46 万吨，产值 40 亿元，分别比 2017 年增长 7%和 20%以上。在船舶修造方面，全省拥有规模以上修造船企业 80 家，其中具备修造万吨级以上船舶企业 50 家，年造船能力 400 万载重吨，形成以省船舶集团为龙头，厦船重工、福宁船舶重工、东南船厂等骨干企业同步发展的格局。在海洋药物与生物制品方面，拥有以厦门蓝湾、金达威、石狮华宝、润科生物、福建绿新等为代表的海洋医药与生物制品企业近 60 家，已获得鱼肝油乳、鲎试剂、氨基葡萄糖、胶原蛋白肽、微藻 DHA、琼胶、卡拉胶、海洋抗菌肽、海洋生物酶等一批具有自主知识产权的原创性成果。在海洋旅游方面，完成东渡 1~3 号泊位邮轮母港码头水工主体改造，开通全国首条串联菲律宾、马来西亚、文莱、新加坡、柬埔寨及越南等跨东南亚六国的“一带一路”邮轮航线，全年接待邮轮 96 艘次，旅客吞吐量达到 32.5 万人次，分别比 2017 年增长 24.7%和 100.7%。其中，母港邮轮 85 艘次，旅客吞吐量 29.3 万人次，同比分别增长 32.8%和 118.7%。在航运物流方面，2018 年全省共下达促进航运业发展专项资金 6025.6 万元、港航发展专项资金 2 亿元。完成港航固定资产投资 106.7 亿元，新增生产性泊位 8 个（其中万吨级以上泊位 4 个）、货物吞吐能力 718 万吨，改善航道里程 61.5 千米。新开通 3 条“一带一路”集装箱班轮航线，巴西淡水河谷混矿业务落地福州可门；引导港口企业参与内陆省份“无水港”建设，厦门港开通至四川攀枝花、成都、江西横岗海铁联运班列和龙岩—厦门—山东临沂高岭土海铁联运班列，使内陆地区进出口快捷物流通道进一步完善。

三、创新引领作用进一步增强

福建在陆海经济一体化过程中，注重科技创新驱动经济发展，使创新引领作用进一步增强。福建拥有由自然资源部海岛研究中心、厦门南方海洋研究中心、海洋事务东南研究基地、虚拟海洋研究院以及国家海洋三所、厦门大学、集美大学、华侨大学等涉海科研院校组成的一批海洋科技创新平台。国家海洋经济创新发展区域示范项目进展顺利，一批海洋产业重大关键共性技术攻关取得突破。海洋科技成果转化进一步提速，成功对接海洋高新产业项目，涌现一批海洋科技创新型企业。涉海科研院校组成的海洋科技创新平台不断增加，一批海洋产业重大关键共性技术攻关取得突破，海洋科技成果转化进一步提速。福州、厦门正式入选国家首批海洋经济创新发展示范城市，设立了福建海洋高新产业科技创新基地和南方海洋创新创业基地。实施“智慧海洋”工程，推动了福建海洋科技、数字经济和装备发展，使科技对福建陆海经济一体化发展的贡献率不断提高。

四、生态保护水平不断提高

福建在推进陆海经济一体化发展过程中，坚持陆海生态环境保护一体化。在全国率先实行沿海地方政府海洋环保目标责任考核制度，持续开展了“百姓富、生态美”海洋生态、渔业资源保护十大行动，提高了陆海经济发展质量和效益。划定 10 种类型的海洋生态保护红线区 188 个，总面积达 14303.2 平方千米，占全省海域总选划面积的 38%。坚持陆海统筹，不断加强海洋生态修复，推进海域、海岛、海岸带整治修复保护工作，实施海洋渔业资源总量管理。海洋综合管理体制改革不断深入，率先推进海域使用权市场化配置改革，建立海域收储中心，无居民海岛保护和利用及海域资源市场化配置工作保持全国前列。海洋经济运行监测与评估系统建设稳步推进，海域使用动态监视监测管理系统建设完成，海域使用管理审批系统和水产品质量安全追溯管理平台有效运行，加快推进“数字海洋”信息基础框架的构建，陆海统筹生态环境执法能力显著提升。

第四节　福建陆海经济一体化的经验

一、海陆统筹规划和利用

福建在陆海经济一体化发展进程中，加强沿海地区行业规划与空间规划之间的相互衔接，协调利益主体用海、用地矛盾，构建海陆协调发展规划体系。坚持陆海统筹，合理开发利用岸线、海域、海岛、远洋等资源，聚焦湾区经济，实现陆海资源互补、布局互联、产业互动，形成陆海协调发展的新格局。统筹海陆设施共建共享，推进海陆污染联防联治，提升海陆资源环境承载力。

二、港区、园区、城区一体化

福建在陆海经济一体化发展进程中，完善港口集散体系，增强港口物流集散能力。加快港口附近城镇建设，促进沿海房地产业和城市综合服务业发展，引导城镇劳动力有序集中，提高城市对港口和工业园区的支撑能力，促进工业园区及周边城市产业结构升级。发挥城市辐射作用，降低工业园区基础设施建设和社会服务投资成本，避免重复建设和低效利用，促进区域工业化和城市化的协调发展。

三、创新发展

福建在陆海经济一体化发展进程中，实施创新驱动战略，加大重点领域和关键环节改革力度，形成有利于海洋经济创新发展的体制架构。加强供给侧结构性改革，推动海洋一二三产业融合发展，打造福建海洋产业升级版。以开放促改革，以深化改革和创新驱动为基本动力，不断深化体制改革和科技创新，因地制宜地大胆探索、大胆试验。

四、陆海生态同步保护

福建在陆海经济一体化发展进程中，以湾区为核心，根据主要功能定位控制发展强度，科学布局生产、生活和生态空间，实现特色发展、差异化发展、协调发展。根据资源和环境的承载力实施功能分类控制，优化沿海生产布局，调整和优化空间结构，构建科学合理的城市化格局、农业发展格局、生态安全格局和自然海岸线格局。倡导绿色、低碳、资源节约、环境友好的发展模式，促进海洋资源的集约利用，加强海洋污染防治，建立和完善有偿使用和生态补偿机制，完善海洋生态文明绩效评价和问责制，促进人与海洋和谐共处。

本章小结

福建区位条件优越、资源优势明显、经济社会发展基础较好、交通基础设施比较完善，这些都促进了陆海经济一体化发展。福建在陆海经济一体化发展过程中，通过统筹各级规划，加强海岸带的保护与利用；优化空间结构，进一步加快建设海洋强省；发展新兴海洋产业，推进陆海产业融合；各地市因地制宜，推进陆海经济一体化；统筹自然生态空间，推进陆海统筹发展等措施取得了较好的成效，综合实力不断提升、产业结构持续优化、创新引领作用进一步增强、生态保护水平不断提高。

福建在陆海经济一体化实践中有很多值得总结和推广的经验，如海陆统筹规划和利用，港区、园区、城区一体化，创新发展和陆海生态同步保护等。但同时，福建在陆海经济一体化发展过程中也存在一些需要改进的地方，值得注意和完善。例如，需要加强区域协调。随着新型工业化和城市化进程的加快，在沿海地区的开发利用中，海陆空、区域间、城镇间的整体协调性不足，空间结构和产业布局不完善，沿海地区的保护和开发功能不足。港口设施和工业项目的重复建设更为突出。又如，开发模式需要进一步改变。一些工业园区面积较大，集约化程度较低；一些地区未能聚集足够的人口和产业，闲置土地的问题亟待解决。沿海港口布局仍然比较分散，公共配套设施相对薄弱，限制了港口的辐射范围和驱动能力。再如，海洋经济发展的“短板”仍然很突出。粗放型增长方式没有根本改变，海洋产业结构趋同，新兴海洋产业和现代海洋服务业规模较小。海洋经济服务支撑体系不健全，亟待完善海洋整体发展的体制和机制。这些构成了陆海经济一体化发展的深层次压力，制约了福建经济的可持续发展。

因此，福建省要坚持陆海经济一体化，以供给侧结构性改革为主线，加强陆海规划衔接和区域统筹协调发展，进一步发展陆海经济耦合密切的产业并改变发展方式，加快海洋主导产业优化升级，补齐海洋经济发展短板，促进陆海生产要素互用互利，打造海洋经济高质量发展实践区，推动经济社会高质量发展。

第十九章　辽宁陆海经济一体化的具体实践

第一节　辽宁陆海经济一体化的比较优势

一、东北腹地优势

东北腹地优势是辽宁陆海经济一体化发展的比较优势之一。东北三省曾经为夯实中国工业化发展的初步基础输送了大量的人力和物力，并做出了透支性的历史贡献。东北地区的工业基础设施和工业技术人才优势均优于中国东南沿海的省市。在以煤矿、石油和铁为代表的40多种矿产资源储量上，东北三省位居全国前三名。东北是中国最大的天然林区，土地资源丰富，人均耕地面积大。加上地势平坦、气候和降水量适合作物生长，是中国主要的商品粮生产区之一。从地缘上看，内蒙古东部和东北三省在资源结构、产业结构及科学研究技术等方面具有很强的协同性和互补性。同时，通过陆路与俄罗斯和蒙古国连接，可以建立从东北腹地到欧洲市场最便捷的运输渠道。东北地区依靠自身的自然资源优势、产业基础优势和交通区位优势，已成为商品粮和能源工业、装备制造业、原料工业的重要生产基地。随着对外开放步伐的加快，东北腹地正走向大海，进一步激发自身的优势和潜力，加速东北综合经济区的经济一体化进程。

二、资源禀赋优势

辽宁具有陆海经济一体化发展的资源禀赋优势，有力推动了陆海资源开发一体化。辽宁省矿藏丰富，全省已发现119种矿产，是中国最大的矿产资源省份之一。辽宁省还是全国13个主要粮食产区之一，蔬菜的产量居全国前十名，畜牧业的产值居全国前五名，是中国重要的畜产品供应基地。此外，辽宁省位于中国沿海地区的最北部，横跨黄海和渤海，海岸线长2017千米，约占全国的12%。该省的滩涂面积较大，约2070平方千米，资源丰富，有506个岛、坨、礁，总面积为191.5平方千米。辽宁省辽阔的海域上拥有丰富的海洋生物资源、海水化学资源、海洋矿物资源、海洋旅游资源和港口建设资源。海洋生物种类繁多，有520多种，其中具有经济开发和利用价值的种类超过80种。海水化学资源极为丰富。海洋矿物种类多，分布广泛，探明的石油资源7.5亿吨，天然气资源1000亿立方米。该省的宜港海岸线长1000多千米。随着港口资源整合加速，全省沿海港口经营有效整合，辽宁港口集群的发展潜力逐步被激发。

三、基础设施优势

辽宁具有陆海经济一体化发展的基础设施优势，有力地推动了陆海交通基础设施一体化。辽宁地理位置优越，交通运输发达，现代综合运输体系逐步形成，服务功能明显增强。目前，已经形成了以港口为门户，支持航空、铁路、公路和水路的综合三维立体运输网络。自党的十八大以来，辽宁的港口增加了万吨以上的泊位40个，总数已跃升至227个。“辽海欧”“辽蒙欧”和“辽满欧”的运输通道正在建设和推广中，加快了辽宁省融入“一带一路”布局的步伐。该省的4个机场已开通206条国际和国内航线，并拥有东北地区最大的国际机场。根据《辽宁省“十三五”综合交通运输发展规划》，到2020年，将在全省各城市通高铁、各区县通高速，建成康平等15个通用机场，将建设沈阳和大连铁路枢纽以及12条综合客运枢纽。辽宁省正在将14个城市的高速铁路网和高速公路网与全国路网、东北地区路网紧密相连。目前，辽宁省已经形成了相互交织的立体现代综合交通网络，并不断完善区域交通网络结构的布局，已成为服务省市、联系国内和国际的重要交通枢纽地区。

四、科技人才优势

辽宁在陆海经济一体化发展进程中，拥有科技人才优势。辽宁拥有较强的科研力量，有大量的中央直属骨干企业、省级企业、高等学校和科研院所等，为陆海产业发展提供了强大的智力支撑和人才储备。全省已建立省级以上工程技术研究中心和重点实验室 1053 个。辽宁（不包括大连）拥有 31 家技术企业孵化器，128 个产业技术创新平台和 76 个产业技术创新战略联盟。工业自动化、航空发动机、金属材料等 25 个学科和专业的研究水平均处于国内领先水平。辽宁省有 8 个国家级高新区和 7 个省级高新区，并计划到 2020 年总数将达到 25 个，已培育的高科技企业达 1800 多家，吸收大专以上科学技术人才 31 万人。全省共有两院院士 57 名，居全国第七位，各类专业技术人员 323 万人，其中享受政府特殊津贴的 8148 人。2016 年，辽宁研发支出 354. 7 亿元，从事科技活动的人员为 25. 6 万人，其中研发人员 13. 8 万人。全年受理专利申请 52603 件，较 2015 年同期增长 24. 8%。全省主持和参与完成的国家科技奖励有 13 项，其中技术发明二等奖 1 项，科技进步一等奖和二等奖分别有 1 项和 7 项。

第二节　辽宁陆海经济一体化的具体做法

随着中国海洋经济的快速发展、东北老工业基地振兴战略的实施以及新动能的不断涌现，辽宁沿海经济带以港口为依托，以陆海经济一体化发展为路径，创建全国陆海统筹先导区，努力实现高质量发展。这个过程有利于促进产业结构优化升级，加快振兴东北老工业基地，促进陆海统筹发展，构筑全面开放的新格局。

一、坚持规划引领，指导陆海统筹发展

辽宁在陆海经济一体化发展进程中坚持规划引领，指导陆海统筹发展，通过《辽宁省海洋主体功能区规划》和《辽宁海岸带保护和利用规划》等多角度推进陆海经济一体化。辽宁省毗邻渤海、黄海，管辖海域辽阔，海洋资源丰富。在辽宁省深入实施沿海经济带发展战略，推动辽宁老工业基地全面振兴，实现由海洋大省向海洋强省跨越的征程中，海洋将在资源供给、经济发展、空间拓展、生态文明、权益维护等方面发挥更为重要的作用。为进一

步明确和细化辽宁省管辖海域各主体功能区及其空间布局，优化海洋空间开发利用与保护秩序，强化海洋空间用途管控能力，保障全省经济社会可持续发展，编制了《辽宁省海洋主体功能区规划》。该规划是《辽宁省主体功能区规划》的重要组成部分，既是推进形成辽宁省海洋主体功能区布局的基本依据，也是辽宁省海洋空间开发的基础性和约束性规划。该规划推进实现主体功能区主要目标的时间是2020年，范围划定以国务院批复的辽宁省海洋功能区划为依据，面积41300.75平方千米（含589个无居民海岛）。

海岸带是陆海经济一体化发展的重要区域，其发展效应可以辐射到更广阔的陆域，从而扩大陆海经济一体化的空间布局。辽宁海岸带东起鸭绿江口，西至山海关老龙头，大陆岸线长2110千米。规划范围包括：海岸线向陆域延伸10千米、向海域延伸12海里（约22千米），陆域面积1.45万平方千米，海域面积2.1万平方千米。行政区划涉及丹东、大连、营口、盘锦、锦州、葫芦岛6市的28个县（县级市、区）。2013年，辽宁出台《辽宁海岸带保护和利用规划》，标志着辽宁沿海经济带从以开发为主迈向开发和保护并重的新阶段。

二、整合港口资源，建设自贸试验区

辽宁在陆海经济一体化进程中，不断整合港口资源，推进自由贸易试验区建设。《中国（辽宁）自由贸易试验区条例》提出，优化内陆无水港布局，建立跨区域港口联盟、港航联盟，加快推进“沈阳港”建设。辽宁的港口整合业已进入实质性推进落实阶段，大连港和营口港的国有资产已经率先整合进一家大型企业——辽宁东北亚港航发展有限公司。以该公司为核心的辽宁港口整合计划分步推进，第一步整合大连港和营口港，将涉及丹东、葫芦岛等港口，立足辽宁、辐射东北、影响东北亚，整合港口和航运。营口港是我国目前主要的铁水联运港口之一，这类港口都需要有腹地支撑，沈阳港集团为其提供了货源腹地和业务支持。沈阳港集团的创建，主要是为了发挥沈阳中心城市的辐射带动作用，推动沈阳经济区成为辽宁经济发展的发动机和新引擎，带动其他地区加快形成集聚效应，错位发展。通过港口整合将营口港的部分功能前移到沈阳港，使沈阳的汽车零配件和整车、机械装备等获得最佳进出海口。沈阳港集团总部位于辽宁自贸区沈阳片区内，规划建设占地面积 15 平方千米的主港区。该港区建成投产后，以沈阳港为载体依托辽宁沿海各港口，借助沈阳中心的公路、铁路网络和沈阳桃仙国际机场，打造集海运、公路、铁路、航空等多种运输业态为一体的多式联运物流服务平台，成为东北亚地区的物流枢纽。

通过整合港口资源，实现了分工明确、管理高效的发展。大连港已成为国内最大的粮食和石油转运港口，承担东北地区 70%以上的海运进出口货物和 90%以上的外贸集装箱运输。丹东港已拥有粮食、钢材、矿石、煤炭、集装箱等专用、通用泊位 50 余个，先后开通了美、日、韩、俄等 70 多个国家和地区港口航线，2018 年港口吞吐量 10066 万吨，是东北东部重要的出海通道。沈盘铁路正式通车，盘锦港的节点作用进一步提升，口岸核心能力建设通过国家验收，国家进境粮食口岸申报工作扎实推进，盘锦保税物流中心封关运营，成为全省 8 个海关监管区域之一，港口“单一窗口”应用全面推广，报检业务覆盖率均达到 100%。锦州港作为东北亚海运重要节点的集聚辐射作用进一步发挥，北煤南运重要出海通道和我国内贸粮中转第一大港地位持续巩固。

三、建设国际航运中心，打造东北亚经济圈“陆海支点”

辽宁通过在大连建设东北亚国际航运中心，在营口打造东北亚经济圈“陆海支点”等措施，大力推进陆海经济一体化发展。为积极推动港口资源整合，辽宁省政府与招商局集团正式签署港口整合系列协议，辽宁港口集团总部成立标志着东北亚国际航运中心建设开启新里程。东北亚矿石分拨中心、商品车分拨中心以及国际邮轮母港建设取得积极进展，国内首船期货原油在大连港交割，国内首笔铁矿石期货保税业务在大连港落地。编制完成《大连东北亚国际航运中心建设规划（2016—2025）》，着力打造海空综合运输枢纽、综合物流服务、航运服务三大功能承载区，逐步探索建设自由贸易港，推进“港口、产业、城市”融合发展。制定出台《关于进一步推进物流降本增效促进实体经济发展的实施方案》，通过设立量化指标，促进物流提档升级。充分发挥大连港集团与北良公司的主导作用，推动油品、矿石、汽车、粮食、冷链及木材等货种的分拨中心建设。强化物流中心功能，国家多式联运示范工程重点项目基本完工，瓦房店跨境电商物流产业园、铁成物流园入选国家优秀物流园区。全力推动大连港“壹港通”智慧物流跨界服务大平台建设，该项目成为全国首批 13 个智慧港口示范工程之一。

打造东北亚经济圈“陆海支点”是辽宁陆海经济一体化的重要举措。东北沿海唯一的综合保税区落户营口之后，吸引了很多商家投资。目前，营口综保区基础设施和监管设施建设全部完成，管理体制机制初步建立。由此，营口综保区所在的营口主城区西部也从“城市末梢”变身“开放前沿”。自贸试验区、综保区、国家级高新区在这里“三区叠加”，并与港口交通互连、发展互动，“丝绸之路经济带”东线通道重要分拨集散地的地缘优势被进一步放大，营口“对内放开、对外开放”的平台体系全面增强，正从“一带一路”的陆海节点城市向东北亚经济圈支点城市迈进。

四、开通鲁辽陆海大通道，构建海铁联运体系

辽宁通过开通鲁辽陆海货滚甩挂运输大通道航线，逐步构建海铁联运体系，大力促进陆海经济一体化发展。2014 年 12 月 23 日，由山东潍坊通往辽宁营口的鲁辽陆海货滚甩挂运输大通道航线实现首航，这是内地第一条海上绿色货滚甩挂多式联运大通道。该航线可实现货物年周转量 2000 亿吨千米，未来将发展成为连通华东至东北地区的物流大通道，加速环渤海地区一体化发展。滚装货物更可借此通道经营口直通满洲里出境，与直达莫斯科及汉堡的欧洲集装箱班列相连。该项目从潍坊港和营口港开始，以山东省和辽宁省为中心，利用渤海湾的水运资源向南延伸至海峡西岸，向北延伸至哈大齐经济带，形成一条多式联运通路。陆海货滚甩挂运输是现代综合运输体系的重要表现形式，具有高效、安全、绿色、节约成本等优势。货物到达港口以后，直接由牵引车将货物点对点转移至铁路平车，再沿铁路干线将货物运送至公路站点，最后经公路运输将货物运抵目的地，从而实现了鲁辽两地货物的双向高效运输。

陆海交通基础设施一体化，是辽宁陆海经济一体化发展的重要保障。自 2015 年以来，大连港、营口港经满洲里到欧洲的“辽满欧”物流通道持续升温。辽宁正积极构建海铁联运大通道，加快融入国家“一带一路”建设。辽宁充分发挥沿海经济带对外开放的龙头带动作用，大力实施新一轮对外开放，主动融入国家“一带一路”建设。依托沿海港口，加快推进国际海铁联运大

通道建设，形成互联互通、通畅、安全、高效的跨界陆海联运经济走廊。以大连为起点，“辽满欧”国际班列通道全长约1.1万千米。班列从大连铁路集装箱中心站始发，经国铁哈大线、滨州线至满洲里口岸，然后经俄罗斯、德国铁路等抵达欧洲。“辽满欧”国际集装箱班列的开通，不仅便利了中国沿海各港口和珠三角、长三角、环渤海湾地区出口至俄罗斯以及其他欧洲国家，也吸引了俄罗斯等国家和地区出口货物至我国。辽宁沿海地带港口的基础设施不断完善，一批特色产业园区纷纷崛起，为辽宁加快融入“一带一路”建设奠定了坚实基础。

五、注重沿海经济带发展，开展“一带一路”综合试验区建设

辽宁在陆海经济一体化发展进程中，注重沿海经济带发展，采取了多项措施推进沿海经济带建设。其中，连续9次举办沿海经济带发展论坛，促进了辽宁沿海经济带发展的合作与交流。

统筹谋划、陆海双济，是辽宁建设“一带一路”综合试验区，推进陆海经济一体化发展的重要原则。2018年8月25日，辽宁省印发实施《辽宁“一带一路”综合试验区建设总体方案》。该方案是辽宁省为了将辽宁建成推进“一带一路”建设先行区、东北亚国际合作先导区、全面开放引领全面振兴示范区等三大定位，全力构建内外联动、陆海双济的全面开放新格局制定的方案。辽宁省有6个项目被纳入了代表着我国对外合作最高水平的第二届“一带一路”国际合作高峰论坛成果清单，数量和质量居各省前列，体现了“一带一路”综合试验区建设的良好开局和积极进展。

第三节　辽宁陆海经济一体化的成效

2018年，辽宁省海洋经济运行总体平稳，据初步核算，全省海洋生产总值达到3140亿元，占全省地区生产总值的12.4%。海洋产业结构不断优化，海洋第一产业、第二产业、第三产业增加值占海洋生产总值的比重分别为10.3%、29.7%、60.0%。海洋渔业稳中向好，海洋药物和生物制品、海洋化

工等产业增速较快。以海洋旅游业为代表的海洋服务业持续发挥引领作用，带动了地区经济发展和劳动就业，有效促进了产业转型升级和发展方式转变，初步实现了陆海经济一体化发展。

一、资源利用效率提高

辽宁在陆海经济一体化发展中，积极推进陆海资源开发一体化，使资源利用效率提高，海域立体化、多元化利用程度加大，岸线、海域多样化利用更加协调。沿海工业和城镇建设空间集约化程度不断提高，港口利用效率明显提高，海洋水产品总量和单产水平稳步提升，单位岸线和单位海域面积产业增加值大幅增长，单位海洋面积提供的海洋生态功能效率显著提高，围填海存量资源得到有效利用，整体促进了陆海资源利用效率。

二、生态环境质量总体改善

随着陆海经济一体化发展进程的加快，辽宁生态环境质量总体有所改善。入海主要污染物总量得到有效控制，近岸海域水环境质量得到改善。海域、海岛生态环境的整治修复与保护全面实施，海岸线的开发利用活动得到严格控制。海洋保护区的建设与管理得到加强，保护成效显著，海洋生态服务功能明显增强。海洋生态灾害应急响应和突发事故处置能力得到有效提升，海洋领域应对气候变化能力进一步增强。

三、逐渐形成开放新格局

辽宁在陆海经济一体化发展进程中，积极参与“一带一路”和东北亚经济圈建设，对外开放新格局逐渐形成。在地理位置上，辽宁省靠近日本和韩国，长期以来，辽宁省是东北产业链的中间环节，吸引了来自日本、韩国和其他国家大量的大型跨国公司。陆海经济一体化促进了沿海与腹地之间的良性互动，加强了腹地与国际资本之间的联系，特别是与俄罗斯之间的经济技术交流与合作，充分利用了西伯利亚丰富的油气资源，缓解了中国资源相对不足的困局，突破了能源供应瓶颈，实现地区经济可持续发展。同时，辽宁省充分发挥自身比较优势，促进了外向型加工业的发展，加强腹地的产业服务功能，带动腹地经济的协同发展。

第四节　辽宁陆海经济一体化的经验

一、创新陆海产业联动方式

陆海产业发展一体化是陆海经济一体化的核心内容。辽宁通过创新陆海产业联动方式，推动陆海产业一体化发展，促进陆海经济一体化。陆地和海洋的第一产业高度依赖自然条件，产业间的关联性较弱。辽宁在满足居民基本生产生活的基础上，还创新特色农业和渔业产业的发展方式。开展沿海乡村旅游等商业活动，形成与陆上休闲旅游和酒店餐饮协调发展的产业链。同时，使用新技术来提高海水养殖的效率和产量，并与陆上食品加工业和海洋生物医学产业融合发展。

二、提高陆海经济纵深联系

辽宁在陆海经济一体化发展过程中，努力提高陆海经济纵深联系，充分发挥滨海大道的作用，连接沿海港口，形成港口集群发展模式，提高港口之间物流产品的运输效率。在“一带一路”建设的带动下，依托现有的陆海运输网络，加强与南北亚欧大陆的连接，积极融入全球陆海经济一体化发展浪潮。

本章小结

辽宁具有东北腹地优势、资源禀赋优势、基础设施优势、科技人才优势，在陆海经济一体化过程中，辽宁以创建陆海统筹先导区为方向，通过坚持规划引领，指导陆海统筹发展；整合港口资源，建设自贸试验区；建设国际航运中心，打造东北亚经济圈“陆海支点”；开通鲁辽陆海大通道，构建海铁联运体系；注重沿海经济带发展，开展“一带一路”综合试验区建设等措施积极推进。陆海经济一体化发展成效明显，资源利用效率逐渐提高、生态环境质量有所改善，逐渐形成了开放新格局。

辽宁在陆海经济一体化发展中的一些成功经验值得总结和推广，如创新陆海产业联动方式、提高陆海经济纵深联系，促进了陆海经济一体化发展进程，但同时也应该注意到其中一些需要改进和完善的问题。一方面，陆海产业布局不够合理。近年来，在海洋经济蓬勃发展的背景下，由于缺乏强有力的监管和指导，辽宁省所有沿海城市都在争夺大钢铁、大石化等大型项目，开展激烈竞争，导致沿海重工业产业布局混乱。而在海洋经济发展中，对环境负面影响较小的滨海旅游业和海洋服务业的发展不足。因此可以看出，辽宁省陆海经济一体化发展规划不够合理、产业布局还需调整，需要杜绝区域产业结构严重趋同的恶性竞争。同时，传统海洋产业粗放式发展引起的海洋生态环境问题，也将制约陆海经济的可持续发展。另一方面，陆海经济一体化的效益有待进一步提高。与其他 10 个沿海地区相比，辽宁海洋第一产业占比过大，海洋渔业资源的数量和质量下降，海上捕捞业急需转型升级。由于基础设施相对落后，很难扩大海洋第二产业的规模，且规模效益难以提高。这种情况不可避免地导致陆海产业在开发利用和布局上的错位，从而阻碍生产要素的最优配置，不利于陆海经济社会效益最大化。这不仅对辽宁省沿海地区的生产和生活产生不利影响，而且也阻碍了陆海产业一体化发展总体效益的实现。面对这些问题，辽宁应该制定统一的陆海经济发展规划，为未来陆海经济一体化发展建立区域合作的新平台，努力协调陆海产业的合理布局，优化产业结构，加强陆海生态环境综合整治，做到开发、利用与保护的有效结合。

第二十章　上海陆海经济一体化的具体实践

第一节　上海陆海经济一体化的比较优势

一、综合条件优越

上海的地理区位、产业基础、科教等综合条件优越，有利于实现陆海经济一体化发展。上海的国土面积为6340平方千米，占全国国土总面积的0.06%；海域面积约为1万平方千米，海岸线的长度超过500千米；海洋资源丰富，拥有港口航道、滩涂湿地、风能和潮汐能等海洋资源。上海陆海经济一体化发展繁荣的有利条件体现在3个方面。首先，具有突出的区位优势，接近国际海运航线。其次，在海洋产业发展中拥有良好的基础，尤其在海洋生物医药、海洋能源和海洋工程装备等新兴产业上具有明显优势，高端造船企业和海洋工程装备制造业在国内外具有一定影响力。最后，具有良好的海洋科教优势，企业在创新产业发展模式上具有特色。

二、经济结构良好

上海海洋经济发达，海洋产业结构良好，有助于推进陆海经济一体化发展。上海海洋经济总量保持平稳增长，海洋生产总值从2010年的5224亿元增长到2018年的7463.4亿元，连续多年保持全国第三位。海洋产业布局向沿海区域转移，洋山深水港区、外高桥港区已发展成熟，长兴岛船舶制造基地、临港海洋工程装备制造基地、外高桥船舶与海洋工程装备制造基地已具有一定规模。产业结构逐步优化调整，海洋第一产业比重保持基本稳定，第二产业比重略有下降，第三产业比重稳中有升，远洋渔业发展继续加快；船舶工业发力高端船舶制造，高技术、高附加值船舶比重大幅提升；海洋工程装备业取得突破，“海洋石油 981”等一批海工装备交付使用；海洋交通运输业持续发展，继续保持全球首位；现代航运服务业加速发展，航运融资、航运保险、航运金融衍生品等业务得到进一步发展，业务规模均居全国前列；滨海旅游业拉动消费成效明显，邮轮产业积极对接国际市场，吸引国际邮轮停靠，已成为全球第八大邮轮港。

第二节　上海陆海经济一体化的具体做法

海洋是上海城市经济社会可持续发展的重要战略资源。在陆海经济一体化过程中，上海加快建设“全球海洋中心城市”，提出全球海洋战略性新兴产业高地、全球重要的海洋科技创新策源地、海洋国际事务合作重要枢纽、国际海洋文化交流和教育培训中心、海洋管理创新综合实验区等五大功能的构想。依托上海自由贸易试验区的改革创新，完善船舶融资租赁、航运保险、海事仲裁、航运咨询和航运信息服务等航运现代服务业体系，推进国际航运发展综合试验区建设。

一、制定陆海发展规划，对接服务国家战略

上海市在陆海经济一体化过程中，以海洋“十三五”规划为基础，合理布局陆海统筹发展，同时积极对接服务国家战略。上海市政府印发《上海市海洋“十三五”规划》（以下简称《规划》），明确到 2020 年底，初步形成与国家海洋强国战略和上海全球城市定位相适应的海洋经济发达、海洋科技领先、海洋环境友好、海洋安全保障有力、海洋资源节约集约利用、海洋管理先进的海洋事业体系，积极探索建设“全球海洋中心城市”，全市海洋生产总值占地区生产总值的 30% 左右。《规划》坚持陆海统筹发展，突出海洋产业转型升级、海洋科技创新驱动发展、海洋生态文明建设和海洋综合管理能力提升，围绕构建智慧生态的海洋综合保障体系，提出 6 个方面的主要任务：一是拓展蓝色经济空间，着力发展现代海洋经济；二是深化体制机制改革，

着力推进科技创新和文化发展；三是保护海洋生态环境，着力建设海洋生态文明；四是加强防灾、减灾建设，着力完善海洋安全体系；五是节约、集约利用海洋资源，着力提高资源利用效率；六是健全海洋管理体系，着力提升公共服务水平。《规划》还明确了加强体制机制建设、加大财政金融支持力度、加强海洋人才队伍建设、加强海洋文化教育宣传四大保障措施。最终，以海洋经济为新增长极，通过陆海经济一体化发展，带动整个国民经济发展。

上海在陆海经济一体化发展过程中，落实国家“一带一路”建设，积极参与国家在海洋经济、生态环境保护、防灾减灾、海洋科技、海洋管理和海洋文化等领域的互利合作，开展上海参与“21 世纪海上丝绸之路”建设研究。积极融入“长江经济带”建设，深化与长江流域各省市合作，共同建设沿江综合立体交通走廊，提升上海国际枢纽港对长江流域的服务能力，积极发展江海联运、江海直达、海铁联运等运输方式，推动长江经济带加快发展。对接国家“拓展蓝色经济空间”等战略部署，申请国家海洋经济创新发展示范城市、国家海洋经济发展示范区，推动海洋经济创新转型发展。以海洋为基础，以内外资源为依托，推进陆海统筹发展。

二、优化海洋产业布局，促进陆海产业融合

上海通过优化海洋产业空间布局和结构，促进陆海产业融合发展，从而推动陆海经济一体化发展。在优化产业布局方面，上海积极培育特色明显、优势互补、集聚度高的“两核三带多点”的海洋产业功能布局，引导区域海洋经济错位竞争、互补合作，合理推进陆海经济一体化发展。临港海洋产业发展核，聚焦先进海洋产业集群发展，大力发展海洋工程装备产业和战略性新兴产业，建设临港海洋高新技术产业化基地，促进海洋科技资源集聚、研发孵化和成果转化。长兴岛海洋产业发展核，建设长兴海洋装备基地，加快高端船舶制造、海洋工程装备等产业发展，打造海洋装备岛。杭州湾北岸产业带，推进临港、奉贤、金山滨海旅游区建设，支持上海化学工业区提升发展。长江口南岸产业带，支持宝山、虹口等邮轮母港建设，加快发展邮轮产业，对接国际旅游市场规划和通行标准，优化口岸政策环境；支持浦东外高桥、宝山地区发展航运服务业和海洋先进制造业。崇明生态旅游带，依托世界级生态岛建设，大力发展滨海休闲、生态旅游。推进海洋产业多点发展，

大力推进洋山深水港区四期工程建设和海洋交通运输业发展，加快北外滩、陆家嘴航运服务业发展，鼓励有条件的区域依托自身优势发展海洋特色产业。

在优化产业结构方面，通过发展优势特色海洋产业，延伸产业链和价值链，促进陆海产业发展一体化。巩固提升上海船舶工业、海洋交通运输业、海洋油气业等传统优势产业。大力发展海洋工程装备、海洋生物医药等海洋战略性新兴产业，研制深海潜水器、海洋生物疫苗、海水淡化设备及海洋新材料等。积极培育和完善船舶融资租赁、航运保险、海事仲裁、航运咨询、航运信息服务等航运服务、海洋金融服务、科技服务、信息服务、检验检测服务等海洋现代服务业，积极推动国内外大型银行在上海设立航运金融部以及国际结算、资金运作等功能性机构，推进国际航运发展综合试验区建设，继续推进“上海国际航运中心综合信息共享平台”建设。做大、做强海洋旅游业，加快邮轮、游艇经济发展，组建本土邮轮公司，打造邮轮产业链，进一步提升上海邮轮产业的国际地位和竞争力，支持邮轮、游艇出入境管理等政策试点，建设中国邮轮旅游发展实验区（宝山、虹口）。加快推进海洋渔业转型升级，控制近海捕捞强度，延伸远洋渔业产业链，加快长兴岛横沙渔港基础设施建设。

三、推进海洋科技创新，统筹陆海综合管理

科技创新是陆海经济一体化发展的重要动力。近年来，上海坚持推进海洋科技创新、统筹陆海综合管理，促进陆海经济一体化发展。上海科技兴海基地和平台建设明显推进，临港海洋高新技术产业化基地被自然资源部认定为首个“国家科技兴海产业示范基地”，成立上海市海洋局深海装备材料与防护工程技术研究中心、河口海岸及近海工程技术研究中心、海洋生物医药工程技术研究中心、河口海洋测绘工程技术研究中心等平台和机构。海洋高新技术研究取得突破，“海洋石油 981”荣获国家科技进步特等奖，海马号 ROV 取得重大突破，海底观测网、海洋微生物制备候选药物关键技术、微藻规模化生产技术及设备、深水航道管理维护等重大课题研究取得明显进展，液化天然气船关键技术研究和 LNG 海上转运系统技术研究课题获得国家“863”计划立项，深远海工程装备系列材料关键制备技术及其国产化开发研究项目被列入自然资源部公益性科研专项，为相关陆海产业融合发展和技术创新提

供支持。

在统筹陆海管理方面，上海注重规划引领，通过多个涉海指导性文件优化海洋事业发展，从而推动陆海统筹发展。逐步建立海洋法规规划体系，出台《上海市海洋战略性新兴产业发展指导目录》，完成《上海市海洋规划体系纲要》研究，出台《关于上海加快发展海洋事业的行动方案（2015—2020年）》，开展海洋环境保护条例等地方性法规和规章的立法研究，《上海市海洋功能区划》和《上海市海岛保护规划》等分别获得国家和市政府批复。规范开展海洋行政审批和信息服务，推进18项海洋行政审批事项“全部上网、全程上网”，开展行政审批标准化建设，树立“水务海洋直通车”窗口品牌形象。

四、创新经济发展模式，推进长三角一体化

上海根据自身优势和特色，积极参与区域合作、创新经济发展模式，推进上三角一体化，从而实现大区域间的陆海经济一体化发展。作为长三角区域重要的海洋经济发展前沿阵地和承载区，上海市浦东新区、宁波市、南通市、舟山市的海洋资源禀赋得天独厚，海洋产业各具特色，均已获得“国家海洋经济创新发展示范城市”称号。为加快推进长三角一体化发展进程，进一步促进海洋战略性新兴产业跨越式发展，上海浦东新区、舟山市、宁波市、南通市四地共同签署《长三角区域海洋产业园区（基地）战略合作》协议，通过上海临港海洋高新技术产业化基地、宁波梅山海洋战略性新兴产业示范基地、江苏省通州湾江海联动开发示范区、舟山群岛新区海洋产业集聚区、彩虹鱼（舟山）海洋战略新兴产业示范园等四地5个涉海园区开展广泛合作，建立一个跨区域的，能够运筹涉海类人才、科技、金融、项目、市场等广泛资源紧密合作的协同平台。平台充分利用合作各方掌握的资源，科学整合、合理利用，努力实现区域间海洋产业的协同发展。一方面，提升产业协作水平，全面梳理产业项目和产业资源。按需选择，做好项目引导落地服务，合理布局产业。实现信息共享，促进海洋产业有序转移、集群发展。另一方面，可以深化科技创新和人才合作，积极筹备、探索建设“长三角海洋产业创新联盟”，并共同推动院所、科研机构与企业建立合作研发机构及联合技术转移中心；做好涉海类人才引进互融互通、人才培养共育共培、人才评价互认互

准、创新平台共建共享等工作。

同时，上海金山区规划建设长三角高质量一体化发展的桥头堡。金山区是上海南部滨海门户地区和上海建设具有世界影响力的社会主义现代化国际大都市的重要战略功能区。2019 年，出台《上海市金山区总体规划暨土地利用总体规划（2017—2035）》。金山区总体规划立足金山区实际情况和发展要求，以落实长三角高质量一体化发展国家战略为动力，以功能提升为出发点，以结构和布局优化调整为核心，注重两规融合，体现多规合一；注重城乡统筹，推进全域规划；注重陆海统筹，实施海洋战略；突出公共属性，指导实施建设。推动金山区建设成为打响“上海制造”品牌的重要承载区、上海实施乡村振兴战略的先行区、长三角高质量一体化发展的桥头堡。严守海洋生态安全底线，在严格保护的前提下开发利用好海洋资源。加强市政基础设施和防灾、减灾设施规划建设，提升城市生命线安全运行能力、应急响应能力和灾后恢复能力。服务长江三角洲区域一体化发展国家战略，体现新时期金山区发展的战略要求，突出城镇空间、产业空间、生态空间和谐发展，形成“一心一带、两轴四片”的空间格局。重点培育滨海旅游休闲、科技创新等核心功能，提升高等级文化、教育、医疗、体育等设施配置，形成辐射、服务长三角的区域特色服务中心。

五、提升经济开放水平，建设“一带一路”

上海在陆海经济一体化进程中，积极提升经济开放水平。在投融资、服务贸易、商务旅游等方面，进一步提升对外开放水平和国际影响力，将上海打造成为推进“21 世纪海上丝绸之路”的排头兵和主力军；加强与“21 世纪海上丝绸之路”沿线国家的交流与合作，使上海成为“21 世纪海上丝绸之路”的重要节点。抓住中国（上海）自由贸易试验区服务业和先进制造业等领域的扩大开放机遇，推动船舶和海工设备设计、制造、维修，国际船舶代理、外轮理货等海洋制造业和服务业领域的扩大开放，打造具有国际竞争力的开放型海洋经济体系。积极争取海洋相关国际组织及其办事机构、跨国公司和企业总部在上海落户，支持本地及国内企业以上海为平台开展境外海洋投资兼并和产业输出，以打造蓝色总部高地。

除了提高经济对外开放水平外，在建设“一带一路”方面，上海还从司法援助的角度促进陆海经济一体化。上海与连云港在“21世纪海上丝绸之路”和“丝绸之路经济带”建设中区位优势明显，肩负的职责日益凸显。连云港派出法庭作为上海海事法院在江苏连云港的派出机构，在司法服务保障“一带一路”陆海联运大通道建设中与连云港中院形成有效对接。上海海事法院与连云港中院签署《合作框架协议》，通过发挥各自优势形成工作合力，全方位对接“21世纪海上丝绸之路”和“丝绸之路经济带”陆海联运大通道建设中的司法需求，共同为“一带一路”建设提供更加优质高效的司法服务保障。

六、划定生态保护红线，构建陆海减灾体系

上海在陆海经济一体化发展过程中，坚持陆海生态环境保护一体化，通过生态保护红线“陆海一张图”统筹陆海生态文明建设。《上海市生态保护红线》将陆域生态保护红线和海洋生态保护红线的划定成果统筹整合，形成全市生态保护红线“陆海一张图”。《上海市生态保护红线》明确生态保护红线共包含生物多样性维护红线、水源涵养红线、特别保护海岛红线、重要滨海湿地红线、重要渔业资源红线和自然岸线等6种类型，总面积2082.69平方千米，占比11.84%。其中，陆域面积89.11平方千米，长江河口及海域面积1993.58平方千米。自然岸线包含大陆自然岸线和海岛自然岸线两种类型，总长度142千米，占岸线总长度22.6%。上海市生态保护红线区域则涵盖了80%以上的重要生物栖息地和现存保护物种的栖息地，100%的城市集中式水源地，充分体现了上海市生态系统服务的重要功能。

同时，上海积极构建以海洋为基础的陆海预报减灾体系。海洋观测站网建设稳步推进，共享自然资源部东海分局观测站（点），提高海洋观测能力。海洋灾害预警报能力不断提升，开展了洋山港和金山石化等重点保障区域精细化预报试点工作，进一步完善海洋观测系统资料共享机制，协调推进VSAT预报业务系统建设。海洋灾害应急处置能力不断提高，修订颁布《上海市处置海洋灾害专项应急预案》及相关部门预案，及时有效应对风暴潮、“1230崇西溢油事故”等多起海洋灾害及海洋环境污染事故。加强对海洋预报减灾专题的研究，开展了海洋灾害风险区划试点研究、海平面变化影响调查评估、海上溢油应急监测和预警、海洋灾害统计调查和评估等工作，完成堡镇、芦

潮港和金山嘴等 3 个代表岸段警戒潮位核定。

第三节　上海陆海经济一体化的成效

一、经济发展加快

上海通过推进陆海经济一体化发展，在原有的大体量经济基础上实现了经济较快发展。2018 年，上海市海洋经济总体呈现平稳发展态势，据初步核算，全市海洋生产总值达到 9183 亿元，同比增长 8.1%（现价），占全市地区生产总值 28.1%。海洋产业布局进一步优化，“两核三带多点”的海洋产业布局逐步形成。海洋产业结构基本保持稳定，海洋第一、二、三产业增加值占海洋生产总值的比重分别为 0.03%、32.7%、67.3%。

二、优势产业突出

上海在陆海经济一体化发展过程中，顺应国际海洋产业发展大趋势，坚持陆海产业发展一体化，积极培育海洋战略性新兴产业，扩大海洋经济开发开放领域，推动海洋产业转型升级。海洋渔业基本实现提质、增效、增收的目标，全年海洋捕捞产量 16.6 万吨，其中远洋捕捞 15.2 万吨，占比达 92%。海洋战略性新兴产业不断发展壮大，在可再生能源利用方面，积极推进风电平台国产化进程，支持高校自主研发，在技术创新方面发挥着示范带头作用。海洋交通运输业整体表现平稳，2018 年，上海港全年货物吞吐量 7.3 亿吨，同比下降 2.7%；集装箱吞吐量 4201 万标准箱，同比增长 4.6%，继续保持世界第一。港口基础设施建设进一步完善，洋山深水港四期工程经过一年的试运营，正式通过竣工验收，2018 年吞吐量超 200 万标准箱。滨海旅游业实现较快发展，2018 年上海旅游收入超 4900 亿元，同比增长 9.3%；接待入境游客 892 万人次，其中过夜入境旅游者 740 万人次。

三、综合实力增强

陆海经济一体化发展提升了上海的海洋综合管理能力。上海建设具有全球影响力的科技创新中心，加快实施创新驱动的发展战略，坚持海陆协调，完善海洋科技管理体系和机制，加强海洋科学技术研究。大力发展海洋高新技术，促进海洋科技合作创新，不断增强海洋技术进步支撑经济发展的能力。将海洋生态文明建设纳入海洋发展与保护总体布局，重视发展与保护并举，污染防治与生态修复同时进行，加强流域协调。加快推进海洋管理综合保障基地、大吨位船舶、海洋观测站网、海洋环境监测中心实验室建设，推动海洋管理信息化和智能化，使公共服务水平和海洋综合管理能力提升。

第四节　上海陆海经济一体化的经验

一、坚持陆海统筹、区域联动

上海在陆海经济一体化发展进程中，坚持陆海统筹和区域联动，建立健全陆海协调发展机制，实现陆海统筹规划、资源互补和产业互动。顺应区域经济一体化趋势，加强与周边省市的合作，实现优势互补，促进区域陆海经济协调发展。

二、坚持开放带动、产业升级

上海在陆海经济一体化发展进程中，坚持对外开放和产业升级，主动服务于“一带一路”和“长江经济带”建设，加快建立结合内外开放的开放式海洋产业体系。促进海洋产业结构调整，实现海洋产业高端化发展。

三、坚持生态优先、持续发展

上海在陆海经济一体化发展进程中，坚持生态优先、持续发展，加强海洋资源的综合管理和控制，突出海洋生态环境保护重点，严格执行生态红线制度，严格控制污染物入海排放，加快海洋生态修复和环境治理，形成环境友好型和资源节约型海洋可持续发展模式。

本章小结

上海的综合条件优越、经济结构良好，具有陆海经济一体化发展的比较优势。近年来，上海利用自身的资源优势和经济基础，大力推进陆海经济一体化，建设全球海洋中心城市。通过制定陆海发展规划，对接服务国家战略；优化海洋产业布局，促进陆海产业融合；推进海洋科技创新，统筹陆海综合管理；创新经济发展模式，推进长三角一体化；提升经济开放水平，建设“一带一路”；划定生态保护红线，构建陆海减灾体系等措施，使陆海经济一体化取得明显成效，经济发展加快、优势产业突出、综合实力增强。同时，上海在陆海经济一体化发展实践中的一些经验也值得推广借鉴，如坚持陆海统筹、区域联动，坚持开放带动、产业升级，坚持生态优先、持续发展。但需要注意的是，目前上海的陆海经济一体化建设与国家“建设海洋强国”“一带一路”建设和上海建设“四个中心”、具有全球影响力的科技创新中心、全球海洋中心城市的要求相比还存在一些短板，如海洋科技自主创新能力还有待提高，海洋公共服务水平还有待进一步提升。

在今后的发展中，上海应深化体制机制改革，着力推进科技创新和文化发展。加强重点海洋科技攻关，加大海洋科技投入力度，加强海洋产业高新技术研发，支持开展多种形式的应用研究和试验发展活动。加快上海海洋科技资源整合，探索建立以企业为主体、市场为导向的海洋产业技术创新联盟。健全海洋管理体系，着力提升公共服务水平。进一步简政放权，优化行政审批事项，完善海洋行政审批制度，规范海洋行政审批流程，推进海洋行政审批标准化建设。加快建设网上政务大厅，推进“一门式”审批服务，提高行政审批效能和透明度。建设海洋信息化体系，搭建“智慧海洋”总体框架。

第二十一章　天津陆海经济一体化的具体实践

第一节　天津陆海经济一体化的比较优势

一、区位条件独特

天津独特的区位优势有助于推进陆海经济一体化发展。天津市地处华北平原东北部、海河流域下游，东临渤海，北依燕山，与北京市和河北省接壤，腹地辽阔，全市土地面积 11919.7 平方千米，是我国北方最大的沿海开放城市。天津海域处于天津市东部，渤海西岸，渤海湾的顶端。海岸线北起津冀行政北界线与海岸线交点（涧河口以西约 2.4 千米处），南至歧口，岸线全长 153.67 千米，管理海域面积 2146 平方千米，全市唯一海岛——三河岛位于永定新河河口。天津是我国北方对外开放的重要门户，天津港与 180 多个国家和地区的 500 多个港口贯通，腹地面积近 500 万平方千米，占全国总面积的 52%，是亚欧大陆桥的重要桥头堡之一。

二、海洋资源较多

天津丰富的海洋资源有利于陆海资源开发一体化，进而推进了陆海经济一体化发展。天津拥有丰富的海洋资源，包括港口资源、旅游资源、海盐资源和油气资源。拥有中国最大的人工港口天津港，在货物吞吐量方面排名世界第四。附近海域蕴藏着丰富的石油和天然气资源，探明石油储量超过 1.9 亿吨，天然气储量 638 亿立方米。其中，大港油田和渤海油田是重要的沿海平原潮间带和近海油气开发区。天津是中国最大的海盐产区之一，滨海旅游资源相对丰富。毗邻的渤海湾地区曾经是重要的海洋经济水产物种的繁殖区，有 80 多种渔业资源和 30 多种主要渔获物。

三、政策环境较为优越

天津较为优越的政策环境有助于推进陆海经济一体化发展。天津滨海新区是全国综合配套改革试验区，在金融创新、科技体制、土地管理、资源节约和环境保护、涉外经济体制等 10 个方面，先行试验一些重大的改革开放措施。滨海新区是全国综合配套改革试验区，天津自由贸易试验区是北方唯一的自贸试验区。天津已被列入全国海洋经济发展试点，一系列政策将继续有效提升天津市海洋综合发展水平。

第二节　天津陆海经济一体化的具体做法

在陆海经济一体化过程中，天津以发展临港经济为主要模式，坚持陆海统筹、构建现代陆海产业体系，充分发挥滨海新区先行先试优势。同时，立足海洋经济发展的综合优势，服务国家整体发展战略需要，全面推进天津海洋经济科学发展示范区建设，促进陆海经济一体化又好又快地发展。

一、坚持陆海统筹，科学规划海洋经济

天津坚持陆海统筹，从多个角度科学规划海洋经济，推动陆海经济一体化发展。天津市既是我国直辖市之一，北方最大的沿海开放城市，环渤海地区的经济中心，也是我国对外开放和参与经济全球化的重要门户。近年来，天津市海洋经济加快发展，涵盖海洋交通运输业、海洋油气业、海洋化工业、海洋旅游业、海水利用业等的海洋产业体系基本形成，在促进天津市转型发展和天津滨海新区开发开放中发挥了重要作用。按照全国海洋经济发展试点工作总体部署，为积极探索海洋经济发展方式转变的新路径，有效破解资源环境瓶颈制约，高水平建设天津海洋经济科学发展示范区，特制定《天津海洋经济科学发展示范区规划》。规划范围为天津市行政管辖区域，陆域面积约

11947 平方千米，海域面积约 2146 平方千米，规划期为 2013—2020 年。该规划既是指导天津海洋经济科学发展示范区改革发展的行动纲领，也是编制相关专项规划的重要依据。立足天津海洋经济发展的综合优势，服务国家整体发展战略需要，合理确定天津海洋经济科学发展示范区的战略定位。建立海洋高新技术产业集聚区，充分发挥天津海洋科技实力雄厚和高端人才集聚的独特优势，深入实施科技兴海战略，全面整合科技资源，加快搭建海洋科技创新和成果转化平台，积极完善产学研用相结合的科技创新体系，重点打造海水综合利用、海洋石化轻纺等核心产业链，构建临港经济集聚区域、滨海旅游区域等六大海洋产业集聚区域，将示范区建设成为我国海洋高新技术产业化基地。

另外，天津根据《天津海洋经济科学发展示范区规划》和全国海洋经济发展试点工作部署，为统筹做好有关工作，促进海洋经济科学发展，制定《天津海洋经济发展试点工作方案》。

在《天津海洋经济科学发展示范区规划》指导下，天津印发《天津临港海洋经济发展示范区建设总体方案》，正式启动临港海洋经济发展示范区建设。天津临港海洋经济发展示范区是由国家发展改革委、自然资源部批准建设的全国性海洋经济示范区，以“提升海水淡化与综合利用水平，推动海水淡化产业规模化应用示范”为主要任务，将建设成为全国海洋经济发展的重要增长极和加快建设海洋强国的重要功能平台。根据总体方案，天津临港海洋经济发展示范区实施范围约 36 平方千米，建设实施期为 2019—2020 年，长远发展期为 2021—2025 年。依托天津港保税区临港北部区域，示范区以海水淡化产业为切入点带动示范区内海洋高端装备制造、海洋生物医药、海洋服务业等海洋新兴产业加速聚集，建成海洋经济管理体制机制精简高效、海洋经济发展布局合理、海洋产业竞争力较强、基础设施保障支撑有力、海洋公共服务体系相对完善的海洋经济发展示范区。天津临港海洋经济发展示范区是国家支持建设的 14 个海洋经济发展示范区之一，将对未来的滨海新区乃至天津市海洋经济发展起到重要的推动作用。

二、编制主体功能区划，优化陆海经济空间布局

天津在陆海经济一体化进程中，积极编制经济主体功能区划，优化陆海经济空间布局，实现陆海空间布局一体化。天津是我国北方最大的沿海开放

城市，海洋作为战略发展空间、对外交通要道和能源资源储库，对天津的未来发展具有十分重要的意义。2017 年，天津根据《全国海洋主体功能区规划》和《国家发展改革委、自然资源部关于开展省级海洋主体功能区规划编制工作的通知》要求，编制《天津市海洋主体功能区规划》。

在优化陆海经济空间布局方面，天津市按照以陆促海、以海带陆、优势集聚、合理分工的原则，整合挖潜各类功能区，优化海洋产业空间布局，着力强化天津滨海新区核心地位，积极构建沿海蓝色产业发展带和海洋综合配套服务产业带，重点打造六大海洋产业集聚区域，推进形成“一核、两带、六区”的海洋经济总体发展格局。天津滨海新区既是天津海洋经济科学发展示范区的核心区，也是带动示范区加快发展的主体区域和重要引擎。沿海蓝色产业发展带，依托天津滨海新区海岸带地区，以海滨大道为骨架，加强海岸带及邻近陆域、海域优化开发，突出产业转型升级和集聚发展。海洋综合配套服务产业发展带，依托区位和产业优势，以天津港为龙头，以京津塘高速公路和天津—山海关铁路为骨架，整合天津武清经济技术开发区、北辰经济技术开发区、天津空港经济区、天津经济技术开发区、天津滨海高新技术产业开发区、东疆保税港区的优势，集聚发展海洋金融保险、航运物流、科技和信息服务等海洋服务业。加快完善海港、空港等物流配套基础设施，形成以若干海洋服务业集聚区域为主体、连接京津、辐射腹地、海陆空相结合的海洋综合配套服务产业带，打造保障示范区壮大发展的支撑轴带。

三、依托海洋优势产业，构建现代陆海产业体系

天津以陆海产业发展一体化推动陆海经济一体化发展，依托海洋优势产业构建现代陆海产业体系。天津市依托海洋产业发展的历史悠久、种类齐全、优势突出等有利条件，坚持陆海统筹，按照循环经济发展理念，努力延伸产业链，增加产业附加值，促进现代海洋渔业的发展，壮大先进海洋制造业的发展，积极推动现代海洋服务业发展，构建科技含量高、附加值高的现代海洋产业体系。以中央渔港为龙头，构筑现代海洋渔业产业链；以临港经济集聚区为龙头，构筑船舶维修与海洋工程装备制造的完整产业链，提高海洋造船业水平，建立现代造船模式。依托天津港主体区，逐步建立航运物流基地和国际物流网络体系，全面提高港口转运、采购、分销、配送和贸易等服务能力。围绕滨海旅游区，

加快滨海旅游项目建设，完善滨海旅游服务功能。以国家海洋博物馆为核心，建设海洋文化产业集聚区。在海洋金融方面，探索建立海洋产业投资基金和与海洋相关的私募股权投资基金，以发展航运租赁和杠杆融资业务。

四、实施科技兴海战略，促进陆海经济一体化

天津在陆海经济一体化过程中，大力实施科技兴海战略。依托国家海洋信息中心、交通部天津水运工程科学研究院等中央驻津涉海科研院所和天津大学、南开大学等高等学校，以及中交第一航务工程局有限公司、中海油天津分公司等一批研发能力较强的涉海大中型企业，充分发挥海洋人才高度集聚的优势，全面增强海洋科技自主创新和成果转化能力。建设一批科技兴海平台，创造一批具有国际先进水平的海洋科技创新成果，将塘沽海洋高新技术产业基地打造成为海洋科技成果产业化基地。充分发挥天津滨海新区人才特区优势，优化人才发展环境，完善培养、引进、使用、激励机制，全面提高海洋人才素质，依靠科技进步实现海洋经济创新驱动、内生增长，为全国陆海经济一体化发展提供引领示范。

天津坚持陆海统筹，实施科技兴海战略，整合海洋科技资源，加强海洋人才引进培养，提高自主创新和成果转化能力，依靠科技进步和人才优势推动海洋经济实现创新驱动、内生增长。通过打造提升海洋科技自主创新平台，整合利用现有科技资源，推进了海洋化学与材料、海洋生物、海洋水动力、海洋传感、海洋技术经济评估等实验室和海洋监测设备、海水综合利用、海洋石化、海洋工程建筑等国家及省部级工程技术（研究）中心的建设。

五、优化海洋资源利用，推进陆海生态文明建设

天津以陆海生态文明建设为指导，通过积极优化海洋资源利用促进陆海资源开发利用一体化。天津坚持开发与保护并重，节约、集约利用海洋资源，加强海洋生态保护和修复，有效控制陆源污染，加大海洋环境污染防治力度，完善海洋防灾减灾体系，努力实现人海和谐、永续发展。加强海岸线管理，严格控制自然岸线的开发利用，保留公共岸线，开辟公共休闲岸线，严格审批企业业主岸线，发展可再利用岸线。严格项目用海管理，按照土地利用总体规划、

海洋功能区划和围填海计划，严格控制围填海规模，依法加强围填海项目用海审批管理。市场化配置海洋资源，建立健全海洋科学开发利用长效机制，有偿、有序利用海洋资源。推进海洋保护区建设，加强天津古海岸与湿地国家级自然保护区基础设施和综合能力建设。实施海洋生态系统修复，大力加强滨海湿地等典型海洋生态系统保护，积极实施生态修复工程，建立并实施海洋生态红线制度；有效保护自然岸线及其景观，开展生态化人工岸线和人工滩涂湿地建设。综合防治海洋环境污染，建立健全了海洋防灾减灾体系。

第三节　天津陆海经济一体化的成效

一、经济运行平稳

天津陆海经济一体化发展，推动经济平稳运行。据初步核算，2018 年全市海洋生产总值达到 5028 亿元，同比增长 8.2%（现价），占全市地区生产总值的比重为 26.7%；海洋产业结构不断优化，海洋第一产业、第二产业、第三产业增加值占海洋生产总值的比重分别为 0.2%、47.5%、52.3%。主要海洋产业整体保持平稳运行。海洋交通运输业稳中有进。2018 年，全市港口货物吞吐量增长 1.4%，集装箱吞吐量增长 6.2%。天津港集团、厦门港务控股集团、中谷物流共同签署“两港一航”战略合作框架协议，携手打造南北内贸集装箱海运精品航线，向着集运储、商贸、金融“一体化”融合发展的智慧物流体系方向迈进。海洋旅游业保持快速增长。2018 年，全市滨海旅游收入 3914.4 亿元，同比增长 10.4%；接待入境游客 198.3 万人次，外汇收入 11.1 亿美元。

二、空间利用格局清晰

天津在陆海经济一体化发展过程中，陆海空间利用格局更加清晰，促进了陆海空间布局一体化。以优化开发区域为基础、禁止开发区域为点缀的海洋空间格局基本形成。按照“北旅游、中航运、南重工”的空间建设格局，构建沿海城镇和产业布局更加合理、要素高度集聚、生态环境良好、安全更加有保障的蓝色产业发展带。合理用海需求得到保障，沿海产业与城镇建设用海集约化程度、海域利用立体化和多元化程度、港口利用效率等明显提高，单位岸线和单位海域面积产业增加值进一步提高。

三、产业关联度提高

天津在陆海经济一体化发展过程中，产业关联度提高，进一步推动陆海产业一体化。天津海洋产业的 5 个主导产业，包括海上油气、海洋化工、滨海旅游、海洋工程与建筑和海洋运输，约占海洋经济总量的 95%，直接带动了造船业和旅游服务的发展，并形成天津新港船舶、天津新河船舶、天津石化等一批龙头企业，对带动相关产业发展具有重要意义。

第四节　天津陆海经济一体化的经验

一、陆海统筹

天津在陆海经济一体化发展进程中，坚持陆海统筹，把握陆地与海洋空间的统一性以及海洋系统的相对独立性，以“海陆一体”战略眼光整体谋划空间经济发展。统筹海洋空间格局与陆域发展布局，统筹沿海经济社会发展与海洋空间开发利用，统筹陆源污染防治与海洋生态环境保护修复。

二、优化结构

天津在陆海经济一体化发展进程中，坚持结构优化，加快陆海经济发展方式转变，优化海洋经济布局和产业结构。控制近海的发展布局和强度，促进深海的适度发展，为未来的发展保留空间。

本章小结

天津区位条件独特、海洋资源较多、政策环境较为优越，在陆海经济一体化发展进程中，坚持陆海统筹，科学规划海洋经济；编制主体功能区划，优化陆海经济空间布局；依托海洋优势产业，构建现代陆海产业体系；实施科技兴海战略，促进陆海经济一体化；优化海洋资源利用，推进陆海生态文明建设，取得明显成效，经济运行平稳、空间利用格局清晰、产业关联度提高。

天津在陆海经济一体化发展实践中，坚持陆海统筹，坚持优化结构，成功经验值得总结和推广，但也存在一些需要注意和完善的地方。一方面，海洋经济发展不够平衡。天津市海洋经济规模不断壮大，海洋经济发展转型和结构调整的效果已经开始显现，但海洋油气和海洋化工等传统产业仍占很大比重，而海洋战略性新兴产业仅占全市海洋经济的 10.5%。另一方面，海洋生态环境保护亟待加强。尽管天津的海洋生态环境保护取得一定成效，但陆源入海污染的压力仍然存在，进入海洋的河流和排污口水质普遍超过标准。环境风险持续存在，海洋生态环境保护和修复的任务任重而道远。

天津市面临资源环境的瓶颈制约和区域发展不平衡的问题。未来应根据海洋功能区实施差异化政策，并完善政策支持体系。同时采取指导、支持和限制性政策，以形成适用于海洋功能定位和发展方向的利益导向机制。加强区域间的协调，确保区域之间经济的协同发展。统筹陆海生态环境保护，严格执行海洋生态红线控制制度，对天津市海洋资源和环境承载力进行监测和预警，对承载力超标的重点区域实行限制性措施。大力推进海洋环境监测评价体系建设，健全海洋灾害和海上重大环境事故防范和应急保障体系。

第二十二章　海南陆海经济一体化的具体实践

第一节　海南陆海经济一体化的比较优势

一、区位特殊

海南特殊的区位有利于陆海经济一体化发展。海南省位于中国的最南端，位于由粤港澳深珠组成的华南经济圈的外围。海南在维护国家主权和海洋权益方面具有特殊作用。海南省穿过台湾海峡，直抵西太平洋环形经济区的北部，通过巴士海峡与太平洋连通，并通过苏禄海到达东南部的大洋洲，西南经马六甲海峡与印度洋相通。总之，海南的海上交通十分便利。

二、海域较大

海南海域较大，是陆海经济一体化发展的天然优势。海南省的土地面积（主要包括海南岛和西沙岛、中沙和南沙群岛）为 35400 平方千米，总海域面积约为 200 万平方千米。其中，海域管理面积约为 20000 平方千米，在岛屿周围形成了“蓝宝石”海上经济圈。浅海可用大陆架为 830000 平方千米。

三、资源丰富

海南资源丰富，便于实施陆海资源开发一体化，促进陆海经济一体化发展。海南省沿海和海域有许多自然资源，适合发展海洋经济。据不完全统计，有 600 多个岛屿、礁石、沙滩和海滩。全省海岸线总长 1928 千米，海岸线系数为 0. 05453，位居全国第二。其中，海南岛海岸线长 1618 千米，海岸线系数为 0.0477，高于全国海岸线系数的平均水平。岛上有 84 个港口，其中 68 个可以开发。洋浦、海口、清澜、新村、三亚和八所等港口面积较大，海水较深，腹地较宽，适宜建设港口。海南省海域油气资源丰富，据估计油气资源总储量超过 200 亿吨。海南岛近海渔业资源有 600 多种，其中经济价值高的 40 多种，西、南、中沙的鱼类有 1000 多种，其中经济价值高的 80 多种。全省有 241 个风景名胜资源和 123 个旅游景点，其中 83 个位于沿海地区，占已开发景点总数的 67%，滨海和海岛休闲旅游的潜力巨大。滨海砂矿资源有 80 多种，其中钛铁矿和锆石储量分别为 761.7 万吨和 12.96 亿吨，分别占全国同类矿产储量的 1/4 和 1/3。

四、环境良好

海南生态环境良好，是陆海经济一体化发展的生态环境优势。海南省坚持生态省建设的原则，积极贯彻《中华人民共和国海洋环境保护法》及有关环境保护法规，制定并颁布了《海南省近岸海域环境功能区划》，海洋生态环境良好。珊瑚礁、红树林、海草床等典型的海洋生态系统均具有很高的生态价值。海南岛的珊瑚礁岸线约 200 千米，岸礁的生长带宽为 1500～2000 米。西、南和中沙群岛的大多数岛屿都是由珊瑚礁组成的。红树林面积约为 42.74 平方千米。红树林植物有 16 科中的 32 种，占中国红树林植物种类的 90%以上，其中 8 种是海南的独有树种。

第二节　海南陆海经济一体化的具体做法

在陆海经济一体化过程中，海南充分利用自身的生态环境、经济特区和国际旅游岛三大优势，通过借鉴世界一流旅游胜地的成功经验，不断增强海南旅游业的主导地位，积极探索“海洋旅游+”的产业融合发展模式，推进旅游供给侧结构性改革，加快旅游业转型升级，全面推动全域旅游示范省建设。同时，海南通过提升旅游业的国际化水平，推进海南国际旅游岛建设，从而增强全省旅游产业核心竞争力，建设世界一流的海岛休闲度假旅游胜地。

一、坚持以海带陆，规划海洋经济发展

海南很早就意识到海洋是其发展优势和特色，坚持以海带陆，科学规划海洋经济发展，促进陆海经济一体化。2005 年，海南省印发《海南省海洋经济发展规划》，在海南省社会经济发展规划框架下，确立以海带陆、依海兴琼，建设海洋经济强省战略，积极参与区域经济整合与合作，实施滨海中心城市带动，形成以主导产业为骨干的海洋经济体系，以及“一环四带三区、阶梯式开发”的区域布局，重点开发建设环岛“蓝宝石”海洋经济圈，到 2020 年实现海洋经济总量翻三番的目标，为海南的现代化建设做出更大贡献。把海口建设成为百万人口的大城市，成为海南的中心城市，并在海口周边形成城市连绵区，辐射和带动全省中小城市和地区的发展。同时，在沿海市县建设城镇人口 20 万~30 万人的中等城市，形成城市体系，使城镇人口由目前的 204 万人增加到 500 万人以上。港口建设、海洋运输、仓储物流、临海重化工业、水产品深加工、海洋医药等产业主要布局在海口和其他沿海城市，以及环岛公路发展轴上，形成“点—轴”系统。近岸水质达到国家规定海水水质标准，近海和远海海域水质符合国家一类海水水质标准；珊瑚礁、红树林等重要生态系统得到有效保护，近海渔业资源得到恢复；海洋生态系统服务功能得到维护或提高。

二、坚持陆海统筹，实施海洋强省发展战略

海南的海洋资源丰富，但陆海经济一体化发展缓慢。除滨海旅游业外，海南省各项海洋产业发展均落后于全国沿海省市，支撑三沙市经济发展的产业基本空白，相关海域的海洋开发活动仍然无法全面开展，海洋教育不发达，海洋人才短缺，为海洋经济和产业发展提供支撑的海洋科技和研发能力弱，致使海南虽有海洋大省之名，却无海洋强省之实。党的十八大确立了“坚持陆海统筹、建设海洋强国”的战略部署，2013 年海南省委确立了“建设海洋强省”的发展目标。抓住国家实施“一带一路”建设、海洋强国战略、军民融合战略的历史性机遇，全面推进海南国际旅游岛建设和海洋强省建设，努力建设生态海南、海洋海南、海防海南、开放海南。拓展海南发展的外部空

间，调整现有行政区划，形成从山顶到海洋的生态系统管理，统筹协调上下游区域的利益，扩展下游沿海地区的发展空间，真正实现陆海统筹的发展理念；加强与南海周边国家的区域经济合作，将海南建设成为南海北部新的经济中心。

三、优化陆海区域布局，调整产业结构

海南在陆海经济一体化进程中，积极优化陆海区域布局、调整产业结构、发展新兴产业，促进陆海空间布局一体化和陆海产业发展一体化。海南按照因地制宜、突出重点、循序渐进的原则，建设特色突出、结构相对完整的海洋经济区域和开发区域。将环岛陆域和海域定为环岛蓝宝石海洋经济圈，南海北部海域、南海中部海域、南海南部海域为 3 个海域开发区域，形成“一环四带三区、阶梯式开发”格局。其中，“四带”海洋经济圈包括环本岛海洋经济活动涉及的沿海陆域及海南省使用管理的海域，总面积约 4 万平方千米。环岛海洋经济圈的地理位置优越，具有滨海旅游、港口海湾、滨海砂矿、滨海土地、近海油气和近海渔场等多种资源优势，既是海南省人口和城镇最为密集、经济和科技发展水平最高的地区，也是海南省对外开放的前沿地带。

海南从以下几个方面开展产业结构调整工作，促进陆海产业一体化。第一，加快传统海洋渔业转型升级。一是解决渔船管理历史遗留问题，推进渔船换证入库工作；二是培育发展深远海智能养殖渔场、现代化海洋牧场、渔港经济区等渔业发展新业态；三是推动海洋渔业基础能力建设，加快推动渔港改造升级，打造渔港集群。第二，突出油气产业的主导地位。进一步增强海洋渔业、海洋旅游、海洋运输等产业的实力，加快发展一批新兴产业，形成协调发展的海洋产业群，实现海洋产业的持续快速发展。利用国家继续勘探开发南海油气资源的机遇，积极发展油气勘探开发支持产业，提高油气资源储备和加工利用能力，逐步形成油气资源综合利用产业群。第三，海洋水产业坚持捕捞、精养、深加工协调发展的方针，以调整结构、扩大规模为主线，实施渔业产业化、发展特色精品、科教兴渔和可持续发展四大战略，实现海洋捕捞由近海向远海转移、水产养殖由内陆港湾向近海转移、水产品加工由初级加工向精深加工方向转移，使海洋水产业由“数量型”转变为“质量效益型”，保证海洋水产业可持续发展，逐步实现渔业现代化。第四，充分

发挥海洋和滨海区位优势、政策优势、资源优势、环境优势，以市场为导向、以度假休闲旅游为主导，优化旅游资源配置，建设滨海和海岛旅游区，实施名牌产品和特色产品战略，提高旅游业整体质量和效益。第五，依据海南省全面建设小康社会的需要，与海南省经济发展战略相适应，在水运、公路、铁路、航空和管道综合运输体系的框架下，以承担岛外运输为主要任务，加强港口建设和发展海洋交通运输业。第六，利用热带海洋药用生物资源丰富的优势，通过外引内联，利用大都市的资本、技术和人才优势，培育海洋医药企业，发展海洋医药产业。

此外，海南还从 4 个方面促进陆海新兴产业发展。一是启动“智慧海洋”试点示范工程，编制完成《“智慧海洋”南海典型区域试点示范工程近期建设方案》。二是加快海水淡化工程建设，完成全省海水淡化需求调查和海水淡化实施方案的编制工作。三是加快发展深海科技，主动对接国家深海基地南方中心落地事宜，协调国家大洋协会对深海基地南方中心的选址。四是稳步推进海洋能开发，东方近海风电项目被列入国家海上开发计划；海水抽水蓄能电站资源普查完成；万宁波浪能并网项目正在稳步推进；温差能、潮汐能等开展资源评估工作。海南还大力发展海上风电。海上风电与海洋牧场、深海网箱养殖、海洋旅游相结合，大大提升了海洋综合开发的经济价值，在为海南供应大量绿色电力的同时，为海南和全国提供了更为丰富的鱼类资源和旅游品种。

四、发展全域旅游，促进陆海经济一体化

旅游资源和产业是海南的特色和优势所在，海南通过发展全域旅游促进陆海经济一体化发展。海南出台《海南省全域旅游建设发展规划（2016—2020）》。2018 年基本建成“全域旅游示范省”，实现全域景观化、景区内外环境一体化、市场秩序规范化、旅游服务精细化，构建起富有海南特色的旅游产品体系；到 2020 年，海南“全域旅游示范省”创建的各项指标继续提升，初步建成世界一流海岛休闲度假旅游目的地，成为开放之岛、绿色之岛、文明之岛、和谐之岛。在“点、线、面”建设、体制机制改革创新等领域，为全国“国家全域旅游示范区”的建设提供经验。该规划从海南省旅游空间布局、各市县发展指引、“点、线、面”建设统筹等方面，对全域旅游建设发

展做出具体规划，并明确项目名称、建设内容等指标；提出海洋旅游、康养旅游、文体旅游等十大旅游产品的创新升级，并为“旅游+农业”“旅游+互联网信息业”等全域旅游产业融合指出方向；对全域旅游国际化建设工程、全域旅游标准化建设工程、全域旅游信息化建设工程、全域生态文化保护工程、全域旅游实施保障工程等提出具体指导。除了优化全域旅游顶层设计外，海南集中打造旅游精品城市、旅游综合体、旅游度假区、旅游景区景点、特色产业小镇、乡村旅游点、特色街区等七类“点”。在加大景区景点建设力度的同时，一方面在保留原有优势和特色的基础上适当增加新元素，另一方面，科学规划、合理布局、高水平建设新的景区景点。全力推进提升百个产业小镇、千个美丽乡村工程，打造一批精品风情小镇和乡村旅游点。

五、开发和保护并重，统筹陆海生态环境保护

海南在陆海经济一体化发展进程中，以维护和提高自然资本质量和数量的战略高度，坚持“陆海统筹、预防为主，开发与保护并重、高标准与达标管理相结合”的原则，实施海洋生态系统管理，全面提升生态环境管理水平，提高海洋生态能力，维护一流的海洋生态环境。环岛海洋生态环境保护和建设实行“分区段、有重点”的建设与管理方式。坚持规划先行、加强管理、保护为主、适度开发的原则。重点开展红树林、珊瑚礁、海草床、河口、滨海湿地等特殊生态系与生物多样性的调查与保护。海洋污染防治重点是抓陆源污染控制、近岸养殖污染控制以及近海和远海的污染防控。通过改进养殖技术和加强污染监控，防止海水养殖污染。通过多项措施，积极推进陆海生态环境保护一体化。

第三节　海南陆海经济一体化的成效

一、海洋经济成为新的经济增长点

海南通过陆海经济一体化，推进海洋经济和陆地经济的双向互动，使海洋经济成为新的经济增长点。自 20 世纪 90 年代以来，海南的海洋水产业、海洋交通运输业、海盐业和沿海砂矿业、海洋旅游业持续发展，这些产业的增加值占全省生产总值的比重及其增长速度均高于全国平均水平。2018 年，海南省紧紧围绕建设海洋强省的战略目标，坚持陆海统筹，加快建设具有海南特色的海洋产业体系，加强海洋生态文明建设，实施科技兴海和人才强海的战略，在提升综合管理能力、强化海洋文化建设、建设海洋基础设施等方面取得了显著成效。据初步核算，2018 年全省海洋生产总值 1447 亿元，同比增长 12.5%（现价），占全省地区生产总值的 30.0%，海洋三次产业结构调整为 10∶9∶31，基本形成以海洋渔业、海洋旅游业、海洋科研教育服务业为支柱的海洋产业体系。海洋生态环境保持良好，近岸海域一、二类海水占 94.6%。海洋经济综合实力得到进一步提升，陆海经济一体化发展程度提高。

二、主要海洋产业得到进一步发展

通过陆海产业融合，陆海经济的良性互动，使海南主要海洋产业得到进一步发展。海洋水产养殖业已形成配套的服务体系，渔业结构不断优化。海洋水产品产量持续增长，总产值快速提高，渔业经济比重逐步增大，产业规模不断扩大，渔民收入逐年增加，水产品出口增长强劲。海洋旅游产业已基本形成协调、完善的供应体系，旅游收入持续增长。以海上油气利用产业为主体的新兴临海产业发展迅速。这些又为进一步推动陆海经济一体化发展提供了产业基础。

第四节　海南陆海经济一体化的经验

一、注重可持续发展

海南在陆海经济一体化发展进程中，注重可持续发展。海南经济总体上处于从工业化初期到中期的过渡时期。因此，政府在指导海洋经济发展和陆海经济一体化发展时，在确保可持续发展的基础上，坚持海洋经济适度发展的原则，努力实现海洋强省战略目标。

二、重点发展主导产业

海南依据自身优势和特点，在陆海经济一体化发展进程中重点发展主导产业。海南陆海经济一体化发展突出 4 个重点：一是大力发展海洋资源加工业和沿海重化工业。二是培育可持续产业，以确保海洋渔业的可持续发展。三是充分利用热带海岛旅游资源和环境优势，把海南建设成为世界一流的热带岛屿沙滩度假胜地和休闲旅游胜地。四是在水运、公路、铁路、航空和管道综合运输系统的框架下，加强港口建设，发展海上运输业和物流业。

本章小结

海南区位特殊、海域较大、资源丰富、环境良好，具有陆海经济一体化发展的比较优势。在陆海经济一体化进程中，海南通过坚持以海带陆，规划海洋经济发展；坚持陆海统筹，实施海洋强省发展战略；优化陆海区域布局，调整产业结构；发展全域旅游，促进陆海经济一体化；开发和保护并重，统筹陆海生态环境保护等措施成效明显，促进海洋经济成为新的经济增长点，使主要海洋产业得到进一步发展。同时，海南陆海经济一体化发展的经验，如注重可持续发展、重点发展主导产业等，也值得总结和推广。

随着陆海经济一体化发展进程的加快，也需要注意到，虽然海南陆海经济一体化发展取得了一些成效，但仍面临不少矛盾和问题。海南省海洋经济社会发展总体水平较低，海洋科技力量薄弱，自主创新能力低，实现传统海洋产业现代化、发展临海产业和海洋新兴产业的难度都很大。海洋资源开发利用程度不高，发展水平与所具有的资源优势不相称。海洋科技人才短缺、海洋开发投入少成为海南省海洋产业发展的最大瓶颈，直接导致创新能力不足，成果产业化效率较低。在“海洋强国”“海洋强省”战略背景下，海南陆海经济一体化发展既是国家战略驱动的现实选择，也是海南自身发展催生的必然趋势，是外因和内因共同作用的必然结果。因此，应继续重点发展主导产业，坚持可持续发展，充分利用资源优势，走科技兴海道路，改造传统产业，构建现代陆海产业体系，推动经济快速发展。

第二十三章　河北陆海经济一体化的具体实践

第一节　河北陆海经济一体化的比较优势

一、地缘关系优势

河北具有推进陆海经济一体化发展的地缘关系优势。河北省东临渤海，毗邻北京和天津，面对东北亚，腹地辽阔，可以有效承接北京和天津的产业转移和城市功能扩展。同时，河北既是西北和华北地区重要的出海口，也是我国重要的对外开放门户。河北地缘关系优势明显，有利于发展外向型经济。

二、资源禀赋优势

河北具有推进陆海经济一体化发展的资源禀赋优势，有利于推进陆海资源开发利用一体化。河北的大陆海岸线长 487 千米，管理的海域总面积约 9000 平方千米，有 132 个岛屿。沿海后备土地资源、盐田资源、港址资源和海洋油气资源是河北最具发展潜力的海洋资源。海岸线域有多处宜建港址，其中曹妃甸港深水岸线长 44. 5 千米，可建成 25 万吨级深水泊位岸线长达 8 千米，是我国北方最好的港址。河北有可利用盐田面积达 6 万公顷，在全国优势明显；探明近海石油储量 6 亿吨、天然气 140 多亿立方米，在环渤海地区排名第一，为海洋油气开采业和石化工业的发展提供了良好的资源条件；沿海有 13 万公顷的未利用土地，适合开展沿海工业基地建设。

三、基础设施优势

河北具有推进陆海经济一体化发展的基础设施优势，有助于推进陆海交通基础设施建设一体化。河北省交通系统发达，拥有秦皇岛、黄骅和唐山三大港口，已初步形成了连接华北、东北和西北的能源原料收集和运输系统。河北的区域交通网络比较完备，铁路和公路网的密度高于全国平均水平。完善的港口功能必将促进河北省沿海地区充分利用海外资源，并能够促进河北省在投资、金融、贸易和航运方面的国际交流与合作。良好的交通网络必将带动河北省沿海地区土地资源的开发和滨海产业的发展，必将带动河北广大腹地的发展，从而实现陆海经济一体化发展。

第二节　河北陆海经济一体化的具体做法

河北以港城融合的模式发展陆海经济一体化，推动经济转型升级。陆海经济因港而兴，推动港口转型升级，实现港城深度融合发展，是实现高质量发展的重要路径。近年来，河北瞄准“以城定港、港城融合，打造自由贸易港、国际旅游港”“建设一流国际旅游城市”定位，推动港口与城市深度融合发展。

一、坚持规划引领，推进陆海经济高质量发展

河北坚持规划引领，依据多方面的科学规划落实经济建设，促进陆海经济一体化，推进陆海经济高质量发展。河北省海域位于渤海西部，海岸线长487千米，海域面积7227.76平方千米。河北省出台《河北省海洋经济发展规划》，以科技创新和体制创新为动力，解放思想、与时俱进、统筹兼顾，大力调整海洋产业结构，优化沿海区域经济布局。以曹妃甸港区建设为重点，优化港群功能；以钢铁、化工、能源为重点，加快发展临港产业带；以海洋生物技术为突破口，培育新兴海洋产业，带动传统海洋产业以及海洋服务业的发展。加强沿海城镇和临港开发区建设，努力扩大对外开放，促进海陆互动

开发，构筑陆海关联型经济增长隆起带，从整体上提升河北经济的国际竞争力，推动和加快经济强省的建设步伐。

2015 年，全省海域使用总面积 1815.83 平方千米，主要用于渔业、工业、交通运输和造地工程等；海岛使用总面积 2.22 平方千米，占海岛陆域面积的 6.13%，主要用于旅游业；海岸线利用长度 480.02 千米，利用率 99%，主要用于渔业、交通运输、工业与城镇建设和旅游。河北印发《河北省海洋主体功能区规划》，是推进形成河北省海洋主体功能区布局的基本依据，是海洋空间开发的战略性、基础性和约束性规划。《河北省海洋主体功能区规划》是《河北省主体功能区规划》的重要组成部分。该规划的主要内容包括海洋空间开发规划指标和海域主体功能分区。规划指标为：到 2020 年，河北的海洋开发强度不超过 4.17%，大陆自然海岸线保有率不低于 35%，海洋保护区面积占比不小于 5%；优良海水面积占比不小于 80%，海洋功能区环境质量达标率不小于 90%。海域的主要功能区包括优化开发区、限制开发区、禁止开发区，其中优化开发区主要是曹妃甸区、山海关区和海港区的海域。

河北在推进海洋经济发展和海洋主体功能区划的同时，也积极谋划沿海经济带的高质量发展，进一步推进陆海经济一体化。《中共河北省委、河北省人民政府关于大力推进沿海经济带高质量发展的意见》强调，要推动沿海经济带在全省创新发展、绿色发展、高质量发展中走在前列。到 2022 年，基本建成全国富有竞争力的现代化港口群、富有特色的海洋经济新兴发展区、富有优势的新型工业化基地、富有魅力的滨海生态宜居区、富有活力的开放合作新高地。

二、发展特色海洋产业，促进陆海产业一体化

河北根据自身产业特色和优势，积极发展特色海洋产业，促进陆海产业一体化。依托秦皇岛、唐山、沧州 3 市的港口型国家物流枢纽承载城市建设，做强现代港口商贸物流产业。积极发展港口起重装卸、海洋化工、海水淡化、循环冷却及海水脱硫、海洋生态与环境监测等海洋工程装备制造。扩大海水综合利用，构建集电力生产、海水淡化、浓盐水综合利用和盐化工等一体化发展的循环经济产业链。大力发展海洋生物医药产业，打造滨海旅游精品，发展“智慧海洋”技术装备产业，培育海洋经济新业态。大力发展新一代信

息技术，创新发展机器人及智能制造装备，支持高端金属材料、储能材料、高性能复合材料、石墨烯材料、3D打印材料等的研发和产业化，延伸壮大特色新材料产业链条。加快发展节能环保产业，培育发展生命健康产业。鼓励秦皇岛、唐山、沧州3市各自建设1家市级工业设计创新中心，支持发展工业设计产业。打造世界一流的精品钢铁基地，坚定不移去产能，推进钢铁企业兼并重组。推进石化产业向沿海转移、向园区集聚，以园区化、精细化、链条化、循环化为主攻方向，延伸产业链条，打造国家级大型石化产业基地。推进装备制造业向智能化、高端化、服务化转变，向品牌化发展，打造特色鲜明的高端装备制造基地。

三、加快港口发展与合作，打造“一港双城”

港口是陆海经济一体化发展的重要节点。河北在陆海经济一体化进程中，积极推进港口发展与合作。秦皇岛港努力建成国际知名旅游港和现代综合贸易港；唐山港努力建成服务重大国家战略的能源原材料主枢纽港、综合贸易大港和面向东北亚开放的桥头堡；黄骅港努力建成现代化综合服务港、国际贸易港和“一带一路”重要枢纽。同时，提升集疏运水平，着力完善陆海双向物流通道，构建“一纵五横”集疏运体系，推进港区铁路系统改造提升，畅通港区与区外骨干路网的衔接。加快建设东北亚地区经济合作窗口，积极与世界500强企业、境外行业龙头企业对接，加快将重大项目和功能性机构“引进来”。积极参与“一带一路”建设，重点推动从产品输出到产业输出的战略提升，加快钢铁、水泥、装备制造等优势产能“走出去”。打造高水平对外开放平台，充分发挥曹妃甸综合保税区的对外开放作用，推动秦皇岛出口加工区转型升级为综合保税区，促进黄骅港综合保税区尽快获批。建立口岸与海关特殊监管区域一体化通关物流体系。

唐山市则是着力构建“一港双城”的大格局。“一港”为唐山港；“双城”由唐山市主城区和曹妃甸滨海新城区构成。把唐山港作为推动高质量发展的重要载体，建设成国际标准、港产城一体化的现代化滨海城市。根据“港产融合、产城融合、港城融合”三大发展方略，以城市为核心、以港口为依托、以临港产业为基础，从而形成互补共生关系的一种城市经济。

四、坚持陆海统筹，构建高品质滨海城镇体系

河北在陆海经济一体化进程中，坚持陆海统筹，积极构建高品质滨海城镇体系。将秦皇岛、唐山、沧州沿海3市全面融入京津冀世界级城市群建设，科学规划，传承历史，突出特色，发挥比较优势，做优做强中心城市。提高昌黎、乐亭、滦南、黄骅、海兴等滨海县（市）及建制镇规划建设管理水平，突出海洋文化特色，打造滨海城市带的重要节点，提升中小城镇发展品质。

五、注重可持续发展，推进陆海生态环境治理和修复

在陆海经济一体化发展进程中，河北坚持“绿水青山就是金山银山”理念，高度重视陆海一体化的生态环境治理和修复，严格生态保护红线管控，严格围填海管控，有效治理海域污染，依法保护自然岸线、湿地、近岸海域等自然资源，大力发展循环经济，实现沿海经济带可持续发展。加强大气污染综合治理，推进电力、钢铁、焦化等企业进行超低排放改造。强化水环境治理，实施重点入海河流污染物排放控制，深入推进北戴河近岸流域水环境综合治理与可持续发展试点，强化近海养殖投入品管理，打好环渤海综合治理攻坚战。加强近岸海域污染治理，加强港口和船舶污染防治，严格实施船舶排放标准，开展船舶超标排放专项治理，推进清洁能源应用。实施沿海大规模国土绿化行动以及蓝色海湾等海洋生态修复工程，制定海岛保护名录，开展海岛及周边海域资源生态评估，推动建立海洋生态保护补偿制度。巩固拓展陆地绿色生态空间，综合整治海洋蓝色生态空间，使“山清水秀、海蓝天蓝”成为沿海经济带的生态基色。坚定不移地实施主体功能区战略和制度，统筹沿海地区国土空间利用和陆海资源配置，编制海岸带综合保护与利用规划，优化沿海区域发展布局。

第三节　河北陆海经济一体化的成效

一、经济稳步增长

河北陆海经济一体化发展实践推动经济稳步增长。2018 年，河北海洋生产总值实现 2548 亿元，较去年同期增长 6.8%（现价）；海洋生产总值在全省地区生产总值中的比重达到 7.1%，比上年提高 0.1 个百分点。在海洋渔业、海洋盐业、海洋旅游业和海洋化工业、海洋交通运输业等传统海洋产业规模不断扩大的同时，海洋工程装备制造业、海洋电力和海水利用业等海洋新兴产业也得到迅速发展。逐渐优化的海洋经济和海洋产业将为进一步推进河北陆海经济一体化发展提供经济支撑。

二、港口功能日趋完善

河北陆海经济一体化发展实践推动港口功能日趋完善。全省沿海港口生产性泊位达到 213 个，2018 年完成货物吞吐量 11 亿吨，较 2017 年增加 0.1 亿吨；集装箱吞吐量创新高，全年完成 426 万标准箱，较 2017 年增加 51.7 万标准箱，同比增长 13.8%。

三、生态支撑能力明显增强

河北陆海经济一体化发展实践促使生态支撑能力明显增强。河北省多次开展海陆联合执法行动，严厉打击各类涉海违法活动，使海洋生态环境得到有效保护。海洋环境状况稳定向好，全省近岸海域水质达到第一、二类水质标准的海域面积比例达到 80%以上。

第四节　河北陆海经济一体化的经验

一、坚持扶优扶强

河北在陆海经济一体化发展进程中，坚持扶优、扶强，充分发挥河北的区位、产业和资源优势，以产业为先导，优先发展具有一定基础和竞争力的产业和产品，延伸产业链，建设优势产业群，带动陆海产业和海陆经济快速发展。

二、坚持可持续发展

河北在陆海经济一体化发展进程中，坚持走可持续发展之路，坚持以海洋功能为基础，重视海洋的开发利用和海洋生态环境保护，统筹协同陆海生态环境保护，合理利用海洋资源，加强生态环境建设，增强防灾减灾能力，促进陆海经济、社会和环境的协调发展。

三、坚持市场主导与政府引导相结合

河北在陆海经济一体化发展进程中，坚持市场主导与政府引导相结合，充分发挥市场在海洋资源配置中的根本作用，积极培育和发展生产要素市场，不断完善陆海统筹的市场运作机制。加强政府宏观调控，维护海洋开发利用秩序，为陆海经济一体化发展创造良好的政策和制度环境。

本章小结

河北具有陆海经济一体化发展的地缘关系优势、资源禀赋优势和基础设施优势。河北以港城融合为主要模式发展陆海经济一体化，通过坚持规划引领，推进陆海经济高质量发展；发展特色海洋产业，促进陆海产业一体化；

加快港口发展与合作，打造“一港双城”；坚持陆海统筹，构建高品质滨海城镇体系；注重可持续发展，推进陆海生态环境治理和修复等措施，促进经济稳步增长，港口功能日趋完善，生态支撑能力明显增强。

河北在陆海经济一体化发展中坚持扶优扶强、坚持可持续发展、坚持市场主导与政府引导相结合的经验值得推广和借鉴。但同时，也存在一些值得注意和完善的方面。第一，经济效益偏低。河北的海岸线长度占全国的2.7%，海洋产业的增加值仅占全国海洋生产总值的2.3%和全省地区生产总值的1.4%。所有主要海洋产业的单位海岸线海洋产值和劳动生产率均低于全国平均水平。第二，产业结构不够合理。河北的主要港口均为能源出口型，功能相对简单，经济增长动力较弱。在海水养殖业中，海洋捕捞能力较弱，养殖规模不大，养殖与捕捞比例不平衡。水产品主要是资源型和粗加工产品，缺乏高附加值的深加工产品。新兴的海洋产业体系尚未形成。第三，资源优势尚未得到充分发挥。未能充分利用深水港资源，未能将海洋油气资源的优势转化为经济优势，未能深入开发海盐资源，未能充分利用滩涂资源。在未来陆海经济一体化发展中，应遵循结构优化、集约发展的原则，合理划分海洋主体功能区域，优化海洋空间开发结构，创新开发方式，规范发展秩序，根据现有的发展强度和发展潜力提高发展能力和效率，促进陆海经济的全面可持续发展。

第四篇

国外经验篇

第二十四章　美国陆海经济一体化经验及启示

第一节　美国陆海经济一体化的经验

一、推行和落实海洋强国发展战略

美国拥有22680千米以上的海岸线。海洋资源为美国的经济发展、国家安全、社会发展提供了丰富的工业原料、能源以及丰富的食物等。美国政府历来具有十分强烈的海洋战略意识，并且十分重视海洋发展战略及政策的制定和实施。为了保持海洋控制权，美国历届政府都将海洋发展战略纳入国家整体战略之中，并使海洋战略在国家战略中处于优先的地位。

从20世纪60年代开始，美国政府就制定了一系列海洋强国战略（见表24-1），开始将海洋开发定为美国的基本国策，不断出台和制订海洋“开发规划”和“战略计划”。特别是1998年制定的《美国海洋21世纪议程》，2004年制定的《21世纪海洋蓝图》，以及《美国海洋行动计划》，对美国的海洋开发和发展战略作出了全面的部署。到2007年，美国出台的《21世纪海上力量合作战略》被视为最为完整的海上发展战略。这些战略都是为了实现美国“在世界海洋和沿海活动领导者的地位”的战略目标。这些目标包括：继续维持和巩固美国在海洋油气业、海上运输业以及海洋渔业的世界超级大国地位；继续保持和增强美国在世界海洋科学和技术领域的强国地位，特别是在海洋能发电技术、海水淡化技术、海洋生物工程等技术的世界领先地位；继续维持和巩固美国在世界海洋气象学和海洋学等领域的超前地位，以及保持美国在海洋开发中环境保护的领先地位。2013年4月，美国发布《国家海洋政策实施计划》(以下简称《实施计划》)。《实施计划》的重点是加强各涉海部门之间的联系与对工作的处理，完善从政策制定到最终执行的办事流程，更好地促进美国对海洋、海岸带以及五大湖的管理，以此促进美国经济的发展，为美国经济、社会和企业、公众提供科学信息和知识。《实施计划》提出的具体措施包括以下几方面：第一，促进美国经济发展和增长。提高海洋制图和测绘能力，支持众多海洋经济活动的发展；提高海洋相关资料的信息收集能力，为美国商业捕捞、海外运输、海水养殖以及海洋能开发等海洋经济活动提供相关信息；加强海洋观测系统的建设与维护，为海上对外贸易等海洋活动提供支撑。第二，促进涉海员工的就业。改革美国海洋相关工作的审批程序，更好地协调联邦各部门的海洋规划以及对海洋活动的审批，以驱动美国经济的增长。

近几年，特朗普政府将以海洋保护和可持续发展为主线的海洋发展战略，转变为以海洋资源开发利用和美国国家安全及经济利益服务的新发展战略，并于 2017 年 4 月颁布了《实施美国首部海洋能源战略的总统行政令》，加大了美国对海洋石油和天然气的开发和利用。2018 年 6 月，美国联邦政府发布了《关于促进美国经济、安全与环境利益的海洋政策行政令》，该战略旨在继续大幅度扩大美国海洋领域石油和天然气的生产。

表 24-1　美国制定的一系列海洋发展战略

年份	海洋发展战略
1966 年	《海洋资源与工程开发法》
1969 年	《我们的国家和海洋——国家行动计划》
1986 年	《全国海洋科技发展规划》
1995 年	《海洋行星意识计划》
1998 年	《美国海洋 21 世纪议程》
2000 年	《制定扩大海洋勘探的国家战略》
2004 年	《21 世纪海洋蓝图》
2004 年	《美国海洋行动计划》
2007 年	《21 世纪海上力量合作战略》
2010 年	《关于海洋、海岸带与五大湖管理的行政令》
2013 年	《国家海洋政策实施计划》
2017 年	《实施美国首部海洋能源战略的总统行政令》
2018 年	《关于促进美国经济、安全与环境利益的海洋政策行政令》

二、大力发展海洋经济

（一）政府大力推动海洋经济发展

美国联邦政府在海洋经济发展过程中一直发挥着主导作用。20 世纪 60 年代，美国通过了《海洋资源与工程开发法》，并在联邦政府的支持下成立了海洋科学、工程和资源总统委员会，由美国总统直接负责对与海洋活动有关的问题和相关通知的审议。同时，将美国的海洋政策定为区域发展经济政策。针对美国各区域海洋的不同特点和经济发展的不同阶段，制定不同的海洋经济政策，因地制宜地推动各区域海洋的协调发展和优势互补。与此同时，美国历届政府都为海洋经济的发展提供了大量的资金支持。据统计，美国政府每年在海洋经济发展方面的财政预算金额都很高，强大的财政资金支持也是海洋经济能如此强大发展的重要原因。除此之外，美国政府还主导成立很多民间的海洋组织、基金会以及海洋科研结构等，这些机构也为美国海洋经济的发展提供了重要的发展支持。

（二）制定海洋产业发展政策，推动海洋产业可持续发展

20 世纪 70 年代，美国政府通过了《海岸带管理法》，为美国海洋产业的发展提供了必不可少的法律支持。同时，美国在海岸带以及沿海地区建立了海洋产业管理机构，从制度上形成了海洋产业管理协调机制，以此推动美国沿海地区海洋产业的合理健康和快速发展。到 21 世纪，美国海洋产业无序快速扩张式的发展导致了美国产业发展对海洋生态造成严重的负面影响，使美国海洋经济发展以及沿海地区海洋产业的管理陷入困境。面对这样的局面，美国政府加大力度改革现有的海洋产业发展政策，推动以健康合理的方式对海洋资源加以利用，同时对受到原有海洋产业发展破坏的海洋生态进行修复，以此促进海洋经济与海洋生态环境的协调发展。除此之外，美国政府还推动海洋产业管理机构的改革。同时，美国还加大对海洋产业发展的法律法规的制定。例如，美国国会制定并通过《海洋法令》，从法律层面提出海洋管理的法律法规，提出防范产业发展对海洋生态系统的破坏，提高国民的海洋意识。

（三）大力发展海洋高新技术产业，增强海洋科技的领先地位

20 世纪 80 年代，美国为了提高海洋科技水平，尤其为了提高在国际上的

领先地位，推出了“全球海洋科学规划”，将美国海洋科技发展提高到全球战略的高度。与此同时，美国加大力度发展海洋高科技产业。据不完全统计，美国多个海洋科研实验室拥有很多海洋科研人才，并且美国政府每年在海洋科研上都加大了财政资金的投入力度。同时，美国政府为了推动海洋产业的快速发展，还根据海洋科研项目的不同设立不同的科研机构和组织，以此促进联邦政府、科研组织和涉海企业、民众对海洋产业科技信息的交流与合作，从而推动美国海洋科技产业的发展。与此同时，美国还根据海洋领域的不同特征，以及海洋产业发展的异质性建造了海洋科技园，同时开拓海洋军事领域和空间领域的高科技产业与传统海洋产业之间的融合，以此推动海洋产业高科技产品的研发与推广。而在具体海洋产业高技术产品的研发上，美国则根据不同产业产品的特点采取不同的研发策略。例如，在针对海洋渔业的研发方面，重点在于加强将高科技运用于海水养殖以及海产品的加工研发上，以此提高海水养殖品以及海洋养殖加工商品的附加值；在海洋资源的开发方面，政府主要为天然气的研发提供技术勘查报告，以此促进天然气水合物的研发和天然气的生产；在海洋生物技术研发方面，政府不断加强对海洋生物技术研发的技术支持，并推动海洋生物技术在工业上的应用。

（四）完善的海岸带基础设施，为美国陆海经济一体化提供基础支撑

完善的海岸基础设施是促进美国海陆空间延伸、海洋经济发展和社会和谐发展的基础，是推进美国海陆一体化的基本条件和支撑力。尤其美国的交通基础设施是海岸带基础设施建设的基础。1869 年，美国修建的联合太平洋铁路和中央太平洋铁路在犹他州内实现了境内接轨，此后又陆续修建了圣塔菲铁路、南太平洋铁路、北太平洋铁路和大北方铁路 4 条铁路主干线，这些铁路线路的修建在很大程度上解决了太平洋海岸经济带发展的交通问题。1912 年，美国完成了圣彼得罗湾人工港工程，大大促进和方便了加利福尼亚州南部油田的开发和运输。1914 年，美国开通了巴拿马运河，缩短了大西洋与太平洋之间的通航距离，节约了产业发展的运输成本。除了铁路运输发展较快外，20 世纪 20 年代美国的航空、高速公路和管道等其他新兴运输方式也迅猛发展，以太平洋铁路为主，以航空、高速公路和海上运输为辅的运输方式，促进了美国海岸经济的大力发展。到 2017 年，美国特朗普政府再次发起 10 年内投入 1 万亿美元资金，改造全国交通基础设施的计划，以此促进美国

经济的再次腾飞。

（五）着力发展临港工业，促进海洋产业集聚

“二战”以后，美国的国内外贸易发展迅速，极大促进了沿海经济带的崛起。沿海经济带对美国经济发展起着十分重要的作用，美国的临港工业大多分布在沿海区域。例如，休斯敦港是美国一个十分重要的港口，它依靠墨西哥湾便利的海上交通以及沿海丰富的石油和天然气资源，大力发展石油工业，使休斯敦成为美国重要的石油化工中心。位于美国纽约州东南部大西洋沿岸的纽约，是美国第一大港口城市，利用优越的港口位置和临港工业的发展基础等优势开展海运中转业务，随着港口工业实力的不断增强，纽约逐渐成为世界著名的贸易中心和制造中心。同样，位于美国东北部大西洋沿岸的波士顿，利用沿海区域优势大力发展临港工业。到 20 世纪初，波士顿仍然是美国最大的制造业中心之一，为美国大西洋海岸带经济发展奠定了坚实基础。

（六）积极发展海洋产业，促进产业多元化的发展

海洋渔业是美国主要海洋产业之一。当前，美国渔业不再单纯以海洋捕捞和海水养殖为主，经过多年的发展，美国的海洋渔业已成为包含水产品加工、冷藏、运输等为一体的现代海洋渔业产业。为了促进海洋产业的多元化发展，从 20 世纪 60 年代开始，美国将社会消费和海洋资源的需求有效结合起来，从消费者的消费心理以及追求新奇的心理出发，大力发展海洋休闲旅游业，实现了经济、环境和社会的和谐统一，成为海岸经济带新的增长点。据不完全统计，美国旅游业已经成为就业人口最大的行业，而且旅游业所带来的产值占美国 GDP 的比重在所有产业的排名中位列第二，不论国内还是国外旅游的目的地都是美国的滨海。因此，滨海休闲旅游业带来的旅游收入占美国旅游总收入的 85%以上。这表明，美国旅游业对 GDP 的贡献主要来自美国休闲旅游业，也说明了美国海岸带管理水平的提高。海洋生态环境的改善提高了美国滨海对世界各地游客以及本国游客的吸引力。这种改变，促进了美国海洋产业结构向合理化和高级化的转变。以美国的海洋休闲渔业为例，其发展起始于 20 世纪 60 年代，而且一经发展就迅速蔓延至美国各滨海城市和海岸带沿岸地区。海洋休闲渔业将传统的渔业与旅游业、休闲、娱乐和餐饮结合起来，提高了传统渔业的经济收益、生态收益和社会收益，形成一种

新的产业。据不完全统计，美国的海洋休闲游中海钓爱好者的数据每年都在不断增加，而且每人每年的消费额度也在不断上涨，海洋休闲渔业的消费总额也对美国的经济发展产生了巨大的影响，不仅为全国提供了百万个就业岗位，而且促进了美国联邦政府税收的增长。除了休闲渔业以外，美国还大量发展海洋潜水、海底观光、海洋公园、海洋邮轮等休闲旅游项目，也大大促进美国海洋经济的发展。

三、加强对海洋渔业资源的开发与保护

美国国家海洋渔业局在 1976 年颁布了《马格努森—史蒂文斯渔业保护和管理法案》，该法案主导了美国对商业渔业和休闲渔业的管理。为了对渔业资源进行科学检测、评估以及对渔业资源进行统计，以确保渔业资源发展的生物属性、经济性和生态的可持续性，防止和修复过度捕捞，促进渔业经济的长期繁荣，该法案将离海岸线 3~9 海里以外，以及国家海域边界 200 海里以内作为专属经济区。

美国在商业渔业和休闲渔业开发管理中，最为关键的政策是通过美国各区域海洋渔业管理委员会实施的“渔业观察员制度”“总量控制制度”和“捕捞配额制度”等政策。观察员制度主要是设置渔业科学观察员，他们运用科学手段监测美国所有海岸的渔业活动并收集和整理商业捕捞、过度捕捞、误捕以及渔业加工的相关数据，该制度为美国渔业的开发和保护提供了必要的原始数据资料。总量控制制度是指美国渔业的总捕捞量需依据观测员制度获得的统计数据为基础，确定海洋每种生物在某海域以及某时刻的总捕捞量。通过科学检测设置某种鱼类的总捕捞量，当达到总捕捞量的时候，美国国家海洋渔业局就会宣布停止对该种鱼类的捕捞。捕捞配额制度包括个体捕捞配额制度、个体可转配额制度等。除了这些制度外，美国还制定了许多相关法律法规，包括《濒危鱼类条例》《鱼类和野生生物条例》《美国渔业促进法》《美国水产养殖条例》《渔业保护和管理法》等，这些制度推动了美国捕捞业的可持续发展。

四、多维度推动海洋科学与技术进步

（一）加强顶层设计，实现和维持美国“海洋科技大国”地位

鉴于美国整体发展的战略目标以及国家资源要素禀赋，美国发展海洋经济的重点目标主要集中在高科技领域。运用高科技使美国海洋传统产业得到不断的升级和改造，逐渐形成当前美国现代海洋捕捞业、高科技海水养殖业、海洋产品精加工等现代海洋渔业。同时，将计算机信息技术、新材料、新能源等现代科技运用于美国的船舶产业，使美国的海洋船舶业实现了高度自动化和现代化，大大提升了美国海洋资源的开发利用效率，也促进了美国实现海洋科技大国地位。美国是世界超级海洋大国，从立国至今，美国联邦政府就十分重视海洋科技创新。因此，为了实现和维持“海洋科技大国”地位，美国政府加强对海洋科技发展的顶层设计，为美国海洋科技的发展指明方向。早在 1959 年，美国就制订并颁布了第一部海洋科技行动计划，即《海军海洋学十年规划》，也是世界上最早的海洋科技规划。在 1969 年，美国又推出了《我们的国家和海洋——国家行动计划》。到 20 世纪 80 年代，美国又继续推出更加明朗的海洋科技行动计划，即 1986 年的《全国海洋科技发展规划》。在 1990 年，美国再次发布了《90 年代海洋科技发展报告》，将海洋科技纳入社会发展的总体规划中，以此增强海洋科技的领导地位。1995 年，美国成立了“海洋研究与教育财团”，旨在加强海洋科学的发展。到 2007 年，美国再次推出有关海洋科技发展的《海洋研究优先计划和实施战略》，为美国海洋科技研发与科技发展指明了方向，极大推进了美国海洋经济发展。

（二）加强海洋科技创新的资金和科研支持

为了促进科技创新的发展，美国加大对海洋科研经费的投入，并完善社会资助体系，吸引多方资金对海洋科研的投入，以此保障美国的海洋科技发展具有足够的资金支持。为了让美国成为世界上一流的海洋科技发展国，美国对海洋科技发展的资金投入一直处于世界领先。而且美国多元化的资助体系促使海洋科研资金的来源也实现了多元化，不仅包括国家和企业，还有不少资金投入来自社会捐赠，同时还有部分资金来自美国的国防部和海军。多来源的充足资金为美国海洋科技研发提供了雄厚的资金支持。除了资金支持

外，美国还为海洋科技创新提供了大量的人才支持。根据路透社统计，全球科研机构排名前 50 的科研机构中，美国所占的比重比较高。而且在海洋基础科学领域里，美国具有世界顶尖级的海洋生物、地球和化学基础研究，主持着全球一系列的基础研究计划。通过这些基础研究计划的实施，实现了对海洋地质活动的勘探、全球海洋的变化过程及未来发展的预测，为海洋资源，尤其深海资源的勘探开发、海洋气候环境的预测，尤其海啸、地震等的预测提供了理论基础。同时，在理论研究的基础上，美国加大了海洋应用科学的研究，其应用研究主要集中于海洋生物药业、深海能源勘探等领域，而且这些海洋科技在产业化应用领域也取得了重大进展。除此之外，美国也十分重视对海洋科技人才的培养和资金的投入，在华盛顿大学、伍兹霍尔海洋研究所、国家海洋与大气管理局等世界一流的学校、研究机构和政府部门里，聚集了世界顶尖级的海洋科技人才，拥有世界上最先进的海洋科研设备和充足的资金，这些共同推动着美国在海洋科技领域保持世界领先的地位。

（三）加强海洋科技创新的产业和平台支撑

美国为了发展海洋科技，不断加强对海洋科技发展的产业支撑，将海洋科技研发产品运用于产业发展中，同时推进产业发展反过来促进海洋科技的长远发展。近年来，美国海洋油气业、海洋新能源产业、海洋生物制造业等高新技术产业发展十分迅猛，特别在海洋油气业、海水利用业等海洋高科技的推动下，美国的海洋石油和天然气的产值比较高，占全国 GDP 的比重都在 20%以上。在海水利用业方面，在高科技的推动下，美国 20%以上的工业用水都来自海水，尤其在海水淡化方面，美国取得了比较大的成绩。1952 年，美国首先研发了电渗析海水淡化技术，继而又开发了反渗透淡化技术。近年来，具有高科技特征的美国海水淡化装置在全球市场的销售额名列前茅。在海洋生物医药领域，美国每年从海洋分离出来的生物种类很多，其中有不少种类可以作为药物使用，有的已进入临床使用或者有的尚在研发阶段使用。在海洋新能源领域，美国是最早提出利用海洋能源的国家。1939 年，美国最早提出运用海洋温差能发电的构想。1979 年，美国开发了利用海洋温差的发电系统，并很早实现了将海洋风能转换为电能的产业发展。这种产业的发展，极大地推动了美国海洋科技持续快速的发展。除了产业支撑外，美国海洋科技的发展还有大量的平台支撑。为了促进海洋高新技术产业的发展，美国政府推动建立“海洋科技园”，通过政府投入完善海洋科技园的基础设施和企业发展所需要的公共服务平台，以此吸引和培育大批量的海洋高新技术企业，并积极为海洋高新技术产业的发展营造良好的发展环境。因此，海洋科技园内积聚了大量高水平的海洋科学家和工程师，从而更好地推动了海洋科技型企业集聚，并形成了一系列在全世界有名的海洋科技产业园。例如，夏威夷海洋科技园、密西西比河口海洋科技园、大西洋海洋生物园等。

（四）加强海洋科技创新的市场支撑

美国的海洋科技创新始终坚持以市场需求为导向，这也一直是美国海洋经济发展十分重要的特点。在 20 世纪 90 年代初，美国十分重视海洋科技成果的转换，还因此专门成立了海洋联盟。该联盟的初始参与机构有 30 多个，不仅加强了美国联邦政府、海洋科技机构以及企业之间的联系和沟通，而且企业的发展需求也可以向海洋科技机构传导，海洋科技机构的研发结果也可以在第一时间向企业展示，以此推进海洋科技成果的转换，同时推进产业化的形成。此外，美国政府还组织形成了美国海洋资源技术总公司，其职能是建立海洋科研机构和海洋类大学等研究机构与企业之间的紧密联系。一是推进海洋资源开发技术产品的研发，并且将产品的研发定位于市场的需求，也就是企业的发展需求。二是推进海洋科技开发产品的产业化转换，以此推动美国海洋经济的发展。

五、加强海洋环境的保护

（一）通过立法加强对海洋生态环境的保护

早在 1924 年，美国就颁布了专门针对海洋油污污染监管的《油污法》。1969 年颁布了《国家环境保护策略法案》，1970 年颁布了《国家环境政策法》，1977 年颁布了《清洁水法》。1990 年颁布的《1990 年油污法》，特别针对船舶油污污染的赔偿进行了监管，并且首次提出了生态补偿的法律依据。除了制定对油污污染的法律法规外，美国也制定了一系列保护海洋生物的法律。1934 年，美国颁布了《鱼类与野生动物协调法》，用以保护海洋野生动物免受生活污水、工业废水的影响。1972 年，美国颁布了《海洋哺乳动物保护法》，禁止猎杀海洋哺乳动物，保护海洋哺乳动物的栖息地，禁止出售和进出口濒危的海洋哺乳动物及其产品。与此同时，美国还制定了一系列防止海洋污染的其他相关法律法规，如《联邦水域污染控制法》《外部大陆架地带法》《公海干预法》《船舶污水禁排条例》《海洋倾倒废弃物禁止法案》《环境保护署关于海洋倾废的规则》《海洋倾倒法》《防止船舶污染法》《溢油责任信托基金》《深水港口法》等。

（二）实施海洋保护区制度，有效保护海洋生态

迄今为止，美国已经建立了近 2000 个海洋保护区，面积从小于 2.6 平方千米到超过 37000 平方千米，地点从南太平洋到北极，从加勒比海到缅因州，甚至到太平洋偏远岛屿的广袤区域。美国建立海洋保护区的根本目的是加强对海洋保护区的保护、管理和评估，并根据保护对象以及保护范围的不同，将海洋保护区主要分为六类，第一类是国家野生生物庇护区，其根本目标是保护、管理以及修复野生生物及其栖息地；第二类是国家海洋公园，其根本目标是保护海洋自然和文化资源以及国家海洋公园系统价值；第三类是渔业管理区，其目标是维护和修复可持续发展的渔业以及保护和修复海洋生物及其栖息地；第四类是国家河口研究保护区，其目标是保护河口陆地及其水域的生态环境；第五类是国家海洋庇护区，其目标是促进海洋相关资源的保护、管理和可持续发展；第六类是国家海洋文化遗址保护区，其目标是保护和修复海洋以及海岸线的历史遗迹。

（三）提高公众的环保意识和参与度

美国通过正式的政策活动和非正式的宣传教育活动，对公众进行海洋环境保护的宣传和教育，以提高美国公众海洋环境保护的知识水平和意识。在正式的政策活动中，如美国成立的国家海洋委员会的组成人员，不仅包括联邦政府和州政府的相关部门，还包括涉海类非政府组织、专家学者以及公众志愿者，特别是公众的参与度很高，对海洋环境保护及治理在政策制定和执行上起到不可或缺的监督作用。另外，美国还通过建立海洋环境保护的专门网站，以征集和吸纳公众对于海洋环境保护的意见和建议，推进海洋环境保护的民主决策。在一系列正式和非正式活动的影响下，美国公众的环境保护意识不断增强，参与海洋生态保护的积极性也不断提高。

六、大力发展海洋教育

（一）高校和研究机构深入开展海洋教育

美国的海洋经济十分发达，对海洋专业人才的需求也十分庞大，因此美国许多高校都开设有涉海专业，主要包括海洋学、生物海洋学或者海洋生物学、海洋科学、海洋资源管理学、海洋运输以及海洋工程学等，这些专业主要用于本科生培养，也有用于研究生和博士生的培养。美国的涉海高校超过140所，而且主要集中在美国东海岸，大部分的涉海高校正在逐渐推进海洋高科技学科的交融发展。例如，正加大推进与海洋空间、海洋渔业、海洋地球科学、海洋大气科学、海洋生态环境等学科的交叉发展。

除了专业外，为了与海洋经济发展的实际相切合，美国涉海专业的课程设置也与人才实际需求相关联，主要包括物理海洋学，让学生了解海流、潮汐等的运动轨迹等基础理论；海水化学课程，让学生掌握营养盐对海洋生物发育的影响机理；海洋地质学和物理学等，让学生掌握海洋地质变动和物理变动的轨迹。这些课程的开设，既让学生掌握了涉海专业学生海洋学的基础理论知识，又能为海洋应用科学的研究打下基础，给予学生广阔的知识面。同时，美国的海洋教育不仅重视基础教育，还十分重视海洋实践教育。为此，美国制订了一系列涉海计划，如海洋学伙伴计划、海洋教育者协会、海洋科学教育中心等计划。

（二）政府加大对海洋教育的资金支持

为了推动美国涉海专业大学生更好地接受教育，美国提供了大量的资金以支持美国大学生的海洋学习以及海洋教育活动，包括向学生提供海洋教育补助金，其目的在于提高学生在海洋实践领域以及海洋科学领域的理论水平和实践水平，还可以向学生提供新的海洋知识和理论。美国也设立了自然科学基金，为海洋自然科学领域的研究提供资金支持。

（三）开展全民海洋教育，提高全民的海洋意识

为了让学生享受海洋教育，也为了促进全民对海洋的了解，美国加大利用现代信息技术对海洋科学的宣传，让普通大众也能够直观和随时接受海洋

教育，利用计算机模拟演示以及网络技术向普通大众推广海洋科学知识。同时，美国还开展很多海洋科学展览，让普通大众能够及时了解海洋生物技术的发展和变化。

第二节　美国经验对中国的启示

美国陆海经济一体化经过多年的发展与实践，已经积累了较为丰富的经验，这些经验对于我国海洋经济和陆海经济一体化的发展具有重要启示。

第一，在国家战略和法律法规层面强力推进海洋发展战略。美国根据国情的发展变化以及经济发展形势的改变不断调整海洋战略，并始终将海洋发展战略放到很高的位置。在不同时期，美国通过颁布相关的法律、法规、政策措施，以实现对该时期海洋战略的维护和执行，使不同时期的海洋战略能更好地促进美国陆海经济一体化向前发展，并推进美国海洋经济的繁荣和发展。我国虽已提出了“海洋强国”战略，但与海洋相关的战略、法律法规和政策体系还不完善，美国的经验为我国陆海经济一体化发展提供了重要启示。

第二，大力发展海洋经济。美国十分重视陆海经济一体化中海洋经济的发展，并且通过采取诸多措施大力发展海洋经济，提高海洋产业的竞争实力。这些具体的措施包括：政府加大对海洋政策的支持，尤其出台一些政策措施以鼓励海洋产业的发展，同时大力推动临港工业的发展，多渠道推动美国海洋产业的多元化发展。就我国而言，相对陆域经济，海洋经济亟需加大发展力度。

第三，高度重视海洋科技发展。美国十分重视构建海洋科技发展战略。政府从资金、科研、产业平台和科技平台等多角度，加强对海洋科技发展的支持。其对海洋科技的支持体系，为我国海洋科技发展提供了丰富的经验。

第四，强化海洋环境保护。美国颁布多项法律措施加强对海洋环境的保护，而且政府对海洋环境的立法涉及方方面面。当前，加强海洋环境保护成为我国陆海经济一体化的重要内容，美国的海洋环境立法对我国提供了重要启示。

本章小结

本章对美国陆海经济一体化发展的经验，以及对我国陆海经济一体化发展的启示进行了介绍和总结。美国陆海经济一体化发展的经验主要有：一直推行和发展海洋强国战略，并陆续颁布了一系列海洋发展规划和战略。在陆海经济一体化的发展进程中，美国一直重视发展海洋经济，并且从资金及政府政策多角度，对美国海洋产业发展给予支持。美国也十分重视对海洋科技的发展，加强顶层设计，以维护美国海洋科技大国的地位，并从资金和科研角度加强对美国海洋科技创新的支撑，并创立相应的海洋科技创新的产业、平台和市场支撑。在陆海经济一体化的发展进程中，美国也致力于海洋环境的保护，首先加强对海洋环境的立法，并颁布了一系列保护海洋方方面面的法律，包括海水、海洋野生动物、大陆架等。其次，建立了多个海洋自然保护区，以实现对海洋生态环境的保护，同时还举办各种活动以提高公众对环保的参与度。除此之外，美国还大力发展海洋教育，不仅在高校和研究结构开展海洋教育，对海洋教育提供大量的资金支持，而且还对全民开展海洋教育。

第二十五章　日本陆海经济一体化的经验与启示

第一节　日本陆海经济一体化的经验

一、不间断实施海洋战略

从20世纪60年代开始，日本就将海洋开发定为基本国策。1996年，日本内阁出台了《专属经济区和大陆架法》。2000年，又陆续出台《日本海洋开发推进计划》和《2010年日本海洋研究开发长期规划》。2005年，日本发布了《海洋与日本：21世纪海上政策建议书》，成为日本海洋战略的雏形。2006年，又陆续发布《海洋政策大纲——寻求新的海洋立国》和《海洋基本法草案概要》，为日本海洋战略的形成奠定了基础。2007年，安倍内阁政府出台《推进新的海洋立国决议》和《海洋基本法》，开启了制度化实施海洋战略的大门，确立了“海洋基本理论”，制定了新的“海洋立国”方针，为日本海洋战略的实施提供基本指导。2008年，安倍内阁政府又在《海洋基本法》的基础上制订了《海洋基本计划》。2013年，在《海洋基本法》与《海洋基本计划》的基础上，又颁布了《海洋基本技术计划（2013—2017）》，体现出日本政府具有积极国家主义的海洋战略思想。2018年，日本政府又再次通过具有海洋政策指导方针的《海洋基本计划（2018—2022）》，意味着日本对海洋战略和政策又进行了重大调整。具体来看，日本一系列的海洋战略包括以下几个方面的内容：第一，构建日本综合海洋军事战略；第二，开发利用海洋资源；第三，加强国民的海洋教育，强化国民的海洋理念；第四，加强海洋的国际合作；第五，加强海洋经济建设。

二、大力发展海洋产业，促进海洋经济发展

（一）国家政策和经济目标向海洋经济倾斜

日本是一个海岛国家，由本州、北海道、九州、四国4个大岛以及3000多个小岛组成，海岸线总长为3.3万多千米，海洋资源极其丰富，而陆地资源相对比较匮乏。因此，日本的经济社会生活高度依靠海洋，历届内阁政府的经济政策与发展目标都与海洋经济息息相关。从20世纪90年代开始，日本就制定了一系列开发海洋资源，以及发展海洋经济的政策和发展目标，具体包括日本海洋经济发展的总体设想、发展目标和具体实施措施、振兴海洋产业等。各方面海洋相关政策的出台为日本海洋经济的繁荣提供了根本保障。例如，为了加强海洋港湾建设，日本政府出台了《港湾法》，为国内港口在规模和数量上的发展提供了规划；为了让海洋循环经济发展不受资金短缺的限制，日本的金融支持政策也向海洋循环经济倾斜，以此对海洋循环经济发展进行资金扶持，因此日本政府还特别搭建了社会资本与发展循环经济企业资金需求的桥梁。除此之外，日本政府在《立足于长远发展的海洋开发基本构想及推进方案》的基础上，又出台了《第九次港口建设七年计划》等文件，以此推动日本海洋产业的发展。同时，还出台措施鼓励金融集团为海洋可持续发展项目提供信贷支持。在海洋科技发展方面，日本出台了一系列促进研发、营造竞争氛围以及加强人才流动、鼓励产学官合作、构筑信息平台、推进海洋成果转化等政策措施。

（二）完善海洋产业发展政策，大力发展海洋支柱产业

1. 完善海洋产业发展政策

作为一个海洋国家，日本十分重视海洋产业的发展，为确保海洋产业长期健康发展，日本政府不断制定和完善海洋产业发展的相关政策规划和法律措施。20世纪七八十年代，为了使日本海洋产业与临海产业实现一体化的发展，也为了促进海洋产业能实现长远健康发展，日本对海洋产业的发展进行规划部署，并出台了《立足于长远发展的海洋开发基本构想及推进方案》。到20世纪90年代，为推进海洋高技术产业的发展，日本又专门发布了《海洋高

技术产业发展规划》。到了21世纪，日本政府颁布了《海洋政策基本法》，为日本海洋产业的长远发展，以及海洋产业政策措施的执行提供了法律依据。

2. 大力发展海洋支柱产业

近年来，日本海洋产业发展与日本社会经济发展有着密不可分的关联，出现传统海洋产业与新兴海洋产业并驾齐驱、共同发展的状态，共同构成了日本的现代海洋产业体系。随着日本社会经济的发展，传统的海洋渔业和海洋运输业与新兴发展的滨海旅游业和海洋产业，对日本社会经济发展的贡献也越来越大，占国民经济的比重也越来越高，成为日本海洋产业的支柱产业。凭借得天独厚的资源禀赋，日本政府采取有效手段和政策措施，支持以上四大海洋支柱产业的发展，以此保障日本海洋经济与国民经济的长远和可持续发展。在日本的海洋渔业发展方面，为了使日本渔业的发展既不破坏海洋的生态环境，又能满足日本国民的生活需求，日本渔业不断采用高科技。在生产方式上由传统的捕捞式逐渐转变为科技养殖，实现海洋渔业的捕、养、加工一体化发展。在海洋运输业发展方面，日本加大力度推进基础设施建设。首先是加强海港港口建设，经过发展使日本逐渐形成一批包括神户港、横滨港、北九州港、名古屋港等的现代港口集群；其次是加强港口周边的高速道路和铁路建设，为海洋产业发展提供运输条件。在滨海旅游业发展方面，日本制定了观光立国的发展战略，站在国家战略高度推进其发展。在新兴海洋产业发展方面，日本政府投入巨资发展海洋生物产业，加大海洋资源的综合利用。

（三）推动陆海产业高度化聚集

日本在海洋经济发展过程中，在维护海洋生态环境的前提下，以海洋产业可持续发展为根本目标，通过资源整合与科技协同等手段，促进陆海产业高度化聚集。日本作为岛国，国土匮乏。为扩张发展空间，又考虑到对环境的保护，通过建造海湾人工岛而非填海的方式扩展陆地。当前，日本形成了以海洋渔业、海洋运输业、海洋造船业和滨海旅游业等为支柱的海洋产业格局，形成了包括近畿、关东、广域等9个地区的新兴产业集群。这些产业集群的基本特点是背靠大型港口城市，同时连接内陆经济腹地，实现了海洋开发与陆地经济统一的产业高度集聚化目标。

除此之外，日本在海洋发展过程中，既要发挥陆地与海洋的关联效应，又要加强对海洋生态环境的保护与治理，同时在做好开发海洋资源与陆地产业发展的科学衔接之后，建立陆海产业集聚区，将陆地资源与海洋资源有机结合。陆地是日本海洋产业发展的腹地，海洋则是日本陆地产业发展的进一步拓展，从而推动日本陆海产业高速集聚以及海洋产业和陆地产业逐渐走向高级化，使日本逐渐形成以横滨、名古屋、东京湾区、川崎等临港工业发展为基础，近畿、关东、广域等具有新兴产业特色的陆海产业集聚群。

三、高度重视发展海洋高新科技

（一）出台多项措施推进海洋高科技发展

日本采取了多种措施促进海洋高科技的发展。这些措施主要包括：第一，制定海洋科技发展规划，重点推动高新海洋技术的发展，以此带动海洋产业的发展，提升海洋产业的国际科技水平和实力。第二，加大对海洋高新技术的资金投入，提高海洋资源开发利用能力，同时不断加大海洋观测、海洋科技生物工程、海水淡化、海洋娱乐、海洋能源综合利用、污染净化等领域的投入和研发力度，推动了日本海洋产业各领域的科技化发展。第三，积极推动海洋高技术领域的国际交流与合作，吸取国外海洋高技术发展的先进经验，提升自身海洋高科技的研究能力，促进海洋高科技的深层次发展。通过这些措施，日本在海洋观测、海水淡化、海水综合利用、污染净化等科技领域取得了较大成绩，特别是日本的海洋观测技术，体现出的自动化、信息化和人工智能展示了其卓越的高科技特性。基于此，日本建立了世界上观测点密度最高的海洋观测站，也研制出具有高度市场化和产业化的海洋观测技术装备。

（二）加强涉海专业人才的培养，推进海洋智库建设

在明治维新时期，日本就已经开始设立海洋专业教育。在当时的日本，海洋教育主要以培养海员、造船技师等实用型人才为目标，以满足日本捕捞业及运输业发展的需要。近年来，日本各高等院校开设的海洋专业集中于自然科学研究，主要聚焦水产、海洋科学、船舶与海洋工程等科学领域，也有不少高等院校设立专门的海洋研究所从事海洋科学研究，并为日本海洋产业的发展提供专业人才，如东京大学海洋研究所、神户大学海事科学部、北海道

大学水产学部等。除了重视传统的海洋专业教育外，日本也十分重视海洋智库建设。比如，2007 年，日本东京大学成立了“海洋联盟”，将不同领域和不同部门的海事人才有机整合，推进海洋教育与海洋跨学科研究的有机融合，培养既具有尖端的海洋科技知识，又懂海洋政策、海洋国际法等其他学科知识的复合型人才。该联盟已经成为当前日本最大的综合性海洋智库。

四、加强海洋生态保护

（一）加强海洋环境保护立法

日本四面环海，其经济与社会的发展都离不开海洋。“二战”后至 20 世纪 70 年代，日本将战后恢复经济摆在首要位置，经济快速发展，逐渐成为世界经济强国。由于资源过度开发，造成了日本海洋环境受到严重污染，海洋生态遭到破坏。为了治理环境问题，从 20 世纪 70 年代开始，日本先后出台了《濑户内海环境保护特别措施法》《环境基本法》《海洋污染防止法》《公共水域水质保全法》《水质污染防治法》《工厂排污规制法》《海洋污染防治法》《公害罪法》《自然环境保护法》等一系列环境保护的法律法规，为海洋污染治理提供了法律依据。随着环境污染治理的相关法律法规的制定和不断完善，20 世纪 70 年代后期，日本的海洋污染治理向前迈进一大步，到 20 世纪 80 年代，环境污染问题得到有效控制。2007 年，日本颁布了《海洋基本法》，其中也包括关于海洋环境保护与污染防治的重要内容。

（二）建设海洋循环型社会

2001 年，日本首次提出建立海洋循环型社会，以高质量和可持续发展为根本目标。如今，建设海洋循环型社会已经上升为日本经济发展的国家战略。在执行之初，日本政府加大对海洋循环经济发展的经济支持力度，并制定和执行促进日本海洋循环经济发展的财税政策，加大对海洋循环经济发展的财政拨款。通过财政拨款，一方面推进海洋风力和潮汐发电等无污染自然资源的充分开发和利用，同时推进海洋废弃能源的回收和再利用，建立海洋再生能源基地等；另一方面，通过财政拨款完善海洋监测系统，利用充足的资金加强对有害物质以及海洋生物栖息状况的监测，以便进一步加强对海洋环境的保护，促进海洋循环经济的发展。而且，日本的政策性银行还特别针对海洋循环经济发展项目，以及海洋废弃物回收再利用等项目给予税收优惠。与此同时，日本政府还通过担保、贴息等方式大力向海洋生态环境产业项目、循环经济产业项目提供贷款，以此保障海洋循环经济发展有足够的资金保障。

五、提高日本国民的海洋意识

日本十分注重培养国民的海洋意识，而且对国民海洋意识的灌输是全方位和全民普及的。因此，日本国民的海洋意识十分强烈。从生产领域来看，日本全民普及的海洋意识对日本海洋政策的制定和执行有着深远的影响，在很大程度上影响着日本海洋资源的开发利用以及日本海洋战略的实施。随着日本海洋意识的不断增强，日本在经济发展上向海洋寻求更多利益和财富的趋势不断增强，使日本海洋经济增长迅速。日本海洋扩张活动的大肆推进，也使其逐渐成为世界海洋强国。同时，日本国民强烈的海洋意识，也促进了日本的海洋环境保护。

第二节　日本经验对中国的启示

日本陆海经济一体化发展经验给中国带来的启示有以下三点。

第一，根据经济发展的变化不间断推行海洋战略。日本的海洋发展战略并不是一成不变的，而是根据经济社会的发展不断进行调整，以此使新颁布的发展战略和规划能够适应日本海洋经济的发展。因此，对于中国来讲，也需要根据我国经济发展的实际变化及时调整海洋发展战略，以此推进我国的海洋战略能更好地为海洋经济发展和陆海经济一体化服务。

第二，大力发展海洋经济，形成海洋产业集群。日本在海洋经济发展过程中，经济政策逐步向海洋产业发展倾斜，并大力发展海洋支柱产业，通过资源整合以及科技协同等手段，促进陆海产业高度聚集，使日本形成了多个有名的陆海产业集聚区。因此，在日本经验的基础上，我国沿海地区也应该根据自身发展优势，形成自己的海洋优势产业和海洋支柱产业，以此形成有特色的海洋产业集群。

第三，加强海洋生态环境保护，尤其重视海洋循环型社会建设。日本在陆海经济一体化发展进程中，建设可持续发展的海洋循环型社会。对于坚持海洋循环经济发展的企业、项目，以及海洋废弃物再回收利用等项目，给予税收优惠，并对坚持海洋循环经济发展的企业提供贷款优惠。海洋循环经济是海洋经济发展的最优方式，不仅可以在很大程度上避免对海洋生态环境的破坏，而且可以避免资源的浪费，促使资源的再回收和再利用，以此实现经济发展和环境保护的双重目标。因此，日本的海洋循环经济发展也给我国各地区的海洋经济发展提供了深刻的启示。我国沿海地区也可以根据海洋经济发展的实际，推动海洋循环经济的发展。

本章小结

本章对日本陆海经济一体化发展的经验，以及对我国陆海经济一体化发展的启示进行了介绍和总结。日本陆海经济一体化发展的经验主要有：第一，在陆海经济一体化发展过程中，十分重视海洋战略的实施，历届内阁也颁布了一系列海洋战略，为日本海洋经济和日本陆海经济一体化发展提供了发展方向和发展步骤；第二，日本在陆海经济一体化发展过程中，十分重视海洋经济的发展，其国家政策和经济目标也向海洋经济发展倾斜，尤其重视完善海洋产业发展政策，推进海洋支柱产业的发展，从而推进陆海产业高度集聚，使日本形成多个有名的海洋产业集聚区；第三，日本在陆海经济一体化过程中，十分重视海洋高新技术的发展，并出台多项措施推进海洋高新技术的发展，同时也加强对日本涉海专门人才的培养，以此推进海洋智库建设；第四，日本在发展海洋经济的同时，也注重对海洋生态的保护，通过多项立法以保护日本的海洋环境，同时为海洋污染防治提供法律依据，并在海洋生态环境保护中，建设海洋循环型社会，以促进海洋经济的可持续发展；第五，日本还十分重视国民的海洋意识，通过多种方式来提高国民的海洋意识。

第二十六章　澳大利亚陆海经济一体化的经验与启示

第一节　澳大利亚陆海经济一体化的经验

一、制定海洋产业发展战略和规划，加强支持与管理

（一）制定海洋产业发展战略和规划，推进海洋经济发展

澳大利亚位于南半球，四面环海，海洋资源极其丰富，海洋管辖范围位居世界第一。其海洋产业十分发达，优势产业包括海洋旅游业、海洋油气业、高速铝合金船和渡船的设计与建造业、藻类养殖和鱼类养殖业等。为了推动海洋经济的快速发展，政府制定了一系列海洋产业发展战略和规划。自20世纪90年代以来，为了更好地促进全国海洋产业的协调发展，澳大利亚政府制定了《1990—1994年海洋产业发展战略》，1996年又重新修订并出台了新的海洋产业发展战略，1997年又发布了《澳大利亚海洋产业发展战略》。其目的是首先将海洋产业的各部门及海洋管理辖区的各种海洋管理政策统一起来，为海洋产业的发展提供一个基本的框架，并为政府部门对海洋产业进行规划，对海洋资源进行管理和合理利用海洋资源，以及发展海洋产业提供一个依据。该战略从国家层面上确定了澳大利亚的海洋综合管理模式，以此协调海洋产业发展中的各种关系，包括海洋产业之间的关系、海洋产业发展与政府管理机构之间的关系等。其次，提出要以最大程度保护环境。再次，确定了战略政策的考核是以结果考核，而不是以中间过程控制考核，同时鼓励涉海企业在发展过程中对海洋资源的利用遵循多用途使用、商业化盈利、以自身发展为前提的微观改革和以生态可持续发展为基础的基本原则。最后，提出了海

洋产业发展的具体政策。这些政策包括：澳大利亚现有产业发展部门的海洋产业发展的长期发展目标，澳大利亚新兴产业部门的短期和长期发展目标，海洋产业的出口目标以及为澳大利亚海洋产业发展提供服务的各协调部门的发展目标。综合起来，澳大利亚的产业发展目标就是通过加强对海洋资源的开发与利用，加强海洋管理，以及推动海洋科技与海洋产业协同发展，以提高澳大利亚海洋产业的国际竞争力。除了要发展海洋经济外，澳大利亚也注重海洋产业的可持续发展。因此，1998 年澳大利亚政府发布了《澳大利亚海洋政策》，其目的主要定位于对澳大利亚海洋生物多样性的维护和澳大利亚生态环境的保护。该政策主要在 5 个方面做了具体的部署，即包括在海洋资源的利用上要遵循可持续发展的原则、对海洋经济的发展采取综合规划和综合管理、对海洋产业的发展要以提高整体国际实力为目标、海洋科学与技术的应用和推广要以产业化为目标、海洋经济发展的一切行动都要不以牺牲环境为代价等具体详细的规定。这些规划和管理政策的实施，为澳大利亚海洋产业的发展和海洋资源的开发提供了基本的法律基础，也为海洋产业的可持续发展提供了一个框架，并为规划和管理海洋产业提供了依据。这一系列发展战略和政策的制定及实施，为澳大利亚海洋经济的发展以及陆海经济一体化的实施指明了方向。

（二）依国际海洋法发展海洋经济

澳大利亚在海洋经济发展过程中，十分重视海洋国际法，既充分尊重和履行海洋国际法的原则，又能够充分利用国际法为自身谋取利益。1994 年，澳大利亚正式通过并加入《联合国海洋法公约》（以下简称《公约》），成为国际海洋公约的缔约国。澳大利亚通过深入研究《公约》，并且合理合法地对此加以利用，最大程度为澳大利亚争取到相关利益。《公约》实际是各国针对海洋权益进行博弈的产物，因此并不是具有绝对权威的国际法律，而是各个国家利用自己的实力和地位进行谈判而达成协议的一个基本约束，而且这种约束具有很大的弹性。正是基于这一特点，澳大利亚政府积极主动地在具有海权争议和海域划分的地方提出谈判的需求，以此为自身追求权益。例如，在海洋大陆架界限的划分方面，澳大利亚为争取扩大其大陆架的版图，花费 15 年的时间向联合国提出申请，最终于 2004 年获得联合国的通过。从此，澳大利亚的大陆架版图远远超过一般国家所具有的 200 海里的大陆架范围，而且澳大利亚的大陆架版图超过部分不仅面积广大，海矿含量还非常丰富。澳大利亚争取到大陆架大范围的合法扩张，大大拓展了澳大利亚的海洋经济板块。2008年，澳大利亚的大陆架外延申请又被联合国通过。因此，澳大利亚海洋专属经济区的面积得到大幅度增加，差不多为250万平方千米的海床面积，而且还获得海床所有自然资源的专有开采区权。在海外领域争端方面，澳大利亚政府也运用《公约》的一些不确定和弹性规定，成功解决了海峡划分争端，包括与巴布亚新几内亚和印度尼西亚的争端。

（三）成立海洋产业战略研究机构，推进海洋产业综合管理

海洋产业和科学理事会是澳大利亚政府设立的专门进行国家海洋产业战略研究的机构，其将海洋产业的发展上升到国家战略高度。该机构设立的目的就是为政府在海洋产业可持续发展、提升海洋产业国际地位、海洋产业发展战略等方面提供可行性建议。与此同时，澳大利亚政府还通过制定海洋产业发展政策来协调海洋产业相关部门，以及政企在海洋产业发展方面的沟通与合作，并通过建设海洋数据库的方式来加强对海洋产业的管理。在海洋产业发展过程中，澳大利亚政府还通过多种方式支持海洋产业的发展。例如，加大对海洋新兴产业研发的支持力度，对具有竞争优势的海洋新兴产业进行扶持和培育，以及多渠道鼓励滨海旅游业多样化发展等。

同时，澳大利亚对海洋产业实施综合管理。以前，澳大利亚长期实行的是各管理部门对海洋进行分头管理，这样分散的管理方式涉及澳大利亚各层级的相关政府部门，由于海洋管理的责权并不能被十分清楚地划分，由此导致各层级政府的管理权限模糊，各层级政府的管理职责也比较难以界定。正是这种分散的海洋产业管理方式的弊端，导致澳大利亚政府改革管理方式，对海洋产业实行综合管理方式，以此实现各种海洋产业的协同发展。综合管理方式是对海洋产业进行相对全面的控制，使其保持协调发展的过程。它要求对海洋产业发展出现的机会进行识别，当这些产业的发展机会超出传统海洋产业界限的时候，综合管理方式就会针对这些变化进行反应。如果是积极向前发展的信号，就给予支持；如果是破坏海洋环境，对海洋产业发展产生不利影响的信号，那么国家部门及地区部门将会根据这些不利信号，对海洋产业的发展进行干预，以此预防海洋环境遭受污染和海洋资源遭到过度或者不利开发，以实现海洋产业的可持续发展。同时，综合性的海洋产业管理政

策还要协调各种不同类型海洋产业的政府政策。例如，政府针对运输业和造船业的政策与政府针对航运公司与旅游公司的政策要具有一致性。还要推进海洋产业的先进技术能够被最佳运用于实际产业的生产过程中，而且在很多情况下，将各个具体类型的海洋产业所需要的技术视为一体。因此，综合管理方式将推进海洋产业发明的技术，能够在半数以上的海洋行业实现跨行业运用。在海洋环境治理上，海洋综合管理方式认定所有的海洋产业的生产经营活动都与海洋环境直接相关。因此，针对海洋环境保护只需要一种协调手段。由于各海洋产业的生产经营活动都会对海洋的海水造成直接影响，然后由海水的传递，影响其他海洋生物的自然环境。因此，所有海洋产业的计划和开发对海洋环境都非常重要，海洋产业的综合管理方式都必须加以考虑。

二、实施海洋综合管理与加强海洋法制建设

（一）实施海洋综合管理

澳大利亚的海洋综合管理主要是从行政和功能两个方面，对海洋资源实施综合管理，以此促进海洋资源的协调开发利用，实现海洋产业相关部门之间的合作与沟通，杜绝海洋资源的分散以及各利益体对海洋资源的分割。海洋综合管理方式首先在行政上确定了澳大利亚的海洋管辖权，从而有利于实现海洋政策和海洋制度实施的统一性。另外，澳大利亚还成立了“国家海洋办公室”以及组建了全国海洋咨询委员会。前者负责实施全国海洋总体规划、协调各海洋相关利益体之间的矛盾，加强对海洋的统一管理；后者的成员主要来自各州以及领地的代表、全国性团体组织、保护组织、研究机构等，其主要职责是：向联邦政府以及政府官员就海洋产业的发展、海洋保护等方面提供咨询，并负责每年向联邦政府就海洋产业发展、海岸带环保问题，以及联邦政府政策的实施情况等提交报告和建议，促进海洋的信息传播以及加强对海洋的管理。

（二）重视海洋法制建设

澳大利亚政府十分重视国内海洋法制建设工作，不断健全和完善海洋领域的法律制度。迄今为止，澳大利亚政府已经颁布了 600 多部与海洋领域相关的法律法规，特别是其海洋资源开发领域和海洋环境保护领域等方面的法

律法规处于国际领先地位，并已经建立领海、大陆架、专属经济区等基本海洋法律。这些法律法规包括：海洋生物多样性保护法、水下土地法、渔业水产法、海洋保护法（昆士兰州）、能源利用法、海岸保护法（南澳大利亚州）、海洋旅游法、海岸带管理法（南澳大利亚州）、近岸石油和矿产法、海洋建设工程法、大陆架（生物自然资源）法、海洋运输法、大堡礁海洋公园法、药业法、大陆架（生物自然资源）修正法案、生物技术和遗传资源法、海岸带管理法（新南威尔士州）、自然和文化遗传法以及环境保护法（海洋倾倒法）等。这些健全的法律法规为澳大利亚海洋经济的发展奠定了良好的法律基础，保障了海洋经济的健康长远发展。

三、从空间领域推进陆海经济一体化

澳大利亚政府十分重视空间规划，根据其《海岸和解书》规定，各州和各领地的管理范围是内水和领海基线向海 3 海里；联邦政府管理 3 海里外与 200 海里内的专属经济区。1987 年，澳大利亚政府颁布《大堡礁珊瑚海洋公园海域多用途区划》，对海洋公园海域根据用途进行了区域规划，并于 2003 年进行了修订重编。1998 年，根据已颁布的《澳大利亚海洋政策》，澳大利亚政府对海洋生物区以及主管区域进行区域规划，并制定相应的配套政策。按照“大海洋生态系统”制定了东南海洋生物区域规划、西南海洋生物区域规划、西部海洋生物区域规划、北部海洋生物区域规划、东部海洋生物区域规划，这 5 个生物区域规划分别在 2004 年、2007 年、2011 年、2011 年、2012 年完成。澳大利亚各州和各领地可以根据实际需要出台海岸带以及沿海水域的区域管理政策。例如，维多利亚州建立海洋公园和海洋保护区系统，对海岸带范围的一般区域和重点区域进行管理，并于 2016 年立法开展海洋空间规划。南澳大利亚州也编制了海洋生态分区管理规划。另外，澳大利亚还根据海洋特性划分了 12 个海洋生态系统区，以此实现对海洋资源的分类管理。

四、建立海洋保护区和环境质量检测体系

作为一个海洋大国，澳大利亚的海洋资源丰富、生物种类繁多、海区自

然风光优美、海岸带的生态保护到位，极少出现填海、围垦、污染和破坏海岸带的情况。这些成果源于澳大利亚十分重视对海洋环境的保护，特别是澳大利亚实施的海洋保护区制度。2012 年，澳大利亚正式启动了全球最大的海洋保护区网络计划。新的联邦保护区环绕澳大利亚国土，海洋保护总面积达到 310 万平方千米，海洋保护区的数量从设立之初的 27 个扩增至 60 个，面积占比达到澳大利亚联邦 1/3 以上的海域。新的联邦保护区由于囊括了所有不同的海洋生态系统以及海洋动物栖息地，使澳大利亚一举成为世界最大的海洋保护区体系，同时也成为商业捕捞影响最小的保护区。除了建立环境保护区之外，澳大利亚政府也十分重视对环境质量检测体系的建设，对重点海域环境状况实施定期跟踪检测，同时收集海洋生物变化以及环境改变的数据，形成海洋环境保护数据库，以此阻止过度捕捞和环境破坏。

五、重视海洋科学研究

（一）制订海洋科技计划和战略框架，促进海洋科技发展

1999 年，在澳大利亚科学与技术部的推动下，澳大利亚政府出台了第一部科技计划《澳大利亚海洋科学与技术计划》，以此指导澳大利亚海洋科技的发展。

该科技计划主要为澳大利亚的海洋，以及海洋关联区域海洋资源的开发、环境保护及资源的可持续利用提供科学行动计划。这些科学行动计划包括：认识海洋生态环境的变化规律、海洋资源的合理开发和科学管理、科学建设海洋环境的基础设施，以此满足澳大利亚在国际上承担的责任与义务，以及国内海洋自然环境发展所承受的压力等，以恢复和维持澳大利亚环境的整体协调性。2009 年，澳大利亚政府颁布了《海洋研究与创新战略框架》，该战略框架出台的目的在于建立和谐统一的海洋开发与海洋创新的网络体系，将参与海洋研发、实施创新活动的所有部门统一起来，既包括联邦政府部门、各州和领地政府部门，同样也囊括了相关的海洋研究机构以及涉海企业等，以此充分开发并合理利用海洋资源，为国民经济和社会发展服务。2015 年，澳大利亚政府又颁布了最新海洋科技计划——《国家海洋科学计划 2015—2025：驱动澳大利亚蓝色经济发展》。这一系列发展海洋科技的方案和计划的

实施，大大提高了澳大利亚海洋产业的科研水平与实力，同时也在一定程度上促进了澳大利亚海洋渔业、油气业以及船舶业等海洋产业的科技含量，从而保障了这些海洋产业发展的世界领先地位。

（二）依托科研机构进行海洋研究

在澳大利亚，许多海洋科学研究会受到一些基金会和科研机构的资助。因此，海洋科研机构的资金来源不仅有政府部门，还有基金会和企业等。例如，澳大利亚的科学技术基金会经常资助一些应用型的海洋项目，以此推动这些项目能够服务于澳大利亚海洋经济的发展。而澳大利亚生物资源研究基金会主要资助海洋分类学研究，以此促进澳大利亚海洋生物的分类以及生物多样性的保护。在澳大利亚的海洋科研机构中，规模最大的是由澳大利亚科技部直接领导的澳大利亚海洋科学研究所。该研究所的经费主要来自政府部门，即联邦政府拨款，同时也有部分资金来自企业，一般是由海洋科学研究所与企业采取项目合作的方式获得。一直以来，该研究院的主要作用是促进海洋相关产品的开发，在海洋管理制度不完善时推进变革，以及对澳大利亚与其他国家的海洋关系变化进行研究等。

（三）加强海洋创新体系建设，促进研发成果转化

澳大利亚海洋政策科学顾问组提出了海洋科研与创新框架，该框架主张所有涉海活动参与者均通过合作的方式参与国家海洋科学的研究。随着海洋科研与创新体系的不断发展和走向成熟，澳大利亚海洋科研与创新体系逐渐被纳入国家创新体系框架。该体系驱动包括：海洋资源的可持续利用与保护、海洋气候变化、维护海洋生物多样性、沿海地区和海岸带发展以及国家安全等。该体系的重点在于海洋的研发与创新，其主要集中于知识生产、知识应用、知识扩散与吸收 3 个方面。在澳大利亚创新体系的知识生产部门中，海洋研发占据了十分重要的位置，而海洋研发机构主要有由政府资助而形成的 5 个研究机构，包括 AIMS、CSIRO、GA、BOM、AAD，一些具有重要影响力的大学研究机构也会参与其中。以创建于 1972 年的 AIMS 为例，AIMS 的宗旨在于通过研究与创新海洋科学理论和应用技术，实现海洋资源的可持续发展与利用和海洋生态环境的管理与保护，为政府决策提供相关信息与技术支持。AIMS 的研究一直处于世界领先地位，其研究对象具有鲜明的前瞻性，研究成

果具有明显的实用性，通过产学研的方式真正促进成果转化和形成最新成果产业化。总体看来，澳大利亚海洋创新体系的海洋研发成果的吸收和利用率是很高的，而且在很多领域取得了国际领先的成果，如海洋资源的勘探、海洋文物古迹区的管理、海洋预报等，而且在海洋科学研究方面也取得了丰硕的成果，包括海洋综合观测系统建设（IMOS），海底矿物资源分布图的绘制、世界上最好的生态系统模型的开发、海洋渔业捕捞战略的构建、保护海上大型工程、海洋天气预报系统、海洋生物技术的应用、天然药品的生产等。

六、重视海洋教育

（一）调整与海洋相关的专业及课程

在澳大利亚的大学教育中，海洋相关专业的教育主要由大学的海洋学院以及生命科学院所承担，具体的课程也主要由两个学院的生物系以及环境工程系承担。20 世纪 90 年代后期，澳大利亚的高等教育机构为了使涉海专业的培养计划符合国家海洋发展战略的目标和要求，纷纷调整了专业设置与课程安排，不少的高等院校还开设了许多新的专业方向。例如，位于澳大利亚南部的澳大利亚海洋学院就在学科研究上开辟了一些新方向，如在海洋渔业的科研领域，在原有研究范围中延伸至对不同鱼类对于海水养殖的敏感性测试进行研究，以此适应国家对于海水养殖发展的需求；结合海洋气候与陆地气候的变化，对海洋生态系统以及陆地生态系统的关联性进行研究，以此适应国家对于海洋环境研究的需求；同时结合现代信息技术的发展，对海洋环境的智能系统和通信系统进行研究。此外，为了适应国家海洋战略的多领域发展需要，澳大利亚一些大学也逐渐从单领域研究拓展到多领域研究。例如，一些海洋大学的生物系，从过去单纯研究海洋生物拓展到海洋法律、海洋资源管理等领域。

（二）在中小学开展海洋生态环境教育

澳大利亚十分重视海洋教育。澳大利亚的中学生很早就开始接触海洋教育，他们主要从认识海水开始。首先围绕海水与淡水的分类，认识水与人类生存之间的关系，水问题带来的困境，以及水保护行动的实施，其次让学生了解到海水与陆地系统之间的关系，以此过渡到对中小学生的海洋教育。澳大利亚中小学海洋教育的主要目的是培养学生从小形成热爱海洋、保护海洋的积极心态。针对中小学海洋教育的具体内容包括：人类与海洋关系的演进方式、海洋环境保护与澳大利亚经济发展之间的关系、了解澳大利亚的海洋生物多样性以及认识海洋生物多样性的重要性。通过中小学的海洋教育，使澳大利亚中小学生具有搜寻海洋资源、海洋信息等能力，也培养了学生对海洋环境的关心，树立了海洋环境保护的意识。而且，澳大利亚有很多海洋博物馆，博物馆中的海洋生物类型繁多，相关藏品涉及海洋各个领域，而且博物馆经常组织活动，以此让澳大利亚中小学生能够认识澳大利亚的海洋演变的历史，地理和环境的变化。

（三）在社区积极开展各种海洋教育活动

为了让澳大利亚居民积极认识海洋，对海洋进行生态保护，澳大利亚政府也采取一些措施对社区居民普及海洋教育。澳大利亚政府认识到，只有全体居民认识了海洋的重要性，并愿意保护海洋，整个社会才会形成保护海洋的自觉意识，才能从真正意义上做到保护海洋。为此，澳大利亚不少州制定了一些社区海洋教育和宣传的行动方案，这些方案包括在社区开放图书馆，向社区居民展示海洋知识和海洋环境的相关图书，以及给社区居民举办海洋知识讲座和各种海洋专题谈论会。同时，还给社区居民举办一些活动，鼓励社区居民参与到沿海环境保护的自愿活动中。此外，澳大利亚一些海洋环境保护网络也会开办专门针对海洋环境保护的栏目，定期向居民公布澳大利亚海事发展，以及海洋产业和海洋环境变化的一些动态事项，以促使居民真正认识海洋，形成海洋环境保护的意识。

第二节　澳大利亚经验对中国的启示

经过多年的探索，澳大利亚在海洋经济发展以及陆海经济一体化发展上，已经积累了十分丰富的经验，也给中国陆海经济的发展带来了深刻的启示。

第一，加强对海洋产业发展战略和规划的制定，推进海洋经济的发展。澳大利亚联邦政府及州、领地政府都制定了一系列的海洋产业发展战略和规划，以此推进全国海洋产业的协调发展。这些战略和规划为澳大利亚海洋产业的可持续发展提供了一个框架，并为规划和海洋产业的管理提供了依据，也为澳大利亚海洋经济的发展以及陆海一体化的实施指明了方向。我国作为有多个省（市、自治区）靠海的国家，除了国家需要颁布海洋产业发展的总体框架外，各地方也需要根据地方的实际情况颁布有利于地方特色或者是海洋支柱产业发展的规划和战略，才会促进整个海洋经济的健康发展和陆海一体化的实现。

第二，加强对海洋的综合管理，从空间上加强陆海一体化建设。澳大利亚从行政和功能两个方面对海洋资源实施综合管理，以此促进海洋资源的协调开发利用，实现海洋产业相关部门之间的合作与沟通，杜绝海洋资源的分散以及各利益体对海洋资源的分割管理。这样的海洋综合管理方式，有利于推进澳大利亚的海洋空间规划管理，以此实现澳大利亚在空间领域的陆海一体化。我国的海岸线比较长，国家对海洋的综合管理将有利于我国最大化地利用海洋资源。

第三，重视对海洋专业的教育，加强对海洋研究机构的资助。为了适应国家海洋发展战略的目标和要求，澳大利亚的高等教育机构不断调整自己的专业培养计划和课程安排，并且在学科研究方向上拓展了许多新方向和新内容。另外，澳大利亚的很多基金会对海洋科学研究进行资助，以此促进澳大利亚海洋科研的发展。与澳大利亚的海洋教育相比，我国的海洋教育还存在一定的差距，因此借鉴澳大利亚的经验，我国也需要在海洋教育和海洋科研方面下足功夫，以此加强我国陆海经济一体化的智力支持。

本章小结

本章对澳大利亚陆海经济一体化发展的经验，以及对我国陆海经济一体化发展的启示进行了介绍和总结。澳大利亚陆海经济一体化发展的经验主要有：首先，澳大利亚坚持制定海洋产业发展的战略和规划，加强对海洋产业发展的管理与支持，同时健全法律法规，依法发展海洋经济，成立海洋产业研究机构，推进海洋产业的综合管理；其次，澳大利亚加强对海洋实施综合管理，从空间领域推进澳大利亚陆海经济一体化建设，不仅重视空间规划的法制建设，还注重及时更新空间规划；再次，澳大利亚也十分重视对海洋环境的保护和治理，尤其是澳大利亚通过建立海洋保护区和构建环境质量检测体系的方式加强对海洋环境的保护；最后，澳大利亚也十分注重发展海洋科学研究，以此提高海洋经济发展中的科技含量。在科技发展中，澳大利亚加强对海洋科学技术和战略框架的制定、海洋科技人才的培养、海洋创新体系的建设，以此促进澳大利亚海洋科技的发展。另外，澳大利亚在陆海经济一体化的发展中，也十分重视发展澳大利亚的海洋教育。澳大利亚的海洋高等教育会根据国家海洋战略的改变和实施，调整专业培养计划，同时促进科研机构开展海洋研究，并提供相应的资金，资助在中小学教育中开展海洋生态环境教育。本章同时分析了澳大利亚在海洋产业发展的战略和规划的制定、海洋的综合管理以及海洋教育方面，对我国海洋经济的发展以及我国陆海经济发展一体化建设方面带来的启示。

第二十七章　加拿大陆海经济一体化的经验与启示

第一节　加拿大陆海经济一体化的经验

一、适时制定和调整海洋发展战略

为了保持世界海洋强国地位，加拿大十分重视海洋发展战略的制定，并根据国内和国际情况的发展变化，适时调整海洋发展战略。自 21 世纪以来，加拿大政府发布了一系列海洋发展战略和海洋发展计划。2002 年，加拿大政府发布了《加拿大海洋战略》。该战略旨在促进海洋产业的长远健康发展，加强海洋的综合管理以及确保加拿大已有的海洋大国地位。该战略确定了海洋资源开发的可持续性、海洋资源管理的综合性、海洋保护措施的预防性的基本原则。为了实现海洋发展的战略目标，加拿大政府安排了一系列工作计划，包括加强对海洋的观测、追踪、解析、研究，同时提高了对海洋科技发展的预算安排，加强对海洋科技人才的培养；加强对海洋生物多样性的保护；加强对海洋环境的保护，制定海洋污染的预防措施与预防体系；加强对海洋的科学规划与综合管理，制定科学的管理计划和完备的海洋法律体系；加强对海洋安全的管理；促进海洋产业的发展，加强海洋资源的开发与管理，掌握海洋产业的发展动态，特别加强了海洋旅游业的发展；加强促进全民的海洋保护意识。该战略对加拿大的海洋发展有着十分重要的推动作用。随着海洋经济的发展，加拿大政府认为当前的管理方式已经无法适应现代海洋管理面临的挑战，认为这种旧的方式导致海洋环境持续恶化，海洋产业的发展达不到理想的状态。因此，2005 年，加拿大政府又颁布和实施了《加拿大海洋行动计划》，致力于对现有的管理方式和方法进行改革。该计划的总体目标在于通过改革海洋管理的方式和方法，促进海洋科技的充分发展和海洋保护区全面网络的形成，推进海洋管理计划和法律体系的不断完善。为了维护加拿大海洋的生态系统，2005 年，加拿大政府颁布了《联邦海洋保护区战略》，目标旨在加强对加拿大海洋保护区的管理。2007 年，加拿大政府发布了《健康海洋引导计划》。2009 年，加拿大政府发布了《我们的海洋，我们的未来：联邦的计划和行动》和《经济行动计划》，以加强对海洋的保护及促进海洋经济的发展。

二、完善的海洋管理框架与高效协调的海洋管理工作

（一）完善的海洋管理框架

1997 年，根据加拿大的法律规定，渔业和海洋部是联邦政府国家海洋事务管理唯一的牵头部门，负责全国海洋管理工作，并协调地方政府与联邦政府以及地方政府之间的海洋工作。2002 年，根据加拿大相关法律法规的规定，正式成立了由上级包括联邦、中级包括省或者自治区、下级包括市，三级政府组成的海洋综合管理框架，主要承担各自在法律上界定的海洋管理责任。2004 年，基于国家制定与海洋相关政策尤其海洋咨询政策的需要，加拿大成立了国家海洋与产业委员会。此外，加拿大政府还成立了海洋事务委员会。海洋事务委员会涉及与海洋管理相关的所有联邦政府部门，由渔业和海洋部出任海洋事务委员会主席，其主要职责是协调联邦政府出台的与海洋关联的政策与规划。而且，渔业和海洋部还管理一个特别机构，即海岸警卫队，其前身是属于加拿大交通运输部的巡防船队，1995 年归属加拿大渔业和海洋部。其主要任务是保护加拿大海域的交通与环境安全，除了正常的海洋执法外，其他政府部门或者公益组织在执行与海洋相关的任务而需要帮助时，渔业与海洋部可以调动海岸警卫队的力量。这样统一协调和完善的海洋管理框架，有利于加拿大政府及时高效地处理海洋发展过程中遇到的各种问题，推动了加拿大现代海洋管理的进程。

（二）高效协调的海洋管理工作

从前面的论述可以看到，加拿大已经形成一个完整协调的海洋管理框架，每个部门各司其职，由海洋事务委员会负责协调各部门的工作。因此，虽然

加拿大的涉海部门有很多，但是各项海洋管理工作都是在有条不紊、高效地进行着。例如，加拿大每个涉海的管理部门每天高效工作的展开形式为：每天从 7 点开始，各涉海部门的员工都会仔细观察卫星实时拍摄的加拿大各区域的海洋和海平面实况图，图中所反映的问题涉及哪个海洋部门，就立刻通过会商形式决定由哪个部门负责去现场实地考察，并根据考察的结果决定由哪个部门具体进行处理。由于加拿大的海洋法律法规体系比较健全，各部门的管理职责划分又很明确，因此一旦认定由哪个部门负责，那个部门就会积极开展工作，而且针对关联工作又能相互配合，很少出现推诿责任和“踢皮球”现象，不仅实现了工作的整体一致性，而且使海洋管理工作的效率大大提高。

三、完善的海洋法规政策体系

加拿大历来十分重视对海洋的开发以及对海洋的管理，合理利用海洋、充分保护海洋是国家立法的基本，而且加拿大的海洋立法由来已久。1868 年，为了防止外国人员在加拿大海域滥捕，政府出台了《渔业法》，是加拿大历史上第一部渔业法。1869 年，又颁布了《海洋渔业保护法》，这两部法律构成了加拿大渔业管理的法律基础。“二战”后，为了进一步限制外国船队在加拿大境内进行捕捞，1964 年制定了《领海及渔区法》，对加拿大海域的捕捞区域进行了规定。1970 年，该法进行了修订，修改了加拿大的领海捕鱼范围。1997 年，在《联合国海洋法公约》生效后，由于国际海洋形势不断改变，又因国内海洋管理工作的需要，加拿大出台了《海洋法》。该法的颁布使加拿大成为世界第一个具有综合性海洋立法的国家，该法的宗旨和目标在于重塑海洋在加拿大的重要地位，同时树立加拿大在全球海洋事务中的核心地位，维护其海洋权利，包括海洋经济专属区的主权、管辖权，以实现加拿大海洋经济的可持续发展。

除了《海洋法》这部综合性法律外，加拿大在海洋管理的相关方面都制定了相应的法律。例如，在资源开发方面，有《石油资源法》《油气生产和保护法》《加拿大油气法》等；在海洋生态环境管理方面，有《加拿大领海保护区法》《北冰洋管理法》《海洋倾废法》《大陆架法》《防止油类污染法》《北极水域污染防止法》《濒危物种法》等；在航运和海洋贸易方面，有《航运法》《沿海贸易法》《海上运输安全法》；在渔业管理方面，有《沿岸渔业保护法》《渔业发展法》《渔业法》《渔业与海洋部法》《加拿大国家海洋区法》《领海和渔区法》《200 海里专属渔区法》。同时，为了加强海洋资源的管理，加拿大政府还出台了一系列相关的政策规划，包括《绿色规划》《弗雷泽河口行动计划》《圣·劳伦斯行动计划》《五大湖行动计划》《大西洋海岸行动计划》，这一系列的法律法规和规划，共同构成了完整的加拿大海洋资源和海洋产业管理的法律体系，为海洋的开发与管理提供了强有力的法律保障。

四、建设海洋保护区，充分发挥生态协调功能

（一）将海洋保护区纳入国家公园管理系统，促进海洋的管理

1911 年，不列颠哥伦比亚省建立了斯特克纳省立公园，是加拿大第一个海岸保护区。1923 年，成立了维多利亚港候鸟禁猎区，是加拿大第一个联邦级海洋保护区。1955 年，马奎纳海洋公园成立，是加拿大第一个真正意义的海洋保护区，从此海洋保护区正式纳入了国家公园管理系统，受到《加拿大国家公园法》的管理和限制。除了受《加拿大国家公园法》的管理之外，国家海洋保护区以及滨海公园也可以根据具体情况制订适合自身发展的公园管理计划，以达到有效管理的目的。例如，不列颠哥伦比亚省的 3 处滨海型国家公园保留自己的公园管理条例，最晚成立的海峡群岛公园也制订了自己的公园管理计划。总结起来，将海洋保护区纳入国家公园运营具有如下好处：一是有利于保护海洋环境；二是可以充分利用海洋保护区的自身优势，发展海洋渔业和滨海旅游业；三是国家公园数字化信息系统计划，以及国家海洋保护区系统计划的建立，有利于维护海洋生态环境的原貌。例如，加拿大曾经想修建一条穿越海洋的国际输油线路，以发展经济、赚取外汇，但是民众担心输油管道漏油会污染海洋，导致该工程多次延期，直到论证无污染才得以继续。与此同时，加拿大海洋保护区也有系统而严密的保护计划，如装载化学污染物质的大型运输船一般被禁止通过海洋保护区，而且在海洋保护区捕鱼也是被严令禁止的。

（二）形成海洋保护区网络体系，促进海洋生态的协调发展

海洋保护区建设是加拿大生态保护的重要内容之一，由联邦政府与地方

政府共同承担。联邦政府的主导机构是加拿大渔业和海洋部以及环境部，两个部门都具有法定的对海洋保护区进行保护的责任，特别是加拿大渔业和海洋部被《海洋法》赋予具有对海洋保护区制订政策计划的权力。根据加拿大渔业和海洋部的计划，将建立国家海洋保护区网络体系，该网络体系主要由3个核心计划构成：一是建立海洋保护区，主要用于保护海洋哺乳动物栖息地、重要的鱼类、具有独特生物或者生物多样性比较高的区域；二是海洋野生动物保护区，用于保护多种野生动物，特别是濒危野生动物或者迁徙鸟类；三是国家海洋保育区，主要用于保护海洋自然与文化遗产。除了上述核心海洋保护区外，其他类型的保护区也构成加拿大海洋保护区网络的重要内容。加拿大海洋保护区网络体系根据海洋生态系统的原有特性进行功能划分，对海洋的多种生物以及自然文化遗产形成了有效保护。

五、注重海洋管理人才的培养

无论是在海岸带管理人才培养方面，还是在海洋管理的人才培养方面，加拿大一直走在世界的前列。为了更好地培养海洋管理人才，加拿大在国内实施了一系列的培养计划，包括海洋综合管理人才培养计划，对国内相关的海洋管理人员进行专业培训。同时，也有针对海外留学生和访问学者的需求，制订了海洋综合管理培训计划。例如，大西洋海岸行动计划以及针对达尔豪西大学的海洋事务计划，为大批中高级政府官员以及一些民营企业的涉海工作人员提供了海岸带管理与海洋管理综合培训。此外，加拿大还通过国际开发署，为发展中国家海洋综合管理人才的培养提供帮助。近年来，加拿大在海洋开发技术领域所取得的成就，也为海洋管理人才的培养提供了有力的保障，如海岸和海洋图集、海洋数据库、海洋资源清单等。

六、注重海洋科研的管理与海洋科技成果的转化

（一）注重创新系统的建设

加拿大作为世界海洋强国之一，不仅具有丰富的海洋资源和强大的科研实力，还特别注重海洋创新系统建设，以支持海洋的综合管理和海洋科技的发展。加拿大渔业和海洋部除了主管渔业和保护海域安全外，还承担海洋领

域的科研工作，以及制定海洋科技发展规划。加拿大渔业和海洋部是集科研与管理为一体的政府部门，其发展状况在很大程度上反映了加拿大海洋科技发展和海洋战略的部署水平。在发展进程中，加拿大渔业和海洋部也取得了不少成就：一是促进了海洋产业的经济增长；二是拓展了海洋领域的科学研究，并支持海洋创新体系的向前发展；三是通过对海洋生态环境的研究，促进海洋生态环境的保护；四是通过制定海洋经济、科技等方面的相关政策与方案，促进海洋经济的发展。此外，加拿大渔业和海洋部十分重视海洋科技成果的转换。这些科技成果包括，编制海图为海洋科学研究提供信息服务；发明了先进的有缆海洋观测系统——维多利亚海底试验网。该系统不仅可以随着海洋环境的改变对海洋环境进行监测，还可以根据实时数据流对相关数据信息进行存档，以此保障科研人员在复杂环境中进行海洋研究。此外，加拿大某研究所还成功研制出将海洋塑料垃圾转换成燃料，不仅能解决海洋塑料垃圾问题，同时还解决了偏远地区的能源短缺问题。

（二）注重海洋科技平台建设

作为世界海洋大国，加拿大十分重视海洋科技创新平台建设，尤其是世界级的平台建设，并且这些平台在国际海洋科技舞台上发挥了积极引领作用。虽然加拿大成立海洋科技平台的历史并不是很久，但是这些平台都各有特色，而且发展十分迅速。例如，加拿大成立最早的海洋科技创新平台为 1962 年成立的贝德福海洋研究所。该研究所不仅是加拿大最早，也是最大的海洋科技平台。截至目前，该研究所的研究领域涵盖了几乎所有的海洋相关研究，包括海洋主权、海洋国防、海洋环境治理、海洋渔业和海洋自然资源及生态保护等各个领域。成立于 1987 年的茅里斯海洋研究所，同样也成为世界一流的海洋科技平台。其研究重点主要集中于渔业、海洋科学、海洋环境、海洋水文地理等的科学研究，为加拿大渔业和海洋科技的发展做出了巨大贡献。位于魁北克大学的里姆斯基海洋研究所，也是加拿大非常有名的海洋科技平台。其研究领域囊括了几乎与海洋有关的所有领域，包括海洋化学、生物学、声学、地质学等，在海洋勘探、海洋深水作业以及相关海洋技能培训方面积累了很多丰富的经验。而加拿大魁北克省魁北克海洋生物中心，也是加拿大有名的海洋科研平台，该中心的研究重点主要集中于科技服务和科技观察方面，它为加拿大公司的海洋科技成果转换和产业发展做出了重要的贡献。除了这些海洋科研平台外，加拿大还有很多其他的科研平台，这些海洋科研平台为海洋科技的发展和科技成果的转换做出了很大的贡献。

（三）重视海洋科技创新投入

加拿大十分重视对海洋科技创新研发的投入，而且对于海洋科研项目的投入也在逐年增加。从国民经济发展的整体来看，加拿大海洋科技研发支出占 GDP 的比重也比较高，排名处于世界前列，其资金主要来源于加拿大联邦政府。为了应对海洋科技创新的资金需求，联邦政府成立了创新基金，这些资金主要用于海洋科技创新的基础设施建设，同时联合大学、科研机构、政府部门的各种资源，对海洋科学的前沿性学科进行研究和技术开发。当然，加拿大有些海洋科学研究的研发投入不仅来自联邦政府，也有部分资金来源于企业、大学基金和非营利机构。同时，加拿大企业的研发投入占 GDP 的比重也是比较高的。2009 年，更是加大了对高校科研设施的投入，从而推动高校的科研创新向前发展。

（四）鼓励中小海洋企业的创新发展

加拿大政府采用很多有益措施鼓励海洋中小企业进行科技创新，以创造更多领先的海洋技术，扩大国际市场。加拿大拥有几百家海洋科技企业，大部分属于中小企业，而且这些企业每年会将近一半的企业支出用于对科技创新研发的投入上。这些中小企业利用自身优势开发了很多具有科技创新性的海洋科技产品，有效推动了加拿大整个海洋创新体系的向前发展。

（五）构建国内与国际海洋科技合作框架

加拿大在不断推进海洋科技创新的发展中，也十分重视国内海洋科技平台、海洋研究机构、政府部门以及企业之间的合作，以实现科研创新的产学研合作平台的创建。为了更好地促进海洋科研创新各方的长期合作，减少合作所产生的制度以及其他障碍，还专门成立负责协调各方合作的非营利性机构，即海洋科学技术合作伙伴体系。该机构的主要任务是：将某海洋科研创新项目与海洋科技人员联系起来，加强海洋科技创新产品的科研机构与该产品生产企业之间的联系，以促进海洋科研成果的转换，使科研产品实现商品化，同时还要加强地区与国家之间的联系。另外，在该体系下还设有海洋进展中心、海洋通信中心、管理研究网络等组织，以促进海洋创新的科研平台、企业和政府之间的合作。除了重视国内的合作外，加拿大也十分重视海洋科技的国际合作。例如，加拿大的渔业和海洋部加强与国外相关部门合作，推进海水养殖技术的合作发展计划，旨在推进高科技海水养殖的技术成果和科研成果转换。

七、坚持以预防、生态为基础的海洋环境管理

海洋环境管理是加拿大海洋综合管理的一个重要部分。从 20 世纪 50 年代开始，不仅加拿大联邦政府开始对海水污染进行防治，而且地方政府也开始重视海水污染。为了防范陆地工业废水对海水的污染，联邦政府出台了一系列污染防治法律法规。1988 年，为了从根本上解决海洋污染问题，加拿大联邦政府发布了《环境保护法》。该法律具有很强的前瞻性，强调从陆地源头加强对海洋污染的治理，特别是加强对陆地污水排放的管制。20 世纪 80 年代中，加拿大开始进行跨部门的海洋管理计划，如渔业和海洋部与环境部共同执行了“海洋环境质量”计划。该计划主要包括《联邦海洋环境质量行动计划》和《联邦政府海洋环境质量管理框架》两个内容，对联邦政府涉海相关部门的工作方案进行统一部署，并对联邦政府出台的海洋环境方面的法律法规与工作方案进行整体调和，为加拿大海洋管理战略的出台做好充分准备。随着海洋环境管理战略的正式出台及实施，加拿大政府更加重视防止陆地污染对海洋的破坏。1995 年，加拿大联邦政府颁布并实施了《保护海洋环境免受陆源活动污染国家行动计划》，该行动计划旨在防止海洋的陆源污染以及加强对海岸带环境的管理。1998 年，加拿大联邦政府通过了《北极海洋环境陆基活动预防地区行动计划》。到 2000 年，加拿大政府正式发布《加拿大海洋环境陆基活动污染预防国家行动计划》。总体来说，加拿大的环境管理主要包括陆源污染防治管理、海上污染防治管理以及海洋生态保护 3 个方面，并且构建了一个以生态系统协调发展为根本目的的海洋管理框架。加拿大的海洋环境管理充分体现了综合管理、生态管理、预防管理原则，特别是生态管理原则，是当前国际海洋环境管理的新方向。加拿大以生态系统为基础的海洋环境管理理念，构成海洋各区域之间的生态连通，以点成线、以线成面，从而达到了维持整个海洋生态系统的完整性，实现了对海洋功能的保护。

第二节　加拿大经验对中国的启示

加拿大的陆海经济一体化发展给我国陆海经济一体化发展带来的启示有以下三点。

第一，完善的海洋管理框架与高效协调的海洋管理工作。加拿大拥有完善的海洋管理框架，有利于政府及时高效地处理海洋发展中遇到的各种问题，各个部门各司其职，由海洋事务委员会负责协调各部门的工作，促进各项海洋管理工作有条不紊、高效地进行。这样完善的管理框架以及高效协调的管理工作方式，有利于加拿大海洋经济的发展和陆海经济一体化的实施。对我国而言，各地区的海洋管理框架还不太完善，海洋管理工作也存在懈怠现象，加拿大的管理框架以及高效的管理工作机制，对我国开展海洋管理工作有着重要的启示。

第二，在海洋生态环境保护方面，加强建设海洋保护区。海洋保护区建设是加拿大生态保护的重要内容之一，由联邦政府与地方政府共同承担，建立了加拿大国家海洋保护区网络体系。该海洋保护区网络体系根据海洋生态系统的原有特性进行功能划分，对海洋的多种生物以及海洋文化自然遗产形成了有效保护。我国海洋经济经过多年的发展，海洋经济产值已经得到很大的提高，当然海洋的生态环境也由此遭受较大的破坏。虽然我国各地区也建立了海洋保护区，但是海洋保护区的管理方式还有待改进。加拿大海洋保护区的管理方式给予我们深刻的启示。

第三，注重海洋科研的管理与成果的转化。加拿大在海洋科研的管理方面，尤其注重海洋创新系统的建设，首先十分重视海洋科技创新平台的建设，尤其是世界级的平台建设，而且创建的海洋科技平台各有特色，发展也十分迅速。与此同时，加拿大还十分注重对海洋科技的投入，鼓励中小企业进行海洋科技创新。我国的海洋科技创新相对比较薄弱，尤其是海洋中小企业的创新能力更加薄弱。因此，加拿大海洋科技发展和中小企业的海洋科技创新经验，可以给我国的海洋科技发展以及中小企业创新提供很好的启示。

本章小结

本章对加拿大陆海经济一体化发展的经验，以及对我国陆海经济一体化发展的启示进行了介绍和总结。加拿大陆海经济一体化发展的经验主要有：第一，根据国内国际情况的发展变化，适时制定和调整海洋发展战略，颁布了一系列海洋发展战略和海洋发展计划。第二，加拿大十分重视对海洋的管理，建立完善的海洋管理框架，实施高效协调的海洋管理工作方式。第三，加拿大十分重视海洋法律、法规、政策体系的建设，为海洋的开发与管理提供了有利的法律保障。第四，加拿大也十分注重对海洋的生态保护，尤其在建设海洋保护区的网络体系方面取得较大的成绩，促进了海洋生态的协调发展。第五，加拿大政府还十分重视对海洋管理人才的培养，在海岸带与海洋管理人才培养方面，一直处于国际领先地位。第六，加拿大也非常注重对海洋科研的管理与海洋科技成果的转换，大力推进海洋创新系统的建设和海洋科技平台的建设及对海洋科技的投入，以及鼓励中小企业的创新发展，经常开展海洋科技的国内、国际合作。第七，加拿大坚持以预防、生态为基础的海洋环境管理。总之，加拿大在海洋经济发展、海洋管理以及陆海经济一体化发展方面都具有丰富的经验。加拿大陆海经济一体化经验给我国陆海经济一体化发展带来的深刻启示主要体现在：完善的海洋管理框架与高效协调的海洋管理工作、海洋保护区建设、海洋科研管理以及科研成果转换等。

第二十八章　英国陆海经济一体化的经验与启示

第一节　英国陆海经济一体化的经验

一、推行海洋强国发展战略

英国一直是世界海洋强国之一，英国的海洋强国战略主要围绕在经济方面。英国重点推行经济发展方面的战略部署，尤其推行了工业革命，这大大促进了英国海洋经济的快速发展。到 19 世纪 50 年代初期，全球自由贸易政策的实施打破了过去的贸易保护主义，重新建立了以英国为中心的全球范围内的自由贸易体系。不仅促进了海洋航运、港口的发展，也为英国海洋经济的发展提供了制度保障和经济基础，尤其国际金融业的发展为英国海洋战略的实施提供了充足的动力，使伦敦成为世界金融中心。2019 年，英国政府再次宣布了《2050 海洋战略》，该战略旨在维持英国作为全球枢纽的核心地位。英国《2050 海洋战略》的近期目标主要有两个：一是通过试验和开发自主船舶，以及通过解决自动化的安全问题等方式来吸引海外投资，同时将英国打造为国际贸易的最佳场所；二是通过开拓虚拟技术运用于英国海员培训，以此满足未来的海事技能需求。英国《2050 海洋战略》的中期目标：到 2030 年，在英国的每个港口都建设一个创新中心，并在海事计划中采用绿色标志，以此实现海运中零排放。

二、制定和完善海洋相关的法律法规和政策

（一）推进海洋产业发展的法律法规和政策的制定

作为海洋强国之一，英国十分重视对海洋产业发展的法律法规的制定，无论是单个产业还是国家整体产业的发展，英国都在不断完善相关的法律法规。比如，在渔业发展方面，1981 年英国颁布了《渔业法》，1992 年出台了《海洋渔业法》，2001 年北爱尔兰颁布了《渔业法修正案》；在油气勘查与开采业方面，1975 年苏格兰颁布《海上石油开发法》，1998 年英国政府颁布《石油法》；在运输业方面，1995 年颁布了《商船运输法》；在能源产业方面，2010 年英国政府出台了《海洋能源行动计划》，该计划提出在科技、金融、政策领域给予新兴海洋能源发展以支持，2013 年英国政府多部门联合发布了《海上风电产业战略——产业与政府行动》，旨在促进英国风电产业的发展。除了单个产业的发展外，英国也从整体上出台了海洋产业发展的政策措施。比如，在 2011 年，英国政府出台了《英国海洋产业增长战略》。该战略是英国第一个海洋产业增长战略，其根本目标在于通过战略的实施促进英国海洋产业，包括海洋商贸产业、海洋旅游业、海洋装备产业以及海洋可再生能源产业实现跨越式增长。

（二）推进海洋综合管理的法律法规和政策的颁布

从 20 世纪 90 年代开始，英国的海洋科研人员、公众以及有关涉海部门，开始呼吁英国制定综合性海洋管理政策。经过各方的努力，2009 年英国政府颁布了第一部综合性海洋管理法，即《英国海洋法》。该法律首先规定成立全国统一的海洋管理协调机构——英国海洋管理组织，对海洋实行综合统一的组织管理；其次是制定一系列的海洋发展和海洋管理的规划与计划，帮助各涉海部门落实相关的海洋政策，包括对英国海洋的保护和海洋资源的可持续开发等。2009 年，英国又发布了《海洋和海岸促进法》，将英国的海洋管理制度统一起来，同时推进统一的海洋管理机构成立，将原有的海洋渔业部门与更广泛的海洋管理职能机构合成一体。在英国中央政府发布之后，苏格兰也于 2010 年发布了与中央政府一致的《海洋与海岸促进法》，同样成立了苏格兰新的海洋综合管理部门，即苏格兰海洋局，以实施和协调苏格兰的海洋

管理。随后，英国政府出台了对英国海洋和海岸带管理具有里程碑意义的法律，即《海洋和海岸带准入法案》。该法案的出台基于解决一个核心矛盾，即休闲娱乐、海洋矿业资源的开采，以及海洋能源开发性等海洋活动的频繁性和密集性，与国际组织尤其非政府组织要求对海洋进行保护的强烈需求之间的矛盾，各方利益体都在诉求自身的利益，一方涉及经济发展，一方涉及环境保护，政府又不能顾此失彼。因此为了解决这样的矛盾，英国政府推行了该法案，而且首次提出对海洋进行空间合理规划，并改进了原有的海洋和海岸带管理政策，推进英国更好地面对 21 世纪海洋的可持续发展。在该法案的推动下，英国开始实施海洋空间规划，同时建立了海洋保护区，也推进了英国海洋海岸带管理方面的诸多改革，促使政府将更多的注意力集中于海洋环境保护方面。随后，英国政府又颁布了《英国关于海洋政策的声明》《海岸带综合管理方案》等一系列法律法规，推进英国的海洋管理政策进一步发展。2011 年，英国政府颁布了《英国海洋政策》，以法律形式确定了海洋管理组织的海洋管理职能。

三、加强制定海洋发展规划

英国也十分重视对海洋规划政策的制定，旨在能够协调好各海洋相关利益体的行为和利益，通过规划能更好地发挥海洋空间的利用和价值，使经济发展与环境保护实现双赢的局面。因此，英国的政策法规对于规划作出了明确的规定：海洋规划必须能够实现海洋服务高水平，海洋规划作为总体目标，各部门在完成总体目标后，再完成各部门的具体目标。海洋规划由于在总体上决定了各部门海洋活动的审批权，因此在很大程度上能为海洋科技创新人员在进行研发和科技创新的时候提供一个框架。此外，在联合国教科文组织的推动下，英国海洋规划也作出一些改进，并对海洋空间规划作出部署。在空间规划上，英国首先将海洋规划为 11 个区，然后分别对这些规划区进行地区级的海洋规划。这些海洋规划区的地理位置部署在 0~12 海里的近岸和 12~200 海里的近海海域，预计 2021 年将全部完成。由于不同的规划可能涉及相同的涉海企业，如某家涉海企业的业务既包括在近海区域，同时又包括在近岸区域，因此英国海事管理机构让这些涉海企业能够同时参与到不同的规划中，在发展中执行同一宗旨，再按照流程做具体的调整。因此，英国的海洋规划提供了海洋长远发展的决策框架，促进英国各个区域和各个级别海洋区域的和谐发展以及环境保护。

四、多方面促进海洋产业发展

英国十分重视海洋产业的发展，并从多方面采取措施促进海洋产业的发展，以此促进陆海统筹协调发展，其采取的措施主要有以下四种。

（一）加强对海洋产业发展的引导与管理

英国十分重视对海洋产业发展的引导。1995 年，英国海洋技术预测委员会成立，旨在为海洋产业发展的技术开发提供咨询服务，并为海洋产业的发展寻找新的商业机会。同时，该委员会还建议英国政府加强对海洋产业发展的支持力度，并引导海洋产业的发展。除此之外，英国政府还重视海洋产业发展的制度安排，专门成立了英国海洋产业领导理事会。该理事会由政府部门、涉海企业、海洋产业产品消费者共同组成，主要负责英国海洋产业发展战略的制定与执行。为了保障海洋产业增长战略的实施，理事会还专门制订了相应的执行计划，成立了相应的工作组。

（二）提升海洋产业形象

英国政府制订了海洋产业多方面发展的交流和宣传计划，提高海洋产业各相关利益方和消费者对海洋产业的价值意识，促进提升消费者和涉海企业对海洋产业和海洋产品的重视程度，并督促企业加强对海洋产业产品的设计，以及对海洋环境友好型产品的改进；提高英国海洋产业和相关产品的知名度，使产品获得全球的认可，以此提高海洋产业在英国经济增长中的贡献度。

（三）培养海洋产业发展专业人才

英国政府非常重视对海洋产业人才的培养。在英国各类教育中，特别是在高等教育和职业教育中，设立了对海洋产业专业人才的培养，同时也加强对海洋产业发展的相关职业培训，并提供在海洋产业领域长期发展的就业机会，以此吸引优秀的海洋产业专业人才加入，为海洋产业发展的不同阶段提供合适的海洋专业人才。

（四）加强海洋产业的技术创新

英国通过制定海洋技术和创新的规划和政策，减少海洋产业技术创新的障碍，并加大对海洋产业基础研究的投入，以鼓励海洋产业基础研究向前发展。同时，通过设定海洋产业创新技术的基准和前瞻性目标，并对英国每年的海洋产业技术创新进行总结来促进海洋技术创新的产学研协调发展。

五、大力发展海洋可再生能源

（一）出台海洋可再生能源发展的法律法规

自 20 世纪 70 年代以来，英国制定了多元化的能源政策，鼓励对海洋风能、潮汐能等多种可再生能源进行开发，以实现英国能源的可持续发展。2004 年，英国政府公布《年度能源白皮书》，鼓励使用可再生能源。尤其在风能开发上，英国取得了很大的进展。特别是在 2004 年，随着英国《能源法》的通过，促使近岸风能得到充分开发，英国的风能产业得到较快发展，同时也推动了近岸风电工程的实施。英国近岸风电储备量丰富，占据世界领先地位，其开发不仅整合了英国的能源结构，也促进了对海洋环境的保护。同年，英国出台了《可再生能源区域法》，开始对大陆架上的风能实施开发与利用，并指导大陆架风能开发的管理和协调工作。2005 年，英国风能产业开始进入有序的开发阶段，其中对利物浦海湾、沃什湾、泰晤士河口 3 个海域批准了风电的开发项目。2008 年，英国颁布实施了《风能主导法》，从法律形式上允许海洋风能开发延伸至更广阔的海域，如包括爱尔兰海、北海、英吉利海峡等 9 个区域。除了风电能以外，英国在 2009 年还制定了海洋能源方案，鼓励对海浪和潮汐能的开发和利用。

（二）注重对海洋可再生能源的资金和政策支持

英国十分重视对海洋可再生能源的开发和利用，并给予资金和政策等多种支持，因此英国可再生能源在全球的领先地位与政府对可再生能源在政策和资金上的支持是密不可分的。首先，英国政府很早就开始可再生能源产业的发展规划。早在 1990 年，英国政府就颁布了《海洋科技发展战略》，提出对可再生能源进行合理开发和利用。到2009年，英国政府正式颁布了《海洋（波浪、潮汐流）可再生能源技术路线图》，对一部分海洋可再生能源的开发和利用提出了具体的技术路线。2010年，英国政府颁布《海洋能源行动计划2010》，制定了潮汐能、海浪能等开发的具体措施和发展前景，并引导和鼓励私有资金进行海洋可再生能源的开发。2011年，英国政府再次颁布了《英国海洋能源规划》，加强了对波浪能以及潮汐能商业化的开发与利用。此外，英国政府还对海洋可再生能源的开发和利用给予政策上的支持。例如，2000—2004年，从事海洋可再生能源开发的企业可以获取政府补助资金，使用海洋可再生能源的企业与居民可以获得税收减免。这些财税政策的出台，对于英国可再生能源的发展起到极大的推动作用。2004年，英国政府启动了5000万英镑的专项资金计划，重点用于海洋可再生能源的开发。同年，英国正式启动了距苏格兰大陆约100千米的奥克尼群岛的世界欧洲海洋能量中心，也是世界首座海洋能量试验场。对于该试验场，英国政府投入了500万英镑建设能源中心，对海洋风能、潮汐能、波浪能等海洋可再生能源进行开发，并推广和实验新型海洋可再生能源技术和设备。此外，英国的其他政府部门也为可再生能源的发展提供了发展资金，如工贸部不仅为可再生能源发展提供资金，而且对于可再生能源企业给予免交气候税的优惠措施。除了中央政府加大对可再生能源的资金支持外，各地方政府也通过政策和资金的方式加大对可再生能源的支持，如威尔士政府颁布了《海洋可再生能源战略框架》，以支持可再生能源的发展，在该框架出台不久，威尔士政府又出资100万英镑资助可再生能源的开发。英格兰政府也随即出台了相关的海洋空间规划框架，以开发可再生能源，并成立对可再生能源发展的测试中心。2008年，英格兰政府还设立了“兰十字奖”，并提供1000万英镑的奖金，对可再生能源的创新进行奖励。除此之外，英国政府还为此制定相关政策，以促进可再生能源的商业化转换，推进可再生能源的可持续发展。例如，英国为推动潮汐能、波浪能等可再生能源发电的输出，要求各个区域对可再生能源发电实行配额制，即居民消费的用电量里应至少有固定的额度来自可再生能源的发电量。同时，对具有能力对可再生能源发电量进行长距离运输的企业发放许可证，以使可再生能源的发电能输送到更远的地区。而且，为了鼓励可再生能源企业的发展，英国要求电网必须对可再生能源生产企业全面覆盖，还要求不间断地供电。正是由于英国政府对可再生能源在各个角度的大力支持，英国的可再生能源发展迅速，不仅带来丰厚的利润，也使海洋可再生能源产业处于国际领先地位，使英国成为可再生能源技术标准制定的引领者。

（三）加强可再生能源的国际合作

英国为了推进可再生能源的可持续发展，继续推进对全球海洋可再生能源的引领作用，其十分重视加强与其他国家在海洋可再生能源方面的国际合作。英国首先选择了与英国邻近，国家政治制度和文化相近，科学发展水平相当的欧洲国家进行合作。在合作的形式上，不仅与欧洲国家采取双边合作方式，很多项目也采取了多边合作方式。例如，2011—2013 年，英国与法国开展了对边远海域和岛屿的可再生能源的开发合作项目。2012 年，英国就英吉利海峡奥尔德尼群岛的潮汐能电力签署了合作协议，将该地区潮汐能企业的发电量输送到法国，被称为“法国—奥尔德尼—英国”合作项目。此外，英国的可再生能源企业与法国的可再生能源企业，合作建设了一家全球最大的波浪能发电厂。2013 年，英格兰与法国诺曼底达成协议，英格兰企业能够参与诺曼底的潮汐能项目的开发以及产品输送。英格兰的多家企业与德国以及法国的多家企业共同签署协议，在英国和法国共同开发可再生能源。同时，英国企业和葡萄牙企业共同开发苏格兰海域的风能，并且英国的波浪能发电在葡萄牙海域建成并很快实现了运行。英国除了与邻近的欧洲国家在可再生能源领域开展合作以外，还在北美洲以及澳洲、亚洲等国家开展双边与多边合作。2001 年，英国与德国、比利时、挪威等欧洲国家分别签署了海洋能源系统实施合作协议，其后又与美国、加拿大和澳大利亚分别在海洋能源系统实施方面签署了合作协议。2011 年，英国政府与加拿大政府开展了可再生能源开发技术体系的合作。英国与澳大利亚的合作体现在：英国的潮汐能企业与澳大利亚的波浪能企业开展合作，为了降低潮汐能和波浪能等可再生能源的发电成本，两家公司合作开发具有既能降低发电成本，又能提高供电产量的设备。除此之外，英国与美国、加拿大、澳大利亚共同签署了海洋能源系统实施协议。英国与世界上很多国家就可再生能源的开发利用展开合作，大大推动了英国可再生能源的发展，维持了英国在可再生能源领域的国际领先地位。

（四）加强对可再生能源的规划管理

为了更好地推动可再生能源的开发与利用，促进海洋产业的可持续发展，英国中央政府先后出台了一系列与海洋可再生能源发展有关的海洋空间规划与法案，注重从空间规划的视角加强对海洋可再生能源的开发进行引导。例如，苏格兰政府出台的《苏格兰海洋可持续环境行动方案》以及英国中央政府出台的《海洋和海岸准入法》等，这些方案和法规对海洋可再生能源的空间开发在法律上进行了规定和引导。除此之外，英国中央政府还采取有效措施加强对海洋领域的空间管理。例如，2000 年，英国政府专门成立了海洋管理组织，对英国北海大部分海域进行空间规划与管理。与此同时，英国政府也十分重视可再生能源开发对海洋环境影响的空间规划。2004 年，爱尔兰政府颁布了《爱尔兰海自然资源保护的海洋空间规划》，2008 年苏格兰出台了《苏格兰海：为了更好地了解其状态》。

六、实行中长期海洋科技战略

英国历来十分重视海洋科技发展规划与战略的制定。早在 1989 年，英国政府就颁布了《90 年代英国海洋科学技术发展规划》。该规划提出了英国今后 10 年内海洋科技发展战略目标以及发展规划，并提出海洋科技发展战略的六大目标：领海及深海领域及其生物资源环境保护的海洋科技发展计划、海洋资源开发利用的科技发展计划、国防的科技发展计划、海洋气候及其预测的科技发展计划、海洋技术的科技发展计划、海洋法制管理的科技发展计划。这些战略计划重点强调发展海洋遥感技术、数据库、海洋深水技术以及新型海洋观测仪器等海洋高新技术。为了实施这些海洋科技发展战略，英国政府还实施了一系列政策和推进措施，如制订海洋科技战略发展的准备计划：首先，制订海洋科技发展的基础研究和战略性研究发展计划；其次，发展海洋高新技术；再次，做好海洋科技发展的人才储备计划；最后，做好海洋科技发展的国际合作计划。2000 年，英国政府制定了今后 5 ~ 10 年的海洋科技发展战略，其重点定位于海洋环境预报和海洋资源的开发利用两方面的科技计划。2005 年，英国发布了《2005—2010 年的战略科学规划》，2008 年又发布了《2009—2014 年的战略科学规划》。同年，英国政府发布了《2025 海洋科技技术》，重点支持海洋生态系统、海洋气候变化等领域的科学研究，并为该计划的实施提供了大约 1.2 亿英镑的资金支持。该计划不仅引导了海洋科学的发展方向，还为英国海洋科技发展提供了研究经费保障。2010 年，英国政府出台了《英国海洋科学战略》，确定了今后 15 年的海洋科学重点研究方向，并成立专门的机构——海洋科学协调委员会负责实施该项海洋科技战略。与《英国海洋科学战略》对应的是《2025 海洋研究计划》，该计划也受到英国政府部门的资助，其研究的重点集中于气候变化下的海洋环境风险评估、海洋环境变化下的海洋生物的化学循环、海洋环境的可持续观测数据集成等。从总体来看，英国的海洋科技战略与科技规划对海洋科学研究方向上的指向适度超前，发展规划的制定定位于中长期，各规划时间段都做到良好衔接，大大推进了英国海洋科技的向前发展。

七、加强海洋科技发展智库建设

为了更好地加强英国海洋科技的发展，早在 1986 年英国就成立了海洋科技协调委员会，主要负责制定英国的海洋科技发展规划，从全国范围对海洋科技发展状况进行协调。随着英国海洋科技的发展，早期成立的海洋科技协调委员会已经不再适应其发展，为此，英国对许多科研组织机构进行了改组，使其逐渐发展成具有很强协调性的海洋智库。例如，较为出名的包括成立于 1995 年的南安普敦海洋学中心，由英国前自然环境研究委员会下属的两个研究结构进行改组合并形成，该中心不断发展和壮大，逐渐形成海洋生物、化学以及河口研究实力雄厚的智库研究中心，而且在发展过程中逐渐吸纳别的海洋科研实验室以及海洋科学调查团队基地，使该中心的海洋科技研究范围不断拓展，在原有研究的基础上不断向海洋架和潮汐等研究方向拓展，智库的研究实力也不断增强，研究目标也更加明确，经费来源也更加的稳定和充足。除此之外，英国近年来还十分重视智库的体制建设，以此促进英国海洋科技智库的长远建设和发展。为此，英国成立了政府、海洋研究结构和海洋产业 3 个部门为一体的海洋科技联合开发体制。英国政府采取多种政策促进海洋产业相关的大专院校和研究机构等智库机构，与政府部门以及海洋产业发展部门之间开展交流与合作。将真正的海洋科技运用到海洋经济部门，形成智库单位与政府和海洋产业部门三位一体的联合开发体制。这样的政策措施不仅集聚了英国最优秀的海洋科技人才，也集聚了最先进的海洋研究设备，同时也大大促进了英国海洋产业的发展。

八、加强推进海洋空间规划的管理

英国在 2002 年的欧洲北海部长会议中，接受《卑尔根宣言》提出的关于制定海洋空间规划的建议，并于同年发布报告《通过规划达到可持续发展的社会》，讨论改革海洋空间规划体系。2004 年，英国利用土地规划体系与海洋的特点，提出构建英国海洋空间规划体系的框架构想。该构想的核心思想是形成联合王国层面、国家层面、区域层面以及地方层面 4 个层级的海洋空间规划体系，同时英格兰、苏格兰、爱尔兰、威尔士可分别制定自身所属海域的海洋空间规划，联合王国制定国家海洋空间规划，不管地方还是联合王国制定的海洋空间规划都是法定的。这一构想拉开了英国海洋空间规划框架体系建设的序幕。2006 年，英国正式公布了《英国海洋空间规划——爱尔兰海试点规划》，该规划适用于爱尔兰领海、大陆架生物多样性、海洋气候变化等空间规划用途。2009 年，英国编制了《莱姆湾海洋规划》，该规划的根本目标是推进海洋保护区的规划工作。同年，英国出台的《英国海岸带与海洋准入法》从空间上规定了英国所属海域的管理权限，为海洋空间规划提供了法律和制度基础。2010 年，苏格兰完成《克莱德湾海洋空间规划》的编制。2011 年，英国政府发布了《英国海洋政策宣言》，明确了海洋空间规划体系框架构建的原则、内容与保障政策等。在该宣言的指导下，英国于 2012 年先后编制完成了《马恩岛海洋空间规划》和《舍特兰岛海洋空间规划》。紧接着，2014 年英格兰编制完成《英格兰东部近海和远海规划》。2015 年，苏格兰编制完成《苏格兰海洋规划》，从空间上将苏格兰划分为 11 个海区。2016 年，《彭特兰和奥克尼群岛海洋空间规划》和《英格兰南部近海和远海规划》同时完成编制。根据英国的规划，将在 2021 年完成所有管辖海域的海洋空间规划的编制。

九、加强海洋环境保护管理

（一）加强对海洋环保管理法律的制定

英国在海洋环保管理方面，重点在于构建具有生态协调功能的海洋保护区网络体系。因此，英国颁布的很多法律法规都对海洋保护区从法律层面作出了具体的要求和规定，这些法律包括《海洋和海岸带准入法案》《栖息地法令》和《生物多样性公约》。特别是《海洋和海岸带准入法案》，确定了海洋保护网络的具体目标，即保护海洋珍稀濒危物种以及具有代表性的海洋栖息地和海洋生物物种，以此促进海洋资源的可持续发展。同时，英国将海洋保护区划分为海洋养护专项区、海洋特殊保护区、特别海洋科学保护区、海洋保护区，并由国家部门进行监督，以此促进海洋的可持续发展。

（二）加强对海洋资源和环境的保护管理

近年来，英国政府越来越认识到海洋环境的重要性，在注重海洋资源开发利用的同时，还通过各种方式加强对海洋资源的保护。早在 20 世纪 70 年代，英国就颁布了《北海石油与天然气：海岸规划指导方针》，以此确保海洋油气业在指定区域进行开发利用，并在法律层面上规定了“优先开发区域”和“优先保护区”，以确保海洋环境免遭破坏。英国在 1974 年颁布的《海上倾废法》禁止任何形式向海洋投放污染物质，以此保护海洋环境。在 21 世纪初，英国成立了“海洋管理局”对英国所管辖的海域进行环境评估，然后发布环境评估报告，以向政府提出环境治理的建议。2002 年，英国政府提出了“全面保护英国海洋生物计划”，旨在为英国 4 万多个海洋生物提供更好的海洋栖息地。同年，英国发布的《保护我们的海洋》，提出了“构建清洁、健康、安全和具有生物多样性的海洋”目标。2003 年，英国政府建立了包括海洋科学、海洋生物状况、海洋生态环境状况以及未来的发展前景等内容的数据网络，系统全面地开展海洋环境保护，以此促进英国海洋生态系统和谐发展，海洋资源受到充分保护。

第二节　英国经验对中国的启示

英国在发展海洋经济和陆海经济一体化方面有着丰富的经验，给我国陆海经济一体化发展带来的启示主要包括以下三点。

第一，多方面促进海洋产业发展，推进陆海统筹协调发展。英国作为岛国有着丰富的海洋资源，使英国成为海洋产业发达的国家之一。英国十分重视海洋产业的发展，并从多方面加强对海洋产业的发展：首先，加强对海洋产业发展的引导与管理；其次，注重提升海洋产业形象，培养海洋产业发展专业人才，加强海洋产业的技术创新。而我国靠海的各省、市、自治区在陆海经济一体化过程中也需要提高海洋产业的实力，推进陆海统筹协调发展。因此，英国的海洋产业发展经验给我国沿海地区的海洋产业的发展提供了经验借鉴。

第二，大力发展海洋可再生能源。英国是世界上最重视海洋可再生能源开发的国家，为了大力发展海洋可再生能源，实现英国可再生能源发展的国际领先地位，英国首先出台了一系列可再生能源发展的法律法规，同时注重给予海洋可再生能源资金和政策支持，与此同时，加强海洋可再生能源的国际合作及其规划管理。英国在海洋可再生能源开发上取得了举世瞩目的成绩。我国虽然也在积极开展海洋可再生能源，但是与英国相比有着较大的差距。因此，英国的开发经验给中国海洋可再生能源的开发提供了丰富的经验和启示。

第三，加强推进海洋空间规划的管理。英国颁布了一系列海洋空间规划，这些空间规划具有保持大陆架生物多样性、观测海洋气候变化、实施海洋保护区规划等多种用途，从空间上加强了对海洋的管理。我国靠海的各省、市、自治区在海洋空间规划方面还比较薄弱。因此，英国海洋空间规划的管理经验可以给我国提供经验借鉴。

本章小结

本章对英国陆海经济一体化发展的经验，以及对我国陆海经济一体化发展的启示进行了介绍和总结。英国陆海经济一体化发展的经验主要有：第一，英国推行海洋强国发展战略，颁布海洋发展的中期和长期发展战略；第二，英国推进海洋经济发展的法律法规和政策的制定和完善，既包括海洋产业发展的法律法规和政策，也包括海洋综合管理的法律法规和政策；第三，英国十分重视对海洋规划的制定，通过海洋规划协调各海洋相关利益体的行为和利益，以便更好地发挥海洋空间的利用价值；第四，多方面促进海洋产业发展，推进陆海统筹协调发展，不仅加强对海洋产业发展的引导和管理，也注重对海洋产业形象的提升以及海洋产业发展专业人才的培养和海洋产业的技术创新；第五，英国十分重视对海洋可再生能源的开发利用，不仅出台海洋可再生能源开发的法律法规，而且加强对海洋可再生能源的资金和政策支持，积极开展海洋可再生能源的国际合作和加强对海洋可再生能源的规划管理；第六，英国重视海洋科技发展规划和战略的制定，尤其是中长期海洋科技战略，各规划时间段都做到良好衔接，大大推进了英国海洋科技的向前发展；第七，英国注重加强海洋科技发展的智库建设，形成智库单位与政府和海洋产业部门三位一体的联合开发体制；第八，英国重视推进海洋空间规划的管理，提出了构建英国海洋空间规划体系的框架，并在不远的将来推进规划的编制；第九，英国也注重加强海洋环境的管理，不仅重视海洋环保管理法律的制定，同时也注重海洋环境的保护管理。总体来说，英国陆海一体化有着丰富的经验，本章主要从 3 个方面分析了英国经验带给中国的启示，具体包括多方面促进海洋产业的发展、大力发展海洋可再生能源、海洋空间规划的管理等。

第五篇

战略篇

第二十九章　中国陆海经济一体化发展战略

科学的指导思想和原则是推进中国陆海经济一体化的指路明灯，既能够保证我国在推进陆海经济一体化发展过程中的正确道路，又能够对在推进陆海经济一体化过程中产生的短视经济行为，进行有效预防和及时纠偏，从而实现中国陆海经济一体化的持续健康发展。因此，树立科学的指导思想和基本原则是事关全局的重大问题。

目标通常以预期的形式存在，一个有效而且合理的目标往往能够通过“预期”产生经济增长动力以及生产积极性。那么，我国如何根据已有的海洋经济发展客观事实，设置一个较为合理的目标？以目标定发展、以目标促发展，这首先需要设立一个通过努力能够实现的目标。

进一步地，本书前面的篇章首先指出了中国陆海经济一体化发展的若干重要动力机制，随后又通过大量实证丰富而又深刻地论证了当前我国陆海经济一体化发展在多个维度的时空演化特征。总体来看，我国陆海经济一体化取得了显著成就，海洋经济蓬勃发展。然而，离构建海洋强国、实现陆海经济一体化深化发展、深度融合，仍有相当长的路要走。与此同时，发达国家在推进陆海经济发展方面积累了可供我国参考的经验。那么，我国应该重点推进哪些战略任务，从而实现既定目标、推动我国陆海经济一体化？本章将重点针对上述问题进行讨论与阐析，以期为推进中国陆海经济一体化发展提供有效的决策参考。

第一节　指导思想与基本原则

一、指导思想

高举中国特色社会主义伟大旗帜，以习近平新时代中国特色社会主义思想为指导，全面贯彻党的十八、十九大，十九届二中、三中、四中全会精神，坚持创新、协调、绿色、开放、共享五大发展理念，积极贯彻习近平新时代“海洋强国”思想。进一步解放思想、实事求是，夯实陆海经济一体化思想基础。

以经济高质量发展科学论断为依据、以创新驱动为引领，进一步开拓创新，依靠科技进步，提高自主创新能力。按照海洋经济提质增效和供给侧结构性改革总体要求，提升海洋全要素生产率，优化蓝色经济空间布局，建立具有全球竞争力的现代海洋产业体系。依法依规科学用海，保护海洋生态系统，注重生态建设和环境保护，提升海洋公共服务能力，推进海洋强国地方实践，加强海洋综合管理，加快海洋防灾减灾体系建设，促进海洋资源和生态环境保护，实现陆海经济持续健康发展。发挥海洋资源优势，以陆域为支撑、以港口为依托、以产业优化升级为主线，发展壮大传统海洋产业，积极培育新兴海洋产业。进一步加大投入、强化支持，更加注重基础设施建设，着力提升陆海发展保障能力。推进新时代对外开放，深化海洋经济对外开放合作。

二、基本原则

（一）坚持创新引领原则

创新是引领发展的第一动力。只有坚持创新思维，才能以思想认识的新飞跃打开事业发展的新局面。推进陆海经济一体化，尤其要以科技创新为引擎。习近平总书记强调：“建设海洋强国，必须进一步关心海洋、认识海洋、经略海洋，加快海洋科技创新步伐。”海洋科技发达，是海洋强国的重要标志。海洋竞争实质上是高科技竞争，海洋开发的深度取决于科技水平的高度（史育龙，2018）。近年来，围绕海洋展开的国际竞争日益激烈，海洋的高科技竞争已成为全球高新技术竞争的新领域。以陆海统筹推进海洋强国建设，要抢占关键领域的高新技术研发制高点，在全球高科技竞争中掌握主动权。因此，必须坚持创新引领的原则。要深入实施科教兴国战略和人才强国战略，充分发挥科技第一生产力和人才第一资源作用。推进创新科研机构的发展，加强海洋研究机构与陆域研究机构的合作，整合现有的科技资源，加速建设科技创新的体系，将科技成果转变为产业化生产，优化创新生态（李政道，2018）。积极参与深海、极地、空天等新领域国际规则的制定，开展“海洋+互联网”“海洋+大数据”等模式创新，加速融入全球创新网络。把增强自主创新能力作为战略基点，积极构建比较完善的创新体系和一体化陆海高技术产业体系，提升和强化创新对陆海经济一体化发展的贡献度和推动力。

（二）坚持开放合作、共享发展原则

推进陆海经济一体化需要坚持开放合作、共享发展的原则。习近平总书记指出：“过去我国的开放基于沿海地区，面向海洋、面向发达国家，今后更多要考虑中西部地区和沿边地区开放，进一步向西开放、向周边国家开放。”这为坚持陆海统筹、推进陆海经济一体化指明了又一基本原则。这要求我国在新的时代条件下，构建陆海经济一体化要坚持开放发展理念，协同推进“丝绸之路经济带”和“21 世纪海上丝绸之路”建设，推进“一带一路”国际合作。要着力打通内陆开放、向西开放通道，畅通海上开放通道，在提升东向开放水平的同时，加快西向开放步伐，推动内陆沿边地区成为开放前沿，实现开放空间逐步从沿海、沿江向内陆、沿边延伸，构建全方位、多层次、复合型的互联互通网络，实现国际运输便利化。大力推动口岸基础设施建设，畅通陆水联运通道，推进港口合作建设，增加海上航线和班次，加强海上物流信息化合作，形成陆海统筹、东西联动的全面开放新格局（史育龙，2018）。

同时，积极践行陆海经济一体化共建、陆海经济一体化成果共享的行动理念。深度参与全球海洋事业发展和海洋治理，加强与“一带一路”建设参与国的战略对接，以发展蓝色经济为主线，有序推进海洋产业转移和国际产能合作，支持相关企业融入全球海洋发展，打造特色海洋国际合作园区，推进涉海企业与“一带一路”沿线国家和地区在海洋领域的互利共赢。同时，增加海洋公共服务和公共产品供给，促进就业创业，鼓励多渠道多形式就业，增进海洋民生福祉（李政道，2018）。实现人海和谐、共同发展。

（三）坚持绿色发展原则

绿色发展理念和经济高质量发展的要求，使得推进我国陆海经济一体化必须要坚持绿色发展原则。海洋为人类提供丰富的物质财富，是人们生产、

生活和运输活动的重要空间和载体。海洋也是地球生态系统的重要组成部分，在维护全球生态平衡、实现可持续发展方面具有无可替代的作用。近年来，伴随深海环境、气候变化等领域研究不断取得新进展，人们对海洋生态环境保护价值的认识水平不断提升，合理有度开发利用海洋资源、保护海洋生态环境已成为世界各国的共识（史育龙，2018）。推进我国陆海经济一体化建设要坚持以海洋资源环境承载力为基础，不断提升海洋资源集约、节约和综合利用水平，遏制对海洋资源的粗放利用和无序开发；正确处理资源开发与生态环境保护的关系，最大限度地在发展海洋经济的同时，保护珍贵的海洋资源及环境，平衡资源开发管理与环境保护之间的关系，不断提高环境质量，做到陆海经济一体化的绿色发展。

（四）坚持推进经济结构优化升级原则

经济结构优化升级的时间连续性和空间递延性，直接关系到我国经济发展的效率改善和质量提升。同样，推进我国陆海经济一体化要将推进以产业结构为核心的经济结构的优化升级作为重要原则。要把解放和发展社会生产力作为根本任务，着力解决对陆海经济一体化发展全局影响较大的结构性问题。加快转变经济发展方式，以强点资源、优势资源为关键抓手，重点支持前、后向关联性强和横向辐射作用显著的支柱产业快速发展，不断增强经济发展内生动力。同时，要预先意识到在陆海资源开发过程中，资源利用和保护的潜在冲突，并进行有序管理，实现资源综合利用效益的最大化（李政道，2018）。要努力推动有利于快速抢占海洋产业战略制高点的产业类型，推进资本和技术在不同产业间的有序流动，以利于经济结构的优化升级，进而提高海洋资源的开发与利用能力，着力推动海洋经济、陆海经济一体化向高质量发展转变。

（五）坚持推进服务型政府建设原则

推动陆海经济一体化需要市场与政府的共同配合，既要发挥市场对于陆海资源开发与利用的基础作用，又要优化政府的保障与服务作用。

在国内，要积极以构建服务型政府为目标，大力推进制度和政策创新，及时掌握市场的最新发展动态，加强对市场发展方向的管控，政府在管理过程中要做好“看不见的手”的角色。要合理把握管控尺度，做好宏观调控工作，不断强化市场配置资源的基础性作用，科学制定相关的激励政策和鼓励体制，为各类市场主体参与陆海经济一体化发展创造良好的政策环境和体制环境。

在国际上，要积极参与联合国海洋法非正式磋商，围绕国际社会关注的蓝色经济、极地、深海等，在全球性和区域性规则制定中发出中国声音、提供中国方案、贡献中国智慧、树立和构建中国形象。同时，不断提高维护海洋权益和海洋安全的综合能力，确保我国海洋权益和海洋安全不受侵犯，为我国实现陆海经济一体化创造有利的国际环境。

第二节　战略目标

随着新一轮科技革命和产业变革正在全球范围内兴起，海洋领域的新技术、新产业、新业态不断涌现，陆海经济一体化稳步推进，其战略目标也不断清晰，并对陆海经济一体化提出了更高的要求。

一、总体目标

充分发挥我国陆海面积辽阔，众多省份兼具“陆海组合”的开放发展区位优势，“以点带轴、线面结合”，全面打造我国陆海经济一体化。通过多方协同发力，推进形成陆海区域协同发展、一体化推进新格局，全面实现海洋强国梦。

二、分目标

（一）推进形成陆海经济一体化跨区协同共进局面

一方面，实现国内跨区，推动形成：北有京津冀世界级城市群、环渤海经济区；中有长三角世界级城市群、长江经济带；南有世界级城市群粤港澳大湾区，西部陆海新通道新开放高地的陆海经济一体化“三驾马车”协同驱动的局面。另一方面，实现国际跨区，以“一带一路”建设为契机，拓展陆海经济一体化的强大市场支撑，加强与相邻国家基础产业的贸易往来、基础设施的互联互通，促进双边和多边经贸合作的深化与加强，促使陆海经济一体化在推进过程中，资源与产品市场的输入与输出双重方向得到极大扩展，推动中国陆海经济一体化建设中外协同共促之局面。

（二）分阶段推进海洋产业高质量快速发展

海洋产业发展水平既是国家开发、利用、管控和保护海洋能力的重要体现，也是建设海洋强国、推进陆海经济一体化的重中之重。因此，推进陆海经济一体化还需特别强调对于海洋产业的持续不断追求。据统计，2017 年我国海洋生产总值达 7.76 万亿元，占国内生产总值的 9.4%。2018 年海洋生产总产值达 8.3 万亿元，占国内生产总值的 9.3%，且提供大约 3700 万个就业岗位。总体上，我国海洋产业的产值总量持续快速增长，海洋经济已基本形成门类齐全、独立完整的产业体系。因此，扎实推进陆海经济一体化的总体战略目标需要做到海洋产业的增长目标稳中有升，后期逐步加快，最终实现海洋产业全面繁荣。具体步骤有如下三个阶段。

第一阶段（2020—2030 年），为稳步推进阶段。这个阶段的发展战略目标是使海洋经济增加值占国内生产总值的比例稳定在 10%~12%。在海洋经济门类基本齐全、独立完整的产业体系基本建立的基础上，进一步引导海洋经济以市场为导向，以效益为中心，构建结构合理、协调发展的海洋经济体系。同时，要使海洋综合管理得到强化，海洋综合管理体制形成，海洋污染治理的技术和手段不断丰富。

第二阶段（2031—2040 年），为全面发展阶段。新兴的海洋高技术产业体系基本形成，一个各具特色的临海经济产业群、高新技术产业带和陆海经济一体化城镇体系基本形成。这个阶段的海洋经济增加值要基本达到国内生产总值的 15%~18%。海洋经济持续全面发展，成为国民经济的核心支柱之一；海洋综合管理、海洋环境保护达到沿海发达国家水平。

第三阶段（2041—2049 年），为海洋产业全面腾飞阶段。努力实现这一阶段海洋经济增加值占国内生产总值的 25%以上，新兴海洋高新技术产业进入全面开发、快速推进阶段。海洋研究、海洋开发、海洋保护、海洋管理、海洋环境、海洋技术等综合实力居世界领先水平，中国建成世界海洋强国的愿望基本实现。

第三节　战略任务

推进陆海经济一体化涉及陆域和海域，两个不同空间维度的协同共进是推进中国陆海经济一体化发展的必然要求。由于是一个复杂的巨系统，因此无论是实现我国陆海经济发展一体化的短期目标还是中长期目标，都要着重持续推动落实如下几个维度的战略任务：推进陆海空间布局一体化、推进陆海产业发展一体化、推进陆海资源开发一体化、推进陆海生产要素配置一体化、推进陆海交通基础设施建设一体化、推进陆海生态环境保护一体化，如图 29-1 所示。

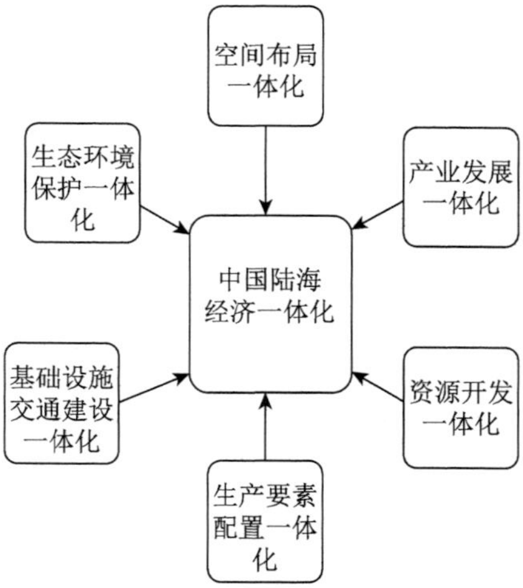

图 29-1　中国陆海经济一体化战略任务概要框架

一、推进陆海空间布局一体化

为达成社会和经济发展的总体目标，出于平衡保护环境和发展的需要，公共管理部门需要对影响未来活动的空间分布进行合理规划布局，以更充分地利用功能关系合理的主权领域空间。我们知道，市场主体对经济区位的择优选择、公共管理部门的推动、科技进步和创新的发展等多种机制和因素使海洋和陆地经济空间不可能是独立的空间范畴。二者之间存在的联动、耦合、互动及共振效应表明，必须破除按照行政区划进行空间布局和管理造成陆海发展相互割裂的局限性，进行陆海空间的一体化布局（夏飞等，2013）。

随着海洋世纪的到来，学界已清楚地意识到进行陆海空间布局一体化对陆海经济一体化统筹发展的重要性。我国也于 20 世纪 80 年代对陆海空间的规划进行了初步探索。经过多年酝酿，《全国海洋功能区划》（2002）的发布标志着我国对海洋空间布局进行了第一次较为全面的探索。随后，《中华人民共和国国民经济和社会发展第十二个五年计划纲要》中提出“推进海洋经济发展”战略，国务院也批复了《全国海洋功能区划（2011—2020 年）》。该区划进一步明确了我国渤海、黄海、东海和南海等海区的主要功能，并跨区域将全国海域划分为农渔业区、港口航运区、工业与城镇用海区、矿产与能源区、旅游休闲娱乐区、海洋保护区、特殊利用区和保留区 8 种功能分区。该区划的发布既是我国对于经略海洋经济实践经验的进一步提升，也是我国对于海洋经济发展的深化探索。

在我国对海洋经济进行谋划发展的同时，为了更好地实现资源利用与有序合理开发，我国有关部门对陆域经济的空间布局和优化也逐步展开。国务院于 2012 年 12 月 21 日，正式印发了《全国主体功能区划》，该区划打破行政区划界限，依据不同区域的资源环境承载能力、现有开发强度和发展潜力，统筹谋划人口分布、经济布局、国土利用和城镇化格局，将全国区分为优化开发、重点开发、限制开发和禁止开发 4 种区域。至此，我国陆地国土资源与经济发展有了纲领性的指导文件。

正如已有研究指出，尽管 21 世纪以来，我国对于国土空间资源的空间布局规划已逐步步入正轨，且《全国海洋功能区划（2011—2020 年）》和《全国主体功能区划》均将“陆海统筹”作为开发原则之一，但“以海定海”“以陆定陆”的规划专业特征还很强，与陆海空间布局一体化发展要求还存在一定差距（夏飞等，2013）。

随着党的十八大、十九大的召开，五大发展理念的深化，“一带一路”建设的持续推进，经济转型高质量发展阶段战略论断的提出，海洋强国战略的深入推进，我国对于陆海经济一体化的要求达到了前所未有的高度。因此，更为深入且有利于改善传统的陆海经济“两条线”的空间规划需要被进一步提出与深化落实。

特别是在相关规划过程中，要重视对于海洋国土资源的开发与规划，明确海洋国土在空间规划体系中的地位，探索规划对象、规划功能和规划用途管制一体化格局，构建陆海统筹的国土空间开发与管制框架体系，建立陆海互动协调发展新格局。

当前，珠三角、长三角和京津冀地区已成为我国发展水平高、质量优、活力足的经济中心地带（史育龙，2018），完全有能力成为新时代建设海洋强国的重要空间依托和核心引领力量。因此，可以尝试以沿海城市群，尤其是京津冀、长三角、珠三角 3 个国家级（世界级）城市群为核心空间依托，打破现有的省级行政区划限制，在一个较大区域范围内，发挥综合优势和引领作用，积极整合城市群内及其周边省市的资源优势，协同开发相关陆域与海域资源，推进我国陆海经济一体化发展。

二、推进陆海产业发展一体化

产业为经济发展的核心部分，陆海经济一体化的真正实现需要根植于陆海产业发展一体化。推进我国陆海产业发展一体化，可重点考虑如下几个实施路径。

（一）筑稳产业一体化发展根基，推进海洋产业优化升级

由于当前我国的海洋产业仍处于以传统产业为主的阶段，海洋产业的优化升级既要落稳步伐，继续推进传统海洋产业的大力发展，夯实我国海洋产业“量”的基础；同时也要迈开步子，勇于探索，强化对于新兴海洋产业部门的培育与平台搭建，增进我国海洋产业“质”的改善。推动地区经济发展，对于关联性产业的培育与开发极为重要，这不仅能够更大规模地推进产业就业效应，同时还能够快速搭建起产业体系，延长产业价值链，从更广范围、更深层次带动地区经济发展，且能够快速增强区域产业竞争力和抵御单一化产业发展带来的经济风险。因此本书认为，继续推进传统海洋产业发展就要重点推进当前陆海产业关联度高的产业类型发展。

建议要根据陆海一体化的发展阶段和陆海产业关联度的高低来依次推进陆海产业的统筹发展。首先在近期阶段，也即在陆海一体化的初始阶段以及

陆海联动阶段的初期，要加强对海洋渔业、海洋交通运输业和滨海旅游业等海洋传统产业的优化升级。其次，在陆海一体化联动阶段的中后期，要大力发展陆海产业关联度较高的海洋电力业、海洋工程建筑业、海洋石油和天然气业、海洋化工、海水利用、海洋船舶工业等海洋产业发展，并要围绕这些海洋产业相应发展其前向关联或后向关联的陆域产业，争取将海洋产业链条向内陆腹地延伸。

夯实海洋产业根基不仅要以发展阶段厘定产业推进层次，还要有所“择优策略”“好钢用到刀刃上”，实现我国陆海产业一体化的稳中有快发展。因此，要积极推进海洋新兴产业和科技产业的优化升级。

创新活动是决定区域发展梯度层次的决定性因素，区域经济的发展取决于其产业结构的状况，而产业结构的状况又取决于地区经济部门，特别是其主导产业和高技术含量产业在工业生命周期中所处的阶段（孙加韬，2011）。一方面，尽管进一步巩固与发展传统海洋产业能够发挥固有经验，降低发展的不确定性；然而，从长期来看，传统产业对于陆海经济一体化深入推进的持续动力供应存在难以弥补的缺陷，不利于在新时代国际背景下，增强我国的国际竞争力，从而不利于建设现代化海洋强国。因此，要积极推进海洋新兴产业和科技产业的发展及优化升级，以新兴产业定发展、以新兴产业定强点、以新兴产业谋优势、以新兴产业博海洋话语权。建议我国相关政府部门和金融部门要建立海洋新兴产业和高新技术产业化专项资金，建设一批海洋科技成果培育与示范基地、成果转化基地，组织实施一批海洋高技术产业化示范工程，推动海洋产业向知识、信息、技术密集型产业转变，实现我国海洋产业的优化与升级。

（二）厘定产业一体化空间层次，重点推进沿海区域产业建设

陆海产业一体化的推进，不仅需要夯实产业根基、推动海洋产业转型升级，还要对空间资源进行科学合理利用，以发展能力定发展空间、以发展阶段定发展空间选择。我国在推进陆海产业一体化的空间运用上坚持统筹兼顾、重点突破，制定分步骤、有重点的行动策略。

首先，分步骤、有重点地推进对产业一体化发展空间资源的利用，表现在对于沿海地带（海岸带）的充分利用。上述地区拥有最为直接的产业一体化推进的空间优势，同时在海洋资源和环境条件方面具有比较优势，是发展

海洋经济的战略最前沿。进一步地，其发展好坏也直接关系到甚至决定着我国陆海经济一体化及海洋强国战略能否顺利实现。因此，海岸带地区应成为当前海洋开发重点区域。建议首先要加快海岸带地区的开发建设，在发展布局上，在建设项目和人力、物力的配置上，在财政税收扶持政策上，要优先保障、合理安排（孙加韬，2011）。

其次，陆海经济一体化的持续推进既需要强大的消费品市场，也需要丰富的原材料市场。显然，沿海地带无法满足这一要求，尤其是原材料市场的需求。内陆腹地区域凭借其初始优势，能够为陆海产业一体化发展提供重要的能源、原材料、重化工产业基地等要素资源和空间资源。因此，为推进陆海产业一体化，要根据沿海海洋产业的发展需要推进相应的陆域经济发展，实现海洋经济与腹地经济的密切协调和良性互动发展，构筑起陆海产业联动发展的强大腹地支撑。

最后，发展能力与发展阶段决定陆海产业一体化的发展空间，尽管当前阶段我国对于深海与远洋的开发取得了一定进步，但仍存在巨大的困难。上述产业及其空间资源的运用需要依托更为强大的科技进步。

总之，海洋是孕育新产业、引领新增长的重要领域，以陆海经济一体化道路推进海洋强国建设，就要大力优化近岸海域国土空间布局，拓展海洋经济发展空间，推动海洋经济由近岸海域、海岛向内陆腹地和深远海、极地延伸。

（三）多点开花、群雄并起，构筑陆海产业一体化强点区域

首先，大力推进以临海产业为核心的多个陆海产业群发展。推进陆海产业一体化，临海产业是关键。它既是陆海空间的联通纽带，也是陆海产业的核心构成，其发展好坏直接影响陆海产业一体化的实现。为此，要以港口为依托、以临港城市建设为支撑、以大型企业集团为龙头，合理布局、大力发展一批港口依赖性强、对海洋资源开发利用关联度高的临海产业群。要积极扶持发展海水综合利用、海洋生物医药、海洋新能源等海洋战略新兴产业群。进一步地，在推进临海生产性产业集群的基础上，要积极丰富产业类型，努力培育发展海洋旅游、海洋文化创意、港口物流仓储等海洋服务业产业群，推进海洋制造业与服务业深度融合发展。同时，积极探索能够有效延长临海产业集群价值链和产业前后向关联度较高的产业类型，促进滨海产业向陆域

延伸。积极创新临海产业重组模式，引导船舶、钢铁、石化、海化等产业资源重组，优化资源配置，重构产业发展结构和产业集群新模式。最终，努力形成制造业、服务业双轮驱动，产业价值链国际、国内双向延伸，产业重组、重构动态演进的临海产业发展新模式；推动我国临海产业集群高质、高效发展，陆海产业集群竞争力不断提升。

其次，大力推进试点示范建设，优化陆海经济一体化产业建设的集聚与扩散效应。一方面，应继续推进以省级行政区为主的区域性海洋经济示范区建设。快速推进我国陆海产业的一体化发展，需要建立在对于沿海空间区域高效利用的基础上，通过前文对国际经验的分析，本书认为，为推动我国陆海产业一体化快速发展，可以借鉴欧洲、日本等国经验。在全国范围内，建立若干个类似于山东半岛蓝色经济区、浙江海洋经济发展示范区的海岸带综合开发区（孙加韬，2011）。大力推进产业与临海城市的功能融合，以产业带就业、以城市建设支撑区域经济发展，在海洋、海岸带、腹地 3 个空间维度打造现代海洋渔业、海洋战略新兴产业、现代海洋制造业、现代海洋服务业等多种类型的陆海产业基地。加快提高示范区有关园区基地的陆海要素集聚功能和要素配置效率，形成集群效应强、生产规模大、产业链长的区域性陆海产业集群和区域经济增长中心。进一步地，使之成为调整地区产业结构、实现要素集聚、带动区域经济发展及促进对外开放的重要战略推手，推进全国经济发展从“陆域经济”单轮驱动为主转向“陆海一体化”双轮驱动的新时代。

再次，要不断下沉海洋经济试点示范建设。重点以城市（产业园区）为依托，打造陆海经济产业一体化集聚强点。2016 年，我国发布的《国民经济和社会发展第十三个五年规划纲要》中提出，建设海洋经济发展示范区。同年 12 月，国家发展改革委和原国家海洋局联合发布《关于促进海洋经济发展示范区建设发展的指导意见》，随着该文件的不断深入落实，海洋经济发展示范区逐步展开。2018 年底，国家发展改革委联合自然资源部下发《关于建设海洋经济发展示范区的通知》，最终确定了支持山东威海、日照、连云港，天津临港等 10 个市和 4 个产业园区设立海洋经济发展示范区。由此，海洋经济示范区也进一步从省级深化至市和产业园区。

最后在此基础上，为推动海洋经济示范城市的建设，要坚持陆海统筹，立足比较优势、突出区域特点、明确发展方向、发挥引领作用；在海洋经济发展示范区建设过程中，要积极推进各市和园区结合发展现状和特色，开展先行先试，赋予示范区充分的能动性和自主性。最终真正通过构建海洋产业集聚发展的载体和平台，充分发挥产业集聚效应和规模效应，推动各项资源有效整合和高效利用，从而推动陆海经济一体化发展。

无论是临海产业集群的发展还是沿海（海岸带）综合开发区的发展，都以其所归属城市为空间载体。因此，促进陆海产业一体化还需要进一步放大发展空间，打造沿海城市的区域发展竞争力，培育多个以沿海城市为依托的城市增长极。这也是推进陆海产业一体化的有序空间递延的内在要求。

三、推进陆海资源开发一体化

资源对于经济的发展至关重要，在推进我国陆海经济一体化过程中，尤其要合理安排陆海资源开发利用的总量、时序和空间分布，实现陆海资源在开发与利用过程中要素统筹、结构优化、效率提升的有机统一，建立陆海资源一体化有效开发、永续发展的良好局面。

（一）实现陆海资源的多维度开发，倒逼形成“以海定陆”的资源开发与技术进步协同模式

要积极推进石油、天然气、各类滨海砂矿和天然气水合物等浅海矿产资源的开发与利用，在技术难度相对较小的领域实现对于海洋矿产资源的开发与利用，加大上述浅海矿产资源与陆地资源和陆地产业的上下游衔接，推动陆海资源开发的一体化进程。此外，要积极提升深海矿产资源开发技术，探索多金属结核矿、富钴结壳矿、深海磷钙土和海底多金属硫化物矿等深海矿产资源的开采与利用（吴荣庆，2009）。以对深海资源开发利用为契机和战略突破口，寻求对于先进资源开发技术的倒逼机制，推动形成以海向资源需求为目标，诱导陆地信息、人才、知识等资源不断创新与进步的“以海定陆”的资源开发与技术进步模式。

（二）重点提升对陆海资源一体化开发和利用产生强大带动性的资源的发掘、培育和利用

推进陆海资源开发一体化，要重视对各种陆海资源的合理开发，实现陆

海资源开发与利用的相对全面性，补缺陆海产业与经济发展的市场盲点与空白点。同时要更加重视对于关键资源、核心资源与战略资源的开发与利用，并重点支持以相关产业为主导、为龙头的生产部门的创建。争取实现在陆海资源开发与利用过程中产业结构的持续向好升级，以及关键资源开发的优势引领和市场竞争的高点与强点。与此同时，要时刻以推进海洋经济高质量发展、陆海经济一体化为基本要求，重视对高效率和低污染、高技术含量、高竞争优势的陆海资源开发技术的投入，将技术进步、效率提升和降低污染作为资源开发的一个重要衡量准则。

（三）统筹陆海资源开发与评价

推进陆海资源开发一体化，要避免先开发后评价的不当经济行为。为有序推进陆海资源开发一体化，实现海洋经济高质量发展，要从我国国情出发，统筹实现陆海资源的开发与评价。要努力形成“有效开发以科学合理的评价为前提；有效评价服务于更持久高效的开发，评价与开发相得益彰的良好局面”。具体地，统筹陆海资源开发与评价，尤其要把我国海岸带到大陆架、专属经济区的广阔区域作为一个整体来考虑。根据国民经济和社会发展的需要，基本查清从海岸带到大陆架、专属经济区广阔区域的海洋资源开发利用现状，着力探索并发现一批新的可开发资源，提升可供开发资源的丰裕度。重点推进“一海（渤海）、一湾（北部湾）、一峡（台湾海峡）、三洲（黄河三角洲、长江三角洲、珠江三角洲）”等地区的资源评价与开发探索（吴荣庆，2009）。调查海岸带、大陆架及专属经济区的海洋资源类型、数量、特征、分布规律及开发现状，实现对于当前陆海资源最前沿地区资源开发的全面认知。调查我国海岸带最大环境承载量，完成大陆架及专属经济区底土环境质量评价与功能区划，为统筹陆海资源开发和环境污染整治服务。

四、推进陆海生产要素配置一体化

推进陆海经济一体化，从某种意义上来看，就是实现一种较优的资源配置效率。当前，经济增长中要素配置效率的不足是影响我国陆海经济一体化的关键因素。而本书前面篇章的实证分析也印证了我国陆海经济一体化过程中一个突出现象：就是地区之间要素配置存在失衡现象，要素配置效率低下。

各级地方政府出于促进地方经济发展的战略目标，普遍存在对资本、劳动和土地等关键生产要素资源的管制。因此，针对性地提升要素配置效率，尤其是针对生产要素的关键组成部分，即劳动力（人才）、土地、资本等方面进行有效配置，实现地区间要素的合理流动和有效分布，才能够不断推进陆海经济一体化建设的动力提升和效率改善，才能有效实现陆海经济一体化。

（一）多维探索市场机制，提高我国生产要素整体配置效率

首先，建设完备的要素市场，补充要素市场建设的短板。建设多层次的资本市场，完善金融体系建设，保证资本的自由流动。构建充分竞争的土地流通市场，设立防止过度投机的监管机制（王竹君、任保平，2019）。作为典型稀缺资源，土地资源对于陆海经济一体化的发展具有双重作用，既提高生产发展的空间载体，又同时因其稀缺而存在约束作用。因此，要加强陆海土地资源的整合，进行一体化协调并优化结构，确保沿海、沿江、沿口岸重点城市（城镇），陆海重点产业、重点园区、重大项目的土地资源配置。发展人才与技术市场，建设有利于实现科技创新成果快速转化为生产力的市场机制。其次，促进要素自由流动，对各种要素市场充分开放，促进劳动力、大数据等市场中要素的自由流动，使要素既可以被有效创造也可以自由流动，从而被顺利利用，防止要素市场扭曲和效率损失。最后，确保要素价格的市场化。由市场确定要素价格，不仅包括物质性生产要素，还包括资本、劳动、技术、管理等要素均实现要素价格的市场化（王竹君、任保平，2019）。要素市场化配置效率提升的核心要求是市场有效性的实现，因而还需要推进市场秩序建设和市场监管建设，加快完善要素市场机制。

（二）重点推进人才的跨区域流动，实现创新要素空间效应的强化

知识是创新的基础，而人才是携带知识的载体。推进劳动力要素的优化配置，要以发展智能化和高端制造的现代高新技术产业为发展方向，积极推进人才的跨区域流动，鼓励东部发达地区对中西部地区人才和创新资源的支持，致力于人才和创新要素的一体化：一方面，依靠人才集聚带来的创新极化效应，实现特定地区陆海经济一体化的快速、高质量发展；另一方面，依靠人才的扩散辐射效应，全面推进劳动力资源在多区域的共享与共用，推进陆海经济一体化过程中的学习效应、模仿效应和激励效应，最终实现陆海经

济一体化发展。

（三）推进教育区域公平与阶段公平，提升人力资本要素的空间配置均衡

人力资本的不断积累可以有效提高劳动力质量，在提升劳动力生产效率的同时也能促进全要素生产率的提高（王竹君、任保平，2019）。由于人力资本的提升与教育息息相关，因此要推动教育的区域公平与阶段公平，提升区域人力资本配置的效率和水平，实现陆海经济一体化发展的人力资本要素的相对空间均衡。具体地，一方面要加大人力资本投资，另一方面需要提高人力资本投资效率，优化发展教育事业。首先，要注重保证教育机会的公平，强化政府促进教育公平的主体责任，推动城乡义务教育一体化，加大对贫困落后地区的基础教育投资，逐步缩小教育水平的城乡、区域差距（王竹君、任保平，2019）。其次，注重各阶段教育的平衡发展，统筹学前教育、义务教育、高中阶段教育、职业教育及高等教育的共同发展，补齐短板，实现不同阶段教育的平衡发展。最后，实现人力资本投资与劳动力市场更加紧密的结合，实现人力资本投资的有效利用和劳动价值的快速转换。

五、推进陆海交通基础设施建设一体化

陆海经济一体化是陆域经济与海洋经济的有效融合，是两个独立空间由简单相接到不断相融，最终深度融合的过程。显然，这一过程是一个长期时序动态的演化。在推进陆海经济一体化过程中，任何区域条件、区位因素等的变化都会引起陆海产业在空间地域上的运动，并进一步影响陆海经济一体化的推进过程。例如，2009 年建成的杭州湾跨海大桥，大大缩短了浙江东南沿海与上海之间的时空距离，使前者乃至更多城市可在更大范围、更高层次，以更优越的区位地理优势，融入上海国际大都市经济圈（孙加韬，2011）。2018 年建成的港珠澳大桥，使多个地区的联系更加密切，为粤港澳大湾区的建设提供了强劲的基础设施支撑，使地区一体化进程不断加快。与此同时，截至 2018 年底，我国高速铁路里程已接近 3 万千米。全国范围内快速推进的高速铁路建设更是凭借其“时空压缩”效应，大大缩短了地区之间的时间与空间距离，使区域经济一体化进程不断加快。

交通基础设施的空间一体化对于推进陆海经济一体化的重要性不言而喻。跨地区的海运、铁路、公路、内河、空运等交通网络建设，既有利于东部沿海发达地区陆域经济和海洋经济的发展，又有利于广大内陆腹地地区主动接收区域核心城市的辐射，通过拓展生产和消费市场，强化产业关联和价值链延长等多种形式改善投资和发展环境，优化提升海洋产业结构，最终促进陆海经济一体化。因此，建议我国要统一规划建设跨地区的港口、铁路、公路、航空设施，建设内外通达的陆海空立体综合交通网络体系，提高陆海经济区发展的支撑保障能力。要进一步打通沿长江、黄河、环渤海、珠江流域有关省区的高速铁路和高速公路新干线，进一步完善重点港口之间、城市之间、沿海与内地之间的交通网络体系，形成更便捷、更通畅的东中西部地区出海大通道。与此同时，要进一步依托和推进西部陆海新通道及“一带一路”沿线国家和地区基础设施建设，提升我国西部陆海新通道的战略地位和战略作用，强化国际物流通道对于我国陆海经济发展的促进作用。这对于优化全国区域经济布局，促进陆海经济一体化持续健康发展具有重大意义。

六、推进陆海生态环境保护一体化

党的十九大报告将坚持人与自然和谐共生作为新时代坚持和发展中国特色社会主义的基本方略之一，进一步明确了建设生态文明、建设美丽中国的总体要求。推进陆海经济一体化，坚持以习近平生态文明思想为指导，打破陆地与海洋之间的思维壁垒，需要我们准确把握陆域和海域空间治理的整体性和联动性，构建陆海协调、人海和谐的海洋空间开发格局，全方位推进生态文明建设。具体如下。

（一）统筹做好陆海生态环境保护和建设规划

在依托陆海空间优势开发与利用有关资源的同时，要充分认识陆海自然规律，尊重陆海生态环境。要在已有国土资源功能区划和海洋功能区划的基础上，进行陆海生态环境保护和建设一体化规划，进行陆海资源、陆海空间、陆海技术和陆海产业一体化发展的统一布局。要确保人与自然、经济与环境、人与社会的协调发展，继续加大对优先开发、重点开发区尤其是沿海地区的陆海生态环境保护、恢复与合理利用、防灾减灾等生态环境保护和建设的基础性重大项目研究，为陆海生态环境保护和建设提供基础和智力支撑。

（二）建立陆海一体化生态和环境保护联合工作机制

要积极推进陆海环境污染与生态保护的“区域共建、共治”与“联防联控”制度。一方面，要坚持“陆海统筹”和“河海兼顾”，加强中央各有关部门的通力协作，从海洋环境保护规划、主要陆海污染控制、近岸与入海内河环境监测评价、海洋环保监管、应急事件管理、联合执法、生态保护与修复等方面着手，建立陆海一体化生态和环境保护工作机制及信息共享机制，完善陆海生态文明法律制度，加强陆海生态文明监督和执法力度，实现陆海环境污染、生态破坏治理的有法可依、有规可循。

另一方面，陆海经济一体化的有序推进是建立在空间资源的有效共享和不同省市等行政机构协同共进的基础上，同样，陆海生态环保一体化的持续推进也离不开各级行政管辖区域的通力配合。要积极推进以都市圈、城市群、城市带为主体的区域环保共建制度，支持不同城市群尤其是沿海多个城市群环保联席会制度的创新与出台。同时，要制定严格的违约和违规惩罚措施，对在陆海环保一体化建设过程中存在的“逐底竞争”行为和“搭便车”行为予以一票否决，踢出环保共建、共治“朋友圈”；对于存在的“逐顶竞争”行为予以相应鼓励与支持，激发其在环保一体化过程中的示范效应。

（三）探索陆海一体化生态环境保护的国际合作机制

鉴于我国部分地区在生态环保过程中存在的“技术短板”“地区塌陷”“资金短缺”等现象，加强国际合作成为推动陆海生态环境保护一体化的重要渠道。从技术引进和融资方面来看，要加强与欧美、日本等先进海洋国家的合作，积极拓宽技术引进和融资渠道，实现环保技术的快速升级，以及环保资金的有效充实，努力探索并建立清洁生产机制。从污染排放指标和环保交易市场方面来看，要积极探索与周边国家尤其是东盟国家在陆海环保治理一体化方面的合作。推进中国—东盟碳交易市场和跨国陆海、河海生态补偿机制、治污技术转移机制，提升双方在资源利用、环保治理共建共享的政治互信，推动双方在经济效率和生态环保方面的统筹兼顾。

第四节　战略保障

战略目标与战略任务的实现需要有坚实的战略保障作为支撑，因此推进中国陆海经济一体化需要构筑立体化战略保障体系。要加强党对陆海经济一体化发展的领导，明确各级党委和政府在一体化推进过程中的职责，建立健全一体化推进实施的保障机制，确保陆海经济一体化战略目标和任务顺利如期实现。

一、加强党的领导

坚定不移加强党的全面领导，增强“四个意识”，坚定“四个自信”，做到“两个维护”。充分发挥党总揽全局、协调各方的领导核心作用，把党的领导始终贯穿我国陆海经济一体化发展的全过程。切实加强党对我国陆海经济一体化发展的领导，涉及重大事项决策、重大规划制定和调整必须报党中央、国务院审定。充分发挥党的各级组织在推进我国陆海经济一体化发展中的领导作用和战斗堡垒作用，激励干部担当作为，全面调动各级干部干事创业的积极性、主动性、创造性，为推进完成陆海经济一体化战略目标与战略任务提供坚强的领导保障。

二、强化组织协调

推进我国陆海经济一体化事关全局，因此要充分激发各级政府的活力和创造力，组织动员全社会力量共同参与陆海经济一体化建设，努力形成推动陆海经济一体化发展的强大合力。国务院有关部门要切实履行职能，研究制定支持我国陆海经济一体化发展的具体措施，在有关规划编制、政策实施、项目安排、体制创新等方面给予积极支持。要推动成立陆海经济一体化发展领导小组，统筹指导和综合协调陆海经济一体化发展，全面做好陆海经济一体化发展的各项工作。各省（市、自治区）尤其是在推进陆海经济一体化发展过程中具有先天优势的沿海省（市、自治区）政府，要加强对国务院有关陆海经济一体化发展的各项措施实施的组织协调，推进定期会商机制和工作推进机制。完善省际联席会议及工作协调机制，强化联席会议办公室和专责小组职能，协调解决陆海经济一体化发展的重大问题。

三、优化法规政策制定

研究制定国土空间开发保护法，加快推进有利于陆海经济一体化发展的专项立法，或涵盖陆海经济一体化发展的相关法律法规建设；梳理现行与陆海经济一体化发展有关的法律法规和部门规章，实现陆海经济一体化发展相关法律与法规向体系化迈进。要重点依据陆海经济一体化战略任务的相关层面，推进各级省市政府抓紧制定诸如：基础设施互联互通、科创产业协同发展、城乡区域要素深度融合、生态环境共同保护、公共服务便利共享等能够有针对性提升陆海经济一体化的法规和政策，推动形成法规与政策体系。

四、健全推进与实施机制

推进陆海经济一体化，地方政府至关重要。要不断建立健全陆海经济一体化发展的推进与实施机制，要以各级地方政府为责任主体，明确工作分工，完善工作机制，落实工作责任，制订具体行动计划和专项推进方案，明晰时间表和路线图，把推进陆海经济一体化发展的各项任务落到实处。

各级部门要积极研究制定有利于推进陆海经济一体化各项政策法规的配套措施。例如，自然资源主管部门要会同相关部门加快推进国土空间规划立法工作，充分提升资源利用与效率提升对于陆海经济一体化发展的关键作用。宣传与组织部门要充分利用培训与宣传机会，强化地方党委和政府主要负责人的陆海经济一体化发展理念及服务意识。进一步地，教育部门要研究在加强国土空间规划、开发相关学科建设中，构建陆海经济一体化相关专业学科的可行性与科学性，夯实陆海经济一体化发展的知识存量与流量。

五、抓好督促与检查落地

推进陆海经济一体化发展，还需要抓好各项规划与政策的落实与检查工作。各级政府部门要从上到下做好陆海经济一体化建设的相关规划与政策制度实施的跟踪分析和协调指导，做好各项工作和政策措施落实的督促检查，形成中央—地方的监督和地方—中央的反馈协同的“并线”策略，及时研究解决一体化推进过程中的新情况、新问题，总结新经验。探索建立陆海经济一体化发展政府绩效管理制度，加快制定并完善绩效评价考核体系和具体考核办法，约束性指标要纳入相关省、市、县（市、区）经济社会发展综合评价和绩效考核体系，做到陆海经济一体化实施效果的监督与评价的扎根落地。

本章小结

推进我国陆海经济一体化建设，是一个复杂的巨系统，涵盖方方面面。本章围绕我国陆海经济一体化这个主题，采取“要干什么—干成什么样—怎样干—如何确保干好”的逻辑主线，在前面理论机理与实证检验的基础上，结合国内外陆海经济发展的相关经验，较为详细地论证了如何推进我国陆海经济一体化。总体上，首先，明确了构建我国陆海经济一体化需要的新时代思想，以及创新引领、开放合作、绿色发展、经济结构优化、服务型政府建设等多项基本原则。其次，给出了实现中国陆海经济一体化发展的战略目标，并认为实现陆海经济一体化的目标是建立在国内外协同共进、海洋产业高质量发展两个分目标的基础上。再次，进一步详细论述了推进陆海经济一体化战略目标需要完成的战略任务，从陆海空间布局、陆海产业发展、陆海资源开发、生产要素配置、交通基础设施、生态环境保护等多个一体化维度，以任务分解的方式论述了推进我国陆海经济一体化的多维路径。最后，给出了推进实现陆海经济一体化战略目标所必需的战略保障。

第三十章　中国陆海经济一体化发展：广西对策

本章将以广西为例，探索中国陆海经济一体化发展的区域对策。作为沿海自治区，广西较早地将目光投向了海洋。进入21世纪以来，广西先后出台了《广西壮族自治区海洋主体功能区规划》《广西海洋产业发展规划》《广西海洋功能区划（2010—2020年）》《广西海洋事业发展规划纲要（2011—2015年）》等多个文件，并在11个沿海省（市、自治区）中率先通过了省级海洋功能区划修编成果评审。一系列海洋规划工作表明，广西决策高层从战略高度对海洋规划与开发、海洋产业给予了高度重视。尽管取得了长足进步，但广西在推进陆海联动、陆海经济一体化方面仍然较为落后，面临一些问题和挑战。为适应新时代、新发展、新要求，切实推进广西陆海经济一体化发展，关键是要深化创新驱动，坚持发展绿色经济，培育壮大特色海洋产业，坚持开放发展之路，努力形成陆海资源、产业、空间等互动协调、一体化持续快速推进的新格局。本章在前面篇章的基础上，以实现中国陆海经济一体化发展战略为蓝本，结合实证分析和国内外经验借鉴给出了推进广西陆海经济一体化发展的主要对策。

陆海经济一体化是海域与陆域双向互动的过程，只有通过整合海洋与陆地二者的资源，尽可能开发海洋资源并利用沿海地区的区位优势，形成生产要素在两个系统间的自由流动，才能更好地推进广西陆海经济一体化发展。根据已有的全球和地区经济的发展事实可知，经济一体化的推进及其可持续通常涉及技术和创新的持续变革、空间的动态整合、产业的结构优化、政府的制度保障、环境污染的有效治理等多个维度。显然，陆海经济一体化作为经济一体化的新生事物，虽然与传统的陆地经济一体化有所区别，但其有效推进仍然需要根植于创新、空间、产业、生态、制度等多个维度。因此，在结合前面篇章的基础上，本章将从创新驱动、空间优化、产业升级、生态文明、开放发展、公共服务、绩效考核等几个维度展开详细论述，深入探析如何推进广西陆海经济一体化的策略。其整体策略框架如图 30-1 所示。

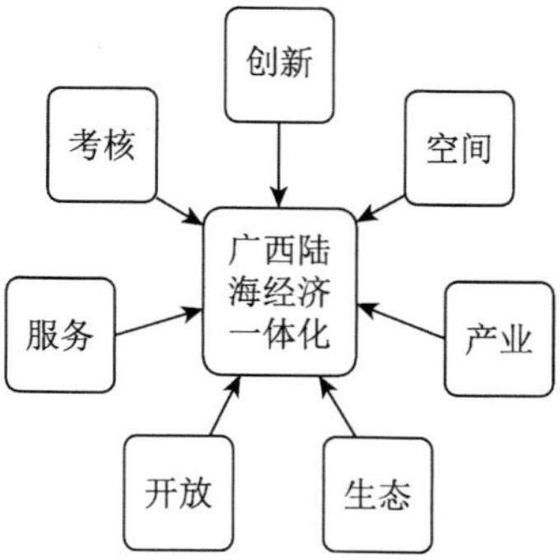

图 30-1　广西陆海经济一体化主要发展策略框架的构成

第一节　创新驱动策略

深化创新驱动、推进创新发展是实现陆海经济一体化的关键动力。推进陆海统筹，实现陆海经济一体化与实现高质量发展、创新发展这一新时代背景、新时代理念具有高度的历史契合。“创新是引领发展的第一动力，是建设现代化经济体系的战略支撑”。这意味着在构建陆海经济一体化过程中，通过传统的粗放式投资驱动、规模扩张来实现发展的方式已难以为继，创新驱动发展势在必行。只有激发创新活力和创造潜能，依靠科技创新培育发展新动能，才能有效推动陆海尤其是海洋领域新旧动能转换。要进一步加大关键核心技术攻关力度，通过加强技术革新延伸产业链条，优化产品结构，依靠创新链培育产业链，才能有效提升陆海产业核心竞争力，促进陆海产业向中高端攀升，推动产业高水平聚集的发展。进而，才能促进陆海生产要素优化组合，突破资源环境瓶颈制约，开辟陆海经济发展新空间，提高广西陆海经济一体化水平。

当前，创新发展上升为我国新时代五大发展理念之首，深刻凸显了以创新引领发展的极端重要性。具体地，深化创新驱动、强化广西陆海经济一体化内生动力，可以有如下提升创新水平的对策。

一、强化顶层设计，统筹推进创新广西建设

以创新策略推进陆海经济一体化发展，针对创新的顶层设计是关键。完善的顶层设计是建设创新广西、增强陆海经济一体化内生动力的核心和灵魂。由本书前面的国外实践篇与国内实践篇可知，无论是陆海经济一体化还是海洋经济的建设，不同国家和地区无不高度重视创新，坚持对创新的高位谋划推动，注重创新的顶层设计延续性，细化创新的政策配套针对性。正所谓“它山之石，可以攻玉。”

与一些地区相比，广西的创新发展无论是在统筹，还是在实施方面均起步较晚、进展较慢、“短板”制约明显。加快推进创新广西建设，增强陆海经济核心动力支撑，亟须强化顶层设计，完善政策供给体系。要积极谋划、组建并完善创新广西建设工作领导小组，加强组织领导，统筹部署创新广西的建设工作。扎实推进建立由自治区科技厅牵头，相关职能部门参与的跨部门、跨领域会商沟通机制，形成创新发展联动合力。要尽快出台并完善创新广西建设实施方案，制定路线图和时间表，建立倒推工作机制，将目标、任务分解并明确到各地市、各部门，一级抓一级，层层抓落实，形成上下联动有序、部门协同有力的工作格局。如此方能使创新广西建设“劲往一处使”，进而夯实自身创新发展实力，使陆海经济一体化“有物质基础、有技术基础”，做到“手中有粮、心中不慌”。

二、优化创新发展空间布局，提升区域创新整体实力

（一）大力推进创新型试点城市建设

2010 年，南宁市被科技部列为创新型试点城市，但其创新效果及区域辐射带动作用尚不明显。这一现状对于推进创新广西，增强陆海经济一体化核心发展动力存在一定约束作用。因此，要继续推进创新型试点城市建设，遵循“核心先行、拓展辐射、全面提升”的区域创新发展与辐射扩散路径，在政策先行先试、产业基地建设、重大科技专项、人才引进培养等方面给予倾斜，有效发挥南宁市在全自治区创新发展中的示范带动作用。与此同时，要紧抓历史机遇，积极扩大南宁市与粤港澳大湾区的科技交流与合作，强化自

身创新吸收和再创新的能力。

大力支持有条件的城市申报建设国家创新型试点城市，鼓励各市围绕主导产业，依托龙头企业，集成创新资源、聚焦产业发展、培育创新主体、建设创新平台、深化对外交流，探索建立产业技术研究院等新型产学研用机构与基地。同时，根据其创新运行绩效分别给予相应的研发经费上的奖励与补助。在全自治区整体水平相对滞后的情况下，鉴于国家创新试点城市的培育和获批存在较大难度及较长期限，要积极推进省级创新型城市建设试点工作，实现逐级推动、稳步提升的创新试点城市建设。

（二）增强创新型园区转型高质量发展的辐射效应

建设创新广西既要优先做大做强南宁创新试点城市，实现以点带面，同时还要多点开花、高位谋划，优化全自治区高新区建设布局。积极发挥自治区级以上高新区的先发优势和创新引领作用，实施高新区转型升级、创新发展、争先进位行动计划，辐射带动所在区域实现创新驱动发展。围绕新旧动能转换重点产业领域，加大高新技术产业和战略性新兴产业培育力度，构建富有竞争力的园区产业体系。支持国家级高新区立足区域特色优势，创建国家级创新型科技园区和特色园区，在全国高新区的实力对比中实现位序跃升。有序引导高新区“以升促建”，择优推荐有条件的省级高新区创建国家级高新区，让国家级高新区尽可能多地覆盖各市，带动形成一批创新驱动发展先行区和高新技术产业聚集区。积极引导各级产业集聚区走创新发展之路，着力培育创新型产业集聚区，重点依托创新型产业集聚区打造一批省级高新区，加快形成国家级高新区、自治区级高新区、创新型产业集聚区协同发展新格局。

三、着力提升产业创新能力，加快构建创新型经济体系

（一）大力突破高新产业关键核心技术

积极参与国家重大科技专项攻关，努力在基础科学和前沿技术领域打造利于广西发展的核心竞争力。紧紧围绕广西产业发展的实际需求，实施前瞻性产业技术创新专项，重点在新能源汽车制造、新材料、电子信息、生物医药、现代农业等饱含技术含量的产业领域加强关键技术攻关，形成一批具有

核心竞争力的基础专利和领先科技，抢占关乎广西长远、全局发展的科技战略制高点。全力支持广西在具备比较优势的基础研究和应用基础研究领域的持续快速推进。

（二）积极完善现代创新产业体系

要积极推动农产品加工、食品加工等传统优势产业智能化、绿色化改造，加快应用新技术、新材料、新工艺、新装备，实现相关产业转型升级；要加快工程机械、新能源汽车制造等高端装备制造产业规模化发展，增强产业关键环节的区内配套能力，打造知识产权密集型产业，进一步增强产业核心竞争力；要促进新材料、新能源、生物医药、信息安全等战略性新兴产业跨越式发展，形成产业发展的新支柱；推进移动互联网、物联网、大数据、云计算等新一代信息技术超前发展，深入贯彻落实“互联网+”行动计划，培育新的增长极。进而，显著提升战略性新兴产业产值占 GDP 的比重，形成一批具有高影响力、高附加值的创新产业集群。

（三）建设重大产业科技创新载体

要不断增强企业研发实力，支持、依托有条件的骨干企业组建技术创新中心，大力培育具有国际影响力的行业龙头企业；要积极对接国家高水平科技创新基地建设，依托“双一流”高校、科研院所和科技型龙头企业，布局建设一批重大科技基础设施和高水平科技创新平台。2019 年 11 月，广西相继出台《关于实施强首府战略的若干意见》《关于支持强首府战略的若干政策》。因此，建设创新广西、夯实陆海经济一体化核心动力，要积极依托强首府建设契机，推动南宁及周边地区建设成为国家重大科技基础设施的重要集聚区。

四、强化企业创新主体地位，深化产学研协同创新

（一）构建以企业为主导的技术创新模式

积极推进由企业牵头，联合高校、科研院所组织实施的具有明确市场导向特征的科研项目，推动企业真正成为技术创新决策、研发经费投入、科研组织实施及成果转化应用的主体。进一步完善支持企业创新的各项普惠性政

策，健全涵盖企业孵化、成长、成熟等不同阶段的政策供给体系。全面落实国家高新企业税收优惠政策，并适当拓展应用到中小企业购买专利和技术、在高校和科研院所联合设立实验室等经费开支领域。持续加大政府对企业开展基础性、前沿性创新研究以及人才引进培养的经费支持，鼓励有条件的企业申报高新技术企业和国家认定企业技术中心，积极落实有关税收优惠政策。建立政府与企业创新对话机制，增强企业在创新决策中的话语权，吸引更多企业参与科技创新规划、政策和标准的研究制定。

（二）培育壮大创新型企业集群

积极推进对创新企业的“精准扶持、分类指导”，着力培育打造广西创新企业的“百千万”（百家科技创新领军企业、千家高成长性科技创新企业、万家科技型小微企业）工程，加快形成立体化创新企业集群。完善高新技术企业入库培育标准和管理制度，探索完善高新技术企业分类认定制度，建立培育后备库。鼓励有条件的高新技术企业挂牌上市，提升高新技术企业的数量和质量。鼓励有条件的市和高新区设立创新基金，用以支持科技型中小企业发展。做好任务分解，把推动高新技术企业发展列为各市、县（区）创新发展的重要考核指标。

（三）完善产学研协同创新机制

借鉴发达地区创新发展经验，建立“企业出题、高校参题、政府立题、协同解题”的（政）产学研合作创新模式，加强顶层设计和资源系统整合。支持企业与高校、科研院所联合建立研发机构或创新中心，对符合条件的按规定给予相应奖补。鼓励大中型骨干企业或行业龙头企业发挥技术创新的核心作用，协同在相关学科领域具有优势的高校和科研院所，组建产学研创新联盟，共同致力于研发战略性产业所面临的关键技术、难点技术，建立长期稳定的协同创新利益共同体。符合条件的创新联盟可登记为独立企业法人，支持其承担各级科技创新项目，并按规定给予企业研发费用加计扣除优惠。发挥两院院士、“八桂学者”等高层次创新人才的创新引领作用，推动设立高水平创新人才“企业创新岗”模式，引导高校、科研院所将更多高层次创新资源投入企业技术创新中。

五、深化科技领域开放合作，补齐开放式创新发展短板

（一）积极融入全球创新网络

加快推进广西融入全球创新网络，着力引进美、欧、日等发达国家和地区关键技术和研发团队，在新材料、新能源、生物医药、人工智能等新兴优势产业领域建设国际科技合作示范基地、国际联合研究中心、国际技术转移示范机构等国际化平台和载体，在更加开放、更高起点的环境中推进自主创新。强化与东盟、“一带一路”沿线国家和地区的科技合作，通过产品、技术输出，推动广西优势产品、装备、技术“走出去”，占据更多海外市场份额，尤其是高端市场份额的占有率。吸引海外一流高校、科研院所、跨国公司等在广西建设研发中心，在建设场地、资金、人员等方面提供充分保障。支持有条件的骨干企业到境外建立跨国分公司、研发机构，充分利用当地创新资源，提升海外技术专利运营能力。

（二）推进省际科技创新协同发展

加强与科技实力、创新水平突出省份的科技创新战略合作，拓展合作领域和模式，打造“创新要素自由流通、科技设施共享联通、创新链条紧密融通”的多维度协同创新机制。积极推进广西与东部地区尤其是大湾区科技创新产业联盟、产学研创新联盟、创新创业联盟、人才培训创新联盟等协同创新联盟的协同建设，实施双边或多边的科技经济合作项目，联合开展先进技术研究。建立省际科技成果转化基地和产业孵化园，举办多种形式的企业市场对接会，搭建信息交流平台。吸引沿海发达地区科技成果“赴桂”转化，鼓励省外“双一流”高校、科研机构在广西建立分校和分机构，共建实验室和人才培养基地。

（三）加强省内科技创新交流合作

当前，广西各市因多种原因影响，创新发展水平和发展能力存在较大差异，尽管推进协同创新发展存在较大难度，但仍要努力共同推进创新广西建设，为推进陆海经济一体化构建强大的创新基础。各地市要紧紧围绕推进创新广西这一建设目标，从经济和社会可持续发展的战略需求出发，以创新信

息交流为纽带、以创新项目合作为载体，联合开展创新信息交流、产业成果对接、人才交流培养、国际创新合作等内容丰富的交流合作，促进各地市间实现创新信息共享、创新成果互惠、创新人才共同成长，形成强大的创新合力，提升创新广西的内聚力。

六、着力优化区域创新环境，营造创新发展良好生态

提升创新水平既需要内在环境，也需要外在环境，努力打造并形成以政府为主导的创新广西发展“制度软环境”对于夯实创新发展，服务陆海经济一体化至关重要。

（一）全面深化创新体制改革

充分发挥市场在创新资源配置中的决定性作用，发挥市场对创新研发、路线选择、要素价格等的导向作用；推进创新项目、创新经费、成果评价及奖励设定等管理体制改革；建立主要由市场决定创新项目、经费分配和成果评价的运作机制。完善创新投入的市场化导向机制，改进支持方式，完善政府对基础性、战略性、前沿性科学研究和共性技术研究的支持机制。支持具备条件的省属创新和科研机构与行政部门脱钩，促进民办科研机构发展壮大。建立更加灵活的创新人才管理机制，破除创新人才流动的体制机制障碍，健全高校、科研院所与企业之间创新人才的柔性流动制度。

（二）优化财政科技投入模式

创新投入是一种风险投入，在其具备高收益的同时也难以避免高风险的伴随。因此，要积极发挥政府财政对创新的支持力度。进一步完善财政性创新投入稳定增长机制，力争财政科技（创新）支出占比接近或达到创新水平强点省份的平均水平，以形成创新资金的强力有效支持。建议由广西壮族自治区政府和财政厅等有关部门设立推进创新广西建设专项资金，并鼓励和引导市、县设立相应专项资金，有力支持推进区域科技创新。充分发挥财政科技投入的引导作用和放大效应，加快构建财政科技投入与银行信贷、企业研发资金、创业投资基金及其他社会资金相结合的多元化科技投入体系，确保全社会研究与试验发展（R&D）经费投入占 GDP 比重逐年稳步上升。积极给予创新领军人才更大的人、财、物支配权，不断完善符合科技创新规律的资

源配置和管理机制。

（三）积极营造良好创新氛围

探索建立创新发展领域的试错、容错、纠错机制，在政策激励机制和舆论引导方面为创新者提供体制保障与舆论支持。对在创新过程中符合国家和广西经济发展方向、工作程序合法合规下进行的大胆探索、积极实验而出现工作失误的有关单位和个人不作负面评价，允许在创新时出现风险和失败，从而形成积极鼓励创新的相对宽松的工作环境。要加大对推进创新广西建设工作的宣传力度，强化舆论引导。大力弘扬具有时代特征、广西特色的创新文化、创新精神，宣传表彰在为推进广西创新发展做出重要贡献的创新人物、创新企业、创新品牌和创新成果，树立一批先进典型，在全社会积极营造关注创新、崇尚创新、支持创新、参与创新的浓厚氛围。

七、精准实施创新海洋经济发展战略，提升科技兴海能力

如同“全面统筹、突出重点”协同推进的策略互动机制，推进广西陆海经济一体化发展不但要有能够提升广西整体创新水平的普适性政策发力点，还要有精准发力创新策略，而这一精准发力点则重在补缺广西海洋产业创新发展短板，提升广西海洋经济发展水平，将广西特点做成广西强点，最终推动广西陆海经济一体化发展。具体地，可以着重培育海洋经济创新主体、建设涉海协同创新体系，促进海洋科技创新成果高效转化，以实现海洋科技创新驱动力不断提升。

（一）培育壮大海洋经济创新主体

推进海洋产业、创新和资金三条链的融合，在创新主体培育、创新主体服务、创新成果转化等方面共同发力，力促不同层次涉海创新主体的共同成长。

1. 加强创新主体培育

支持北部湾城市群高校科研机构、企业打造一批高水平海洋重点实验室，积极申报一批国家重大科技专项、涉海项目、国际大洋合作项目，为承担国家级的海洋经济创新载体建设目标而努力。支持广西海洋研究院和北部湾大

学等涉海科研院的发展，积极争取中科院海洋研究所和国家海洋局等机构和部门对于广西涉海研究的支持。推进北部湾海洋企业孵化器建设与发展专项经费相关项目建设，与科技部门合作加强相关海洋企业孵化器认定工作，对其建设和发展进行宏观管理和业务指导，实现广西海洋创新主体量的快速累积。

2. 加强创新主体服务

鼓励自治区内高等院校、科研机构、企业等建立创新主体服务平台，开展服务对象、服务内容、运行模式和技术平台的专业化服务，集聚专业技术、项目、人才和服务资源，提升行业竞争力。鼓励孵化器开展企业加速器建设，打造企业聚集地、孵化成果展示地、风险投资关注地和上市公司发源地。实现广西海洋创新主体发展环境的向好向优。

3. 强化创新成果转化

支持构建一个具有综合性功能的服务平台，该平台可以实现对于海洋科技成果的转化，并提供相应的公共技术服务（李政道，2018）。重视知识产权的重要性，加大其保护力度，保护海洋科技自主创新成果。充分利用各种科技平台的沟通和推广作用，推进海洋科技成果的交易和应用。支持北部湾城市群尤其是“钦北防”3 市规划建设一批海洋科技成果高效转化区、海洋经济示范园区。推进广西海洋创新成果经济效益的持续提升和创新成果的“抢时点、强势点”双轮驱动。

（二）推动涉海创新主体的协同创新

协同创新对于区域创新水平的提升具有重要作用。推进广西海洋经济创新发展需要推动多方参与创新，如海洋企业、大学、科研机构等，实现海洋领域各行业知识和技术的融合。支持广西有关高等院校、科研机构、涉海企业、行业协会共建海洋研发平台和技术创新战略联盟，打造一批公共技术服务平台和产学研基地，带动海洋与渔业等科研项目攻关。合作开展海洋产业共性技术和关键技术研究与应用示范，支持涉海创新主体联盟承担重大科技项目。一是要积极尝试搭建海洋协同创新“云平台”。将多方创新主体统一纳入平台，有助于沟通、合作与创新成果的快速有效传播。二是加强协同创新支持。择优创建一批特色海洋产业工程技术协同创新中心，在科技项目申报、成果奖励、人才培养引进、合作交流、科研基础设施建设等方面给予重点支持。三是建立协同创新机制。重点支持具有海洋技术综合实力和产业化潜力的研发组织，建立协同创新平台的政府重大项目投入、社会资本参与机制（李政道，2018）。

总之，推进广西创新驱动发展，将创新作为引领广西陆海经济一体化发展的第一动力，既依赖于推进普适性创新战略，提升广西创新发展水平，又要紧紧依靠精准发力，快速推进海洋经济创新发展。其本质与根本目的在于通过多方协同、多维共建，加快完善市场准入和退出机制，使创新、高效要素“进得去”，传统、低效要素“退得出”；不断促进创新生产要素合理流动、优化组合，提高创新要素的投入产出效率和全要素生产率，最终实现陆海经济一体化持续、快速、健康发展。

第二节　空间优化策略

站稳陆地、拓展海洋，构建科学合理的生产发展空间布局是推进广西陆海经济一体化的重要前提。同时，对于推进广西陆海经济一体化的空间节约集约利用、空间有效衔接、空间顺利递延，最终实现广西“依靠有限的陆海空间获得无限的发展空间”具有重要作用。已有研究指出，空间是生产资源（Lefebvre，1991），对空间的合理利用就是对资源的优化再配置。因此，为了推进广西陆海经济一体化发展，有效的空间布局与发展策略至关重要。在优化广西陆海经济一体化空间布局中要统筹陆域、海域、岸线的基本功能，高效整合陆海经济一体化区内空间资源，形成北部湾经济区（城市群）、桂东、桂西、桂北多区域生态、生活、生产等“三生空间”协同共进的局面，从而拓展广西陆海经济一体化空间，放大广西陆海经济一体化空间价值，助推广西陆海经济一体化快速高质量发展。

一、以沿海城市为基础，整合陆海经济空间最前沿

整合广西陆海经济空间布局，首先要针对沿海城市进行统一引导和规划，做到城市之间的互动配合、区域之间的互联互通，将“共有优势”共同做大

做强，形成广西陆海经济一体化的先导和龙头。具体来看，要依据广西海洋资源禀赋和产业发展基础，按照“陆海联动、优势集聚、功能明晰”的要求，坚持资源共享、优势互补、错位发展、合理分工的原则，优化海洋经济区域布局，拓展蓝色经济空间（方明江，2019）。要以《广西海洋经济可持续发展“十三五”规划》为蓝本，继续扎实推进“一带三域五区多片”海洋经济新格局建设，打造北部湾海洋综合产业带。依托沿海港口、铁路、高速公路网推进海洋产业集聚。实施“产城融合”发展战略，推进产业与城市深度融合，以产业带动城市经济发展，以城市发展服务产业发展，积极拓展蓝色经济空间和陆域经济腹地，发挥海洋产业规模效应，增强产业带动力，培育壮大广西陆海经济一体化发展最前沿。

二、以腹地城市为轴，优化陆海经济空间大后方

陆海经济一体化，既需要沿海城市的龙头带动，也需要广西内陆城市的积极配合。前后衔接方能实现陆海经济一体化的良性推进。

由于多种原因，广西 14 个地市拥有众多国家级发展战略，这些国家级发展战略对于广西城市经济和区域经济的发展起到了积极的促进作用。然而，由于规划与战略众多，政策的多期叠加在某种程度上并未使“叠加优势”转换为经济发展优势和区域比较优势。广西不同区域及城市间在经济发展和政策贯彻落实方面存在着较大问题，不但造成了政策资源的浪费，还进一步引致了区域发展不均衡的现象，对于实现广西陆海经济一体化发展产生了约束。因此，要积极整合各个区域的相关国家政策资源，推进“平台对接”和“规划对接”，高位统筹，明确共建高质量广西、高质量陆海经济一体化等战略任务。要积极整合“左右江革命根据地、桂北、西江经济带（广西段）”等多个区域的相关生产要素资源，做大做强经济发展，为北部湾经济区尤其是沿海城市海洋产业发展提供强大消费市场、技术市场和资源市场。从而，一方面，强化海洋经济对陆域多片区的辐射力，夯实广西陆海经济一体化发展的区内战略腹地；另一方面，延伸海洋经济上下游产业链，以内陆城市为节点，加速陆域经济“下海”，最终不断推进陆海经济一体化发展。

第三节　产业体系策略

产业是经济发展的核心组成部分，推进广西陆海经济一体化发展的关键在于推进陆海产业高质量发展，形成现代产业体系。一方面，要坚持推进制造业尤其是先进制造业和生产性服务业的融合乃至深度融合，从更深维度上推进广西产业的高质量发展，夯实推进陆海产业一体化的产业基础。另一方面，坚持创新发展，推进现代海洋产业的高质量发展和海洋产业体系的不断完善，从更广维度上推进广西产业高质量发展，筑牢陆海产业一体化的海洋产业根基。

一、推进制造业和生产性服务业深度融合，夯实产业根基

建立广西现代产业体系，提升产业核心竞争力，夯实广西陆海经济一体化产业基础需从更深维度出发，全面提升广西产业的高质量发展能力与持续发展动力。而推进制造业尤其是先进（高端）制造业和生产性服务业的融合发展则成为重中之重。具体地，可以采取如下路径推进广西制造业和生产性服务业的融合。

（一）抢抓制造业产业升级契机，提升生产性服务业贡献度

已有研究表明，推进制造业和生产性服务业的融合可以进一步推进制造业发展并提升其发展质量（张晓涛、李芳芳，2013）。当前，广西处在产业转型升级的过程中，承接东部产业转移与自身产业发展为广西产业的转型升级带来了机遇和挑战。然而，广西生产性服务业面临着诸如规模较小、结构不合理，企业数量偏少、投资不足及投资结构不合理等问题，从而不利于制造业尤其是先进制造业质量的提升和规模的壮大。针对制造业中生产性服务业需求不足和生产性服务环节大量流失的问题，应抓住制造业产业升级的契机，提升生产性服务业对于制造业的贡献度，提升广西制造甚至广西创造的产品竞争力和市场拓展能力。具体地，可从 5 个方面提升生产性服务业的贡献度。一是发展科技金融。技术研发通常伴随着高风险、高收益，金融的本质是处

理风险，金融支持有助于科技研发和成果转化（彭徽、匡贤明，2019）。二是发展“服务型制造”。加大对于技术密集型和知识密集型服务业的支持力度，将研发设计、信息技术服务、商务咨询等技术密集型服务业务融入制造业生产，助力制造业升级。三是将“批发销售、仓储物流”等传统型生产性服务业外包，减轻制造业生产包袱，优化制造业资源配置，推动并提升制造业的核心竞争力。四是深入研究国家给予广西的开放政策以及区域性开放政策，以面向东盟和“一带一路”建设为契机，充分发挥广西“一带一路”建设有机衔接重要门户的作用，与沿线国家和地区积极开展服务业的合作，发展“金融、租赁”等生产性服务业并引导资金、土地等生产要素流入广西实体经济部门，大力推进生产性服务业的开放发展，为制造业升级提供支持。五是要积极深入落实《广西现代服务业集聚区发展规划（2015—2020 年）》，不断推进现代物流集聚区、新型/特色专业市场、科技服务集聚区、金融商务集聚区等现代服务业集聚区的发展，努力构建服务“一带一路”、面向东盟、辐射西南中南的现代广西服务业发展新高地。

（二）完善生产性服务业市场机制，激发市场活力，促进高技术部门发展

研究表明，制造业水平越高对于生产性服务业的需求和相应支撑的需求度就越高，从而也能够进一步通过制造业和生产性服务业的融合来促进二者的发展（王文、孙早，2017）。因此，要努力推动生产性服务业市场的活跃度，激发高技术等生产性服务部门为制造业提供强大的智力支持。而构建完善的生产性服务业市场机制则成为激发生产性服务业市场活力、促进高技术部门发展的关键（彭徽、匡贤明，2019）。首先，应着眼于建立供求机制，做到推进广西生产性服务业部门“量”的改善，有效缓解当前生产性服务业部门尤其是高技术服务部门“弱、小、少”的供给格局。一是可以不断通过推进“主辅分离”，鼓励制造业将生产性服务业外包；二是放宽市场准入，鼓励社会资本和国外资本进入广西生产性服务业部门，增加市场的供给和需求；三是鼓励技术创造，应遵循市场机制，推进企业主导的创新模式，激发高等院校和科研机构的研发动力，鼓励更多企业和人才参与技术创造。其次，培育有效的市场价格机制和竞争机制。基于供求机制，形成市场价格机制，进而引导生产要素向生产性服务业尤其是高端和高技术生产性服务业集聚，强

化生产性服务业的集聚效应和影响力，增强其对于制造业的贡献度。同时，在维护正常的市场竞争过程中，要更加注重完善知识产权保护机制，保障知识和技术密集型部门的盈利模式和合法权益，最终引导和促进生产性服务业高技术部门的壮大，推进其与制造业的融合及协同发展。

（三）增加高技术制造业产值，提升低端技术制造业附加值

推进制造业和生产性服务业的融合发展，促进广西陆海经济产业一体化，不仅需要提升生产性服务业，还需要更加注重对制造业的培育与升级。一是要大力提升制造业的科技含量，争取和抢占制造业顶端优势。当前，“供给侧”改革尤其是“去产能”，要求陆海经济一体化的产业升级要更加注重以“消费侧”作为产业生产发展的市场引导，要积极发展符合消费升级背景的战略性新兴产业和高端制造业。二是依托互联网，大力发展广西战略性新兴产业、高新技术产业以及现代服务业。推动对以数字经济为代表的“新经济”和以人工智能为代表的“新动能”的大力培育，引导和拓宽高技术制造业部门产值。三是有关政府部门应制定“数字经济”发展战略，加快推行“互联网+”行动计划和统筹推进信息化应用，进而为发展“新经济”和制造“新动能”制定顶层策略和政策环境。

与此同时，鉴于广西农业大省的现实，推进广西陆海产业一体化，既需要发展高端技术产业，推进先进制造业与生产性服务业的融合，还需要推进传统和低端技术产业等农业生产部门与生产性服务业的融合。因此，应提升那些低技术制造业的附加值，增强部分传统陆海产业的出口竞争力。要大力推进第一产业与二、三产业的融合，通过对食品以及农产品加工产业的技术研发，提高食品质量和农产品的附加值，增强基础产业的市场竞争力。以移动互联网、物联网、云计算、大数据、人工智能等的快速发展为契机，推动农业与生产性服务业、工业融合发展（邓海涛等，2019）。

二、多管齐下、针对性地推进海洋产业体系建设

推进广西陆海经济一体化建设，不但需要夯实制造业与生产性服务业的融合发展，更需要有针对性地提升海洋产业，形成更为直接的陆海经济一体化的产业根基。总体来看，要积极推进海洋产业供给侧结构性改革，促进海

洋产业转型升级、海洋战略性新兴产业培育壮大、现代海洋服务业提质增效，构建现代海洋产业高质量发展体系。一是继续稳步发展传统海洋产业，如海洋渔业、海洋交通运输业等；二是积极探索海洋科学技术，大力发展海洋高科技产业、战略性产业，如海洋船舶修造和海洋工程装备制造业、海洋生物医药产业等；三是重视海洋服务业的发展，如滨海旅游业、海洋文化、海洋金融等，提高海洋服务业比重，优化海洋经济结构。通过推进海洋产业立体化发展，高质量打造具有广西特色的有较强区域和国际竞争力的现代海洋产业体系，促进陆海经济一体化。

（一）改造提升传统海洋产业

1. 海洋渔业

作为典型的海洋产业，海洋渔业具有较强的就业带动与消费市场提升功能，其对于推进陆海经济一体化发展具有较强的动态持续特性。为进一步推进广西陆海经济一体化，推进海洋产业高质量发展，需要依靠现代技术对传统的海洋渔业进行不断的优化升级。一是要实现海洋渔业的空间扩展。推动海洋捕捞由近海向外海、远洋拓展，健全奖励机制和扶植措施，调动具有开发外海和远洋渔场能力的龙头企业的积极性，发挥示范带动效应，努力建成一批带动作用大、竞争力强、管理规范的远洋渔业龙头企业、远洋捕捞船队和远洋综合渔业基地，促进捕捞、加工、物流业相互融合，形成海洋渔业的顶端优势。二是推进海洋养殖业技术升级，鼓励现代养殖业做大做强。要努力改变当前部分沿海渔业的“散、乱、小”现象，积极转型升级养殖业，推行科技型、生态型养殖方式，创建健康养殖示范基地，发展深水抗风浪网箱养殖，推动水产养殖工厂化、牧场化、深远化。控制近海养殖密度，严格控制近海捕捞强度，拓展海洋离岸养殖和集约化养殖（李政道，2018）。

2. 海洋交通运输业

积极打造国际航运中心，以“互联网+航运+金融”新业态为支点，整合北部湾多个港口相关资源，培育壮大集港口、航运、物流、金融、中介服务于一体的国际航运信息系统和综合服务平台，打造具有较强辐射能力和资源配置功能的国际航运中心。同时，以北部湾城市群为依托，加强“钦北防”3市港口的国际合作。以“21 世纪海上丝绸之路”沿线国家和地区为轴、以要素资源合作开发为落脚点、以港口事务共同参与为突破点，探索和强化北部湾城市群港口企业在海外参与港口建设和开发产业园区、物流园区、内陆港等项目的可行性和有效性。加强与东盟、南亚、非洲等地区港口间的合作与联系，增开国际班轮航线，积极发展国际集装箱中转业务，高标准、严要求，打造北部湾港口群，增强海洋交通运输业的综合竞争力和持续发展能力。

（二）培育壮大海洋高科技产业

推进“海洋强区”战略，重在推进海洋高科技产业的发展。要积极推进“科技兴海”战略，加大资金与科研投入，进一步扩大海洋高科技产业的规模，以海洋生物医药、海洋工程装备制造、海洋电子信息等产业为重点，掌握其核心技术，抢占海洋新兴产业和战略产业的顶端优势。

1. 海洋生物医药业

海洋生物制药是具有较强技术含量和广阔市场前景的海洋新兴产业，对于推进海洋经济高质量发展和增强海洋经济竞争力具有重要作用。要积极结合创新广西建设，依托相关海洋科研院所，加强对海洋生物技术的培育和发展力度，拓展海洋生物医药技术创新维度。要精准聚焦具有重要市场影响力的海洋生物制药技术领域，攻坚克难，开展重要海洋动植物和微生物基因组及功能基因工程，海洋水产品功能性食品、药品等重点领域的技术研发。建设微生物物种资源库和基因资源库、国家级亚热带和热带海洋生物资源数据库。加强海洋生物制品精加工与深加工，拓展产品价值链，延伸“远洋捕捞—深海养殖—精深加工”高附加值产业链条。开展海洋生物功能活性物质研究，加快开发海洋生物制品基料、海洋生物型临床保健制品、海洋活性成分化妆品和生物制剂等海洋生物功能制品，多维度拓展海洋生物制药的产品类型，增强市场份额和市场综合竞争力（李政道，2018）。

2. 海洋工程装备制造业

海洋工程装备制造业既是战略性新兴产业的重要组成部分，也是高端装备制造业的重要方向，具有知识技术密集、物资资源消耗少、成长潜力大、综合效益好等特点，是发展海洋经济的先导性产业（杜军等，2014），对于陆海经济一体化发展的意义重大。当前，广西海洋工程装备制造业生产设备较为落后，中低端产品居多，生产规模偏小，严重约束了广西海洋产业的发展，不利于陆海经济一体化的顺利推进。因此，要依照《广西修造船及海洋工程装备工业发展“十三五”规划》努力培育海洋装备制造业，调整优化结构布局，继续推进以钦州、北海、防城港为主体的北部湾沿海修造船、海工装备、配套、生产性服务产业集群，以及南宁、柳州、梧州、贵港沿江内河船舶工业聚集区，加强技术引进和技术合作，提升广西船舶和海洋工程制造企业的技术水平、生产规模和高端产能，努力提高海洋工程装备这一陆海经济一体化的重要“交通与物流”载体和平台的区域竞争力和市场服务能力。

首先，要积极培育发展高端海洋工程装备产业。针对当前广西壮族自治区内相关人才和技术平台总体相对落后的局面，要瞄准高端海洋工程装备制造，加强相关领域国际产能合作，要努力创造有利条件以吸引一批国内外著名的海洋装备平台运营商、设备生产商，在北部湾港口城市设立具有技术培育、研发和装备市场运用等综合职能的复合式高端海洋工程装备基地。

其次，鼓励自治区内已有的大中型海洋装备制造企业及相关配套装备研发企业与欧、美、日、韩的先进企业开展产业、技术和研发合作，积极争取和推进共建海洋工程装备联合实验室、国际技术转移中心，以促进科技人员交流，开展重大科技攻关合作，提升海洋工程的联合设计制造能力，以及相关配套设备的合作开发能力。要推动北部湾港口城市海洋工程装备产业的跨越式发展，现代海洋装备工程装备产业群的快速崛起，从而优化广西现有的海洋工程装备产品结构，提升产业发展能力。

最后，以市场化和商业化为发展目标，推动海洋工程装备研发与产业化，增加经济效益。推进海洋先进装备工程制造的落脚点在于广西陆海产业发展的经济效益和经济质量的提升。要加快建设北部湾沿海先进海洋装备制造业带，加强海洋装备创新应用工程示范试点建设，提升海洋工程装备企业专业化制造及系统配套能力。支持大型海洋工程装备企业进行产业链整合，增强研发设计和运营能力，提高海洋工程装备产品的区域乃至全球市场占有率。

3. 海洋智能化与信息化产业

要依托“互联网+”、大数据、智能化、信息化等现代先进技术，创新发展智能海洋工程装备。积极发展海上装备智能化控制系统，推动海洋领域信息化建设。支持大型智能化、信息化企业向海洋领域拓展，培育海洋智能化、信息化龙头企业，以龙头企业为依托推动海洋现代智能产业集群化发展，抢占海洋产业发展的顶端优势。

（三）加快发展现代海洋服务业

服务业作为国民经济的重要组成部分，对于经济发展具有极为重要的作用。推进广西陆海经济一体化以及海洋产业高质量发展，同样离不开海洋服务业的发展与优化升级。培育广西现代海洋服务业体系，要大力发展滨海旅游业、海洋文化、海洋金融等重点产业，打造一批拥有竞争力的海洋服务企业和产业类型，助推广西陆海经济一体化快速发展。

1. 滨海旅游业

旅游业作为重要的消费型产业之一，对于实现陆、海两个不同维度的空间在资源、产品、市场等维度一体化和直接对接具有重要作用。2019 年，广西北海海洋经济发展示范区成为我国 14 个海洋经济发展示范区之一。因此，要牢牢抓住这一战略机遇，积极发展并创新海洋特色全域旅游发展模式。要大力发展北海特色滨海旅游，扩大辐射与影响范围。建设多层次海洋主题公园，打造高端海洋旅游品牌。发展邮轮游艇、海上运动、海底潜游、国际会展等新型消费业态，开辟“21 世纪海上丝绸之路”旅游专线。创新滨海观光、生态休闲、海水温泉等游憩模式。积极推进防城港国家边境旅游试验区建设，深入挖掘北部湾滨海旅游资源，依托中国（北部湾）海洋经济与文化旅游发展论坛，多维度打造具有广西特色的立体化、广辐射的滨海旅游品牌。

海洋旅游产业的发展离不开城市功能的支持，要推动邮轮产业与城市功能有机融合。加快北部湾邮轮母港及公共服务配套设施建设，统筹规划、开发后方旅游资源和商业配套，完善城市旅游功能，做大做强国际滨海旅游的战略大后方。同时，加大开放力度，制定相关鼓励政策，优化政策软环境，简化通关程序和口岸查验程序，吸引更多的国际邮轮企业在北部湾沿海城市注册邮轮公司，开辟更多国际邮轮航运业务。从而增加“钦北防”3 市的国际邮轮挂靠密度，将其打造成具有较强影响力的国际化母港城市。

2. 海洋文化产业

文化是经济发展软实力，对于经济发展具有重要作用。推进广西陆海产业一体化发展，壮大海洋经济，要十分重视对海洋文化产业的培育，要积极促进海洋文化融合发展，推动海洋文化与海洋科技创新、海洋金融服务、海洋旅游休闲、海洋创意设计、海洋高端制造等深度融合。大力发展海洋文化产业新兴业态，推动海洋文化产业大项目带动和集群发展，扩大海洋文化消费。建设海洋文化信息网络、科技创新载体、创意融资平台（李政道，2018）。

要鼓励海洋文化的多元化探索与发掘，丰富海洋文化内涵。依托壮乡文化等具有鲜明广西特色的文化，构建“21 世纪海上丝绸之路”人文交流平台，积极开发海洋文化旅游产品。深入挖掘海洋文化遗产的文化内涵，通过丰富的展品、高品位的展览和精彩的展演等形式弘扬传统文化、传播先进文化，增强广西文化的世界影响力，从而更好地推进各种优质生产要素在广西流动，服务于广西陆海经济一体化建设。

3. 海洋金融业

金融对于经济发展的重要性已被历史和实践证明，正如科技金融服务于科技进步和技术研发，绿色金融服务于绿色发展和生态环保，海洋金融则能够有效助推海洋产业的发展。推进广西陆海经济一体化和海洋经济高质量发展，要重视对于海洋金融的培育与发展。当前，广西海洋产业发展获得的金融支持相对不足，银行信贷资金支持不足、直接融资渠道不畅、海洋保险发展滞后等问题凸显。针对这一现状，要积极鼓励相关金融机构加强对海洋产业发展的支持，创新涉海信贷产品，优化信贷结构，增加保险补贴力度，探索建立多种保险机制等金融支持对策，促进广西海洋经济发展。

2019 年 10 月，广西正式获批开展跨境金融区块链服务平台试点。要以此为契机加快推进金融业务试点建设，培育与创新海洋金融服务业。积极依托广西自贸区发展战略机遇，利用国际国内两个市场拓宽企业融资渠道、降低融资成本，探索广西深化金融领域海洋金融服务业的可行性。具体地，可尝试推进构建完整的海洋金融服务产品体系。发展海域使用权抵押贷款、船舶抵押贷款、船舶出口买方信贷、船舶融资租赁等海洋金融产品。积极引进、设立海洋产业基金，探索设立海洋发展基金，发行海洋信托基金。推动银行、保险、担保机构等建立海洋投贷联盟，全方位、多层次构建海洋金融服务业体系，从而增强金融服务于海洋产业的能力。

4. 海洋信息服务业

信息是社会经济发展的重要战略资源。推进广西海洋产业高质量发展，要重视对海洋信息产业的培育与扶植，推进新一代信息技术与海洋产业融合，积极谋划建设智慧海洋。要聚焦海洋信息系统与信息技术服务，重点发展海洋信息服务应用的集成与开发、数据储存、加工及数据挖掘。发展海洋大数据服务，以大数据和云计算为技术平台，构建海洋数据交流平台和海洋科学数据中心。要积极推动北部湾沿海城市海洋数据资源开放与共享，构建面向海洋市场主体的一体化在线公共服务体系，提供优质大数据分析产品。要积极推进具备海洋信息数据采集、获取、加工等功能企业的沟通交流，加快海洋信息产业的体系建设。

总之，推动广西陆海经济一体化发展最为直接的就是推进海洋产业的高质量发展，而上述海洋产业政策的目的就是要通过构建有利于海洋产业集聚发展的载体和平台，紧紧依靠现代海洋服务业，充分激发传统海洋产业和新兴战略性海洋产业的集聚效应和规模效应，促进海洋经济持续健康发展。同时，还需特别注意的是，要在推进上述海洋产业政策的落实过程中，坚持促进海洋产业的“创新链（坚持创新驱动）、价值链（努力争取价值链的延伸）、资金链（充分整合社会资金和政府资金）和政策链（完善政府政策服务）”等“四链融合”“链链不舍”，推进北部湾沿海城市和海域各项资源有效整合及高效利用，从而带动全自治区海洋经济和社会可持续发展，助推陆海经济一体化发展。

第四节　绿色发展策略

推动广西陆海经济一体化发展，大力发展绿色经济是应有之义，尤其要重视对于海洋环境的保护与推进海洋经济的绿色发展。强化北部湾区海洋生态修复和制度保障，创新海洋资源开发管理方式。要用最严格的制度、最严密的法治保护生态环境，鼓励和发展低耗能、低排放的海洋服务业和高技术产业；推进海洋油气、海洋化工、海洋交通运输等高耗能产业节能减排，加快淘汰落后的过剩产能。同时，鼓励和支持清洁能源发展，因地制宜地发展海岛太阳能、海上风能、潮汐能、波浪能等可再生能源；在海水养殖、海洋药物与生物制品、海水利用、海洋化工、海洋盐业等领域开展循环利用示范；

依托海洋产业园区，开展海洋产业节能减排、低碳发展的信息咨询和技术推广活动；加大对海洋经济绿色发展的金融支持力度，积极发展绿色信贷和绿色债券；加强区域合作，共抓陆海环境一体化。

一、优化顶层设计，推进海洋生态规划持续完善

以国家海洋局《海洋生态文明建设实施方案（2015—2020 年）》为指引，依托 2018 年印发的《广西壮族自治区海洋主体功能区规划》，强化规划的引导与约束，优化海洋空间的开发利用，科学配置海洋空间资源。积极推动出台北部湾区的海岸带保护利用规划、海洋生态文明建设行动计划等方案，为海洋环境保护和生态修复提供规划支撑。与此同时，要严格落实《广西壮族自治区海洋主体功能区规划》，着重优化调整优化开发区域的产业结构，缓解其资源环境约束；强化对于限制开发区域的海洋渔业资源和海洋生态功能，维护海洋生物多样性的保护。

二、创新海域使用制度

严格执行海域使用论证和建设项目用海预审制度，用海项目必须凭借使用权证书，按照相应程序办理项目建设手续。推进项目用海的海域使用论证、环境影响评价等同时进行，严格项目用海环评审批，规范行政许可管理，建立海域使用审核机制。加强对建设项目环保措施的监督检查工作，确保措施真正落在实处，减少用海建设项目对于环境所产生的不良影响（李政道，2018）。

三、探索建立海洋资源环境承载能力评估机制

强化特定区域资源环境承载力的预先评估，对于有效保护该区域资源环境具有重要意义。因此，推进广西海洋经济绿色发展，推进海洋生态文明，需要有效评估北部湾有关海域的资源环境承载力。要根据“钦北防”3 市主体功能区规划要求以及海域水质目标情况，建立符合各区域实际情况的环境准入条件，实行海域水环境承载能力评估，依据评估结果决定相关经济行为和环境治理行为。

四、建立陆海环境治理区域协作制度

建立污染联防联治工作机制和环境品质预报预警合作机制，推动环境执法协作、资讯共用与应急联动，合作开展陆海生态环境保护工作。首先，自治区内要积极推进建立陆海一体化生态和环境保护联合工作机制。坚持“陆海统筹”和“河海兼顾”，加强相关部门的协作，从海洋环境保护规划、主要陆海污染控制、近岸与入海内河环境监测评价、海洋环保监管、应急环境事件管理、联合环保执法、生态保护与修复等方面着手，建立陆海一体化生态和环境保护工作机制和信息共享机制。完善陆海生态文明法律制度，加强陆海生态文明的监督和执法力度。财政和金融部门要为陆海生态和环境保护联合工作机制提供充足的资金支持，确保联合工作机制协调高效运转，形成陆海一体化生态和环境保护合力。

进一步地，自治区内各城市间要积极重视生态环境保护的空间溢出效应和与政府竞争的“逐顶竞争”策略，摒弃“搭便车”和“逐底竞争”行为，强化在环境规制的内容、标准等制定过程中的有效对接，重视对区域环境污染联防联控的政府策略行为的最优化。特别地，位于区内沿江和沿河上游的地区要注意对水体的保护，增强对水体污染防控和治理的主观能动性，力争使污染治理和环境污染负外部性内部化，减轻下游地区和北部湾沿海城市的水体污染治理难度并减少不必要的经济损失。

自治区外，要积极探索陆海一体化生态环境保护的国际合作机制。加强与云南省、贵州省、湖南省、广东省等周边省份在陆海一体化生态环境保护方面的通力合作；共同探索与越南、老挝和缅甸等东盟国家建立、完善陆海一体化生态环境保护的国际合作机制、对话机制以及投融资机制；努力探索并建立清洁生产机制、广西—东盟碳汇、碳排放交易市场和跨国陆海、海河生态补偿机制，确保广西在实现陆海经济一体化快速发展的过程中保持良好的生态环境。

第五节　开放发展策略

要素配置关系到经济发展的效率与质量，而开放发展则对于推动要素流动与要素配置至关重要。推进广西陆海经济一体化对于要素的流动具有高要求，而坚持推进新时代开放发展，则对促进高质量要素服务广西陆海经济一体化发展起着至关重要的作用。这就要求：对内，强化产业与区域合作，促进广西沿海与内陆城市生产要素尤其是高端要素的自由流动与一体化配置；对外，扩大开放，加强与国际要素市场的合作，助推广西陆海经济一体化发展。

一、对内，促进生产要素陆海自由流动

由前文的模型和实证研究结果可以得出，我国沿海地区陆海经济一体化的程度较低，发展之路任重道远，而作为我国大西南和华南地区重要的出海口和沿海自治区，广西的陆海经济一体化程度同样较低。陆海之间经济协同与一体化发展的基础是生产要素的流动，因此有必要完善生产要素在陆海间自由流动的机制，推进诸如自然资源要素、资金要素、技术要素以及劳动力要素的自由流动。只有优化陆海之间要素资源的合理配置、统筹兼顾，才能发挥出最大的经济效益，进一步促进陆海经济一体化的发展。具体地说，要实现生产要素在两个方面的自由流动，即产业间和区域间。

（一）促进生产要素在陆海产业间的自由流动

研究表明，要素在产业间的自由流动可以影响不同产业的边际生产率，在生产率高低各异的部门之间的自由流动，可以重构要素配置和部门优势。那些具有先进技术含量的要素资源可以通过集聚效应迅速提升相关产业部门的优势，改善生产、提高劳动率；同时，还可以在一定范围内通过引致辐射和溢出效应、学习和模仿效应，促进相关产业部门的发展（江洪，2008）。因此，为推进广西陆海产业的一体化发展，要在合理范围内加大对陆海尤其是海洋资源、空间的开发。政府及相关部门通过政策引导，促进资源、资金、信息、技术、劳动力等要素在陆域产业和海洋产业之间流动，通过生产要素

流动所引致的产业边际生产率调整和产业结构重构效应，实现广西陆海产业协调、高质量、一体化发展。

（二）促进生产要素在陆海区域间的自由流动

随着北部湾城市群基础设施和公共服务体系的建设，各城市之间的开放与合作交流更加便捷和紧密，为生产要素在区域间的流动提供了条件。北部湾城市群各城市尤其是“钦北防”等3个港口城市，应根据具体情况因地制宜发展。例如，加强港口之间的协作，使之成为城市间的联系通道；加快高速公路和高速铁路的建设，提高交通基础设施质量，为城市间的物流运输提供便利；依托新近提出的“强首府”战略，推进并满足生产要素区域间进一步加快流动的客观要求，努力提高中心城市和经济腹地联动发展的效率，促进生产要素合理流动；充分打造以南宁为核心的北部湾城市群和以“钦北防”为港口俱乐部的沿海城市对于广西经济发展的拉动作用，引导陆海经济空间递延和一体化趋势。

二、对外，多向拓展合作交流，推进高水平要素融聚广西

（一）多措并举，立体化、高水平打造广西陆海关键节点空间布局，打造要素流动枢纽，推进要素自由流动

首先，在陆路节点方面，以跨境公路、铁路为主要干线，以南宁、柳州、桂林、崇左为关键节点，向北打通经贵阳至重庆、成都、西安、兰州、乌鲁木齐的高速铁路通道，建设连通中南半岛的陆路大通道。其次，在空中节点方面，以南宁吴圩国际机场、桂林两江国际机场为关键节点，加强与国内和东盟主要机场的航线合作，建设沟通腹地、面向东盟、连接“一带一路”的国际航空大通道。再次，在互联网节点方面，以南宁为核心基地、钦州为副中心，打造面向东盟的国际通信网络体系和信息服务枢纽，实现中国—东盟信息网络互联互通，建设辐射全国、连接东盟的国际信息大通道。最后，在陆海节点方面，以“钦北防”为陆海交会门户，以北部湾区域性国际航运中心、区域性国际商贸物流金融合作中心、港口城市为合作网络，建设连通西亚、欧洲、东盟、南亚的海上大通道。

（二）抢抓陆海新通道国家战略、广西自贸区建设的历史机遇，深化开放，高水平推进要素集聚

进一步利用好西部陆海新通道和自贸区，着力提升广西陆海经济一体化过程中的多样性、创新性，最终推进广西陆海经济一体化高质量发展。首先，协同打造产业生态圈。围绕交通通道，将自贸区、港区作业和加工区三重功能叠加，优化沿港和沿线区域发展产业空间布局，形成以贸易为驱动、现代服务业和高端制造业为主体、运输业为保障的协同发展的现代产业生态圈。其次，以陆海新通道促进新兴业态发展。以通道为载体，建设多式联运物流贸易信息平台，实现海关、铁路和物流企业等平台数据和要素信息资源的安全共享和综合利用，不断增强陆海新通道对广西新兴业态的带动作用。再次，将区位优势转化为经济优势。依托优越的通道位置，以通道提升开放水平。推进北部湾城市群形成国际航运航空与贸易中心、工业技术服务中心、会议会展中心，引导强化有关生产要素的高水平集聚。围绕通道不断拓展贸易网络、加强区域合作，以通道带动进口、中转贸易和对外输出产能，促进陆海经济一体化发展水平。

（三）主动对接，强化与国内省（市、自治区）合作，引导生产要素流动助力广西陆海经济一体化

推进广西陆海经济一体化，还要采取更为直接的区域合作方式。首先，加强与西部省份的协同配合。由于人才尤其是高端人才的相对稀缺，加强广西与西南、中南地区省份的合作就显得尤为必要。要进一步探索优化改革有利于人才要素特别是高层次人才流动、引进和配置优化等相关的跨地区流动、养老制度、档案管理、税收和人才激励等制度，促使人才要素资源配置一体化。其次，提升与东部发达省份的科技合作。广西陆海经济一体化与海洋强区战略离不开科技，特别是海洋高科技要素的强力支撑。要坚持培智与引智并举，加强与北京、上海、山东和广东等科技强省（市）的合作，利用其科研平台、科研力量和科研资源，促进广西产业结构尤其是海洋产业结构的优化（夏飞等，2013）。再次，资本要素配置。依托已有平台优势，深化金融管理体制，加强与云南的金融改革合作，积极推动“滇桂沿边金融改革试验区”的建设，优化投融资环境，便利投融资和贸易结算，吸引国内外金融机构到

广西设立分支机构，促使资本在自治区内、国内乃至东盟成员国之间的流动和优化配置，提升经济发展金融环境。最后，推进内联水陆通道基础设施建设。进行一体化发展必须破除对基础设施规划和建设进行割裂的有关行为。要联合周边省（市、自治区），加强内河航道跨流域合作，大力推进珠江—西江黄金水道综合航运枢纽，以及陆路交通基础设施建设的省级对接和互联互通，实施内联省份陆路出口和航道优化畅通工程。

（四）推进新时代对外开放，全面提升广西陆海经济一体化发展机遇

2018 年，习近平总书记在庆祝改革开放 40 周年大会上指出，“开放带来进步，封闭必然落后”。推进广西海洋经济高质量发展及陆海经济一体化，同样需要继续坚持并深化对外开放。要主动顺应经济全球化潮流，牢固树立开放发展理念，坚持走开放发展之路，提高对外开放的质量和发展的内外联动性（杨朝光，2018）。深化同“一带一路”沿线参与国（地区）的交流合作，不断拓展合作的深度与广度。以共建海外海洋经济园区为着力点，同有关国家和地区制定合作规划，鼓励广西壮族自治区内沿海城市乃至内陆城市海洋产业园区、涉海企业、金融机构等参与投资和项目建设（杨朝光，2018）。引导涉海企业按照市场化原则建立境外生产、营销和服务网络；鼓励涉海企业、科研院所与国外相关机构开展联合设计与技术交流，建立产业技术创新联盟，推动在海洋工程装备制造等领域企业开展国际合作；促进涉海企业向国际先进质量标准看齐，打造一批具有国际竞争力的高质量涉海品牌企业和产品，以更多国际品牌支撑海洋强区和陆海经济一体化建设。

总之，无论是巩固广西壮族自治区内，还是强化国内乃至开拓全球范围，其有效路径都要着眼于：补要素流动短板，建要素流动枢纽，增要素流动通衢，实现汇入广西生产要素量的提升；扩要素流动衔接，提要素流动功能，促要素流动融合，实现汇入广西生产要素质的改善。最终都要落脚于实现广西各城市节点，尤其是沿海城市对于生产要素，特别是高端生产要素的“通、融、聚”，从而推进广西陆海经济一体化发展。

第六节　公共服务策略

推进广西陆海经济一体化发展是当前贯彻我国新发展理念的重要战略举措。在全面深化“放管服”改革的背景下，广西必须以改革创新为抓手，深化政府公共服务的供给侧结构性改革，不断提升有利于陆海经济一体化的区域公共服务水平。总体来看，要着重从以下几个层面努力：促进城市建设数据共享与平台对接，推进政府监管一体化，打破行政壁垒、加速要素自由流动，搭建立体化服务体系。

一、促进城市建设数据共享和平台互通，推进政务服务便利化

一体化的政府服务是区域经济社会高质量发展的重要环境。在经过多年的共同努力，尤其是北部湾经济区和城市群建设的推动下，广西政府服务一体化有了显著改善，“放管服”深化改革持续推进。近年来，为深化政府服务改革，政务服务以线下“四个减少”、线上“四个简化”为重点的各项改革全面推进，极大便利了企业的营商环境和居民的生活环境。依托广西数字政务一体化平台，线上政务服务更加完善。2019 年，广西印发《自治区政府部门保留为行政权力必要条件的中介服务事项目录清单》，进一步规范部门权力运行，减少行政干预，为广西企业“松绑减负”，激发企业活力。尽管取得了长足进步，但是数据壁垒和平台隔离在不同地区间仍然存在，在一定程度上约束了各地各级政府的服务效率和政务一体化进程（陈宏彩，2019），从而削弱了服务陆海经济一体化的贡献度。因此，推进广西陆海经济一体化，首先，必须不断推进并实现区域之间的政府数据共享和平台互通，建立全面、有效对接的一体化政务网平台。其次，各地区、各领域开发的移动平台都要尽快统一规划、互联互通，让不同市场主体享受快捷、方便、一体化的行政审批和各类政务服务。在此基础上，可将各地“放管服”改革的已有经验加以总结提升，制定统一的北部湾经济区乃至广西壮族自治区政务服务标准。与此同时，推进广西陆海经济一体化还需要建立在深化对外开放的基础上。因此，

推进广西政务服务的标准化与质量的提升，还要探索借鉴国际先进经验的可行性，通过引进和学习先进的政务服务理念、技术和方法，打造符合陆海经济一体化要求的、经济高质量发展的政务服务新高地。

二、建立一体化、联动性政府监管体系

政府监管体系完善与否和监管能力的高低，直接影响政务服务质量、企业生存环境和居民生活品质（陈宏彩，2019），并进而影响到广西陆海经济一体化的顺利推进。在推进海洋经济高质量发展、实施陆海经济一体化发展的现实要求下，广西要以统筹区域经济高质量发展、维护居民生活水平持续向好为根本目标，建立兼具一体化、联动性、高效率的政府监管体系。

如前面所述，无论是构建中国陆海经济一体化还是推进广西陆海经济一体化都要重视对生态环境的保护，坚持绿色发展理念。因此，也要求政府在生态环境监管方面予以充分重视，应科学制定特定空间范围内尤其是陆海相接地区的生态功能区和空气、水土质量标准，以最坚强的决心、最严厉的措施加强生态环境保护，满足居民对美好生态环境和建设“壮美广西”的追求。在市场监管方面，应建立统一的市场监管规则、统一的市场标准、统一的信用体系，营造公开、公平、公正的市场环境，坚决维护食品、药品安全，提升居民的生活幸福感和满意度。建立专门领域的制度化、常态化议事协调机构，加强对文化市场、教育培训机构、医疗卫生机构等的专项治理和联合执法，维护城乡居民的身心健康，充分夯实人力资本的“教育与医疗”培育路径，服务陆海一体化建设的人才储备。努力打造在国内乃至全球范围内享有良好声誉与发展潜力的高品质市场环境和公共服务环境，吸引更多高端生产要素服务广西陆海经济一体化建设。

三、破除行政壁垒和条块分割，促进公共服务资源优化配置

在现有体制下，我国的公共服务资源基本上是以行政区为界进行统筹和分配的（陈宏彩，2019）。一方面，这一分配体制在一定空间范围内可以满足效率需求，并且有利于推动公共服务水平的提升。但另一方面，受经济发展

水平、地方政府财政的影响，各地的公共服务发展水平尚不均衡，给区域经济的一体化、高质量发展造成了一定障碍。在推进广西陆海经济一体化过程中，同样如此。当前，由于多种因素的影响，广西各地间公共服务水平仍存在较为显著的不均衡现象。就自治区内而言，较多的高端公共服务资源集中在北部湾城市群。尽管短期内有利于有针对性地提升上述城市的经济发展水平，但从更广维度和更长时期内，将会因为极化效应的存在而使地区差距拉大，最终不利于广西陆海经济一体化的持续健康发展。因此，不突破公共服务均等化的瓶颈，就无法彻底实现广西陆海经济一体化发展。为此，各地应摆脱陈旧思想观念的束缚，要努力彻底打破行政壁垒，坚决克服地方保护和本位主义，摒弃地区发展歧视，推进广西壮族自治区内不同国家战略覆盖区的公共服务资源的一体化对接和互联共享，坚持一体化发展、协调发展，共商区域发展大计，共谋陆海经济一体化持续高质量发展。

四、多主体参与，推进公共服务的立体化、全方位构建

推进广西陆海经济一体化的持续健康发展，需要良好有效的公共服务策略，而高质量公共服务的建设离不开全社会不同市场主体的共同参与。首先，从政府层面看，公共服务的一体化、高质量发展必须充分发挥政府的主导作用。要积极制定相关政策支持自治区内教育、文化、医疗、养老、旅游等公共服务的整体布局和空间规划，明确政府之间的责任和义务，做到公共服务的权责明晰。其次，要充分重视企业和社会公众对于公共服务建设的重要参与作用。政府要积极引导和鼓励企业及社会公众按照区域总体规划积极参与公共服务建设。对于亟须发展而市场主体积极性不高的特殊领域，可以采取政府补贴的形式予以激励。最后，要采取灵活多样的方式加大媒体宣传，最大限度地激发公民个人、社会组织参与公共服务的热忱与潜力，打造共建共享、互惠互利的公共服务共同体（陈宏彩，2019）。

五、精准提升海洋产业发展公共服务

一方面，政府部门要有针对性地出台海洋及海洋产业公共服务，有效搭建和强化海洋产业公共服务的基准框架。另一方面，要鼓励社会组织参与海

洋公共服务建设。积极发展各类海洋性公益民间组织和社团，支持国际国内海洋社会组织在广西设立分支机构。鼓励各类海洋社会组织发挥信息沟通、对外协作方面的积极作用，宣传普及海洋经济知识，加深公众对海洋经济的理解和认识，努力营造全社会协同共建的陆海经济一体化发展大环境。

第七节　灵活考核策略

科学合理的考核评价对于陆海经济一体化的推进具有重要参考和导向作用。本书前面的篇章通过翔实的数据和扎实的论证给出了中国陆海经济一体化的发展动态和演变特征。相关评价指标的选择和利用对于广西陆海经济一体化的推进同样具有重要参考意义。因此，推进广西陆海经济一体化发展需要依据上述评价维度，探析细分指标对于指导自身陆海经济一体化建设的参考价值，从而正向引导和反向“倒逼”广西陆海经济一体化的建设，巩固增强比较优势并弥补建设短板。具体可以从考核指标和考核原则两个主要维度进行考虑。

一、推进建立有效、完善的考核指标与体系

首先，为顺利推进和有效保障广西陆海经济一体化战略的全面与顺利实施，建议有针对性地研究制定广西陆海经济一体化绩效考核评价标准与相应的评价原则。探索并完善将“促进区域协调发展”的经济实绩纳入考核，要将“推动区域一体化、经济高质量发展”两个维度作为关键考核对象。强化一体化区域——北部湾城市群的整体绩效考核；探索当前广西发展强点（强市）对于桂西、桂北等落后地区经济发展的辐射效应的考核方式和考核路径；弱化对短期经济增长的考核，强化对中长期经济社会发展质量和发展潜力的考核。从而以“指挥棒”形式指引和推动广西区域协调取得突破性进展，夯实广西经济发展总量基础和竞争水平，助力广西陆海经济一体化发展。

此外，还要有针对性地强化沿海城市以功能分区为基础的考核评估。推进陆海经济一体化，关键在于沿海城市对空间资源的科学与有效利用。要在实际经济运行过程中积极落实《广西壮族自治区海洋主体功能区规划》制定

的科学合理的评价指标和体系。在优化开发区域，实行转变经济发展方式优先的绩效评价，强化对经济结构、资源消耗、环境保护、自主创新、公共服务等指标的评价，弱化对经济增长速度等指标的评价。在重点开发区域，强化对海洋经济增长、产业结构、质量效益、资源消耗、涉海就业、环境保护等指标的评价。在限制开发区域，强化对海洋生态产品供给和海水产品保障的评价，弱化对经济指标的评价。在禁止开发区域，按照保护对象的保护情况确定评价内容，强化对其原真性和完整性保护情况的评价。

二、采取灵活的评价与考核原则

进一步地，还需要制定科学合理的评价原则和具体指导方式。防止有了可以参考的评价指标体系，却因评价原则和指导方式不合理而造成评价指标体系形同虚设、评价效率低下，进而不利于推进广西陆海经济一体化发展。鉴于推进广西陆海经济一体化发展是一种动态过程，构建行之有效的评价原则可以从“水平、速度、空间”3 个维度分别进行静态“一体化水平”评价、动态“一体化速度”评价、空间“一体化差异”评价。

（一）静态“一体化水平”评价

以每年的年末为时间节点，评价广西各个地区尤其是沿海城市（陆海经济一体化重点推进地区）在预定方向上陆海经济一体化发展水平的绝对量。在此基础上，对全自治区的陆海经济一体化推进水平进行有效加总，通过采用“局部—整体”的思路对每年度陆海经济的发展进行评估，发现问题、分析问题、解决问题。为下一年度的建设提供有效指导并赋予初始量预期，借以扎实推进陆海经济一体化建设。

（二）动态“一体化速度”评价

由于陆海经济一体化发展的推进并非短期运动，而且依据相关评价指标体系做出的决策，及其政府的政策导向对企业、市场、个人、自然（陆海资源、生态环境）等客观对象产生作用的传导机制存在差异，因此，在参照已有指标体系进行评价时，需要综合考虑不同传导机制及其影响下广西陆海经济一体化的发展，并可以尝试采用多维动态加权平均速度来衡量广西及其各地市的陆海经济一体化发展的速度。综合考虑多个维度的动态指标，防止评价过程中的偏误行为。

（三）空间“一体化差异”评价

广西各个城市在初始陆海要素禀赋、地理空间区位、主体生态功能定位等方面存在很大差异。因而，在推进陆海经济一体化过程中，其评价方式要避免“一刀切”式地比较各地区陆海经济一体化程度。因此，要以各地区主体功能定位差异、初始陆海要素禀赋为划分标准，分多个层级比较各个地区一体化发展推进程度的空间异质性。

总之，要制定科学合理的评价指标和体系，采取灵活的评价原则，有效评估广西陆海经济一体化实现程度，及时总结经验、查漏纠偏，真正把广西打造成我国乃至世界范围内有一定影响力的陆海经济一体化发展典范，为新发展理念的贯彻落实提供新的可复制、可推广的经验。

本章小结

与前一章不同，本章选择广西这一典型案例，以更加“落地”的方式探讨了如何推进陆海经济一体化建设的不同维度策略。有关对策是以前一章建设陆海经济一体化所要坚持的各项原则、战略任务为蓝本进行的针对性深化，力图对推进广西陆海经济一体化的快速发展提供有效的决策参考。

总体来看，我们可以对提出的各项对策措施做出如下归结：以深化创新驱动、推进创新发展为导向的创新驱动策略是推进广西陆海经济一体化发展的关键动力；以站稳陆地、拓展海洋、构建科学合理的生产发展空间布局为导向的空间优化策略是推进广西陆海经济一体化发展的重要前提；以构建现代产业体系尤其是海洋产业为导向的产业体系策略是推进广西陆海经济一体化发展的核心构成；以生态文明、可持续发展为导向的绿色发展策略是推进广西陆海经济一体化发展的应有之义；以促进优质要素自由流动、国内外共同驱动的开放发展策略是推进广西陆海经济一体化发展的要素源泉；以“放管服”改革为导向的公共服务策略是推进广西陆海经济一体化发展的道路保障；以科学评判、合理评价为导向的灵活考核策略是推进广西陆海经济一体化发展的价值导向。

参考文献

[1] ALVES F L, SOUSA L P, ALMODOVAR M, et al. Integrated Coastal Zone Management (ICZM): a review of progress in Portuguese implementation [J]. Regional Environmental Change, 2013, 13 (5): 1031-1042.

[2] AREIZAGA J, SANÒ M, MEDINA R, et al. A methodological approach to evaluate progress and public participation in ICZM: The case of the Cantabria Region, Spain [J]. Ocean & coastal management, 2012 (59): 63-76.

[3] BALLINGER R, PICKAVER A, LYMBERY G, et al. An evaluation of the implementation of the European ICZM principles [J]. Ocean & Coastal Management, 2010, 53 (12): 738-749.

[4] DALTON G, ALLAN G, BEAUMONT N, et al. Economic and socio-economic assessment methods for ocean renewable energy: Public and private perspectives [J]. Renewable and Sustainable Energy Reviews, 2015 (45) 850-878.

[5] GE Y, CAO F, DU Y, et al. Application of rough set-based analysis to extract spatial relationship indicator rules: An example of land use in Pearl River Delta [J]. Journal of Geographical Sciences, 2011, 21 (1): 101-117.

[6] HUANG Y, SHEN L, LIU H. Grey relational analysis, principal component analysis and forecasting of carbon emissions based on long short-term memory in China [J]. Journal of cleaner production, 2019 (209): 415-423.

[7] KWAK S J, YOO S H, CHANG J I. The role of the maritime industry in the Korean national economy: an input-output analysis [J]. Marine Policy, 2005, 29 (4): 371-383.

[8] LU H A, LIU R R. Market opportunity analysis and evaluation of the expansion of air transport services across the Taiwan Strait [J]. Journal of Air Transport Management, 2014 (37): 10-19.

[9] MORRISSEY K, O' DONOGHUE C, HYNES S. Quantifying the value of multi-sectoral marine commercial activity in Ireland [J]. Marine Policy, 2011, 35 (5): 721-727.

[10] MORRISSEY K, O' DONOGHUE C. The role of the marine sector in the Irish national economy: an input-output analysis [J]. Marine Policy, 2013 (37): 230-238.

[11] OLFAT L , AMIRI M , SOUFI J B , et al. A dynamic network efficiency measurement of airports performance considering sustainable development concept: A fuzzy dynamic network-DEA approach [J]. Journal of Air Transport Management, 2016 (57): 272-290.

[12] PAI T Y, HANAKI K, Ho H H, et al. Using grey system theory to evaluate transportation effects on air quality trends in Japan [J]. Transportation Research Part D: Transport and Environment, 2007, 12 (3): 158-166.

[13] PITTMAN J, ARMITAGE D. Governance across the land-sea interface: a systematic review [J]. Environmental science & policy, 2016 (64): 9-17.

[14] REIS J, LOWE C. Capacity development of European coastal and marine management-gaps and bridges [J]. Ocean & coastal management, 2012 (55): 13-19.

[15] SHARMA M G , DEBNATH R M , OLORUNTOBA R , et al. Benchmarking of rail transport service performance through DEA for Indian railways [J]. International Journal of Logistics Management, 2016, 27 (3): 629-649.

[16] STOJANOVIC T A, FARMER C J Q. The development of world oceans & coasts and concepts of sustainability [J]. Marine Policy, 2013, 42: 157-165.

[17] SU S , LEI C , LI A , et al. Coverage inequality and quality of volunteered geographic features in Chinese cities: Analyzing the associated local characteristics using geographically weighted regression [J]. Applied Geography, 2017, 78: 78-93.

[18] SUN, CHI C. Combining grey relation analysis and entropy model for evaluating the operational performance: an empirical study [J]. Quality & Quanti-

ty, 2014, 48 (3): 1589-1600.
[19] TALLEY, WAYNE K. Optimum throughput and performance evaluation of marine terminals [J]. Maritime Policy & Management, 1988, 15 (4) : 327-331.
[20] TAO L I , WEI M A , XINGCHUAN G, et al. Evaluating the Impacts of the Xiamen-Shenzhen High-Speed Railways on Accessibility and Its Differentiation: A Super-DEA Approach [J]. Economic Geography, 2017.
[21] WANKE P F. Physical infrastructure and flight consolidation efficiency drivers in Brazilian airports: A two-stage network-DEA approach [J]. Journal of Air Transport Management, 2013, 31 (7): 145-153.
[22] YUAN C, WU D, LIU H. Using grey relational analysis to evaluate energy consumption, CO_2 emissions and growth patterns in China's provincial transportation sectors [J]. International journal of environmental research and public health, 2017, 14 (12): 1536.
[23] ZHANG Y, YE N, WANG R, et al. A method for traffic congestion clustering judgment based on grey relational analysis [J]. ISPRS International Journal of Geo-Information, 2016, 5 (5): 71.
[24] ZHAO R, HYNES S, HE G S. Defining and quantifying China's ocean economy [J]. Marine Policy, 2014 (43): 164-173.
[25] 光明智库. 拥抱蔚蓝，构建海洋命运共同体 [N] . 光明日报，2019-06-12 (7).
[26] 新华网. 全面开放新格局新在哪 [EB/OL]. http://www.xinhuanet.com/2018-08/30/c_1123355462.htm.
[27] 喻文振，吴小伟，罗立哲. 基于多层次灰色关联评价模型的交通运输方案优选 [J]. 人民长江，2018 (S1): 203-205, 212.
[28]《海洋与渔业》综合. 海洋经济成粤港澳大湾区建设新亮点中共中央国务院印发《粤港澳大湾区发展规划纲要》[J]. 海洋与渔业，2019 (3): 22-23.
[29] 曹坤. 中国海洋资源开发强度时空格局演化及影响因素分析 [D]. 沈阳：辽宁师范大学，2019.
[30] 曹忠祥，刘保奎，王丽. 广西陆海统筹发展调查与思考 [J]. 海洋开发

与管理，2015，32（3）：53-57.
[31] 曹忠祥，宋建军，刘保奎，刘岩. 我国陆海统筹发展的重点战略任务[J]. 中国发展观察，2014（9）：42-45.
[32] 曾政，葛红亮. 绿色发展背景下的广西壮族自治区海洋事业发展[J]. 海洋开发与管理，2019，36（10）：19-22.
[33] 陈国峰. "一带一路"陆海联动发展联盟在青岛成立[EB/OL].（2019-09-06）/[2019-11-05]. http://www.xinhuanet.com/2019-09/06/c_1124970055.htm.
[34] 陈佳邕. 山东省港口集团发起设立千亿级陆海联动发展基金[EB/OL].（2019-09-11）/[2019-11-05]. https://baijiahao.baidu.com/s? id=1643914164272395854&wfr=spider&for=pc.
[35] 陈明宝. 要素流动、资源融合与开放合作：海洋经济在粤港澳大湾区建设中的作用[J]. 华南师范大学学报（社会科学版），2018（2）：21-26，191.
[36] 陈秋玲，于丽丽. 我国海洋产业空间布局问题研究[J]. 经济纵横，2014（12）：47-50.
[37] 陈秋玲，于丽丽. 中国海陆一体化理论与实践研究动态[J]. 江淮论坛，2015（3）：62-68.
[38] 陈巍. 头门港：打造浙江湾区经济发展示范区[EB/OL].（2017-12-11）/[2019-11-05]. https://baijiahao.baidu.com/s? id=15864 4767218607 2752&wfr=spider&for=pc.
[39] 陈曦. 创新驱动发展战略的路径选择[J]. 经济问题，2013（3）：42-45.
[40] 陈秀莲. "一带一路"倡议下中国与东盟国家海洋经贸合作对策研究：基于空间布局的视角[J]. 国际经济合作，2019（1）：92-109.
[41] 陈印娇. 琼粤共同扛起21世纪"海上丝绸之路"建设的国家担当[C]//海南省社会科学界联合会、广东省社会科学界联合会. 海上丝绸之路建设与琼粤两省合作发展：第三届中国（海南·广东）改革创新论坛论文集. 海南省社会科学界联合会、广东省社会科学界联合会：海南社会科学界联合会，2014：254-259.

[42] 成长春. 坚持陆海统筹构建江苏海洋经济优势调查报告 [J]. 海洋开发与管理，2012，29 (9)：120-128.

[43] 程仙平. 生态化：当代社区教育发展转向与路径 [J]. 成人教育，2018，38 (12)：37-40.

[44] 程雨燕. 海洋经济成为广东经济发展新增长极 [J]. 环境经济，2019 (13)：16-19.

[45] 崔鲸涛. 广东：谋划创新海岸带利用发展新模式：构建陆海统筹的“三生空间” [EB/OL]. (2017-05-31) / [2019-11-05]. http://mini.eastday.com/a/170601173951005-3.html.

[46] 崔峥嵘. 服务海洋经济发展创新区域合作平台 [J]. 环渤海经济瞭望，2012 (9)：3-8.

[47] 邓聚龙. 灰色系统理论 [M]. 武汉：华中理工大学出版社，1990.

[48] 狄乾斌，李霞. 中国沿海 11 省市海洋产业结构与海域承载力脉冲响应分析 [J]. 海洋环境科学，2018，37 (4)：561-569.

[49] 狄乾斌，梁倩颖. 中国海洋生态效率时空分异及其与海洋产业结构响应关系识别 [J]. 地理科学，2018，38 (10)：1606-1615.

[50] 丁伟伟. 逆向飞地经济现象研究 [D]. 杭州：杭州师范大学，2019.

[51] 董静. 打造面向东盟金融门户：访全国人大代表、国家开发银行广西分行行长梅世文 [J]. 中国金融家，2019 (3)：113-114.

[52] 董晓菲，韩增林，王荣成. 东北地区沿海经济带与腹地海陆产业联动发展 [J]. 经济地理，2009 (1)：33-37，46.

[53] 董晓菲，尚颜颜. “一带一路” 背景下辽宁海陆产业联动效应与模式选择 [J]. 党政干部学刊，2018，359 (11)：50-55.

[54] 都晓岩，韩立民. 论海洋产业布局的影响因子与演化规律 [J]. 太平洋学报，2007 (7)：86-91.

[55] 杜利楠. 海洋与陆域产业的要素效率评价及关联研究 [D]. 大连：大连海事大学，2015.

[56] 段建峰，雷怀英，崔旭莲. 基于灰色关联分析的公路交通网与经济发展的适应性评价 [J]. 宁夏社会科学，2013，(3)：35-39，48.

[57] 段佩利，刘曙光，尹鹏，等. 中国沿海城市开发强度与资源环境承载力

时空耦合协调关系［J］. 经济地理，2018，35（5）：60-67.

［58］段新，岑晏青，路敖青. 基于 DEA 模型的 31 省份公路运输效率分析［J］. 交通运输系统工程与信息，2011（6）：29-33.

［59］段志霞，王淼. 山东半岛蓝色经济区海陆产业联动发展研究［J］. 中国海洋大学学报（社会科学版），2016（4）：9-13.

［60］方明江. 向海经济：广西弯道超车的主战场［N］. 中国海洋报，2019-07-16（2）.

［61］方琼玟，孔一颖，廖静. 广东海洋创新联盟成立最大限度实现资源共享［J］. 海洋与渔业，2017（10）：64-65.

［62］冯鸿雁. 加快河北省海洋经济发展的财政政策研究［J］. 经济研究参考，2013（53）：37-39.

［63］符昌昭. 全域旅游视角下海南省海岛休闲旅游资源开发措施研究［J］. 旅游纵览（下半月），2018（1）：120-121.

［64］福建省海洋与渔业局. 福建省海岸带保护与利用规划（2016—2020 年）［EB/OL］.（2016-08-08）/［2019-11-05］. http://hyyyj.fujian.gov.cnxxgkfgwj/201608/t20160808_1878753.htm.

［65］福建省人民政府. 福建海峡蓝色经济试验区发展规划［EB/OL］.（2012-12-21）/［2019-11-05］. http://www.fujian.gov.cn/szf/gkbmkg201601/t20160120_1122127.htm.

［66］付光宇. 天津启动临港海洋经济发展示范区建设计划总投资 244 亿元［EB/OL］.（2019-08-08）/［2019-11-05］. http://www.xinhuanet.com/2019-08/08/c_1124851253.htm.

［67］付荣霞. 河北省沿海区域的产业布局分析［J］. 消费导刊，2008（17）：73-74.

［68］傅远佳. 广西全面参与建设 21 世纪海上丝绸之路的战略研究［J］. 产业创新研究，2019（5）：30-32，38.

［69］盖美，刘伟光，田成诗. 中国沿海地区海陆产业系统时空耦合分析［J］. 资源科学，2013（5）：68-78.

［70］盖美，刘伟光，田成诗. 中国沿海地区海陆产业系统时空耦合分析［J］. 资源科学，2013（5）：68-78.

［71］盖美，展亚荣. 中国沿海省区海洋生态效率空间格局演化及影响因素分析［J］. 地理科学，2019，39（4）：616-625.

［72］盖美，钟利达，柯丽娜. 中国海洋资源环境经济系统承载力及协调性的时空演变［J］. 生态学报，2017，38（22）：7921-7932.

［73］高强，闫庆，李华，陈红. 天津海洋经济与生态协调发展对策研究［J］. 城市，2018（2）：11-18.

［74］龚蔚霞，张虹鸥，钟肖健，等. 海陆交互作用生态系统下的滨海开发模式研究［J］. 城市发展研究，2015，22（1）：79-85.

［75］辜胜阻，刘江日. 城镇化要从"要素驱动"走向"创新驱动"［J］. 人口研究，2012，36（6）：3-12.

［76］广西壮族自治区. 广西壮族自治区人民政府关于印发广西壮族自治区海洋主体功能区规划的通知（桂政发〔2018〕23 号）［EB/OL］.（2018-05-15）/［2019-11-05］. http://www.gxzf.gov.cnzwgkzfwj/20180511-694110.shtml.

［77］郭媛媛."湾（滩）长制"在浙江的探索与实践［EB/OL］.（2018-04-03）/［2019-11-05］. http://www.sohu.com/a/227119557_100122948.

［78］郭占恒. 加快推动环杭州湾建成世界级大湾区［J］. 浙江经济，2018（5）：32-34.

［79］国家海洋信息中心. 持续推进供给侧结构性改革，海洋经济发展质量进一步提高［EB/OL］.（2019-04-12）/［2019-11-05］. http://www.mnr.gov.cn/dtywbb201904/t20190411_2404823.html.

［80］［德］赫尔曼·哈肯. 协同学［M］. 北京：原子能出版社，2007

［81］海南省人民政府.《海南省全域旅游建设发展规划（2016-2020）》［EB/OL］.（2017-09-25）/［2019-11-05］. http://www.hainan.gov.cn/hnzwgkzfwj/bgtwj/201703/t20170308_2249659.html.

［82］海南省人民政府. 海南省海洋经济发展规划［EB/OL］.（2005-07-17）/［2019-11-05］. http://www.hainan.gov.cn/hnzwgkzfwj/szfwj/200603/t20060317_771300.html.

［83］韩增林，王茂军，张学霞. 中国海洋产业发展的地区差距变动及空间集聚分析［J］. 地理研究，2003，22（3）：289-296.

[84] 韩增林，许旭. 中国海洋经济地域差异及演化过程分析 [J]. 地理研究，2008 (3)：613-622.
[85] 何广顺. 我国海洋经济发展总体平稳中提质 [N]. 中国海洋报，2019-10-17 (1).
[86] 何路曼. 林郑月娥：香港将不遗余力、竭尽所能推动大湾区发展 [EB/OL]. (2019-02-21) / [2019-11-05]. http://news.sina.com.cn/o/2019-02-21/doc-ihrfqzka7886693.shtml.
[87] 何伟. 基于DEA和灰色关联方法的城市人口、经济与交通协调的评价 [J]. 统计与决策，2008 (22)：72-74.
[88] 何智娟. 中新互联互通南向通道建设背景下广西国际物流发展SWOT分析 [J]. 市场论坛，2019 (1)：1-4，8.
[89] 河北省人民政府. 河北省海洋经济发展规划 [EB/OL]. (2016-09-02) / [2019-11-05]. http://www.hebei.gov.cn/hebei/10731222/10751796/10758975/13998949/index.html.
[90] 洪银兴. 论创新驱动经济发展战略 [J]. 经济学家，2013 (1)：5-11.
[91] 胡昌秀，林晶蕾，崔志圆，张文瑾，马浩楠，刘帅. 基于大数据的"一带一路"对区域经济发展态势研究 [J]. 中国市场，2019 (11)：14-16.
[92] 胡晓珍. 中国海洋经济绿色全要素生产率区域增长差异及收敛性分析 [J]. 统计与决策，2018 (17)：137-140.
[93] 花俊潇，翟仁祥. 中国海洋经济空间差异动力要素研究 [J]. 淮海工学院学报（人文社会科学版），2019 (10)：88-91.
[94] 黄建英. 对广西产业转型升级的思考 [J]. 广西经济，2019 (4)：48-52.
[95] 黄倩. 大力培育环渤海产业带建设河北海洋经济强省 [EB/OL]. (2007-01-22) / [2019-11-05]. http://www.bbwfish.com/article.asp?arti d=12862.
[96] 黄瑞芬，王佩. 海洋产业集聚与环境资源系统耦合的实证分析 [J]. 经济学动态，2011 (2)：39-42.
[97] 黄叙浩. 陆海统筹协调发展"蓝色引擎"动力澎湃 [EB/OL]. (2019-

10-15）／［2019-11-05］. http://epaper.southcn.com/nfdailyhtml2019-10/15/content_7826911.htm.

［98］黄叙浩. 推动广东自然资源惠民利民为民［EB/OL］.（2019-07-01）／［2019-11-05］. http://epaper.southcn.com/nfdailyhtml2019-10/09/content_7825541.htm.

［99］黄英明，支大林. 南海地区海洋产业高质量发展研究：基于海陆经济一体化视角［J］. 当代经济研究，277（9）：57-64.

［100］惠玉蓉，董千里. 基于数据包络分析（DEA）的物流业可持续发展有效性评价［J］. 北京交通大学学报（社会科学版），2008，7（3）：65-69.

［101］贾楠. 推动沿海经济带高质量发展走在全省前列［EB/OL］.（2019-03-25）／［2019-11-05］. https://baijiahao.baidu.com/s? id=1628910811629088390&wfr=spider&for=pc.

［102］贾政. 广州海洋科技实力全省第一［EB/OL］.（2019-06-12）／［2019-11-05］. http://news.dayoo.com/guangzhou/201906/12/139995_52633749.htm? tdsourcetag=s_pctim_aiomsg.

［103］江洪. 自主创新与我国产业结构的优化升级［D］. 武汉：华中科技大学，2008.

［104］江三良，赵梦婵. 新时代对内融合与对外开放再考量：以长三角区域高质量发展的衡量为例［J］. 工业技术经济，2018，37（8）：124-131.

［105］江苏省海洋与渔业局. 关于印发《江苏省“十三五”海洋事业发展规划》的通知［EB/OL］.（2017-08-18）／［2019-11-05］. http://www.jiangsu.gov.cn/art/2017/3/3/art_46479_2557621.html.

［106］江苏省人民政府. 江苏省政府办公厅关于印发江苏省“十三五”海洋经济发展规划的通知［EB/OL］.（2017-03-03）／［2019-11-05］. http://www.jiangsu.gov.cn/art/2017/3/3/art_46479_2557621.html.

［107］蒋和生. 科学用海，大力发展广西向海经济［N］. 广西日报，2017-09-22（3）.

［108］蒋瑛，周俊. 习近平新时代对外开放思想与逆全球化挑战的应对［J］. 经济学家，2018（9）：5-11.

［109］焦旭祥．浙江要打造长江经济带陆海联动开放平台［EB/OL］．（2016-11-15）／［2019-11-05］．https://finance.sina.com.cnroll2016-11-15/doc-ifxxsfip4793033.shtml.

［110］金锋燕，李红波，李欢欢．海南省海洋经济可持续发展研究［J］．海洋开发与管理，2009，26（10）：76-79.

［111］寇佳丽，杜军．中国海洋产业结构与海洋经济增长的关系［J］．华北水利水电大学学报（社会科学版），2019，35（5）：40-45.

［112］雷怀英．基于 DEA 的交通运输与经济发展的协调性评价［J］．统计与信息论坛，2007（1）：52-55.

［113］李常官．奋力推进建设壮美广西新征程［N］．中国贸易报，2019-12-31（2）.

［114］李电生，员丽芬．港口群物流系统效率测度：基于多子系统模糊 DEA 模型分析［J］．北京交通大学学报（社会科学版），2010，9（2）：42-47.

［115］李国栋．山东加快推动海洋经济高质量发展［EB/OL］．（2018-05-14）／［2019-11-05］．http://www.sohu.com/a/231501749_100122948.

［116］李果．西部陆海新通道总规亮相海南将成新出海口［EB/OL］．（2019-08-16）／［2019-11-05］．http://finance.sina.com.cnroll2019-08-16/doc-ihytcern1145281.shtml.

［117］李海．我国海洋经济发展“引擎”作用持续发挥［EB/OL］．（2019-04-12）／［2019-11-04］．http://epaper.oceanol.com/content/201904/12/c10319.html.

［118］李健，滕欣．天津市海陆产业系统耦合协调发展研究［J］．干旱区资源与环境，2014，28（2）：1-6.

［119］李洁．现代航运服务业集聚机制研究［D］．广州：华南理工大学，2016.

［120］李靖宇，陈医．河北省域经济陆海统筹开发一体化推进的国家战略投放论证［J］．决策咨询，2013（6）：7-13.

［121］李靖宇，张晨瑶．陆海统筹先导区创建研究［J］．区域经济评论，2018（3）：59-67.

［122］李军，张梅玲. 海陆资源协调开发的国内比较与启示［J］. 山东社会科学，2012（5）：139-143.

［123］李明杰. 海南发展海洋经济促进海洋强省建设的思考［EB/OL］.（2018-01-24）/［2019-11-05］. http://www.oceanol.com/fazhi/201801/24/c73054.html.

［124］李娜. 基于区域一体化背景下的长三角海洋经济整合研究［J］. 上海经济研究，2014（7）：102-112.

［125］李楠，王周谊，杨阳. 创新驱动发展战略背景下全球四大湾区发展模式的比较研究［J］. 智库理论与实践，2019，4（3）：80-93.

［126］李群. 争当建设海洋强国的排头兵［EB/OL］.（2014-12-23）/［2019-11-05］. http://theory.people.com.cn/n/2014/1223/c40531-26256819.html.

［127］李守林，赵瑞，陈丽华. 基于 DEA-malmquist 指数的交通运输上市企业动态效率实证分析［J］. 中国流通经济（12）：94-102.

［128］李文荣，郝瑞彬. 基于海陆互动的冀东经济区发展路径研究［J］. 改革与战略，2011（4）：118-121.

［129］李小红. 中国传统文化中的“创新”理念及其时代内涵演变［J］. 老区建设，2018（18）：54-58.

［130］李晓明. 坚持陆海统筹打造生态海洋环境在新的历史起点上促进海洋经济又好又快发展［J］. 海洋开发与管理，2011，28（4）：23-25.

［131］李孝娟，傅文辰，缪迪优，苏广明. 陆海统筹指导下的深圳海岸带规划探索［J］. 规划师，2019，35（7）：18-24.

［132］李学文，徐丽群. 中国城市公共交通行业运营效率评价：基于改进的 SE-DEA-Gini 方法的研究［J］. 管理现代化，2014（2）：90-92.

［133］李阳春. 广西北部湾经济区海陆一体化发展的对策研究［J］. 特区经济，2011（2）：196-199.

［134］李政道. 粤港澳大湾区海陆经济一体化发展研究［D］. 沈阳：辽宁大学，2018.

［135］李志明. 构建“一带九区多点”海洋开发格局：解读《全国海洋主体功能区规划》［J］. 中国经贸导刊，2015（28）：39-41.

[136] 李忠民，夏德水，姚宇. 长江经济带交通基础设施效率分析：基于 DEA 模型的 Malmqusit 指数方法 [J]. 技术经济，2014，33（7）：62-68.

[137] 连锦添. 携手合作，建设国际一流湾区 [EB/OL].（2019-03-06）/[2019-11-05]. http://paper.people.com.cnrmrbhtml/2019-03/06/nw.D1 10000renmrb_20190306_1-07.htm.

[138] 梁华罡. 中国海洋经济绿色发展水平综合测度与时空演化研究 [J]. 海洋开发与管理，2019，36（5）：73-83.

[139] 梁建伟，黄敬华. 广东水运与粤港澳大湾区建设 [J]. 珠江水运，2019（6）：11-20.

[140] 梁建伟. 粤港澳大湾区如何做好水文章 [N]. 中国水运报，2019-03-17（1）.

[141] 辽宁省人民政府. 辽宁省正式出台《辽宁海岸带保护和利用规划》[EB/OL].（2013-06-10）/[2019-11-05]. http://www.gov.cnjrzg2013-06/10/content_2423942.htm.

[142] 廖静，李易珊. 2019 年省级促进海洋经济发展专项资金项目评审入库 55 个项目将获扶持 [J]. 海洋与渔业，2018（10）：14-15.

[143] 林昆勇. 海南自贸区建设新机遇下广西北部湾经济区发展策略研究 [J]. 广西大学学报（哲学社会科学版），2018，40（4）：61-67.

[144] 林寿彤. 区域土地空间综合利用研究 [D]. 天津：天津大学，2011.

[145] 林志娟. 大力发展福建海洋经济 [J]. 政协天地，2018（Z1）：78-79.

[146] 刘保林. 国家发展改革委举行 11 月份定时定主题新闻发布会介绍宏观经济情况并回应热点问题 [J]. 中国产经，2018（12）：12-21.

[147] 刘成. 山东：整合港口资源，建设世界大港 [EB/OL].（2019-09-06）/[2019-11-05]. https://baijiahao.baidu.com/s? id=1643880400923036179&wfr=spider&for=pc.

[148] 刘桂春，史庆斌，王泽宇，等. 中国海洋经济增长驱动要素的时空差异 [J]. 经济地理，2019，39（2）：132-138.

[149] 刘国民. 多省整合浪潮下辽宁陆海港口齐发力 [EB/OL].（2018-07-18）/[2019-11-05]. http://m.cnr.cnnews20170828/t20170828_

523922 268.html.

[150] 刘旼晖. 浅析我国海洋经济发展战略 [J]. 海洋开发与管理，2011，28 (11)：127-130.

[151] 刘伟光，盖美. 耗散结构视角下我国海陆经济一体化发展研究 [J]. 资源开发与市场，2013，29 (4)：385-389.

[152] 刘小刚，张晓忠. 关心海洋 认识海洋 经略海洋：习近平海洋强国思想探析 [J]. 江苏理工学院学报，2018，24 (5)：5-10.

[153] 刘昕. 陆海联动谱写亚欧物流新篇 [EB/OL].(2018-09-07) / [2019-11-05]. http://www.thecover.cnnews1128090.

[154] 刘政. 中国海洋经济总量突破 8 万亿元 [EB/OL].(2019-10-21) / [2019-11-05]. http://www. cfgw. net. cn/epaper/content/201910/21/content_19675.htm.

[155] 刘志钢，吴强，何静. 基于 DEA 方法的城市轨道交通综合效率研究 [J]. 铁道运输与经济，2008 (4)：65-68.

[156] 楼东，谷树忠，钟赛香. 中国海洋资源现状及海洋产业发展趋势分析 [J]. 资源科学，2005，27 (5)：20-26.

[157] 卢宁. 山东省海陆一体化发展战略研究 [D]. 青岛：中国海洋大学，2009.

[158] 鲁继通. 京津冀区域协同创新能力测度与评价：基于复合系统协同度模型 [J]. 科技管理研究，2015，35 (24)：165-170.

[159] 陆娅楠. 粤港澳大湾区加速向国际一流湾区迈进 [EB/OL].(2019-03-01)/[2019-11-05].https://tech.sina.com.cnroll2020-01-03/doc-iihnzhfz9969879.shtml.

[160] 罗德刚. 论全面推进地方公共服务型政府建设 [J]. 中国行政管理，2004 (7)：21-23.

[161] 罗俊浩，崔娥英，季建华. 基于 DEA-TOBIT 两阶段法的集装箱港口效率及效率影响因素研究 [J]. 科技管理研究，2013，033 (5)：23 6-239.

[162] 罗琼，臧学英. 天津建设海洋强市背景下海陆产业联动发展研究 [J]. 中共天津市委党校学报，2016 (2)：91-96.

[163] 罗琼. 天津陆海经济一体化的发展现状及其对策建议 [J]. 求知，

2013（4）：52-54.

[164] 吕红星. 大力发展海洋战略性新兴产业势在必行[EB/OL].(2019-1 0-25)/[2019-11-05].https://baijiahao.baidu.com/s?id=1648291 04344185 3454&wfr=spider&for=pc.

[165] 吕瑛炯，林昱. 陆海地理要素空间差异对比研究［J］. 地理空间信息，2016，14（7）：35-38+4.

[166] 吕勇. 抢抓机遇奋力开启建设壮美广西新征程［J］. 当代广西，2019（9）：24-25.

[167] 马贝，高强，李华. “一带一路”视域下山东省海陆经济关联性分析［J］. 海洋环境科学，2019，38（1）：25-32.

[168] 马和平. 共享发展理念的意蕴与价值［J］. 淮海工学院学报（人文社会科学版），2019，17（6）：1-4.

[169] 马苏. 辽宁省陆海产业协调发展的驱动因素研究［J］. 沈阳农业大学学报（社会科学版），2019（1）：3-8.

[170] 茅伯科. 新形势下上海国际航运中心建设的思考［J］. 中国港口，2019（4）：21-23.

[171] 盟岩. 市场主导港口一体化改革如何发力［J］. 中国港口，2017（9）：2.

[172] 孟庆松，韩文秀. 复合系统协调度模型研究［J］. 天津大学学报，2000（4）：444-446.

[173] 牟盛辰. 新时代中国特色海洋强国建设方略探析：历史源流、战略向度与治理改革［J］. 改革与战略，2019，35（8）：33-42.

[174] 木鸣. 融入国家发展大局风正帆满［EB/OL].(2018-08-30)/[2019-11-05]. http://www.xinhuanet.com/gangao/2018-08/30/c_129943033.htm.

[175] 南日平. 把粤港澳大湾区建设抓紧抓实办好［J］. 珠江水运，2019（4）：16-40.

[176] 潘毅刚. 大湾区战略的本质、规律和浙江的应对［J］. 浙江经济，2017（20）：32-34.

[177] 裴长洪，刘洪愧. 习近平新时代对外开放思想的经济学分析［J］. 经济研究，2018，53（2）：4-19.

[178] 彭斐. 山东省港口集团挂牌成立四大港口整合为一［EB/OL］.（2019-08-12）/［2019-11-05］. https://baijiahao.baidu.com/s? id=1641088053032860163&wfr=spider&for=pc.

[179] 齐培松. 按照国土空间“划、定、管”的思路，福建启动陆海统筹自然生态空间用途管制试点［EB/OL］.（2018-08-29）/［2019-11-05］. http://dy.163.com/v2/article/detail/DQC7JO350511KMS0.html.

[180] 卿江平. 在融入“一带一路”中砥砺奋进［N］. 钦州日报，2018-09-07（1）.

[181] 邱大军. 海南海洋产业发展方向确定四个重点和三个区域［EB/OL］.（2009-04-01）/［2019-11-05］. http://www.hi.chinanews.com.cn/hnnew/2009-04-01/14637.html.

[182] 人民日报社论. 书写八桂大地繁荣发展新篇章：热烈庆祝广西壮族自治区成立60周年［J］. 当代广西，2018（24）：1.

[183] 上海市人民政府. 市政府办公厅转发市海洋局市发展改革委制定的《关于上海加快发展海洋事业的行动方案（2015-2020年）》［EB/OL］.（2015-11-10）/［2019-11-05］. http://www.shanghai.gov.cn/nw2/nw2314/nw2319/nw12344/u26aw45448.html.

[184] 邵雷鹏. 新时代背景下提高广西全要素生产率研究［J］. 经济与社会发展，2019，17（1）：1-12.

[185] 申思丛，黄学彬，张鲲. 探索热带滨海旅游城市的海洋经济发展道路：以三亚为例［J］. 现代商业，2017（24）：28-29.

[186] 沈荣华. 提高政府公共服务能力的思路选择［J］. 中国行政管理，2004（1）：29-32.

[187] 沈伟腾，陈琦，胡求光. 贯彻新发展理念推进海洋经济高质量发展：2018年中国海洋经济论坛综述［J］. 中国渔业经济，2018，36（6）：18-22.

[188] 施雪华. “服务型政府”的基本含义、理论基础和建构条件［J］. 社会科学，2010（2）：3-11+187.

[189] 宋久鹏，董大伟，高国安. 基于层次分析法和灰色关联度的方案决策模型研究［J］. 西南交通大学学报，2002，37（4）：463-466.

[190] 宋维玲，王悦，丁仕伟. 海洋经济持续发挥引擎作用：2018 年中国海洋经济运行情况分析 [J]. 海洋经济，2019，9 (3)：3-7.
[191] 隋鹏飞，任建兰. 山东省海陆产业联动发展探讨 [J]. 地域研究与开发，2015，34 (3)：23-26.
[192] 孙安然. 海洋经济成为广东经济发展新增长极 [EB/OL]. (2019-06-13) / [2019-11-05]. http://www.gd.xinhuanet.com/newscenter/2019-06/11/c_1124608166.htm.
[193] 孙安然. 江苏上海划定生态保护红线践行发展新理念陆海统筹一张图 [EB/OL]. (2018-07-02) / [2019-11-05]. http://www.yidianzixun.com/article/0JR6rcHb.
[194] 孙才志，高扬，韩建. 基于能力结构关系模型的环渤海地区海陆一体化评价 [J]. 地域研究与开发，2012，31 (6)：28-33.
[195] 孙才志，郭可蒙. 基于 DER-Wolfson 指数的中国海洋经济极化研究 [J]. 地理科学，2019 (6)：920-928.
[196] 孙加韬. 中国海陆一体化发展的产业政策研究 [D]. 上海：复旦大学，2011.
[197] 孙景淼. 着力推进海洋港口一体化发展 [EB/OL]. (2016-07-29) / [2019-11-05]. https://m.hexun.comnews2016-07-29/185219845.html.
[198] 孙景淼. 浙江推进海洋港口一体化发展的做法及启示 [J]. 港口经济，2016 (9)：12-14.
[199] 孙瑛. 海洋经济与社会经济发展和谐度研究 [D]. 青岛：中国海洋大学，2009.
[200] 孙战秀，栾维新，马瑜. 沿海经济园区交通运输体系评价及与空间扩张的关联研究 [J]. 中国科技论文，2017 (7)：823-830.
[201] 孙兆旭，陈东景. 基于熵值法的我国蓝色经济发展时空演变及障碍度诊断 [J]. 生态经济，2019 (5)：54-61.
[202] 唐少虎，刘小明，朱伟. 基于多学科设计优化的路网交通分布式协同控制 [J]. 控制与决策，2019 (9)：1867-1875.
[203] 天津市人民政府. 国务院批准天津海洋经济科学发展示范区规划 [EB/OL]. (2019-08-10) / [2019-11-05]. http://news.10jqka.com.cn/

20130909/c552143464.shtml.
［204］田美焕，王秀芳，杨永明. 河北省海洋经济发展的现状、问题及对策研究［J］. 环渤海经济瞭望，2013（4）：27-29.
［205］汪德荣，杨鹏，韦海鸣. 广西海洋新兴产业发展的现状和对策分析［J］. 特区经济，2012（4）：217-219.
［206］王爱华. 国内外港口一体化发展经验借鉴［J］. 水运管理，2017，39（12）：11-14.
［207］王春萌. 山东半岛城市群空间经济联系测度［J］. 经济论坛，2019（11）：59-68.
［208］王丹，杨赞. 基于 DEA 的交通运输系统资源配置效果评价［J］. 武汉理工大学学报（交通科学与工程版），2009（2）：77-80.
［209］王丹，吴立之，孙笑妍. 中国海洋生态环境问题与可持续发展思路［J］. 大连海事大学学报（社会科学版），2014，13（2）：80-83.
［210］王殿华，赵园园. 推进天津滨海新区海洋经济创新示范区发展建设战略研究［J］. 理论与现代化，2019（5）：15-28.
［211］王冬冬，李丽琴，肖亮. 基于 DEA 的陕西省交通运输效率评价与分析［J］. 数学的实践与认识，2014，44（20）：33-38.
［212］王福强. 建设先行示范区背景下《粤港澳大湾区发展规划纲要》解读［J］. 特区实践与理论，2019（5）：63-67.
［213］王海波. “三大定位”新使命和“五个扎实”新要求：习近平总书记擘画广西发展新蓝图［J］. 当代广西，2019（Z1）：40-41.
［214］王佳，谌欣，杨坤，等. 我国海洋资源开发综合效益评价及其空间关联分析［J］. 青岛科技大学（社会科学版），2016（2）：45-51.
［215］王娟娟，缴建华，马丹，陈永平，李春青. 围填海吹填淤泥及悬浮物对天津海域海洋生物资源的急性毒性效应［J］. 渔业科学进展，2016，37（2）：16-24.
［216］王敏. 海陆一体化格局下我国海洋经济与环境协调发展研究［J］. 生态经济，2017，33（10）：48-52.
［217］王明进. “一带一路”背景下边疆地方政府外交［J］. 区域与全球发展，2018，2（6）：57-67，154-155.

［218］王诗成. 实施海陆经济一体化发展推进山东半岛蓝色经济区建设［J］. 理论学刊，2011（2）：33-36.
［219］王守信. 树立新理念再创新优势奋力开启全省海洋与渔业事业新征程［J］. 山东经济战略研究，2016（Z1）：41-45.
［220］王守信. 稳中求进履职担当奋力开创全省海洋与渔业事业新局面［J］. 山东经济战略研究，2017（Z1）：56-60.
［221］王双，张雪梅. 沿海地区借助"一带一路"战略推动海洋经济发展的路径分析：以天津为例［J］. 理论界，2014（11）：35-40.
［222］王四春，王旖旎. 基于主成分分析的广西水资源承载力综合评价［J］. 广西社会科学，2018，282（12）：51-54.
［223］王涛，赵昕，郑慧，等，比较优势识别下的海陆经济合作强度测度［J］. 中国软科学，2014（4）：97-107.
［224］王田田，柯可. 山东烟台海洋牧场建设之路［J］. 中国水产，2019（5）：46-49.
［225］王卫东，王京，吴婕. 基于带偏好 DEA 模型的长株潭城市群公路交通效率评价［J］. 北京工业大学学报，2014（12）：1848-1854.
［226］王文，孙早. 制造业需求与中国生产性服务业效率：经济发展水平的门槛效应［J］. 财贸经济，2017（7）：136-155.
［227］王修林. 打造海洋高质量发展战略要地［J］. 群言，2019（10）：50-52.
［228］王旭雁. 江苏海洋经济"蓝色引擎"作用持续发挥［EB/OL］.（2019-05-24）/［2019-11-05］. http://www.cinic.org.cn/xy/js/505320.html.
［229］王遥驰. 烟台迈向海洋强市［J］. 走向世界，2018（22）：14-17.
［230］王义娜. 烟台市创建国家海洋经济发展示范区问题研究［J］. 烟台职业学院学报，2018，24（4）：1-6.
［231］王永珍. 福建出台《关于进一步加快建设海洋强省的意见》到 2025 年建成海洋强省［EB/OL］.（2018-11-20）/［2019-11-05］. http：//www. cnr. cn/fj/jr/20181120/t20181120_ 524420827. shtml.
［232］王玉冬，张博，武川，等. 高新技术产业创新链与资金链协同度测度研究：基于复合系统协同度模型［J］. 科技进步与对策，2019（23）：9.

［233］王泽宇，卢函，孙才志．中国海洋资源开发与海洋经济增长关系［J］．经济地理，2017（37）：126.

［234］王泽宇，徐静，王焱熙．中国海洋资源消耗强度因素分解与时空差异分析［J］．资源科学，2019，41（2）：301-312.

［235］王中丙．打造更具活力魅力的广东黄金海岸［EB/OL］.(2017-09-23)/［2019-11-05］．http://epaper.southcn.com/nfdailyhtml2017-09/23/content_7670269.htm.

［236］王自堃．河北：构建海洋空间开发新格局［EB/OL］．(2018-03-22)/［2019-11-05］．https://www.sohu.com/a/226077779_100122948.

［237］卫振林，赵鹏，艾姝琳．基于超效率 DEA 的北京 ITMS 效率评价研究［J］．交通运输系统工程与信息，2012，12（3）：19-23.

［238］魏仲．天津海洋经济发展规划与实现路径［J］．港口经济，2013（11）：44-46.

［239］闻璋．长三角区域一体化上升为国家战略［J］．中国招标，2018（49）：12-14.

［240］吴尔江．广西北海市海洋经济发展路径及对策研究［D］．南宁：广西大学，2017.

［241］吴继贵，叶阿忠．中国现代交通运输业效率波动性和影响因素研究：基于交叉效率 DEA 和 VAR 模型的分析［J］．交通运输系统工程与信息，2014，14（6）：8-14.

［242］吴君宁．做大做强新兴海洋科技产业［EB/OL］．(2019-10-24)/［2019-11-05］．https://baijiahao.baidu.com/s?id=1648231151181036791&wfr=spider&for=pc.

［243］吴荣庆．我国海洋矿产资源开发现状及其发展趋势［EB/OL］．2009-07-20. http://cn.chinagate.cn/resource/2009-07/20/content_18169451_4.htm.

［244］伍海华，马正兵．金融发展和经济增长关系的交叉谱分析［J］．经济评论，2003（4）：98-100，110.

［245］伍业锋，肖华．海陆经济互动效应：对全国及三大海洋经济区的实证［J］．产经评论，2015，36（6）：71-80.

[246] 伍业锋. 海洋经济：概念、特征及发展路径 [J]. 产经评论，2010 (3)：125-131.

[247] 夏飞，张建中，郑铁桥，秦强，欧阳青东. 中国南海海陆经济一体化研究 [M]. 北京：中国社会科学出版社，2013.

[248] 向晓梅，张拴虎，胡晓珍. 海洋经济供给侧结构性改革的动力机制及实现路径：基于海洋经济全要素生产率指数的研究 [J]. 广东社会科学，2019 (5)：27-35.

[249] 肖华. 中国海陆经济关联互动研究 [D]. 广州：暨南大学，2016.

[250] 谢奇，刘苗，胡慧彦，张丽萍. 国务院批复广东海洋经济综合试验区发展规划广东正式进入“蓝金时代” [J]. 广东造船，2011，30 (4)：20-25.

[251] 谢天成. 环渤海经济区发展中的陆海统筹策略探析 [J]. 北京行政学院学报，2012 (2)：83-87.

[252] 胥爱欢，刘爱成. 金融支持我国海洋经济发展的主要做法及启示：以粤鲁闽浙为例 [J]. 海南金融，2019 (2)：9-16.

[253] 徐海娜. 会聚津门联通海陆中国世界融合发展：“一带一路” 国际港口城市研讨会侧记 [J]. 当代世界，2018 (1)：38-41.

[254] 徐加明. 构筑陆海产业统筹发展新格局的路径和对策研究 [J]. 理论学刊，2012 (3)：68-70.

[255] 徐静，王泽宇. 中国陆海统筹绩效时空分异及影响因素：基于脆弱性视角的分析 [J]. 地域研究与开发，38 (2)：27-32.

[256] 徐丽诺. 创新三大“海洋+”模式打造经济增长“新引擎 [EB/OL]. (2016-10-26) / [2019-11-05]. http://paper.taizhou.com.cntzrbhtml/2016-10/26/content_737921.htm.

[257] 徐胜. 我国海陆经济发展关联性研究 [J]. 中国海洋大学学报（社会科学版），2009 (6)：32-38.

[258] 徐烜. 中国海洋产业结构演进与趋势判断 [J/OL]. 中国国土资源经济，2019 (12)：31-38 [2020-01-06]. https://doi.org/10.19676/j.cnki.1672-6995.000365.

[259] 徐质斌. 构架海陆一体化社会生产的经济动因研究 [J]. 太平洋学报，

2010（1）：77-84.

［260］许国兵，张文杰. 基于灰色关联和TOPSIS的两阶段第三方物流服务商选择模型［J］. 北京交通大学学报（社会科学版），2007，6（4）：30-33.

［261］雪敏. 一带（沿海经济带）串珠成链打造东西两翼新增长极［J］. 人民之声，2019（2）：19-22.

［262］牙韩彰，李庭华，朱金莉，等. 向海而兴［J］. 当代广西，2019（15）：28-29.

［263］晏维龙，孙军. 海洋经济崛起视阈下我国产业结构演变及空间差异［J］. 社会科学辑刊，2013（4）：83-88.

［264］杨海霞. 探索海洋经济创新发展之路：专访国家发展改革委地区经济司司长范恒山［J］. 中国投资，2013（8）：36-43.

［265］杨虹. 辽宁“一带一路”综合试验区交出亮丽成绩单［EB/OL］.（2019-09-12）/［2019-11-05］. https://baijiahao.baidu.com/s? id=1644415836105231188&wfr=spider&for=pc.

［266］杨明. 全球海洋中心城市评选指标、评选排名与四大海洋中心城市发展概述［J］. 新经济，2019（10）：30-34.

［267］杨世军，顾光海. 基于德尔菲—层次分析法和灰色关联分析的城市公共服务设施承载力评价研究［J］. 数学的实践与认识，2018（20）：311-320.

［268］杨舒. 我国海洋产业结构持续优化［EB/OL］.（2019-10-17）/［2019-11-05］. http://epaper.gmw.cngmrbhtml/2019-10/17/nw.D110000gmrb_20191017_4-08.htm.

［269］杨晓峰，徐光明. 现代海洋产业集聚带空间布局优化研究：以南通市沿海产业布局为例［J］. 盐城师范学院学报（人文社会科学版），2019，39（1）：24-29.

［270］杨新湦，王梓旭，翟文鹏. 基于聚类与灰色关联分析模型的机场群协同发展评价［J］. 数学的实践与认识，2018，48（20）：304-310.

［271］杨荫凯. 强化海洋资源环境管理的基本思路与对策措施［J］. 海洋开发与管理，2013，30（9）：11-15.

［272］杨荫凯. 推进陆海统筹的重点领域与对策建议［J］. 海洋经济，2014，

4（1）：1-4，17.
［273］杨羽頔，孙才志. 环渤海地区陆海统筹度评价与时空差异分析［J］. 资源科学，2014，36（4）：691-701.
［274］殷炳超，何书言，李艺，李杨帆. 基于陆海统筹的海岸带城市群生态网络构建方法及应用研究［J］. 生态学报，2018，38（12）：4373-4382.
［275］殷克东，王自强，王法良. 我国陆海经济关联效应测算研究［J］. 中国渔业经济，2009（6）：110-114.
［276］殷克东，王法良，张燕歌. 陆海经济的内在关联性分析［J］. 中国海洋大学学报（社会科学版），2008（3）：10-12.
［277］于丽丽，孟德友. 中国海陆经济一体化的时空分异研究［J］. 经济经纬，2017（2）：13-18.
［278］于丽丽. 中国海陆经济一体化及其驱动机理研究：基于耦合模型和哈肯模型［D］. 上海：上海大学，2016.
［279］郁东进. 互联互通推进长三角一体化［EB/OL］.（2019-03-08）/［2019-11-05］. http://finance. sina. com. cnroll2019-03-08/doc-ihsxncvh0745201.shtml.
［280］袁象，陈智. 上海发展战略性海洋新兴产业路径研究［J］. 现代管理科学，2015（1）：112-114.
［281］詹夏瑞. 南海海洋产业优化研究［D］. 天津：天津大学，2017.
［282］张本照，刘淇，王海涛. 中国交通运输业能源利用效率动态测算：基于产出指标改进 DEA 模型的实证分析［J］. 工业技术经济，2014（8）：15-25.
［283］张栋钧. 山东：建设双千万千瓦级风电基地 2030 年风电装机 2300 万千瓦（附规划）［EB/OL］.（2016-12-24）/［2019-11-05］. http://news.bjx.com.cnhtml20161219/797811.shtml? open_source=weibo_search.
［284］张栋钧. 山东风电迎来黄金发展期［EB/OL］.（2016-05-28）/［2019-11-05］.http://fd.bjx.com.cn/special/? id=738734.
［285］张帆. 新统筹新机制新愿景［EB/OL］.（2016-04-11）/［2019-11-05］. http://m.sohu.com/a/68577757_160402.
［286］张晖，樊燕. 海南省海陆一体化的动因及发展路径研究［J］. 海南大学学报（人文社会科学版），2015，33（6）：78-84.

［287］张继驰．营口加速构建东北亚经济圈“陆海支点”［EB/OL］．（2019-04－21）／［2019－11－05］．http://ln.people.com.cn/n2/2019/0421/c378317-32864154.html.

［288］张继龙．上海海事法院与江苏省连云港中院签署合作协议对接“一带一路”陆海联运大通道建设司法需求［EB/OL］．（2017－08－31）／［2019-11-05］．http://www.sohu.com/a/168424236_170817.

［289］张继明．加快发展天津海洋经济［J］．求知，2014（6）：28-29.

［290］张建武．坚持对外开放基本国策，解决好新时代的社会主要矛盾［J］．经济社会体制比较，2017（6）：7-10.

［291］张来武．论创新驱动发展［J］．中国软科学，2013（1）：1-5.

［292］张林．新的国家战略背景下对上海国际航运中心建设的思考［J］．中国水运，2016（2）：14-16.

［293］张涛，董晓菲．辽宁海陆经济联动发展对策［J］．党政干部学刊，2017（8）：33-36.

［294］张文礼，吴光芸．论服务型政府与公共服务的有效供给［J］．兰州大学学报（社会科学版），2007（3）：96-102.

［295］张向兵．江苏首次发布海洋经济发展指数［EB/OL］．（2019－01－04）／［2019-11-05］．http://www.oceanol.com/content/201901/04/c84001.html.

［296］张晓涛，李芳芳．论生产性服务业与制造业的融合互动发展［J］．广东社会科学，2013（5）：39-47.

［297］张效莉，万元．上海海洋公共服务战略定位及政策建议研究［J］．海洋经济，2018，8（4）：61-66.

［298］张欣．辽宁省加快发展海洋战略性新兴产业的对策研究［J］．辽宁经济，2015（12）：27-29.

［299］张耀光，魏东岚，王国力，肇博，宋欣茹，王圣云．中国海洋经济省际空间差异与海洋经济强省建设［J］．地理研究，2005（1）：46-56.

［300］张银银，邓玲．创新驱动传统产业向战略性新兴产业转型升级：机理与路径［J］．经济体制改革，2013（5）：97-101.

［301］张英杰．临海市海陆资源与产业一体化发展战略研究：基于灰色关联度模型［J］．经济研究导刊，2014（5）：51-53.

［302］张玉强，莫姝婷．政策工具视角下我国海洋经济政策文本量化分析：以

《全国海洋经济发展“十三五”规划》为例［J］. 浙江海洋大学学报（人文科学版），2019，36（4）：1-8.

［303］张允强. 辽宁：融入“一带一路”战略构建陆海联运经济走廊［EB/OL］.（2015-05-11）/［2019-11-05］. http://www.chinahighway.com/news/2015/929807.php.

［304］张治栋，吴迪，周姝豆. 生产要素流动、区域协调一体化与经济增长［J］. 工业技术经济，2018，37（11）：60-68.

［305］章玉，黄承锋，许茂增. 中国城市公共交通的效率研究：基于三阶段DEA模型的分析［J］. 交通运输系统工程与信息，2016（1）：32-37.

［306］招莉莉. 基于DEA模型的广西物流效率分析［J］. 中国市场，2019（13）：175-177，196.

［307］赵建东. 辽宁发布海洋主体功能区规划［EB/OL］.（2017-08-16）/［2019-11-05］. http://www.sohu.com/a/165030723_811190.

［308］赵建东. 山东“海洋强省”建设带来的启示［EB/OL］.（2019-02-20）/［2019-11-05］. http://epaper.oceanol.com/content/201902/20/c9295.html.

［309］赵林，张宇硕，焦新颖，等. 基于SBM和Malmquist生产率指数的中国海洋经济效率评价研究［J］. 资源科学，2016，38（3）：461-475.

［310］赵燕华. 广东海洋生产总值连续24年居全国首位［EB/OL］.（2019-06-11）/［2019-11-05］. http://money.ycwb.com/2019-06/11/content_30277123.htm.

［311］赵永宏. 河北省海洋经济产业特征分析与持续发展对策［D］. 沈阳：辽宁师范大学，2008.

［312］赵月. 广西海洋经济发展战略研究［J］. 市场论坛，2019（5）：26-28.

［313］浙江省人民政府. 浙江省人民政府办公厅关于印发浙江省海洋港口发展“十三五”规划的通知［EB/OL］.（2016-06-08）/［2019-11-05］. http://bianke.cnki.net/web/article/C034_31/ZJZE201617001.html.

［314］郑贵斌. 山东实施陆海统筹的探索实践与重要启示［J］. 山东社会科学，2011（9）：11-14.

［315］郑莉，林香红，付瑞全. 区域海洋渔业科技进步贡献率的测度与分析：基于面板数据模型的实证［J］. 科技管理研究，2019，39（12）：

85-90.

[316] 郑铁桥. 海陆生产要素互用与对流机制 [J]. 商业经济, 2014 (12): 80-93.

[317] 中国港口编辑部. 2018 年习近平总书记关心港口发展 [J]. 中国港口, 2018 (12): 1-2.

[318] 周潮, 芦国荣. 甘肃省金融周期与经济周期的交叉谱分析 [J]. 甘肃金融, 2013 (1): 63-66.

[319] 周大卫. 连云港: 陆海联动谱写一带一路新篇章 [EB/OL]. (2018-08-29)/[2019 - 11 - 05]. http://tradeinservices. mofcom. gov. cn/articlenewsgnxw/201808/68410.html.

[320] 周宏燕, 于振涛. 山东半岛城市群的区位优势分析 [J]. 技术经济, 2004 (12): 9-10.

[321] 周世锋. 大力发展海洋战略性新兴产业 [J]. 今日浙江, 2011 (5): 20-21.

[322] 周伟, 袁国华, 罗世兴. 广西陆海统筹中资源环境承载力监测预警思路 [J]. 中国国土资源经济, 2015, 28 (10): 8-12.

[323] 周晓鸥. 江苏国际海港区 "向海" 发展提速升级 [EB/OL]. (2016-03-11)/[2019-11-05]. http://news.eastday.com/eastday/13newsa utonews/cs j/20160311/u7ai5393490.html.

[324] 朱晶晶. 浙江省海陆产业系统耦合协调发展研究 [D]. 杭州: 浙江大学, 2017.

[325] 朱宇. 开启蓝色新纪元 [J]. 今日浙江, 2011 (21): 34-35.

[326] 朱彧, 徐承旭. 基本形成 "两核三带多点" 海洋产业布局上海海洋经济总量平稳增长占全市 GDP 近三成 [J]. 水产科技情报, 2019, 46 (4): 234.

[327] 祝桂峰. 决战 "头号工程" [EB/OL]. (2019-07-01) / [2019-11-05]. http://www.cgs.gov.cngzdtdzhy/201907/t20190701_485648.html.

[328] 邹平学. "一国两制" 实践踏上新的历史台阶 [EB/OL]. (2019-01-07) / [2019-11-05]. http://www.sohu.com/a/287234873_100122958.

[329] 走向世界编辑部. 逐梦前行, 书写精彩齐鲁答卷 [J]. 走向世界, 2019 (15): 8-11.

重要术语索引表